"十三五"全国统计规划教材

（第四版）

# 现代金融投资统计分析

李腊生
翟淑萍 编著

经济类、统计类、管理类专业适用



中国统计出版社
China Statistics Press

**图书在版编目(CIP)数据**

现代金融投资统计分析 / 李腊生，翟淑萍编著. —— 4 版. —— 北京 ：中国统计出版社，2019.8

"十三五"全国统计规划教材

ISBN 978－7－5037－8892－5

Ⅰ. ①现… Ⅱ. ①李… ②翟… Ⅲ. ①金融投资－统计分析－高等学校－教材 Ⅳ. ①F830.59

中国版本图书馆 CIP 数据核字(2019)第 168680 号

现代金融投资统计分析(第四版)

---

作　　者/李腊生　翟淑萍
责任编辑/姜　洋
封面设计/张　冰
责任印制/王建生
出版发行/中国统计出版社
通信地址/北京市丰台区西三环南路甲 6 号　邮政编码/100073
电　　话/邮购(010)63376909　书店(010)68783171
网　　址/http://www.zgtjcbs.com
印　　刷/河北鑫兆源印刷有限公司
经　　销/新华书店
开　　本/787×1092mm　1/16
字　　数/470 千字
印　　张/20.25
版　　别/2019 年 8 月第 4 版
版　　次/2019 年 8 月第 1 次印刷
定　　价/60.00 元

---

# 国家统计局
# 全国统计教材编审委员会第七届委员会

# 出版说明

全国统计教材编审委员会成立于1988年，是国家统计局领导下的全国统计教材建设工作的最高指导机构和咨询机构。自编审委员会成立以来，分别制定并实施了“七五”至“十三五”全国统计教材建设规划，共组织编写和出版了“七五”至“十二五”六轮“全国统计教材编审委员会规划教材”，这些规划教材被全国各院校师生广泛使用，对中国的统计和教育事业作出了积极贡献。自本轮规划教材起，“全国统计教材编审委员会规划教材”更名为“全国统计规划教材”，将以全新的面貌和更积极的精神，继续服务全国院校师生。

《国家教育事业发展“十三五”规划》指出，要实行产学研用协同育人，探索通识教育和专业教育相结合的人才培养方式，推动高校针对不同层次、不同类型人才培养的特点，改进专业培养方案，构建科学的课程体系和学习支持体系。强化课程研发、教材编写、教学成果推广，及时将最新科研成果、企业先进技术等转化为教学内容。加快培养能够解决一线实际问题、宽口径的高层次复合型人才。提高应用型、技术技能型和复合型人才培养比重。

《“十三五”时期统计改革发展规划纲要》指出，“十三五”时期，统计改革发展的总体目标是：形成依靠创新驱动、坚持依法治统、更加公开透明的统计工作格局，逐步实现统计调查的科学规范，统计管理的严谨高效，统计服务的普惠优质，统计运作效率、数据质量和服务水平明显提升，建立适应全面建成小康社会要求的现代统计调查体系，保障统计数据真实准确完整及时，为实现统计现代化打下坚实基础。

围绕新时代中国特色社会主义教育事业和统计事业新特点，全国统计教材编审委员会将组织编写和出版适应新时代特色、高质量、高水平的优秀统计规划教材，以培养出应用型、复合型、高素质、创新型的统计人才。

2015年9月，经李克强总理签批，国务院印发了《促进大数据发展行动纲要》系统部署大数据发展工作，我国各项工作进入大数据时代，拉开了统计教育和统计教材建设的大数据新时代。因此，在完成以往传统统计专业规划教材的编写和出版外，本轮规划教材要把编写大数据内容统计规划教材作为重点工作，以培养新一代适应大数据时代需要的统计人才。

为了适应新时代对统计人才的需要，组织编写出版高质量、高水平教材，本轮规划教材在组织编写和出版中，将坚持以下原则：

1. 坚持质量第一的原则。本轮规划教材将从内容编写、装帧设计、排版印刷等各环节把好质量关，组织编写和出版高质量的统计规划教材。

2. 坚持高水平原则。本轮规划教材将在作者选定、选题编写内容确定、编辑加工等环节上严格把关，确保规划教材在专业内容和写作水平等各方面，保证高水平高标准，坚决杜绝在低水平上重复编写。

3. 坚持创新的原则。无论是对以往规划教材进行修订改版，还是组织编写新编教材，本轮规划教材将把统计工作、统计科研、统计教学以及教学方法、方式的新内容融合在教材中，从规划教材的内容和传播方式上，实行创新。

4. 坚持多层次、多样性规划的原则。本轮规划教材将组织编写出版专科类、本科类、研究生和职业教育类等不同层次的统计教材，并可以考虑根据需要组织编写社会培训类教材；对于同一门课程，鼓励教师编写若干不同风格和适应不同专业培养对象的教材。

5. 坚持教材编写与教材研讨并重的原则。本轮规划教材将注重帮助院校师生学习和使用这些教材，使他们对教材中一些重要概念进一步理解，使教材内容的安排与学生的认知规律相符，发挥教材对统计教学的指导作用，进一步加强统计教材研讨工作，对教材进行分课程的研讨，以促进统计教材的向前发展。

6. 坚持创品牌、出精品、育经典的原则。本轮规划教材将继续修订改版已经出版的优秀规划教材，使它们成为精品，乃至经典，与此同时，将有意识地培养优秀的新作者和新内容规划教材，为以后培养新的精品教材打下基础，把“全国统计规划教材”打造成国内具有巨大影响力的统计教材品牌。

7. 坚持向国际优秀统计教材学习和看齐的原则。不论是修订改版教材还是新编教材，本轮规划教材将坚持与国际接轨，积极吸收国内外统计科学的新成果和统计教学改革的新成就，把这些优秀内容融进去。

8. 坚持积极利用新的教学方式和教学科技成果的原则。本轮规划教材将积极利用数据和互联网发展成果，适应院校教学方式、教学方法以及教材编写方式的重大变化，立体发展纸介质和利用数据、互联网传播方式的统计规划教材内容，适应新时代发展需要。

总之，全国统计教材编审委员会将不忘初心，牢记使命，积极组织各院校统计专家学者参与编写和评审本轮规划教材，虚心听取读者的积极建议，努力组织编写出版好本轮规划教材，使本轮规划教材能够在以往的基础上，百尺竿头，更进一步，为我国的统计和教育事业作出更大贡献。

国家统计局<br>全国统计教材编审委员会

# 第四版序言

按照我国总体发展战略布局的时间推算，再过一年多，我国将全面消除绝对贫困，一个人人都有基本生活保障的社会将在14亿人口的东方大国实现，这是一个多么伟大的历史功绩啊！全面摆脱贫困战略目标的实现意味着我国所有家庭的经济行为将进入一个选择性时代，居民家庭不仅要面临消费与投资（储蓄）的抉择，而且还要面对资产配置的选择。在居民家庭资产配置过程中，金融资产选择是一个不可回避的现实问题。因此，对金融资产基本属性及其特征等相关金融知识的了解就成为每个家庭必备科学知识体系的组成部分之一。此外，随着我国经济进入新常态，人口红利的逐渐消失，“风口”变得愈来愈难以搜寻，过去不用怎么动脑子就能处在“风口”的时代将一去不复返，甚至已经“飞起来的猪”也有可能因投资失败而变为“死猪”。从这个意义上看，现代金融资产投资越来越需要讲究它的科学性。本教材起初就是本着这一目的而写成的，经过前两次的修订，在逻辑结构及其知识体系上得到了完善，但其仍局限于知识的介绍与科学的推理，不利于培养学生的创新思维。

为了激发学生的创新思维，深化读者对金融资产投资的进一步思考，借助国家统计局“十三五”全国统计规划教材的编写机会，我们对本教材第三版进行了进一步修订。

本次修订除了对已发现的错误进行更正外，主要的工作则是在相关章后增加了一些需要进一步研究的讨论题，这些讨论题没有标准答案，它们要么是对相关理论研究的深化，要么是理论与中国实践相结合的策略性思考，其均可作为师生学术研究的选题。本次修订仍保留了第三版的体系结构及其内容。

本次修订得益于责任编辑姜洋老师严谨、求真、务实的学术精神和十分细心的工作作风，她的辛勤付出为本书增色不少，对此我们表示最诚挚的敬意与衷心的感谢！当然，新修订教材中难免还会存在一些问题和不足，这些问题和不足与她无关，理应由我们负责，热切期盼大家批评指正！

李腊生<br>2019年7月于天津财经大学振财里

# 第三版序言

继20世纪末东南亚金融危机之后，人们今天恐怕对始于2007年美国次贷危机，进而于2008年所引发的全球性金融危机还记忆犹新，2009年欧债危机乃至2013年美国政府歇业不仅使人们认识到曾经被视为无风险的金融产品今天怎么突然一下子变得危机四伏，而且使我们更清楚地认识到金融投资中风险管理的重要性。本教材自2004年出版以来，虽经过2009年的修订，在逻辑体系上得到了完善，但其基本内容仍过于侧重金融投资的统计分析，而对金融风险管理方面有所忽略。

为了适应动荡的金融环境，增强学生金融风险管理意识，弥补第二版对金融风险管理相关内容介绍不足的缺陷，借助国家统计局“十二五”规划教材的编写机会，我们对本教材第二版进行了进一步修订。

本次修订仍保留了第二版的体系结构，只是在基本理论篇部分增加了一章金融风险管理理论，由原来的三章扩充为四章，第二、三篇的内容，除删除了与第四章重合的内容外，额外在第七章VaR与风险管理部分增加了一节应用性的内容，除此之外，其他各章的基本内容没变，整个教材的内容则由原来的十一章扩展为十二章。

教材的修订工作由我和翟淑萍副教授两人完成，虽然我们尽了很大的努力，但由于学术水平所限，新修订教材中难免还存在一些问题和不足，热切期盼大家批评指正！

李腊生

2013年10月于天津财经大学振财里

# 第二版序言

自本教材2004年出版以来，经过教学中三年多时间的使用，本教材总体上得到学生肯定。同时，我们也发现原教材存在不少问题和不够完善的地方，一直想能有个机会加以订正。恰好在这个时候，该教材被教育部增补为国家级“十一五”规划教材，为我们实施修订工作提供了一个难得的机会。

针对教学中的实际问题，结合学生的建议，在保持原教材十一章基本内容的前提下，新编教材在以下方面对原教材进行了修订。

1. 根据金融投资统计分析理论体系的要求，同时考虑到学生的接受效果，我们对原教材的结构进行了调整。新编教材由三篇组成，第一篇为基本理论篇，具体包括三章的内容，由原教材的第一、二、十章组成；第二篇为基本模型篇，同样也包括三章的内容，由原教材的第六、七、十一章组成；第三篇为工具与市场统计分析篇，其中包括五章的内容，由原教材的第三、四、五、八、九章组成。

2. 作为一门应用性很强的学科，教学中必须体现理论与实践相结合的原则，同时考虑到对学生研究性思维与创新能力的培养，新编教材除在每一章后专门增加了讨论题部分外，还增添了一些实证性内容和系统性风险大于0的一般性证明。讨论题多数是研究性的，没有标准的答案，有些问题本身就要求学生去查阅资料，其目的在于打开学生的思维空间，培养他们的研究能力；新增两节（第七、八章（原教材的第三、四章）后分别增加了一节）的内容均是联系我国实际的实证性分析，目的在于使学生去体会理论的价值，体会如何将理论层面的成果转化为具有操作性的工具。

3. 对原教材中我们发现的一些错误进行了订正，并在文字与行文上做了重新修饰，少数章节的标题也做了适当的调整与修改。

教材的修订工作由我和翟淑萍副教授两人完成，虽然我们尽了很大的努力，但由于学术水平所限，新编教材中难免还存在一些问题和不足，热切期盼大家批评指正！

李腊生

2008年8月于天津财经大学振财里

# 原版前言

本书是按国家统计局“十五”规划教材的各项要求编写的，供高等学院经济、管理类高年级本科生和研究生用做教科书或教学参考书。全书的教学内容大约 57 学时便可完成。

金融投资虽是一个古老的问题，且金融投资实践也远远早于投资理论，但现代金融投资理论的形成却大大推进了金融市场和金融投资的发展，金融投资学成为当今金融学，甚至可以说是经济、管理学中的一个最具活力的学科分支之一。

现代金融投资理论始于 20 世纪 50 年代，基本的标志是马科维茨（Markowitz）证券投资组合理论的提出与形成。马科维茨证券投资组合理论的提出，极大地引起了金融学家和金融机构实践工作者的关注，一大批经济学家也开始将主要的研究兴趣锁定在金融投资方面，从而使金融投资理论研究在整个 60 年代及以后一个较长时期呈现出极度的繁荣，一大批具有重要影响的研究成果相继问世。其中 60 年代最具影响力的成果：一是马科维茨的学生威廉·夏普（William F. Sharpe）的资本资产定价模型（CAPM）；二是法码（Fama）提出的有效市场假说 EMH。进入 70 年代后，布莱克-斯科尔斯（Black-Scholes）期权定价模型的推出，开创了现代金融研究的又一里程碑。70 年代另一重大成果是罗斯（Ross）的套利定价理论 APT。整个 80 年代，有深远影响的理论模型几乎没有，该时期最主要的研究特点是检验和应用现有模型。但 80 年代最主要的变化发生在实际领域，现实中，金融市场国际一体化，融资方式的证券化，金融活动自由化，金融创新的日新月异，这些大趋势均以该时期为分水岭。经过 80 年代对原有模型的检验与验证，一些经济学家和金融学家开始对现有模型提出挑战，以致 20 世纪末出现理论上的多元化格局。今天金融投资理论研究的多元化主要表现在：一是延续原有模型的正态假定，提出了针对银行系统风险控制的 VaR 技术；二是扬弃正态假定，利用一些新的分布假定而建立的理论学说，其中以埃德加. E. 彼德斯（Edgar E. Peter）的分形市场假说（FMH）较为有影响；三是完全放弃理论分布假定，而是将研究重点置于分布特征本身的探讨，标志性的成就是金融计量学的形成。本书对这些内容都有不同程度的涉及，对于那些较为成熟的理论在内容安排上我们作了较详细的讨论，而对于该领域的学科前沿问题，本书只作了一些简略的介绍。其目的在于使学生在掌握主流理论的基础上，对该学科的发展动态有一个初步的认识或了解。

金融的内在不确定性决定了现代金融投资学从它诞生之日起就与统计学结下了不解之缘。《现代金融投资统计分析》实质上是统计学在金融投资领域的应用。也是基于此，在本书的写作过程中，我们试图使讨论的金融投资内容充分体现统计思想与方法应用的特点，从而使学生或读者能够体会统计思想与方法在金融研究上的重要作用。

统计学作为一门方法性科学，近些年来引起了越来越多人的关注，尤其是在金融风险管理中，它已成为不可或缺的分析工具，20 世纪 90 年代初期提出的 VaR 管理技术，就是统计分析方法在风险管理中的成功运用。20 世纪 80 年代以来，金融创新日新月异，其中以金融工具创新最引人注目。在各种金融产品定价中，都广泛地应用了统计分析方法，期权定价模型恐怕就是现今在这方面研究最为成功且影响最为深刻的例子。

随着我国经济体制改革的不断深入，无论是作为教学和理论研究的金融学，还是作为实践中的金融行业，都发生了深刻的变化，金融学教学与研究的国际接轨趋势已相当明显，金融的市场化和金融工具的创新在实践中正极大地显示着它的活力，它对我国经济保持高速、健康发展发挥着越来越重要的作用，这些变化使金融学和金融行业成为目前最受公众关注的学科和行业。然而，由于历史的原因，尤其是我们在人才培养中，在一个相当长的时期实行了文理分科的教育模式，致使适应国际化要求的金融数量分析师人才奇缺。加入 WTO 后，无论是面对国内金融改革与发展的实际需要，还是为适应金融市场国际一体化的要求，都在客观上要求我们改变过去的人才培养模式，造就一支强大的既熟悉金融业务、熟悉国际规则，又懂得并且善于利用定量分析技术的资本运作与金融资产管理的人才队伍。

《现代金融投资统计分析》正是为了满足上述需要而推出的，它试图从统计分析视角给出主要金融变量的度量、金融变量之间的统计关系、金融市场价格决定的统计特征及基本原理。其主要内容包括：(1) 风险偏好及选择，该内容是金融投资统计分析的理论基础。面对金融投资的不确定性环境，投资者往往处于风险和收益对称的两难抉择，投资者必须在风险与收益之间加以权衡，以求风险一定下的收益最大化或收益一定下的风险最小化。追求收益最大或风险最小也是贯穿金融投资统计分析的基本前提。(2) 金融市场中最主要变量的统计描述及基本关系。市场经济条件下，产品市场中最重要的变量无疑是价格，价格是人们调整资源配置的基础信号。与此相对应的是，在金融市场中，资金的价格就是利率，利率在票据市场中起着与产品市场中价格相同的作用，因此，它构成金融投资统计分析的基础变量或最重要变量。显然，在一个开放的金融体系中，不同币种的转换以及兑换率必将是金融投资统计分析的一个重要内容，它是对外经济交往结算的核心，这就决定了汇率是继利率后的另一个最重要变量，其他的金融变量要么是这两个变量的延伸，要么是由这两个变量决定的，抓住了利率和汇率就等于抓住了金融定量分析的核心。(3) 金融产品的定价。金融产品的交易，除交易规则外，另一个最为重要的问题恐怕就是产品的定价，金融产品的定价是投资者做出投资决策的基本依据，利用经济数学模型描述金融产品价格的形成以及价格的数量关系，是众多金融学家长期致力研究的领域。目前较为成熟且影响深远的研究成果有：股票定价模型、CAPM、期货定价、期权定价等，这些内容的解决不仅是金融理论工作者的目标，而且它还是实际工作者做出投资决策的基本判断标准。(4) 实施有效的金融风险管理。金融投资在为投资者带来财富迅速增加的同时，它本身的脆弱性也决定了投资者必须相应承担不确定性所带来的巨大风险，优化投资结构，实施有效的金融风险管理就是金融投资统计分析另一个重要的内容。在风险管理过程中，风险常被分为系统性风险与非系统性风险。系统性风险是指由于宏观经济形势变化、政治动荡、战争等不可抗拒因素可能导致的资产损失，通常情况下，这类损失是投资者无能为力的。非系统性风险则是由行业或企业自身经营不当可能使投资者遭致的损失，一般情况下，投资者可以通过实施一定的风险管理技术来化解这类风险。证券投资组合理论、套期保值、VaR 技术等都是实施有效风险管理的思想与投资决策分析方法。(5) 现代金融投资中的统计学问题。统计思想与金融投资的结合，统计学方法在金融投资分析的成功应用构成了金融投资统计分析的主要内容。然而，金融投资的复杂性与传统的统计方法的简单抽象性，决定了统计方法应用的局限，这种状况的出现对传统的统计分析方法提出了挑战。因此，人们也就开始尝试使用一些更现代的统计方法，如随机过程、模拟分析、分形理论等；虽然将这些方法应用于金融投资分析还不成熟，但了解这些理论的思想内涵及基本方法还是必要的。

全书共十一章。第一章——概论，是全书的概览；第二章——风险偏好及选择，是金融投资分析的理论基石；第三、五章——债券投资与利率风险和外汇市场与汇率风险，是金融投资分析关键变量的定量描述，它是统计分析的切入点；第四章——股票市场投资分析，是证券市场或原生金融产品投资分析的重要组成部分，也是衍生工具或衍生产品市场分析的基础；第六章——投资组合模型，是金融投资与风险管理最经典的内容；第七、八、九章——资本资产定价模型 (CAPM) 与因素模型、期货市场及杠杆投资和期权定价模型，讨论了有代表性金融产品的定价问题及其统计特征，它构成投资者决策时价值度量的理论标准；第十章——无套利与有效市场假说 (EMH)，是金融投资的理论总结，它建立了金融投资统计分析统一的理论框架；第十一章——VaR 与风险管理，是国际银行业风险管理使用得最为广泛，且现已延伸到其他非银行金融机构实施有效风险管理的新方法或技术。

一般的教科书从学生或读者的可接受性出发，均强调所使用数学工具的简单性，对于介绍内容中所涉及的必须的数学推导或证明也都给予省略，这在一定程度上会影响学生或读者对问题本身的理解。实际上，数学是一种简洁的语言，它的使用有时会有明显的优点和不可替代性，当用数学形式能够充分表达原意，且又体现准确性和简洁性时，就没有必要刻意回避它。如果说十多年前我们的学生由于历史上的原因，使得他们在掌握数学推导或证明上有障碍的话，那么，今天学生的情况可能完全不同了，以现今的教育背景，他们完全有能力掌握一些一般性的数学推导与证明。与其说怕学生不能掌握或理解金融投资分析中的数学推导与证明，倒不如说是我们这代人自身在定量分析上存在明显的缺憾。本书试图在这方面做一点尝试性的改进，增加了一些必要的数学推导与证明，以便使读者一方面加深对问题本身的理解，另一方面为未来阅读前沿专题打下一个良好的基础。当然，在教学过程中，教师可根据教学目的及教学计划的实际需要，自行确定这些内容的取舍。书中一些难度较大的数学证明及推导可以不讲，这并不影响全书结构的完整性。带 * 号的一些章节也可不作要求。

另外，本书中包含了一些我们对金融投资问题的理解，这些理解可能是错误的，教学中更正这些错误或对其批判本身对于引导学生思考问题也有一定积极作用。欢迎读者随时给我们提出批评与修改建议，我们的 Email 地址是：lilasheng@tjufe. edu. cn。

本书是我们三人集体创作的成果。全书共十一章，第一、二、十章由李腊生执笔；第三、五、六、十一章由崔轶秋执笔；第四、七、八、九章由翟淑萍执笔。每章的习题及书后参考答案都由翟淑萍提供，这些思考与练习题主要是为本科生设计的。初稿完成后，李腊生与翟淑萍又对全书进行了修订与改写，最后由李腊生总纂并定稿。书稿完成后，本书的主审人——上海财经大学徐国祥教授提出了一些很有价值的修改意见与建议，这使本书增色不少。虽然我们尽力进行了修改，但可能还是没能充分体现徐教授的原意。作为主编，书中的不足与错误由我个人负责，与她们无关。

本书的完成得益于国家统计局教育中心、中国统计出版社和天津财经大学统计学系的大力支持与帮助，责任编辑徐颖同志为本书的出版付出了大量的心血。我的研究生胡静同学认真地校阅了全书的内容，赵娜同学帮助录入了部分手稿。在此我们一并表示衷心的感谢！特别感谢徐国祥教授所提出的宝贵意见。

由于我们水平有限，书中一定存在诸多不足和错误。我们恳请同行专家及读者提出批评与建议，以便修改与完善。

李腊生

2004 年 7 月于天津财经大学

# 目　录

## 第一篇　基本理论


**第一章　金融、不确定性与统计分析** …… 3
第一节　金融的内在不确定性与统计分析 …… 3
一、金融的内在不确定性 …… 3
二、不确定性的统计描述 …… 4
第二节　金融市场价格变动的随机性与统计分析 …… 6
第三节　金融风险管理中的统计方法 …… 7
第四节　金融投资与预期 …… 8
一、静态预期 …… 8
二、外推预期 …… 8
三、适应性预期 …… 9
四、理性预期 …… 10
思考题与讨论题 …… 11

**第二章　风险偏好及选择** …… 12
第一节　效用函数 …… 12
第二节　风险的度量 …… 14
第三节　风险承受能力及其偏好 …… 17
第四节　无差异曲线 …… 20
第五节　风险与收益的权衡及其选择 …… 22
一、有限个投资方案下的选择 …… 22
二、一般情形下的选择 …… 23
三、资产的最优配置 …… 23
四、算例 …… 25
思考题与讨论题 …… 26

**第三章　无套利与有效市场假说（EMH）** …… 27
第一节　无套利分析 …… 27

一、MM 定理 …… 27
二、一个似乎矛盾的例子 …… 28
三、无套利均衡的存在性 …… 29
第二节　有效市场假说（EMH） …… 30
一、有效市场假设的形成 …… 30
二、有效市场的分类 …… 32
第三节　EMH 的经验分析 …… 32
一、随机游动假说的经验证据 …… 32
二、EMH 的经验证据 …… 33
三、来自于经验分析的挑战 …… 35
第四节　分形简介 …… 36
一、分形几何的提出 …… 37
二、分形中的自相似 …… 37
第五节　分形统计学简述* …… 38
一、分形分布 …… 38
二、分形分布中的特征参数 …… 39
第六节　分形在金融投资中的应用 …… 40
一、分形市场假说 …… 40
二、分形结构的稳定性问题 …… 40
三、投资起点与市场稳定性 …… 41
思考题与讨论题 …… 42

**第四章　金融风险管理理论** …… 43
第一节　基于不确定性的金融风险管理理论 …… 43
一、统计决策的基本要素 …… 43
二、不确定性与概率分布 …… 46
三、贝叶斯分析 …… 48
四、决策准则 …… 50
第二节　基于信息不对称的金融风险管理理论 …… 55
一、信息不对称下的道德风险与逆向选择 …… 55
二、金融道德风险管理 …… 57
三、委托-代理模型 …… 63
四、金融逆向选择风险管理 …… 68
第三节　基于人文及心理特征的风险管理理论 …… 71
一、噪声交易风险管理 …… 71

二、前景理论中的风险管理 …… 77
三、认知偏差与风险管理 …… 82
思考题与讨论题 …… 84

## 第二篇 基本模型

第五章 证券投资组合模型 …… 87
第一节 风险分散与相关分析 …… 87
一、证券投资组合预期收益与风险 …… 87
二、风险相关性度量——协方差与相关系数 …… 88
三、系统风险与非系统风险 …… 90
第二节 证券投资组合模型 …… 92
一、可行集与有效集、有效边界 …… 92
二、最优规划下的有效资产组合 …… 93
第三节 投资组合模型的解与两基金分离定理 …… 94
一、证券投资组合模型的求解 …… 95
二、两基金分离定理的证明 …… 96
三、有效组合边界的双曲线特征 …… 97
四、系统性风险不可消失 …… 98
第四节 证券投资组合的选择 …… 99
第五节 算例 …… 101
思考题与讨论题 …… 103

第六章 资本资产定价模型（CAPM）与因素模型 …… 105
第一节 资本市场线 …… 105
一、CAPM 的基本假设 …… 105
二、资本市场线（capital market line，CML） …… 106
第二节 资本资产定价模型（CAPM） …… 109
第三节 因素模型 …… 113
一、因素模型（factor models） …… 113
二、单因素模型（one-factor models） …… 113
三、多因素模型（multiple-factor models） …… 115
四、因素模型与均衡 …… 117
五、因素的确定 …… 117
第四节 总风险的分解 …… 118

一、单因素模型下总风险的分解………………………………………………………………… 118
二、市场模型下的总风险……………………………………………………………………… 118
第五节　单因素的套利定价模型（APT）……………………………………………………… 119
一、套利的原则………………………………………………………………………………… 120
二、套利组合（arbitrage portfolios）………………………………………………………… 120
三、APT 资产定价线 …………………………………………………………………………… 121
四、APT 定价方程参数的确定 ………………………………………………………………… 122
第六节　多因素的套利定价模型（APT）……………………………………………………… 123
一、双因素套利定价模型……………………………………………………………………… 123
二、多因素套利定价模型……………………………………………………………………… 125
第七节　APT 与 CAPM 的比较 ……………………………………………………………… 125
一、单因素 APT 模型与 CAPM 模型 ………………………………………………………… 125
二、多因素 APT 模型与 CAPM 模型 ………………………………………………………… 126
思考题与讨论题………………………………………………………………………………… 127

**第七章　VaR 与风险管理** ……………………………………………………………………… 129
第一节　置信水平与统计预测………………………………………………………………… 129
第二节　VaR 简介 ……………………………………………………………………………… 130
第三节　VaR 的计算 …………………………………………………………………………… 132
一、参数法计算 VaR …………………………………………………………………………… 132
二、模拟法计算 VaR …………………………………………………………………………… 136
第四节　随机过程与 VaR ……………………………………………………………………… 140
第五节　预测方差-协方差矩阵计算 VaR * …………………………………………………… 142
第六节　VaR 模型在我国股市风险分析中的应用 …………………………………………… 143
一、文献综述…………………………………………………………………………………… 144
二、VaR 估计中的概率分布设定风险 ………………………………………………………… 145
三、基于数据特征的 VaR 改进模型 …………………………………………………………… 146
四、改进模型的应用…………………………………………………………………………… 148
思考题与讨论题………………………………………………………………………………… 151

## 第三篇　工具与市场统计分析

**第八章　债券投资与利率风险**………………………………………………………………… 155
第一节　债券投资的收益率度量……………………………………………………………… 155
一、债券的分类………………………………………………………………………………… 155

二、债券市场的收益率度量…………………………………………………… 156
第二节 利率………………………………………………………………………… 160
一、票面利率与市场利率………………………………………………………… 161
二、名义利率与实际利率………………………………………………………… 166
三、即期利率与远期利率………………………………………………………… 167
四、单利、复利与连续利率……………………………………………………… 170
第三节 利率期限结构与收益率曲线……………………………………………… 172
一、预期假说……………………………………………………………………… 172
二、流动性偏好假说……………………………………………………………… 173
三、市场分割假说………………………………………………………………… 174
第四节 债券投资的风险…………………………………………………………… 175
一、违约风险……………………………………………………………………… 175
二、利率的风险结构……………………………………………………………… 177
三、利率风险及其度量…………………………………………………………… 178
第五节 负债工具投资选择………………………………………………………… 183
一、违约风险防范………………………………………………………………… 183
二、利率风险防范………………………………………………………………… 184
第六节 我国上市公司财务危机的判断与预警
——基于因子分析 Logit 模型的经验证据 ……………………………………… 188
一、引言…………………………………………………………………………… 188
二、相关文献综述………………………………………………………………… 189
三、基于财务指标的因子分析 Logit 模型 ……………………………………… 190
四、财务危机预警模型的改进…………………………………………………… 195
思考题、练习题与讨论题…………………………………………………………… 201

**第九章 股票市场投资分析**…………………………………………………… 203
第一节 股票及股票市场…………………………………………………………… 203
一、股票的含义…………………………………………………………………… 203
二、股票的分类…………………………………………………………………… 203
三、股票市场……………………………………………………………………… 204
第二节 普通股定价模型…………………………………………………………… 209
一、收入资本化定价方法………………………………………………………… 209
二、零增长模型…………………………………………………………………… 211
三、不变增长模型………………………………………………………………… 212
四、三阶段股利增长模型………………………………………………………… 213

五、多元增长模型…… 214
六、基于市盈率的定价模型…… 215
第三节 普通股投资分析…… 218
一、经济分析…… 218
二、行业分析…… 221
三、公司分析…… 223
第四节 对股票投资价值的重新思考…… 224
一、股票投资价值判断理论范式的变革…… 224
二、对股票投资价值的重新思考…… 230
三、上市公司基本价值的测算…… 237
思考题、练习题与讨论题…… 239

第十章 外汇市场与汇率风险…… 241
第一节 外汇市场与汇率…… 241
一、汇率及其标价方法…… 241
二、即期汇率与远期汇率…… 242
三、汇率风险…… 242
四、汇率形成机制…… 243
第二节 汇率决定与指数…… 243
一、金本位制度下汇率的决定…… 243
二、纸币制度下汇率的决定…… 244
第三节 购买力平价理论的指数描述…… 245
一、绝对购买力平价的指数描述…… 246
二、相对购买力平价的指数描述…… 246
第四节 利率平价理论的指数描述…… 247
一、汇率风险与抛补…… 247
二、无抛补利率平价的指数描述…… 248
三、有抛补利率平价的指数描述…… 249
四、预期汇率与远期汇率的关系…… 249
第五节 费雪方程及汇率决定理论…… 250
一、费雪方程的汇率决定…… 250
二、费雪汇率决定的包容性…… 250
三、汇率决定理论的进展…… 251
第六节 外汇市场投资策略分析…… 251
一、投机性交易…… 251

二、套期保值交易…… 252
思考题与讨论题…… 254

第十一章　期货市场及杠杆投资…… 256
第一节　期货市场交易特征及规则…… 256
一、期货交易与期货合约…… 256
二、期货市场交易的主要特征…… 256
三、期货市场交易的规则…… 257
第二节　期货产品定价…… 258
一、期货价格以现货价格为基础…… 258
二、金融期货价格的构成…… 259
第三节　期货交易中的套期保值…… 260
一、空头套期保值与多头套期保值…… 260
二、基差风险…… 260
三、最佳套期比率…… 262
第四节　风险偏好与杠杆投资决策…… 263
一、投资者的风险偏好…… 263
二、期货交易的保证金制度与杠杆投资…… 264
第五节　远期协议交易与期货交易的比较…… 265
一、远期协议的含义与特征…… 265
二、远期协议交易与金融期货交易的比较…… 266
三、远期价格和期货价格的比较…… 266
第六节　算例…… 268
一、利用利率期货套期保值…… 268
二、利用外汇期货套期保值…… 269
三、利用股票指数期货套期保值…… 270
思考题与讨论题…… 271

第十二章　期权市场及期权定价模型…… 272
第一节　期权简介…… 272
一、期权的概念…… 272
二、期权交易的特点…… 272
三、期权的分类…… 273
第二节　期权中的风险锁定…… 274
一、期权与期货合同双方交付的比较…… 274

二、期权交易的盈亏 …… 275
第三节 期权定价——二叉树方法 …… 276
一、单步二叉树模型 …… 276
二、两步二叉树模型 …… 278
三、二叉树模型的进一步讨论 …… 278
第四节 风险中性下的二叉树定价 …… 280
第五节 随机游走模型及布朗运动 * …… 282
一、随机过程及布朗运动 …… 282
二、随机微分及ITO定理 …… 283
三、股票价格的行为过程 …… 283
第六节 布莱克-斯科尔斯（Black-Scholes）模型 * …… 284
一、布莱克-斯科尔斯（Black-Scholes）模型的假设条件 …… 284
二、看涨期权的布莱克-斯科尔斯（Black-Scholes）模型 …… 285
三、看跌期权的布莱克-斯科尔斯（Black-Scholes）模型 …… 287
第七节 风险中性的期权定价公式 …… 289
一、买权定价公式的数学推导 …… 289
二、$N(d_2)$ 的统计意义 …… 292
三、对 $\bar{u}=u_f-\frac{1}{2}\sigma^2$ 的解释 …… 292
第八节 相关变量对期权价值的影响 …… 293
一、标的资产现价变动对期权价值的影响 …… 293
二、执行价格变动对期权价值的影响 …… 294
三、期权有效期变动对期权价值的影响 …… 295
四、标的资产现货风险变动对期权价值的影响 …… 296
五、无风险利率变动对期权价值的影响 …… 296
思考题、练习题与讨论题 …… 297

**附录：部分思考与练习题答案** …… 298
**主要参考文献** …… 299

# 第一篇　基本理论

统计学作为一门方法论学科，其基本思想和研究内容均与不确定性问题有着必然的联系。不确定性作为市场经济的基本特征之一，决定了将统计学分析方法应用于经济问题的研究客观上具备内在一致性，现代通信技术不仅使金融交易更为便利与交易成本更低，而且它极大地拓展了投资人资产配置的范围，金融资产投资因此成为不确定性特征最为明显的经济问题；同时，现代通信技术也彻底改变了投资人获取数据资源的方式，海量的数据资源对投资者的信息处理能力提出了挑战。统计学同时作为一门数据分析学科，它为人们有效地处理这些海量数据提供了科学的方法，金融市场相关的海量与高频数据也决定了这两个学科必然走到一起，从而形成金融投资统计分析的特色。

作为现代金融投资统计分析的开篇，本篇主要论述与介绍与该主题密切相关的基本理论。这一篇由四章构成：

第一章——金融、不确定性与统计分析。主要论述金融与不确定性之间的内在联系，以及不确定性的统计描述，重点分析了金融市场价格变动的随机性特征与金融风险管理中统计思想与分析方法的一致性和有效性，着重强调了金融投资中预期变量的地位与预期的四种基本形成模式。

第二章——风险偏好及选择。金融投资行为既包括客观因素，也包含主观因素，客观因素构成投资人的投资环境与资源约束，主观因素才真正是投资选择的最终决定力量，投资者风险偏好的不同正是主观因素作用的体现。对投资者风险偏好进行度量与分类，并利用效用函数与无差异曲线分析方法从定量的角度去刻划这种差异，进而探讨不同类型投资者的资产配置选择就成为本章的基本内容。

第三章——无套利与有效市场假说(EMH)。金融投资的核心在于对金融产品或工具的估值与定价，建立一个统一的理论分析框架是任何学科不可或缺的基础，统一分析理论框架建立的前提在于理论上的抽象，无套利均衡与有效市场假说正是在理论抽象的前提下为金融投资学提供了一个统一的理论分析框架。本章除论述了现代金融学这一理论基础外，还较详细介绍了一种基于复杂性科学的新发展——分形市场假说。

第四章——金融风险管理理论。金融风险管理理论是随着金融以及金融市场的发展而不断发展和深化的，它的发展与现实的制度背景密切相关，在货币制度从金本位转向信用本位的背景下，金融风险管理理论的演进便从客观朴实性向主观人文性的路径演化，即从重视金融风险产生之根源的客观性向从重视金融活动主体的经济关系再向金融活动参与主体的心理因素研究的演化过程。本章依据金融风险管理理论的这一演化路径，分别从状态不确定性、信息不对称环境和人文及心理特征三方面来介绍金融风险管理理论。

# 第一章　金融、不确定性与统计分析

经过40多年的改革开放，我国的经济状况发生了翻天覆地的变化，不仅综合国力显著增强，而且居民收入水平与生活水平也有了明显提高和改善，中国经济正经历一场从贫穷国家向中等发达国家过渡的历史性转变。在这场重大的经济变革过程中，一个突出的特点是作为中产阶级阶层正在形成和壮大，中产阶级阶层的形成意味着社会将有大量的资金沉积在居民个人手中，为这些资金寻求出路不仅是居民金融资产投资的现实需求，而且也是有效配置资源的必要前提。因此，构建完善的金融体系，提供多样性的金融工具和交易市场是我国金融发展的必然选择。面对多样化的金融交易工具和多样性的投资者偏好，从统计学的角度把握投资者的市场行为及其金融市场特征，并给出投资收益与风险合理的数量界面自然成为金融投资统计分析的目的。

## 第一节　金融的内在不确定性与统计分析

20世纪30年代，经济科学中的一个重大变化是计量经济学的形成，所谓计量经济学就是经济学、数学和统计学的结合，计量经济学的产生与发展使人们能够利用计量经济方法处理或解决经济中不确定性问题的定量化，其中包括寻找变量之间稳定的定量关系，从数据中发现经济运行的趋势和方向，探索经济规律。进入20世纪90年代后，金融学家又将金融学、数学与统计学进行结合，经过一大批金融学家的努力，于90年代中期产生了计量金融学，计量金融学的出现为我们在金融学与统计学之间构建学科之间的桥梁，实现不同学科的交叉融合提供了现实的典范，它的出现一方面深化了金融学理论与实证问题的研究，另一方面也为统计分析的范围拓展了空间。

### 一、金融的内在不确定性

所谓金融就是由货币、信用和银行形成的资金融通。它以其不同的中心点和方法论而成为经济学的一个分支。其基本的中心点是资本市场的运营、资本资产的供给和定价。其方法论是使用相近的替代物给金融契约和工具定价。对那些有时间连续特点的收益解决不确定性的价值工具来说，这一方法论很适用①。

从金融的定义上看，货币是金融交易量的衡量尺度，它作为经济运行的润滑剂在经济活动中发挥着血液的作用。传统的货币作为一般等价物，它具有价值尺度、交换媒介、储藏手段等基本功能。早期作为价值尺度的货币，本身具有统一的内在价值，相同纯度贵金属的重量作为一种客观标准使人们在接受货币时不会产生价值不确定性问题。信用的出现导致了货币价值与其内在价值的不一致，这种不一致产生了金融活动中的不确定性问题，但与其对应的法偿地位和金汇兑本位制的制度安排保证了信用交易在实际价值上的一致性，结果并没有破坏金融运行的稳定性，各金融变量仍呈现出高度确定的特征。与此同时，货币作为交换媒介的功能却得到

① 新帕尔格雷夫货币金融大辞典(第二卷)P27。

极大的强化。然而，当货币脱离它的实物基础之后，信用开始取得基础地位，因此，以信用为基础的货币量就变得不确定。如你目前拥有一确定数目的债权，这一债权的实际货币量或价值量到底是多少？事实上根本就说不清，因为若债务人到期能顺利地履约，则你能获得某一确定数量的货币，若债务人到期后不能履约，你可能什么都得不到，若债务人到期后只能部分履约，你只能获得部分货币量。真实的结果只有到期后才能知晓，在这种情况下，一确定数量债权的价值量就变得不确定了。信用货币制度的出现，最大限度地深化了交换媒介的功能，同时，它使价值尺度开始缺乏相应的统一标准，不同的人会根据自身的偏好做出可能不一致的判断，其结果就使相同货币量表现出不同的价值水平，或者说，相同价值水平的经济品，不同人有不同货币量的评价。由于人们价值判断的结果在一定程度上取决于决策者所面临的客观经济环境以及预期变化方向和水平，而经济中又没有完全重复的环境状况，这就导致人们根据自身偏好，在不同时间和环境下所做出的判断本身就是不一致的，个人判断的不一致与集体判断的非统一性使得作为价值尺度的货币在价值量的评价上表现出它的内在不确定性。

从银行经营业务上看，存款与贷款业务一直是商业银行最基本的业务。就存款而言，其资金来源主要集中于企业和居民，当然还有部分的政府资金。通常情况下，无论是企业或居民，在有暂时的闲置资金时，会将钱存入银行，也就是说，银行所吸收的存款绝大多数都是经济主体在经济活动中临时闲置的资金，这种闲置资金的性质决定了银行存款在时间上的不确定，因为存款者本身都不知道其闲置资金什么时候会派上用场，当然，作为经营存款业务的银行就更不知道存款人什么时候将从银行取走资金和取走多少了。也就是说，银行经营的存款其大多数是短期闲置资金，且时期是不确定的。就贷款而言，商业银行经营的贷款主要是面对企业和个人的中长期贷款，即使不考虑违约风险，银行也将面临如何将短期的资金来源长期化的问题。也就是说，在银行经营的存贷款业务中，资金来源的短期性与资金使用上的长期化显然在时间上表现出内在的不一致，这种内在的不一致使得银行经营中的准备金率难以把握，当然更谈不上实现最优化；同时，经济主体行为的随机性必然导致银行经营业务量和时期上的不确定。

作为金融学中心的金融市场，无论它的运营，还是其产品的市场定价，其不确定性特征表现得更为明显。对此，第二节有专门的分析。

### 二、不确定性的统计描述

通常情况下，人们将经济变量分为三类①，即确定性变量、随机变量和不确定性变量，确定性变量之间的关系可表示成函数形式，随机性变量之间的关系可表示成统计或计量经济模型的形式，不确定性变量的情况比较复杂，它是经济主体或研究人员掌握信息最少条件下的一种状态，经济行为人或研究人员不仅不知道该变量在各种条件下的取值，甚至连该变量在各种状态下所发生的概率或分布特征都未知，定量分析中解决此类问题的方式：一是经济行为人直接做出主观判断，利用这种方式处理不确定性问题，凭的是实践经验，缺乏相应的理论基础；另一则是将其转化成随机变量，即通过进一步收集相关资料来估计变量的概率分布，一旦将其转化成随机变量，统计描述就有了用武之地，同时也就将不确定性问题完全归结为对随机现象的处理。统计学，尤其是数理统计学，它主要研究的内容就是随机现象，数理统计学的发展不仅为计量方

① 奈特是最早系统研究不确定性的经济学家，也许受统计学学科特点的启发，或许是出于风险分析技术层面的需要，他首先论述了风险与不确定性的区别，提出了风险与随机变量的对应关系，改变了前人笼统的两分法，即确定性变量和不确定性变量的简单划分，确立了确定性变量、随机变量（风险源变量）和不确定性变量三分法。

程参数的估计提供了科学的方法，而且也为科学的处理随机变量提供了坚实的理论基础和一套完整的方法论。

事实上，不确定性是一信息概念，与它对应的则是确定性，人们对事件发生情况判断的准确性取决于决策者所掌握的信息，也就是说，决策者的不同信息空间所表明的不确定性程度是不同的，将不确定性程度记为 $I_u$，则 $I_u$ 显然取决于决策者或研究人员的信息空间 $\Omega$，作为信息状态的一种描述工具，$\Omega$ 的两个极端的情况是：(1) 完全信息；(2) 完全无知。当人们具有完全信息特征时，决策者对于事件要发生的状态和结果有完全的了解，此时，不确定性消失，用定量方式描述不确定性程度的话，$I_u=0$。当人们对于事件的发生处于完全无知状态时，变量附加的信息空间为空集，与此对应的不确定性程度理应取最大值，不妨将该值设为 1，即 $I_u=1$，这样我们就将不确定性程度 $I_u$ 的取值界定在 0～1 之间，即 $0\leqslant I_u\leqslant 1$。由于不确定性程度与信息集完全对应，因此，在确定不确定性程度 $I_u$ 与信息集 $\Omega$ 的关系时必须遵循：若信息集 $\Omega_1\subset\Omega_2$，则 $I_u(Z\mid\Omega_1)\geqslant I_u(Z\mid\Omega_2)$ 的原则。为了便于理解，这里我们首先考虑有限离散型随机变量的情形。设随机变量 $Z$ 的结果有 $n$ 个，$P(Z)$ 为对应的概率分布，由于 $Z$ 具有不确定性特征，$P(Z)$ 未知。但是根据掌握的信息，人们总是能做出 $P(Z)$ 是否大于 $1/n$ 的判断，这样我们便能利用 $P(Z)$ 来定义不确定性程度 $I_u$，即定义：

$$I_u=\begin{cases}1-\dfrac{n}{n-1}\left[P(Z)-\dfrac{1}{n}\right], & \text{当}\dfrac{1}{n}<P(Z)\leqslant 1\text{时}\\[2ex] 1-n\left[\dfrac{1}{n}-P(Z)\right], & \text{当}\ 0\leqslant P(Z)\leqslant\dfrac{1}{n}\text{时}\end{cases}\tag{1.1.1}$$

根据(1.1.1)式对不确定性程度的定义可知，人们无论是肯定哪一个状态会出现或肯定哪一个状态不会出现，即 $P(Z)=1$ 或 $P(Z)=0$ 时，则 $I_u=0$。$I_u=0$ 表明所研究的对象是完全确定的，$P(Z)=1$ 或 $P(Z)=0$ 本身说明人们对所要表述的问题具有完全信息。然而，当人们所掌握的信息集 $\Omega=\phi$，意味着信息状况无法区分哪一状态出现的可能性更大，此时一个合理的处理方式是设定 $Z$ 服从均匀分布①，即 $P(Z)=1/n$，将 $P(Z)=1/n$ 代入(1.1.1) 式得，$I_u=1$。$I_u=1$ 在逻辑关系上显然与人们的实际感受是一致的。

就一般情况而论，(1.1.1)式对 $I_u$ 的定义显然满足：当 $\Omega_1\subset\Omega_2$ 时，$I_u(Z\mid\Omega_1)\geqslant I_u(Z\mid\Omega_2)$ 的原则，说明(1.1.1)式对 $I_u$ 的定义是合理的。

根据(1.1.1)式对 $I_u$ 的定义，当我们将 $Z$ 从有限离散型扩展到无限连续模型时，就能发现 $I_u$ 与 $P(Z)$ 之间更直接明了的关系。在(1.1.1) 式中，令 $n\rightarrow\infty$，得

$$I_u=\begin{cases}1-P(Z), & \text{当}\ 0<P(Z)\leqslant 1\text{时}\\ 0, & \text{当}\ P(Z)=0\text{时}\end{cases}\tag{1.1.2}$$

在实际问题的分析中，人们通常只关心 $P(Z)>0$ 的状态，并将所有 $P(Z)>0$ 对应的状态的全体作为元素来构筑状态空间。当 $P(Z)=0$ 时，意味着 $Z$ 这一状态肯定不会发生，人们自然就没有必要再去考虑 $Z$ 出现时可能的决策结果，因此，$P(Z)=0$ 的情况可从状态空间中去掉。当我们将 $P(Z)=0$ 的情况从(1.1.2) 式中去掉后，(1.1.2) 式变为

$$I_u=1-P(Z)\tag{1.1.3}$$

利用(1.1.3)式，即可度量不确定性程度。

---

① 这一思想最早由统计学家贝努里提出，虽然目前还存在争议，但由于没有更有说服力的解决办法，在实际应用中它还是被绝大多数人所接受。

众所周知,与不确定性程度对应的另一概念是确定性程度,且确定性程度等于 $1-I_u$。这样一来,我们便发现,确定性程度就是概率,概率是数理统计学的基础,因此,对不确定性问题的研究可直接纳入统计学的分析框架。

从上述分析可知,金融的内在不确定性决定了金融学的研究必须借助于统计分析技术,现代金融学的发展也越来越表现出统计分析方法的重要性。如在金融资产的估值中,人们通常利用了某一分布函数以及相应的分布特征值;商业银行在解决存贷款不匹配过程中利用的就是大数定理等。

## 第二节 金融市场价格变动的随机性与统计分析

所谓金融市场是指为金融产品提供交易的场所。其可分为有固定交易地点的有形市场和无固定交易地点的无形市场;从开放性的角度,它还可分为国内金融市场和国际金融市场;从交易工具的特征上,它可分为货币市场、资本市场、外汇市场、黄金市场及其衍生产品交易市场;从金融监管的角度,它可分为在岸金融市场和离岸金融市场。离岸金融市场是指,在国外发行或交易的以第三国货币标值的金融工具的市场。离岸金融市场至少涉及三个国家,一是发行人之国家,二是发行地点之国家,三是产品标值货币对应的国家。如中国国际信托投资公司在伦敦发行一定数量的美元债券就属离岸金融业务。

与产品市场一样,金融市场中交易的最重要变量是交易价格与交易数量。不同的是,金融产品在不考虑时间价值的前提下,不存在自然损伤,它也不像实物产品交易中存在明显的交割滞后,也不像实物产品交易具有季节性特征。实际上,实物产品的上述特征在客观上阻碍了市场机制的完全性。相比之下,金融市场交易环境更接近完全竞争的市场特征,现代通信技术与计算机应用的发展使得金融市场交易更为迅速、便捷,同时也极大地降低了交易成本,加上信用货币体系的制度安排,极大地调动了投资者的交易热情,使现代金融市场表现出比产品市场更强的活力。它在促进社会经济发展的同时,也提供了一个富有戏剧性的博弈场所,价格不断变动,且难以把握,从而表现出明显的随机性特征。

金融市场产品及其交易价格的决定是一个复杂的过程,如果说,传统的金融产品价格的确定有其实物价值的对应关系,人们根据实物产品或黄金的价值来决定金融产品的价格的话,那么,当现代金融已经几乎完全脱离它的实物基础后,价格的决定就变得极其复杂了。如金本位制下汇率的决定,在金本位制下,汇率取决于两个国家货币的含金量,由于黄金的基本单位——纯度与重量都是客观标准,决定了一盎司相同纯度的黄金无论是用何种货币标值,它的客观价值是一致的。设 A 国币种标值的一盎司黄金的价值为 $M_A$,B 国币种对应的一盎司黄金的价值为 $M_B$,则 A 国货币与 B 国货币兑换的汇率自然就是 $M_A/M_B$。当然,A 国货币与 B 国货币的兑换比例即使在金本位制下也不会绝对地固定在 $M_A/M_B$ 的水平,但可以肯定的是它一定会落在 $M_A/M_B \pm e_p$(其中,$e_p$ 为黄金的输出或输入点)的范围内。从金本位制下汇率的决定来看,虽然汇率也表现出随机性特征,但它满足 $E(e)=M_A/M_B$(其中,$e$ 为汇率),或 $E(e_p)=0$ 的统计特征,即 $e_p$ 是白噪声。如今,信用货币制度安排使得金本位制下的实物基础——黄金丧失了其作为价值衡量尺度的功能或失去了它的社会属性,汇率的决定主要取决于市场供求关系,这种改变破坏了价格的 $e=M_A/M_B+e_p$ 关系,人们已无法在 $e$ 的构成中区分哪一部分是固定不变的,即基础部分,也就是说,就 $e$ 整体来说,它都具有了随机性特征。面对已经变化的金融市场环境及金融产品价格运行的随机性特征,如何描述价格的运行,金融学家一如既往的在统计方法上寻求出路,他们与统计学家合作试图利用随机过程这类统计学方法来描述金融市场价格的形成及其变动。

当金融市场中的价格变量表现出随机性特征时，统计学或统计分析就有了用武之地。因为统计学或统计分析就是要从随机性中去寻求统计规律或概率规律。因此，在对现代金融市场的研究与分析中，大量使用统计分析技术就不足为奇了。如证券投资组合理论、资本资产定价模型(CAPM)、有效市场理论、期权理论等都大量地使用了统计分析方法。读者可以从后面各章的具体内容中去充分体会统计方法对金融投资分析的重要性。

## 第三节 金融风险管理中的统计方法

社会经济活动中，几乎所有的人类行为都面临着大量的不确定性因素，在具有不确定性因素的环境中，人们如何做出决策或怎样采取行动，都是一个非常值得研究的问题。银行不仅不知道债权人何时来兑现他的权益，而且它也不能肯定债务人是否到期后能够还本付息；一个外贸企业由于其出口业务的需要，随时都必须保有一定的外汇头寸，或者是它在外贸业务中，经常会发生未来某一个时期的外汇收入或支付，但是，它却不可能肯定到期时的汇率会是一个什么水平，而汇率的变化显然会对该企业的收支状况产生较大的影响；一个股票市场投资者，他不可能完全肯定股票价格在未来一个时期的变动情况。上述种种情况都表明，人们在实际经济活动中，尤其是在金融活动中，都面临某种程度的不确定性可能带来的风险，这在客观上提出了风险管理问题。所谓金融风险是指未来不确定性可能带来金融资产的损失。

可以这么说，几乎所有独立的金融活动都客观存在风险①，不同的人对待风险的态度是有区别的，有的人喜好风险，有的人厌恶风险，还有的人既不喜好风险也不厌恶风险，通常我们将其称为风险中性。但无论人们对待风险的态度怎样，他们都会对不确定性可能带来的成本与收益进行分析，并在成本与收益权衡的基础上做出与自身风险态度相同的选择。确定减少风险的成本收益权衡方案和决定采取的行动计划(包括决定不采取任何行动)的过程称为风险管理。值得说明的是，虽然不同风险态度的人在可能导致的成本与收益之间的权衡是有明显差异的，但无论人们的风险态度如何，都会试图取得一个固定风险下的最大收益或相同收益下所承担的风险最小，这种为实现相同收益使成本最小化或固定风险情况下的收益最大化方案和行动计划才是真正意义上的风险管理。因此，风险管理适用于所有的不确定性情况，而与人们的风险偏好无关。

进行有效的风险管理是现代金融机构面临的一个最重要的课题。在金融风险管理中，首先要解决的就是风险的度量问题。从金融风险定义上看，金融风险包含有两个基本要素，一是状态的不确定性，二是由状态的不确定性引起的结果的不确定性。因此，金融风险的度量就应是两者的综合。前面的分析表明，状态的不确定性程度可以用概率来度量，而结果的不确定性则是由状态的不确定性决定的，即在给定金融资产头寸的情况下，对应每一个可能的状态，其结果则是确定的，表明金融风险度量本质上是一个统计方法的应用问题。如早期马柯维茨(Markowitz)提出的用标准差即 $\sigma$ 度量金融风险，夏普(Sharpe)在 CAPM 模型中提出的相对金融风险 $\beta$ 系数等，本质上都是统计特征数的应用。20 世纪 90 年代巴塞尔委员会推出的 VaR，即风险价值，更是统计思想与方法在风险度量中的完美应用。在解决了风险度量问题之后，风险管理自然要进入下一个层面，即根据风险与收益情况制定与自身特征相符的行动计划，也就

① 这里特别强调独立的金融活动，其独立性意指金融交易主体的独立性和金融交易工具的单一性。因为，一个在量上匹配完全的套期保值交易并不存在金融风险。

是说,人们必须在风险与收益权衡的基础上做出选择。然而,状态的不确定性必然导致收益也是不确定的,不同状态的出现表明可能会有不同收益之结果。因此,用哪种收益与风险权衡就成为行动方案选择比较的标准,有的人可能以各种可能收益中的最大收益为准则来选择行动,有的人则可能以各种收益状况下的最小值为准则来选择行动,还有的人则以相对最有把握的状态为准则来选择行动,更常见的是以各种可能收益的综合,并以其期望收益为准则来选择行动。这种从不同准则来选择最优行动的现象反映了人们对待风险的不同态度,追求可能最大收益的投资者显然属于冒险型(喜好风险),而追求最有把握收益和以最小收益为底线的投资者属于保守型(厌恶风险),而以期望收益为准则,并在期望收益与完全确定收益值相同情况下(确定性等值),选择风险投资与获取确定性收益两者之间态度无所谓的投资者属于风险中性型。无论是哪类风险特征的投资者,在风险管理中,都必须要么计算最大概率,要么计算可能最好或最坏之结果,最常见的还是计算期望收益值。纵观风险管理中这些定量的处理技术,不难发现,它们无一不是使用的统计方法。因此,金融风险管理的任何一个环节都离不开统计分析,统计分析构成金融风险管理中的一个重要的内容。

## 第四节　金融投资与预期

金融投资分析中,预期是一个极为常见的概念,它在投资决策中扮演着非常重要的角色。预期是指投资者对可能结果的一种预测。它是投资者实施投资行为的最基本的决策依据,投资者在实施投资决策前,往往会根据自己所掌握的信息对金融资产未来的运行状况做出预测,预测的内容主要包含两个方面,一是对资产价格的概率分布进行预期,另一是对各种可能结果的预期。在综合这两方面预期值的前提下,投资者根据自身的偏好特征选择投资方案,整个决策过程充分体现了“金融投资行为是投资者购买未来”的思想。

预期的形成大体上可以分为四种,即静态预期、外推预期、适应性预期和理性预期。作为金融投资分析的基础,本节分别给予介绍。

### 一、静态预期

静态预期是一种最为简单的预测方法,它指投资者直接以金融产品当期的价格作为下一期的预测值,即

$$P_{t+1}^{e}=P_{t} \tag{1.4.1}$$

从(1.4.1)式可以看出,这种预期显然只适用于价格呈水平型变动的金融资产,对于价格变动中包含有趋势因素、循环因素、季节因素的金融资产是不适用的。此外,当所考虑的金融资产的价格对 $P_t$ 的反应较为敏感时,通常用此方法预测 $P_{t+1}$ 的值也是不恰当的,因为即使是 $P_t$ 中不包含趋势因子、循环因子和季节因子,仅随机变动的影响就足以使投资行为与所要达到的目的相差甚远。实际上,投资行为本身就需要从动态的角度去考虑,用静态预期方法预测价格的变动显然不符合现实的要求。

### 二、外推预期

梅兹勒(Metzler)首次引进了外推预期的概念。他认为,未来预期不仅应建立在经济变量的过去水平,而且还建立在它的变化方向的基础上。这样,对第 $t$ 期的外推预测就被定义为

$$P_{t}^{e}=P_{t-1}+\varepsilon(P_{t-1}-P_{t-2}) \tag{1.4.2}$$

(1.4.2)式这种预期方法不仅包含有上一期的实际值，而且还考虑到价格变量变动的趋势。在现实经济活动中，大量存在着包含趋势因素的经济变量，只要这种变动趋势能保持一个相对稳定的运动速度，那么，(1.4.2)式就是一个很好的预测方法。可惜的是，在现实经济中，单纯包含趋势因素的金融资产是非常少见的，而在只有趋势因素的变量中，做等速运动的经济变量就更为少见了。此外，从(1.4.2)式可以看出，当预期系数一定时，预期值只取决于 $P_t$ 过去的状况，当前的信息对其没有任何作用，这显然与实际情况是相悖的。但是，外推预期与静态预期相比，它是一个进步，因为外推预期明显包含静态预期，即当 $\varepsilon=0$ 时，(1.4.2)式就变成(1.4.1)式，也就是说，当 $\varepsilon=0$ 时，外推预期就是静态预期。

### 三、适应性预期

适应性预期由卡甘(Cagan)于1956年提出。根据这种预期定义，经济活动参与者将根据自己过去在做出预期时所犯错的程度来修正他们在以后每一时期的预期，故称这种预期方式为适应性预期，用公式表示就是

$$P_t^e=P_{t-1}^e+\eta(P_{t-1}-P_{t-1}^e) \tag{1.4.3}$$

其中，$\eta$ 为适应系数，且 $0\leqslant\eta\leqslant1$。

适应性预期包含了这样一种思想，就是利用过去所犯的错误来修正现在的预测。当前一期的预期值偏高时，即 $P_{t-1}^e>P_{t-1}$ 时，就相应地调低本期的预期，当前期的预期 $P_{t-1}^e$ 偏低时，即 $P_{t-1}>P_{t-1}^e$ 时，就相应地调高本期的预期。调整的目的是试图使预期值与实际值的误差尽量缩小，以使预期真正能反映实际状况。适应性预期比外推预期在理论与方法上又更进了一步，它不仅包含静态预期，而且也包含了外推预期。

显然，当 $\eta=1$ 时，(1.4.3)式就变成(1.4.1)式，即静态预期。另外，对(1.4.3)式作下面的变形又可得到外推预期。

$$P_t^e=\eta P_{t-1}+(1-\eta)P_{t-1}^e \tag{1.4.4}$$

$$P_{t-1}^e=\eta P_{t-2}+(1-\eta)P_{t-2}^e \tag{1.4.5}$$

将(1.4.5)式代入(1.4.4)式得

$$P_t^e=\eta P_{t-1}+\eta(1-\eta)P_{t-2}+(1-\eta)^2P_{t-2}^e \tag{1.4.6}$$

又因为

$$P_{t-2}^e=\eta P_{t-3}+(1-\eta)P_{t-3}^e \tag{1.4.7}$$

将(1.4.7)式代入(1.4.6)式得

$$P_t^e=\eta P_{t-1}+\eta(1-\eta)P_{t-2}+\eta(1-\eta)^2P_{t-3}+(1-\eta)^3P_{t-3}^e \tag{1.4.8}$$

如此类推可得

$$P_t^e=\eta\sum_{k=1}^{\infty}(1-\eta)^{k-1}P_{t-k} \tag{1.4.9}$$

(1.4.9)式为一特殊权数的分布滞后模型，这种模型的一般式为

$$P_t^*=\sum W_kP_{t-k} \tag{1.4.10}$$

其中，$W_k$ 为任意权数，但 $W_k$ 的取值必须保证级数收敛。

当 $W_k=\eta(1-\eta)^{k-1}(k=1,2,3,\cdots)$ 时，(1.4.10)式就变成了(1.4.9)式，即适应性预期；而当 $W_1=1+\varepsilon$，$W_2=-\varepsilon$，$W_k=0(k>2)$时，(1.4.10)式变为

$$P_t^e=(1+\varepsilon)P_{t-1}-\varepsilon P_{t-2}$$

$$=P_{t-1}+\varepsilon(P_{t-1}-P_{t-2})$$

即为外推预期。

适应性预期虽然使预期方法向前推进了一大步,它充分体现了"干中学"的管理理念。但它也存在明显的不足:(1)当前期预期值正好与实际值相符时,由(1.4.3)式得 $P_t^e=P_{t-1}$,也就是说,本期的预期值与上期的实际值相同,它归结为静态预期。如果价格的变动呈水平型或满足均值回归模型,那么,这种预期就没有什么问题,若该变量具有趋势特征,则本期的预期值必然会偏离实际值,至于偏离程度的大小,则取决于事物本身的波动。(2)从(1.4.3)式可以看出,本期的预期值取决于前期的预期值和前期预期的误差,若前期的误差是由偶然因素的影响所致,那么,按(1.4.3)式调整后的本期预期值就有可能比不调整的偏离更大。换句话说,就是本期的预期值有可能更加脱离实际情况。(3)适应性预期(1.4.3)式中的调整是一种规范的调整形式,它只需要前期预期误差,除此之外,任何其他信息均没有什么作用,这种预期行为显然没有能充分利用已有的信息资源。然而,任何一个经济行为主体,在进行预期时总会尽可能充分利用已有的各种相关信息。

## 四、理性预期

1961 年约翰·穆斯(J. F. Muth)在一篇题为"理性预期与价格运动理论"的论文中提出了理性预期假说。此后,理性预期假说得到了著名经济学家卢卡斯(R. E. Lucas)等人的发展,并于 20 世纪 80 年代在西方经济学中形成了一个极具影响力的学派,即"理性预期学派"。理性预期的提出及其发展,不仅使预期理论达到了前所未有的高度,而且这一假说在经济学、金融学中的应用使其在理论上极具魅力。经济学家 M·卡特(Carter)和 R·麦道克(Maddock)将理性预期经济学称为 80 年代的宏观经济学。只要你随便翻开一本现代金融学或金融投资学的著作,你都会发现它几乎无处不在,它已成为现代金融学或金融投资分析的基本理论框架。由此可见理性预期对经济学、金融学所产生的影响之大。

如果对穆斯的例子略加修改,就可得到实体经济中的一种蛛网模型(Cobweb Model),即

$$\begin{cases}Q_t^d=\alpha-\beta P_t & \text{(需求函数)}\\ Q_t^s=\gamma+\delta P_t^e+u_t & \text{(供给方程)}\\ Q_t^s=Q_t^d & \text{(均衡条件)}\end{cases} \tag{1.4.11}$$

其中,$Q_t^d$ 为需求量,$Q_t^s$ 为供给量,$P_t$ 为真实价格,$P_t^e$ 为预期价格,$u_t$ 为随机变量,$\alpha$、$\beta$、$\gamma$、$\delta$ 为参数。

解(1.4.11)式得

$$P_t=(\alpha-\gamma)/\beta-\frac{\delta}{\beta}P_t^e-\frac{1}{\beta}u_t \tag{1.4.12}$$

(1.4.12)式表明,实际价格取决于预期价格和实际产量的波动量,要使(1.4.12)式变成单一解,就必须加上一个与 $P_t^e$ 有关的方程。穆斯的创新在于把 $P_t^e$ 看作内生变量。为了达到这一目的,理性预期理论假定市场中的经济单位知道(1.4.11)式所代表的模型结构,即任何时期的 $P_t^e$ 都等于以前期所能得到的信息为条件的该时期价格的条件数学期望。这样,就得到了有关 $P_t^e$ 的行为方程式

$$P_t^e=E_{t-1}[P_t] \tag{1.4.13}$$

其中,$E_{t-1}[\,]$ 是以 $t-1$ 期信息为条件的条件数学期望。将(1.4.12)式代入(1.4.13)式得

$$P_t^e=(\alpha-\gamma)/\beta-\frac{\delta}{\beta}P_t^e-\frac{1}{\beta}E_{t-1}[u_t] \tag{1.4.14}$$

整理后得

$$P_t^e = \bar{P} - \frac{1}{\beta+\delta} E_{t-1}[u_t] \quad (1.4.15)$$

其中，$\bar{P} = \frac{\alpha-\gamma}{\beta+\delta}$ 是完全由方程的参数决定的，它是简单蛛网模型的均衡价格。

由(1.4.15)式可以看出，任何时期的 $P_t^e$（即价格的预期）都等于 $\bar{P}$ 减去供给的随机波动的期望的一个倍数，这就说明 $P_t^e$ 依赖于 $u_t$ 的概率分布。

理性预期的一个重大贡献在于将预期变量内生化，即预期不是由系统以外的某些外力决定的，而是由系统内经济变量自身的联系决定的。这就为我们处理复杂的不确定性问题找到了一个有效的方法。这种方法暗含着人们在充分利用现有信息情况下追求收益最大化的行为，而这种行为正是我们研究金融投资的出发点。

金融市场中，金融资产的价格是所有投资者行为的结果。虽然不同的投资者可能会选择不同的预期方式，但综合作用的结果却使市场接近了理性预期，这也就是为什么在金融投资分析中经常假定投资者是理性的缘故（注意这里的投资者具有一般意义，它不涉及个体差异）。实际上，现实中投资者的预期往往是不同的，正是投资者个体预期上的差异才导致了市场交易，而预期的差异可能来自于三个方面，一是投资者之间信息上的差异，导致了相同预期方式预期值的不同；二是投资者预期方式选择的不同，导致的预期价格的不一致；三是投资者之间既包含信息差异，也包含预期方式选择的不同，从而导致的预期值的不同。值得注意的是，投资者个体行为上的差异在投资决策分析中是重要的，而当我们考察金融资产的价格形成或金融资产定价时，这种个体的差异可以被忽略。

**思考题**

1. 金融的内在不确定性是如何产生的，银行经营中如何表现。

2. 经济变量可分为哪三类，哪类变量是数理统计研究的内容，不确定性程度如何用统计学的概念度量。

3. 为什么金融风险管理离不开统计分析。

4. 什么是静态预期，它的缺点是什么，与其相比，外推预期有哪些进步。

5. 适应性预期与静态预期和外推预期的关系是怎样的，它的不足之处有哪些。

6. 理性预期的预期价格是由什么决定的，这一理论的显著特点是什么。

7. 如何看待理性预期理论中的个体预期差异。

**讨论题**

1. 统计理论一直存在客观概率与主观概率之争，如何理解金融投资与风险分析过程中，概率分布设定的积极意义与设定错误风险。

2. 信息集是进行投资分析与决策的基础，当信息集存在噪声或虚假信息时，投资者或分析人员应如何看待信息集的作用。

3.“熵”也可作为不确定性程度的一种度量，与概率度量相比：(1)它们之间有什么联系与区别；(2)各自具有什么优缺点。

4. 大数据时代背景下，统计学家在金融资产投资研究中的地位是否将发生重大变化。

# 第二章　风险偏好及选择

金融的内在不确定性决定了金融资产投资者时刻都面临可能遭受经济损失的风险，一般说来，人们并不希望承担风险，但实际上，人类的任何行为都在不同程度上承担着不确定性带来的风险。雇员出门上班，其路途有遭致车祸、被广告牌或居民阳台花盆落下砸伤、不小心绊上井盖等的可能性，这些状态的任何一个发生都会给雇员带来痛苦。简单观察可以发现，人们并未因为路途有风险而不去上班。如果说你因为怕承担风险而不去上班，那么即使你待在家里，你们家所处地区发生地震的可能性也总是存在的，你总不能因为存在地震的可能性而不回家。既然风险是由不确定性决定的，不确定意味着不利状态发生的可能性是存在的，与之相对应，有利状态发生的可能性也是存在的。当有利状态出现时，你因为选择了上班而获得工资，你也能因为选择待在家里而获得休闲，无论选择后的结果是获得工资，还是获得更多的休闲，它都提高了你的生活水平。金融投资也是一样，投资者在面临金融风险的同时，也正面临着获得收益的可能。通常情况下，投资者的行为既不是单纯以风险为依据，也不是单纯以发现有利状态的收益为出发点，而是在风险与收益之间加以权衡。在风险与收益的权衡中，不同人的不同风险偏好特征决定了其投资行为的差异，效用函数给出了描述这种差异的数量界面，它构成投资定量分析的理论基础。

## 第一节　效用函数

在社会经济生活中，有很多问题是无法完全量化的，如安全性、舒适程度等。同时，我们也能发现，即使是可以量化的问题，同样大小的正反结果，人们感觉的程度也是不一样的。如企业在投资中赚到一个同样规模的企业与赔掉你现在所拥有的企业，企业主成功的愉悦程度与失败后的伤心程度是完全不一样的。另一类问题是，现实经济活动中的一些经济现象却无法利用货币度量的收益函数去解释，保险问题可能是这方面最有代表性的。在保险问题中，保险公司作为一个企业，其必然要追求利润，保险公司实现利润的主要手段是向市场推销其定位高于投保人期望损失的保险产品。在保险交易中，投保人明知缴纳的保费大于不投保的期望损失，他们为什么还会主动投保呢？经济学的基本原理告诉我们，市场中所有的自愿交易一定是一种帕累托改进，即交易的结果只会使交易双方的状况变好，交易双方不会因为交易的发生而出现任何一方情况的恶化。根据这一原理推论，一个自然的结论是，投保人会从购买保险中获益，至少不会使情况变坏，这就是说，投保人付出高于期望损失的代价去购买保险是值得的。一个与保费类似的问题是关于购买彩票的问题（如果说在保险问题中，一般公众并不知道发生意外的概率，从而无法知道期望损失的大小，他们在保险交易决策中并没有去比较期望损失与保费的大小是可能的），在彩票的交易中，中奖得奖金的等级是已知的，表明人们完全知道彩票的期望收益小于彩票的价格，现实中还是有很多人去购买彩票。

从决策的角度看，当人们已知各种可能选择的行动及其结果后，决策者往往并不需要明确各行动对应结果的数量大小，他们所需要的是最优行动选择标准下的秩序或者偏好。社会科学中，常用效用(utility)来解决偏好或排序问题。效用是指人们从某一行为中所得到的满足，单位为尤特尔(util)，它是偏好关系的一种度量。效用分为基数效用与序数效用。基数效用是指用基数测度人们满足程度的一个分析方法，即它能用诸如1，2，3，…这种确定的数量来测量和区分人们行为中的满足程度，由此形成了大小关系。序数效用是指用次序或优先关系来描述人们满足程度的一种分析方法，它认为人们的效用是无法测量的，但可以根据偏好来排序，这种排序用第一、第二、第三、……来表示优先关系。

序数效用理论是建立在偏好关系基础上的，偏好关系的建立必须符合一定的假定条件，即所谓的偏好公理：

公理一：完全性

对于任何两个结果 $X$、$Y$($X$、$Y$ 均属于样本空间)，投资者都能给出其优先次序，即要么 $X \succ Y$(符号"$\succ$"为优于)，要么 $Y \succ X$ 或者 $X \sim Y$(符号"$\sim$"为一样好)，三者必居其一，且仅居其一。

公理二：传递性

在样本空间中，若有 $X \succ Y$，同时 $Y \succ Z$，则必有 $X \succ Z$。

公理三：一致性①

在金融投资中，投资者面临的是风险 $\sigma$ 与收益 $R$ 的权衡，设两种投资方案的结果 $X$、$Y$ 均由 $\sigma$ 和 $R$ 的组合构成：

$$X=(\sigma_1, R_1) \quad \text{或} \quad X=(\sigma_1, R_1)$$
$$Y=(\sigma_2, R_1) \qquad\quad\; Y=(\sigma_1, R_2)$$

若 $\sigma_1 > \sigma_2$，则 $Y \succ X$，或若 $R_1 > R_2$，则 $X \succ Y$。

当人们引用偏好关系对所面临的各种可能结果进行排序之后，理性的投资人便能做出决策。显然，序数效用理论不仅解决了不可量化因素之间的比较问题，而且还结合满足程度这类主观因素对一些数量指标或变量的值进行了重新评价，如相同量的货币收入，穷人和富人的评价是不一样的，100元钱对穷人的满足程度要大于富人，这种重新评价能更好地与现实一致。

前面我们曾论及过，决策者选择最优行动的依据并非是准确的数量大小关系，而是优先次序，一旦行为主体有了样本空间的偏好关系，我们便能依据排序并按一定的规则给处于不同位置的结果赋值，各个位次所赋值的大小并不重要，重要的是大小关系与次序关系必须保持一致。依据此原则得到的与样本空间元素对应的值的全体就是效用函数。

以上述保险问题为例，设投保人的财产为 $w$，发生意外的概率为 $\pi$，不发生意外的概率为 $1-\pi$，如果发生意外，且没有投保，财富变为0，这样我们便能得到不投保的财富期望值为

$$\begin{aligned} E(w \mid \text{不投保}) &= \pi \cdot 0 + (1-\pi)w \\ &= (1-\pi)w \\ &= w - \pi w \end{aligned}$$

其不投保的期望损失为 $\pi w$；若投保且保费为 $c$，在投保的情况下，无论是否发生意外，投保人的财富始终是 $w-c$，经济损失为保费 $c$。通常情况下，保费 $c$ 要大于 $\pi w$，这意味着投保人宁愿花一个大于期望损失的费用去换取一个固定的财富值。从效用的角度看，投保人选择购买保

① 关于偏好公理的讨论，常见的教科书一般都是放在消费理论中，消费理论中效用解决的是不同商品组合的优先次序。对消费者来说，在其他商品消费量不变的情况下，任何一个商品消费量都与效用存在序列正相关关系。然而，投资决策中的结果则不同，虽然期望收益 $R$ 与效用是序列正相关的，但风险 $\sigma$ 却与效用是序列负相关的。因此，在偏好公理，尤其是一致性公理的表述中，要注意上述差异。

险,证明买保险的结果至少与不投保一样好,即

$$U(w-c) \geqslant \pi U(0)+(1-\pi)U(w) \tag{2.1.1}$$

因为

$$w-c<w-\pi w$$

根据一致性公理就有

$$U(w-\pi w) \geqslant U(w-c) \tag{2.1.2}$$

再根据传递性公理则有

$$U(w-\pi w) \geqslant \pi U(0)+(1-\pi)U(w) \tag{2.1.3}$$

(2.1.1)、(2.1.2)、(2.1.3)式说明,即使投保人花费一个大于期望损失的费用,投保仍优于不投保,当保费 $c=\pi w$ 时,投保人则更愿意选择投保。

若将发生意外的概率 $\pi$ 视为变量,(2.1.3)式左边的 $U(w-\pi w)$ 就是投保人的效用函数。

用几何图形来描述保险问题,可以更清楚地看出投保人的效用函数及其选择,如图 2.1—1 所示。图 2.1—1 中,横轴代表财富,纵轴为投保人的效用,当保险公司收取公平保费 $\pi w$ 时,不投保的结果是 $U(0)$ 与 $U(w)$ 的期望值,即 $E(U)$,如图 2.1—1 中的 $A$ 点。既然投保人选择了投保,而不是选择不投保,表明在投保人看来,投保的结果优于不投保,用 $A'$ 表示投保的结果,则 $A'$ 一定落在 $A$ 的上方,它是期望值 $w-\pi w$ 所对应的效用,即 $U(E)$,显然 $U(E) \geqslant E(U)$。在图 2.1—1 中,$A_1$ 对应 $\pi=\pi_1$ 时不投保的结果,$A_1{}'$ 则为投保之结果。同样,当 $\pi=\pi_2$ 时,可以得到投保之结果 $A_2{}'$ 处于 $A_2$ 上方,$\pi=\pi_3$ 时,$A_3{}'$ 在 $A_3$ 之上方,将不同财富对应的所有 $A'$ 点联结起来,就能得到投保人的效用曲线,效用曲线就是效用函数的几何形式。

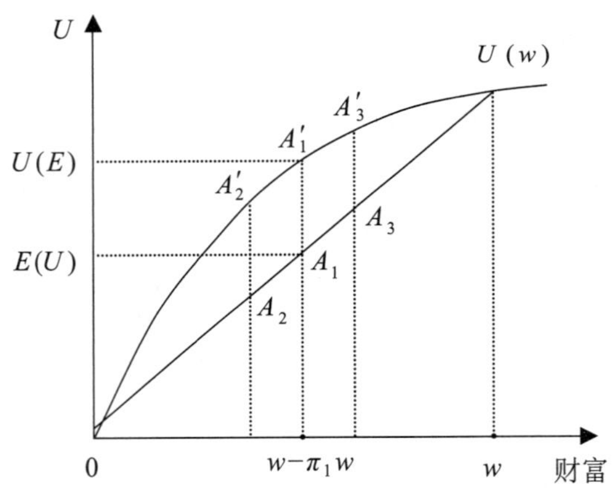


**图 2.1—1 投保人效用曲线**

社会经济问题的核心在于研究人类行为的选择,人类行为在很大程度上受心理因素的支配,单纯的客观分析无法完全预测或解释社会经济现象。这也就是说,人们的日常选择并非完全取决于客观因素,而是在很大程度上由主观判断决定。效用作为一种描述主观因素的综合概念,它给出了人们主观判断的数量边界,将其纳入社会经济问题的研究框架,不仅为社会科学定量分析提供了基础单元,而且也适应了人类行为分析的基本特征。效用函数的引入有力地促进了经济学的发展,极大地扩展了经济理论的解释功能。

## 第二节 风险的度量

日常生活中,人们经常谈论风险,尤其是在金融投资领域,风险更是人们谈论中一个不可或

缺的话题。那么，到底什么是风险，风险又如何来度量呢？无论从理论上看，还是从实际金融投资决策的角度分析，风险的度量问题都是金融投资统计分析的基础。

关于风险的定义，目前学术界尚不统一，比较有代表性的定义大致可归纳为三种：(1)风险与不确定性联系在一起。一项经济活动的风险可以由其收益的不可预测的波动性来定义，而不管收益波动将采取什么样的形式，导致什么样的后果。(2)风险是与其可能带来的不利后果联系在一起的。一项经济活动的风险可以由其收益波动造成的损失来定义，而不论其价格波动将采取什么形式，是否可以预测。(3)一项经济活动的风险是与不确定性和相应的不利后果相联系的。这是对(1)和(2)的综合。根据第三种定义，一个经济产品的价格和收益的波动性可以用来衡量其不确定性，但只有当这种不确定性可能给投资者带来损失时才构成这一投资载体的风险。这一风险定义就与人们通常的理解或感受取得了一致，概括地说，“风险是不利状态出现可能给经济行为人带来的损失”。

从上述各种定义可以看出，不论依据哪种定义，风险都是与不确定性相联系的，且风险产生的根源是事物发展的不确定性。这就是说，任何不确定性决策问题就必须面对或承担风险。从经验分析可知，虽然在数量上不确定性与风险之间没有确定的严格数量关系，但是，不确定性程度的改善却有利于人们回避风险，提高决策的收益率。

前面第一章的分析告诉我们，不确定性程度实际上就是状态空间的概率分布及其特征，当风险的度量必须表现不确定性的含义时，概率分布就成为必不可少的定量分析工具。然而，现实经济活动中，我们真正了解状态空间概率分布的情况很少，大量存在的是人们并不知道状态空间的概率分布，正是因为此，奈特(Knight)试图将不确定性分为风险型与不确定型分别进行研究。他认为，风险是指个人依据对事实的客观分类，有能力计算出概率的情形，不确定性是指不可能客观分类的情形。依据奈特的观点，风险只与已知概率分布的随机变量有关，而与未知概率分布的随机变量无关，这种对风险的表述显然与我们对风险的实际体会不一致。实际上，奈特分类的目的是试图区分客观概率分布与主观概率分布。可是，稍加分析我们就不难发现，现实中根本就不存在所谓的客观概率分布，人们在决策过程中所使用的任何概率分布均是主观的，从这个意义上说，对于任何不确定性问题，人们均可依据其掌握的信息对状态空间的概率分布加以估计，这样，不确定性与概率分布就完全统一起来了。

如果说风险产生的根源已被人类所揭示，并且风险的概念已被相当多的人所掌握的话，那么，有关风险的衡量却又是一个值得探讨的问题。前面我们在介绍不确定性与风险的概念时，并没有具体指出它们两者之间的数量关系，只是谈到了有不确定性存在，就必然有风险存在，这只是揭示了产生风险的原因。然而，在现实世界中，要提高经济决策的科学性并增强其应用性，不确定性与风险的关系问题则又是一个不可回避的问题。在论述这两者之间的关系时，首先的任务是要将其量化。对风险的衡量有不同的方法，其中较有影响和代表性的有：(1) $\sigma$ 或 $\sigma^2$；(2) $\beta$ 值；(3)范围法。

用 $\sigma$ 衡量风险的方法是著名金融经济学家马柯维茨于 1952 年在“证券组合的选择”一文中首先提出来的，他的这种衡量风险的观点后来被大多数人所接受，并得到广泛的传播。从风险的定义看，用 $\sigma$ 衡量风险或作为风险的度量有其合理的一面，它在一定程度上反映了事物不确定性的特征，其具体表现就是变量的波动性特征。用这种方法衡量风险，其中的缺陷也是显而易见的。举一个例子，在股票市场上有这么两个投资者甲和乙，这两个投资者在不同的时期买入同一种股票，并且他们有相同的预期收益率，若该股票市场价格一年的波动范围为( $\min P_A$，$\max P_A$ )，投资者甲是以 $\min P_A$ 价格买入的股票，投资者乙以 $\max P_A$ 价格买入的股票，如果股

票价格 $P$ 的分布是均匀的,则甲与乙的 $\sigma$ 值相同,但非常明显的是甲所承担的风险肯定要比乙小。这个例子表明,用 $\sigma$ 作为风险的度量明显与现实情况不符。现实中的确存在这种情况,即某种项目的投资无论在什么情况下都不会给投资人带来损失,但收益率却并不固定。

$\beta$ 分析法主要用于衡量系统性风险,这种分析方法是在 1964 年,由马柯维茨的学生威廉·夏普(William. F. Sharpe,1990 年诺贝尔经济学奖获得者)在"资本资产定价:风险条件下的市场均衡理论"一文中提出来的,他认为若以 $\sigma_M$ 代表市场资产组合的标准差,第 $j$ 种资产的系统性风险为 $\beta_j=\frac{\text{cov}_j}{\sigma_M^2}$。从 $\beta$ 值的这一计算公式可以看出,$\beta$ 值所包含的经济内容主要是反映了第 $j$ 种资产与市场资产组合的相互关系,即与市场资产组合相比,第 $j$ 种资产市场价格波动的相对强度,关于这一点,只要将上述公式变形为 $\beta_j=\frac{\sigma_j}{\sigma_M}\rho_{jM}$ 就可一目了然。用这种方法度量风险显然没有反映按不同价格购买第 $j$ 种资产的风险差别,然而,当投资者以不同价格购买同种资产时,所面临的风险肯定是不同的,购买价格越高,风险就越大,这是显而易见的。严格地说,用 $\beta$ 值度量风险与用 $\sigma$ 度量风险的思想是一样的,它们之间没有本质的区别,但由于 $\beta$ 值是一相对量,用其进行金融资产投资决策分析还是有非常重要的现实意义的。

范围法衡量风险,仅仅只考虑最大与最小收益两个极端情况,这种处理方法实际上是将最有利的结果和最坏的结果同等地以 50%概率对待,然而,现实经济活动中最有利结果和最坏结果出现的概率常常是比较小的,并且人们在获得新的信息后,经常会调整其行动,很少有人坐等最坏结果的出现,对待风险的这种处理实质上会夸大风险。如在股票的投资中,当人们发现所持有的股票价格继续下跌的概率增大时,通常会采取止损的方法,而不是一直持有到股票最低价格的出现。另外,由于范围法只考虑最好与最坏结果的两种极端情况,自然就只包含了较少的信息状况,它不能全面反映信息在风险管理中的作用。总之,上述这些风险度量方法虽然都不能完整地表述风险的原意,但其最大的优点是,它们在定量分析中易于进行数学处理。

依据风险是由于不确定性的存在给行为人带来可能损失之原意,一种更客观的度量方式可以是,先将状态空间划分为有利状态空间 $R^+$ 和不利状态空间 $R^-$,$R^+\cup R^-=R$($R$ 为状态空间)且 $R^+\cap R^-=\varnothing$,由 $R^+$ 之定义知,无论随机变量 $b$ 取何值,只要 $b\in R^+$,$r(b)>0$(其中 $r(b)$ 为状态 $b$ 决定的收益率),此意味着行为人就不会有损失。当 $R^+=R$ 时,表明无论出现什么状态,行为人都能获得大于 0 的收益,此时风险为 0,反过来说就是,只有当 $R^-$ 非空时,行为人才面临风险,风险的大小可定义为

$$E_{R^-}(r)=\int_{R^-}rdF(r)=\int_{R^-}rf(r)dr \tag{2.2.1}$$

其中 $F(r)$ 为收益率的分布函数,$f(r)$ 为对应的密度函数。

离散情况下,风险为

$$E_{R^-}(r)=\sum_{R^-}P_i r_i \tag{2.2.2}$$

由于(2.2.1)或(2.2.2)式是在 $R^-$ 上定义的,当不考虑交易成本、资金成本这些因素时,(2.2.1)或(2.2.2)式中的 $r<0$

所以
$$E_{R^-}(r)<0 \tag{2.2.3}$$

又由于(2.2.1)或(2.2.2)式这种度量风险的方式只考虑了行为人的损失,且风险的大小就是不利情况下的期望损失。其经济含义很明确,故 $E_{R^-}(r)$ 的符号可以被忽略。

例如:在股票市场中,你以某一价格 $P_0$ 购买了总金额为 $w$ 的某一只股票,且你认为该股价格的变动服从均值为 $P_0+\lambda$,方差为 $\sigma_0^2$ 的正态分布,即 $P\sim N(P_0+\lambda,\sigma_0^2)$,试问,当不考虑交易成本和资金成本时,你的风险到底几何?

解:因为 $P\sim N(P_0+\lambda,\sigma_0^2)$,$f(P)=\dfrac{1}{\sqrt{2\pi}\sigma_0}e^{\frac{1}{2}\left(\frac{P-P_0-\lambda}{\sigma_0}\right)^2}$,而只有当 $P<P_0$ 时,你才有损失,考虑到交易单位与交易金额之间的关系,由(2.2.2)式可得

$$E_{R^-}(r)=\frac{W}{P_0}\int_0^{P_0}P\cdot\frac{1}{\sqrt{2\pi}\sigma_0}e^{\frac{1}{2}\left(\frac{P-P_0-\lambda}{\sigma_0}\right)^2}dP$$

$$=\frac{W}{P_0}\cdot\frac{\sigma_0}{\sqrt{2\pi}}\left(e^{\frac{1}{2}\frac{\lambda^2}{\sigma_0^2}}-e^{\frac{1}{2}\frac{(P_0+\lambda)^2}{\sigma_0^2}}\right)\tag{2.2.4}$$

(2.2.4)式右边的值就是你承担购买股票的风险。

在(2.2.1)或(2.2.2)式风险度量的定义中,$r$ 既可以是负的收益,也可以是负的收益率。当 $r$ 取负的收益(损失的绝对量)时,$E_{R^-}(r)$ 可称为绝对值风险,当 $r$ 取负的收益率(损失的相对量)时,$E_{R^-}(r)$ 称为相对量风险。另外,(2.2.1)或(2.2.2)式中的 $r$ 是用货币量计值的,它在金融资产投资分析中具有明显的适用性。但是,由于风险的广泛存在性,更一般的方法是将(2.2.1)或(2.2.2)式中的 $r$ 用效用来代替,即

$$E_{R^-}[U(b)]=\int_{R^-}UdF(U)=\int_{R^-}Uf(U)dU\quad\text{或}\quad E_{R^-}(U)=\sum_{R^-}P_iU_i$$

虽然 $E_{R^-}(r)$ 度量风险有很多优点①,但长期以来人们一直习惯使用 $\sigma^2$ 或 $\sigma$。考虑到教科书的特点及与其他文献的一致性,我们在后面的分析中,除非特别声明,否则,均以 $\sigma^2$ 或 $\sigma$ 作为风险的度量。

## 第三节 风险承受能力及其偏好

在所有的不确定性决策中,行为人都必须承担由不确定性所引致的风险。虽然风险只是带来损失的可能性,但这种可能性有时是会变成现实的,一旦风险变为现实的损失,其后果有时是不堪设想的。近些年来,我们有时能听到有关股民因投资或投机失败而自杀的相关报道,即在股票市场投资中,某股民因股市大跌或其持有的股票大跌而导致重大亏损,最终该股民选择跳楼自杀。实际上,在那场股市大跌或某只股票价格大跌中,带来经济损失的并不是只有该股民,且该股民通常也并非损失最严重者(就绝对损失而言)。这位股民为什么会自杀呢?仔细分析不难发现,造成该股民自杀最重要的原因之一,一定包含有该股民在股票投资中没有充分考虑自身的风险承受能力,其在投资决策过程中,选择了超越自身风险承受能力的行为。

所谓风险承受能力,是指行为人能够接受的最大损失占其财富的比重。设行为人的财富为 $W$,能够接受的最大损失为 $L$,则风险承受能力可表述为

$$E_\sigma=L/W\tag{2.3.1}$$

① 关于用 $E_{R^-}(r)$ 度量风险更详细的讨论可参见:李腊生,《不确定性决策与金融资产投资》,广东人民出版社,2002。

其中，$E_\sigma$ 为风险承受能力。

表面上看来，(2.3.1)式中的风险承受能力与财富 $W$ 是反方向变动的，即似乎有$\frac{\partial E_\sigma}{\partial W}<0$，而$\frac{\partial E_\sigma}{\partial W}<0$的经济含义是指：越是富有的行为人，其风险承受能力越小(弱)。$E_\sigma$ 与 $W$ 之间的这种反方向变动关系明显与人们习惯上的理解不一致。实际上，在(2.3.1)式定义的风险承受能力中，$E_\sigma$ 与 $W$ 之间的关系是一种隐性关系，除分母 $W$ 明显与 $E_\sigma$ 呈反方向变动外，$L$ 也是 $W$ 的函数，即 $L$ 也与 $W$ 有关，$L$ 会随着 $W$ 的增大而增大，即随着财富的不断增加，行为人能够接受的最大损失也会增加，即$\frac{\partial L}{\partial W}>0$。当人们习惯将行为人可接受的最大损失 $L$ 定义为风险承受能力时，就一定会得出风险承受能力与 $W$ 之间的正向变动关系。然而，从定义的科学性考虑，用绝对量定义风险承受能力明显有它的局限性，如前面例子中提到那位自杀的股民，他的绝对损失肯定不是最大的，但相对他的财富而言，其相对损失可能太大，大到其财富完全无法匹配的地步。因此，采用(2.3.1)式的相对量作为风险承受能力的度量，比用绝对量 $L$ 直接定义具有更多的优点。

对(2.3.1)式求 $W$ 的导数得

$$\begin{aligned}\frac{dE_\sigma}{dW}&=\frac{W\cdot\frac{dL}{dW}-L}{W^2}\\&=\frac{1}{W}\left(\frac{dL}{dW}-E_\sigma\right)\\&=\frac{E_\sigma}{W}(E_L-1)\end{aligned}\tag{2.3.2}$$

其中：$E_L=\frac{W}{L}\cdot\frac{dL}{dW}$ 为 $L$ 对财富的弹性。

从(2.3.2)式可以看出，随着 $W$ 的增大，行为人的风险承受能力如何变化取决于可接受的最大损失弹性 $E_L$，当 $E_L>1$ 时，$\frac{dE_\sigma}{dW}>0$，风险承受能力随 $W$ 的增加而增加；当 $E_L<1$ 时，$\frac{dE_\sigma}{dW}<0$，风险承受能力随着 $W$ 的增加而减小；当 $E_L=1$ 时，$\frac{dE_\sigma}{dW}=0$，风险承受能力不变。

上述分析表明，$E_\sigma$ 与 $W$ 之间没有一个完全一致的结论，$E_\sigma$ 的变动特征取决于行为人的可接受最大损失对财富的弹性，而可接受最大损失对财富的弹性又取决于行为人的风险偏好。这就是说，当行为人的财富一定时，行为人的风险承受能力完全取决于他的风险偏好，行为人越是喜好风险，其风险承受能力就越强，否则，就越弱。反过来，可以利用行为人的 $E_L$ 对行为人的风险偏好特征进行分类，若行为人的可接受最大损失富有弹性，即 $E_L>1$，意味着行为人的财富每增长 1%，他可接受的最大损失的增长率超过 1%，具有该类特征的行为人为风险偏好者；若行为人的可接受最大损失缺乏弹性，即 $E_L<1$，则行为人的财富每增长 1%，他可接受的最大损失的增长率小于 1%，该类行为人属于风险回避者；若行为人的财富与其可接受的最大损失保持同步增长，该类行为人为风险不关心者。

在利用可接受最大损失对财富的弹性 $E_L$ 对行为人的风险特征进行分类以后，接下来我们观察，在行为人风险特征一定情况下，风险承受能力与财富之间的关系，即我们试图寻找含有 $E_L$ 的 $E_\sigma$ 与 $W$ 之间的数量关系。从(2.3.2)式可以看出，当 $E_L$ 一定时，(2.3.2)式是一个 $E_\sigma$ 与

$W$ 的常微分方程，作适当变换后，(2.3.2)式可变为

$$\frac{dE_\sigma}{E_\sigma}-a\frac{dW}{W}=0 \tag{2.3.3}$$

其中：$a=E_L-1$。

对(2.3.3)式两边积分得

$$\int\frac{1}{E_\sigma}dE_\sigma-a\int\frac{1}{W}dW=c \quad (c\text{ 为积分常数})$$

$$\ln E_\sigma-a\ln W=c$$

$$\ln\frac{E_\sigma}{W^a}=c$$

所以

$$\frac{E_\sigma}{W^a}=e^c$$

整理后得

$$E_\sigma=W^a e^c \tag{2.3.4}$$

将 $a=E_L-1$ 代入(2.3.4)式有

$$E_\sigma=e^c\cdot W^{(E_L-1)} \tag{2.3.5}$$

(2.3.5)式就是含风险偏好因素的风险承受能力的具体表达式，从该式可看出，无论 $c$ 取何值，$E_\sigma$ 都大于0，这与现实是完全一致的，且它的取值以及与 $W$ 之间的变化关系随行为人的风险偏好特征而呈现出明显的差异。当行为人为风险中性者时，$E_L=1$，此时 $E_\sigma=e^c$ 为常数。在几何图形上，它表现为一条平行于横轴的直线，如图2.3－1所示。当行为人为风险偏好者时，$E_L>1$，$E_\sigma$ 是 $W$ 的单调递增函数，具体变动形态取决于 $E_L$ 是否大于2，当 $E_L>2$ 时，$E_\sigma$ 是 $W$ 的边际递增函数，其形态凸向横轴，当 $1<E_L<2$ 时，函数 $E_\sigma$ 是 $W$ 的边际递减函数，其形态凹向横轴。当行为人为风险厌恶者时，$E_L<1$，$E_\sigma$ 是 $W$ 的单调递减函数，其形态凸向原点。所有四条曲线都经过点$(0,e^c)$，因为$\lim\limits_{W\to 0}\ln W^{(E_L-1)}=(E_L-1)\lim\limits_{W\to 0}W=0$，所以$\lim\limits_{W\to 0}W^{(E_L-1)}=1$，$\lim\limits_{W\to 0}E_\sigma=\lim\limits_{W\to 0}e^c\cdot W^{(E_L-1)}=e^c$。$E_\sigma=e^c$ 是风险喜好型投资者的最小风险承受能力，而它却是风险厌恶型投资者的最大风险承受能力。

现实中，行为人的风险特征会随着财富的增加发生变化，即财富状况的变化会导致图2.3－1

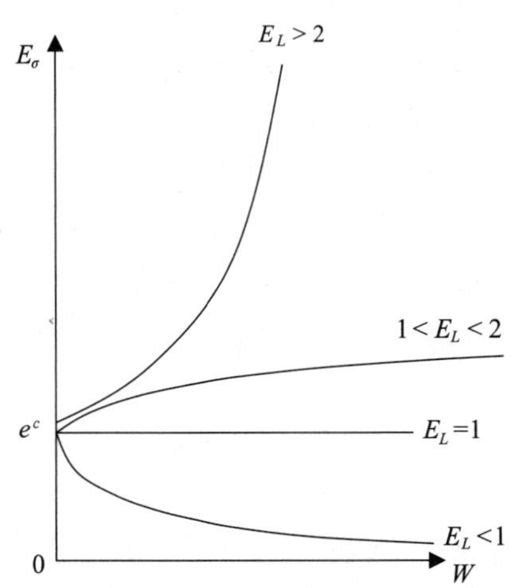


**图2.3－1　行为人风险偏好特征曲线**

中的风险偏好特征曲线转换,通常情况下,当行为人的财富较小时,行为人整体上表现为风险偏好型特征,一旦行为人的财富超过了某一水平,他就会从风险追求者变为风险回避者。因此,行为人的风险承受能力变化情况可以用图 2.3—2 的形式来描述,不妨将图 2.3—2 中所描述的曲线称为行为人风险承受能力曲线。从图 2.3—2 可以看出,在风险承受能力曲线 $A$ 点的左边,财富对风险承受能力的正效应与风险偏好效应保持同方向变动,两者的综合结果使风险承受能力曲线呈现出加速上升的变化趋势,但由于财富水平的客观约束,尤其是现实中的金融约束,即使行为人具有很强的风险偏好特征,他的风险承受能力也是很有限的;随着财富水平的进一步提高,来自财富效应的风险承受能力进一步增强,而来自于风险偏好特征效应的风险承受能力开始弱化,甚至发生逆转,即行为人从风险偏好者开始转向风险回避者,但其厌恶风险的程度并不强烈,财富与风险偏好特征两者的效应开始出现相反的变动,此时财富的正效应大于风险回避的负效应,从而保证风险承受能力继续上升,但其上升速度表现出边际递减的形态;财富的继续增加最终必然会使财富的正效应与风险回避的负效应在数量上达到完全一致,此时行为人的风险承受能力达到最大,如图 2.3—2 中的 $B$ 点;一旦财富超过 $B$ 点,行为人的厌恶风险的负效应就开始取得主导地位,风险承受能力曲线自此表现出递减的趋势。

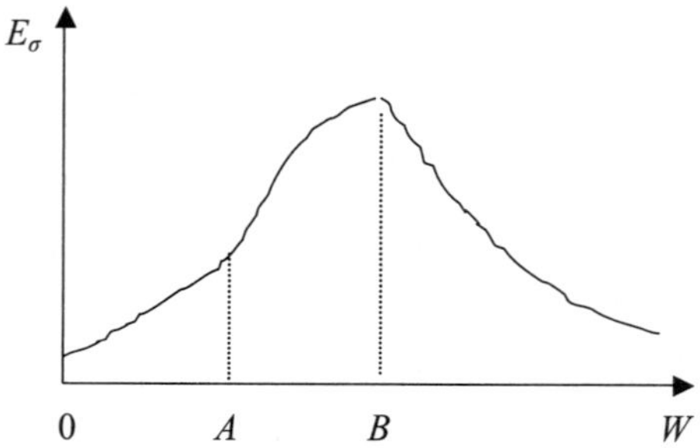


**图 2.3—2　风险承受能力动态曲线**

图 2.3—2 描述的是个体投资者风险承受能力的动态变化过程,可以直接将这一分析方式直接引伸至金融市场,从而考察市场的风险偏好特征。值得注意的是,由于金融市场风险特征是所有投资者风险偏好的综合反映,在对金融市场风险特征进行分析时,必须考虑市场投资者风险特征构成。

## 第四节　无差异曲线

无差异曲线是一个与效用函数密切相关的概念,它特别适合于二维效用函数下理性人有取舍条件下选择行为的分析(更高维的效用函数也可以借助它来分析,只是没那么直观罢了)。在金融资产投资中,行为人必然面临的一个问题就是如何在风险与收益之间加以抉择,也就是说,投资者必须要在收益与风险之间加以权衡,无差异曲线是分析这种抉择的一个非常有效的工具。

所谓无差异曲线是指:能够使投资者得到同样满足程度的不同投资方案风险与收益组合的轨迹。用效用函数表示,无差异曲线就是等效用函数

$$U(\sigma,r)=k \quad (k\text{ 为常数}) \tag{2.4.1}$$

其中:$\sigma$ 为风险,$r$ 为预期收益或收益率。

二维等效用函数在平面直角坐标系下的投影就是无差异曲线,如图 2.4—1 所示。图 2.4—1

中，$r$ 关于 $\sigma$ 的函数 $r=g(\sigma)$ 所对应的曲线即为无差异曲线，它表明该曲线上任何一点 $(\sigma,r)$ 给投资者带来的满足程度都是相同的。

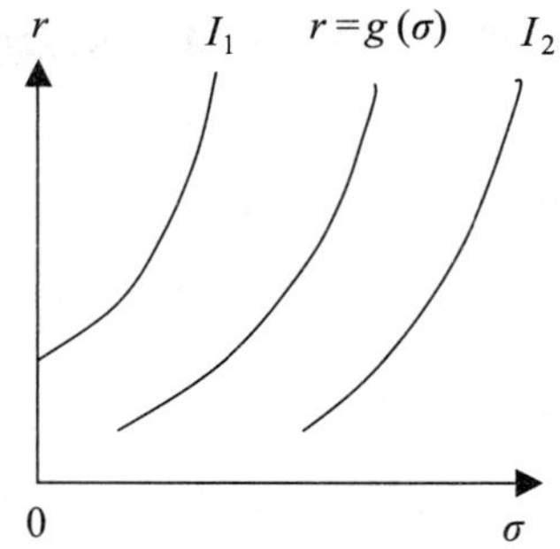


图 2.4—1 无差异曲线

无差异曲线具有如下性质：

1. 斜率为正

对(2.4.1)式两边求微分得

$$\frac{\partial U}{\partial \sigma}d\sigma+\frac{\partial U}{\partial r}dr=0$$

$$\frac{dr}{d\sigma}=-\frac{\partial U}{\partial \sigma}\Big/\frac{\partial U}{\partial r}$$

$$=-MU_\sigma/MU_r \tag{2.4.2}$$

其中：$MU_\sigma$ 为风险的边际效用，$MU_r$ 为收益或收益率的边际效用。

因为 $$\frac{\partial U}{\partial \sigma}<0,\quad \frac{\partial U}{\partial r}>0$$

所以 $$\frac{dr}{d\sigma}>0 \tag{2.4.3}$$

$\frac{dr}{d\sigma}>0$ 表明无差异曲线具有正的斜率，它是一条自左下方向右上方倾斜的曲线。

实际上，$\frac{dr}{d\sigma}$ 的经济含义为：增加单位风险时，投资者所要求的收益补偿量，按经济学相关边际原则，可将 $\frac{dr}{d\sigma}$ 定义为边际补偿率 $MRS$。边际补偿率大于 0，刻画了风险与收益之间的对称性，即高收益常常与高风险相伴。

2. 下凸曲线

一般请况下，随着风险的增大，人们所要求的收益补偿会越来越高。这就是说，人们的投资行为通常符合边际补偿率递增法则。依据 $MRS$ 递增法则，有 $\frac{dMRS}{d\sigma}>0$，

因为 $$MRS=\frac{dr}{d\sigma}$$

$$\frac{dMRS}{d\sigma}=\frac{d\left(\frac{dr}{d\sigma}\right)}{d\sigma}=\frac{d^2r}{d^2\sigma}$$

所以 $$\frac{d^2r}{d^2\sigma}>0$$

故 $r=g(\sigma)$ 为下凸函数。

3. 互不相交

任何两条无差异曲线，都不可能有交点存在。因为一旦两条不同的无差异曲线 $r_1=g_1(\sigma)$ 与 $r_2=g_2(\sigma)$ 在某点 $(\sigma^*, r^*)$ 相交，则必然有 $U_1(\sigma^*, r^*)=U_2(\sigma^*, r^*)$ ，$U_i(i=1,2)$ 为对应两条无差异曲线的等效用函数，即 $U_i(\sigma, r)=k_i, (i=1,2)$ ，特别地 $U_i(\sigma^*, r^*)=k$ 也就成立了。既然 $r_1=g_1(\sigma)$ 与 $r_2=g_2(\sigma)$ 是两条不同的无差异曲线，所以 $k_1 \neq k_2$，与 $U_1(\sigma^*, r^*)=U_2(\sigma^*, r^*)$ 矛盾。

另外，对照前面的分析可以发现，图 2.4－1 中的 $r=g(\sigma)$ 是对应固定效用水平下风险与收益组合的轨迹，这就是说无差异曲线 $r=g(\sigma)$ 的位置取决于 $k$ 的取值，当 $k$ 发生变化时，必然导致无差异曲线的位移，$k$ 上升的结果将导致 $r=g(\sigma)$ 线向左上方移动，如图 2.4－1 中的 $I_1$，$k$ 下降将使 $r=g(\sigma)$ 向右下方移动，如图 2.4－1 中的 $I_2$ 线。这表明：在无差异曲线族中，位于左上方向的无差异曲线优于右下方向的无差异曲线。

## 第五节　风险与收益的权衡及其选择

虽然金融资产投资中，投资者都会面临风险与收益之间的权衡，但理性的投资者会遵循收益一定下风险最小或风险一定下收益最大的决策原则。

### 一、有限个投资方案下的选择

若投资中存在不可分割等原因，使行为人可供选择的投资方案仅为有限个，即行动空间 $A$ 是有限的，$A=\{a_1, a_2, \cdots, a_n\}$ ，每一个行动或方案都对应一个风险与收益的可能结果，$a_i \to (\sigma_i, r_i)$。 在这种情况下，一个简单的解决办法是将 $(\sigma_i, r_i)$ 分别代入效用函数，并从中选择效用最大的方案，该方案就是最优投资方案，即寻找 $\max\{U(\sigma_i, r_i) \mid i=1,2,\cdots,n\}$ 对应的 $i$[①]，$i$ 对应的投资方案就是最优方案。

有限个方案下，寻求最优方案的另一种方式可借助于几何图形表述，如图 2.5－1 所示。

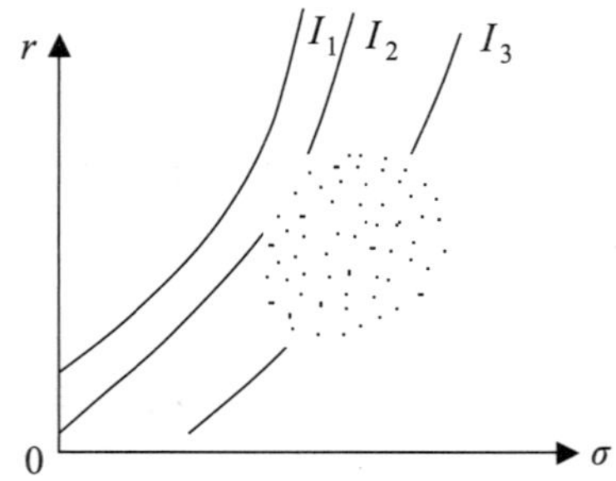


**图 2.5－1　有限方案下的投资选择**

在图 2.5－1 中，每一个点都对应一个投资方案，$I_i$ 是行为人的无差异曲线。从前面的分析知，虽然 $I_1$ 对应了更高的效用，但 $a_i(\sigma_i, r_i)(i=1,2,\cdots,n)$ 都严格位于它的右下方，表明 $I_1$ 虽好，但不可企及。相比之下，$I_3$ 则明显有 $a_i(\sigma_i, r_i)$ 位于其上，如图中还存在位于 $I_3$ 左上方

① 在方案有限的情况下，$\max\{U(\sigma_i, r_i) \mid i=1,2,\cdots,n\}$ 的存在性是没有问题的，但它不一定满足唯一性，当 $\max\{U(\sigma_i, r_i) \mid i=1,2,\cdots,n\}$ 不满足唯一性时，表明最优方案大于或等于 2 个，行为人可在其中任意选择。

的无差异曲线 $I_2$，$I_2$ 也有点位于其上，表明 $I_3$ 上的点虽然可行，可是它上面那些点所对应方案一定不是最优的。$I_2$ 是有点位于其上的最左上方的无差异曲线，表明 $I_2$ 既可行，同时又不存在比其更好的现实方案，故 $I_2$ 上的点所对应的方案就是行为人所要求的最优方案。

## 二、一般情形下的选择

受图 2.5—1 分析的启发，可以将图 2.5—1 的分析方法推广到一般情况。图 2.5—1 中，每一个点都代表一个可能的方案。如果我们能根据约束条件先求出可行集，如图 2.5—2 所示，则我们就能利用无差异曲线找出最优的行动方案。最优方案就是落在位于最左上方无差异曲线上的点所对应的方案，即无差异曲线与可行集边界切点 E 所对应的方案，点 E 满足风险一定下收益最大或收益一定风险最小的决策原则。

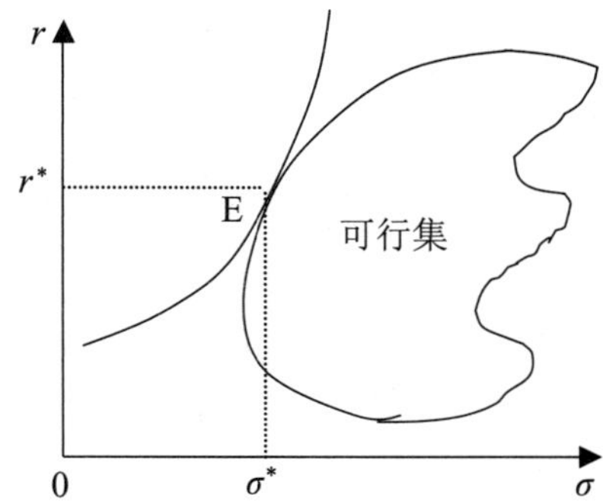


**图 2.5—2　一般情形下的投资选择**

## 三、资产的最优配置

上面我们从理论上论述了投资者如何根据自己的风险偏好来权衡风险与收益。事实上，投资者除了要清楚自身的风险偏好以外，更重要的是如何最优配置自己的资源，使之达到图 2.5—2 中的点 E。

假设投资者目前拥有一定资金 $\bar{W}$，市场有两种金融资产可供选择，为了分析的方便，不妨假设一种为无风险资产，另一种为有风险资产，无风险资产的市场价格为 $P_f$，有风险资产的市场价格为 $P_r$，每单位无风险资产的收益为 $R_f$[①]，每单位有风险资产的预期收益为 $R_r$。正常情况下，$R_r/P_r > R_f/P_f$，也就是说有风险资产每元的平均回报要高一些，即存在风险补偿，且 $\sigma_f = 0$，$\sigma_r > 0$。如果市场不存在"卖空"机制，则投资者的预算约束为

$$P_f \cdot q_f + P_r \cdot q_r = \bar{W} \tag{2.5.1}$$

其中：$q_f$ 为购买无风险资产的数量，$q_r$ 为购买有风险资产的数量。

当投资者实施这两种资产的组合后，总的预期收益为

$$\begin{aligned} R &= R_f \cdot q_f + R_r \cdot q_r \\ &= \frac{R_f}{P_f} \cdot P_f \cdot q_f + R_r \cdot q_r \\ &= (1 + r_f) P_f q_f + R_r \cdot q_r \end{aligned} \tag{2.5.2}$$

① $R_f$ 和 $R_r$ 中均含本金。

其中：$r_f$ 为无风险收益率。

由(2.5.1)式知

$$P_f \cdot q_f = \bar{W} - P_r \cdot q_r$$

将其代入(2.5.2)式得

$$R = (\bar{W} - P_r q_r)(1 + r_f) + R_r q_r \tag{2.5.3}$$

由于(2.5.3)式中的 $R_r$ 为随机变量，所以 $R$ 也是一个随机变量，对(2.5.3)式取期望得

$$E(R) = \bar{W}(1 + r_f) + [E(R_r) - P_r(1 + r_f)]q_r \tag{2.5.4}$$

令 $E(R) = \mu$， $E(R_r) = \mu_r$

则组合后的期望收益(2.5.4)式变为

$$\mu = \bar{W}(1 + r_f) + [\mu_r - P_r(1 + r_f)]q_r \tag{2.5.5}$$

组合后的标准差为

$$\sigma(R) = \sigma = \left(\sum\sum q_f \sigma_{fr} q_r\right)^{\frac{1}{2}} = \left(\sum\sum q_f \sigma_r \sigma_f \cdot \rho_{fr} q_r\right)^{\frac{1}{2}} \tag{2.5.6}$$

其中：$\sigma_{fr}$ 为无风险资产与有风险资产的协方差，$\rho_{fr}$ 为无风险资产与有风险资产的相关系数。

因为 $\sigma_f = 0$

所以 $\sigma = q_r \sigma_r$ (2.5.7)

或者 $q_r = \sigma / \sigma_r$ (2.5.8)

将(2.5.8)式代入(2.5.5)式得

$$\mu = \bar{W}(1 + r_f) + [\mu_r - P_r(1 + r_f)] \cdot \sigma / \sigma_r \tag{2.5.9}$$

(2.5.9)式即为 $\mu$、$\sigma$ 空间的预算约束线，$\mu_r$、$P_r$、$r_f$ 和 $\sigma_r$ 已知，说明 $\mu$ 与 $\sigma$ 之间呈线性关系，其形状是一条直线，如图 2.5－3 所示。因为预算约束线为直线，所以(2.5.9)式的斜率为常数，记为

$$k = [\mu_r - P_r(1 + r_f)] / \sigma_r \tag{2.5.10}$$

这样，(2.5.9)式可以写为

$$\mu = \bar{W}(1 + r_f) + k\sigma \tag{2.5.11}$$

在图 2.5－3 中，A 点为投资者将所有的资金全部购买无风险资产的特殊组合，此时，组合的风险 $\sigma = 0$，但也只能获取无风险收益率 $r_f$，B 点为投资者将所有的资金全部购买有风险资产的特殊组合，此时的风险为 $\sigma_r > 0$，同时预期收益也上升到 $\mu_r$。显然，A 点和 B 点是两种极端的情况。一般情况下，投资者会既持有一部分无风险资产，同时也持有一部分有风险资产，具体在两者之间如何配置，则取决于投资者的风险偏好。由前面的分析知，投资者在无风险资产与有风险资产之间的配置为：无差异曲线 I 与预算约束线切点 E 处所对应的 $q$ 值。

在 E 点处，有

$$-MU_\sigma / MU_\mu = k \tag{2.5.12}$$

整理得

$$MU_\sigma + kMU_\mu = 0 \tag{2.5.13}$$

(2.5.13)式是一个关于 $\mu$、$\sigma$ 的方程，且由 E 点的性质知，满足(2.5.13)式的 $\mu$、$\sigma$ 也必然满足方程(2.5.11)，将(2.5.13)式与(2.5.11)式联立起来得

$$\begin{cases} MU_\sigma + kMU_\mu = 0 \\ \mu = \bar{W}(1 + r_f) + k\sigma \end{cases} \tag{2.5.14}$$

解(2.5.14)式即可得到E点的$\mu^*$、$\sigma^*$。将$\sigma^*$代入(2.5.8)式则可得到风险资产的最优购买量$q_r^*$，同时利用$q_f=(\bar{W}-P_rq_r)/P_f$就可得无风险资产的最优购买量。

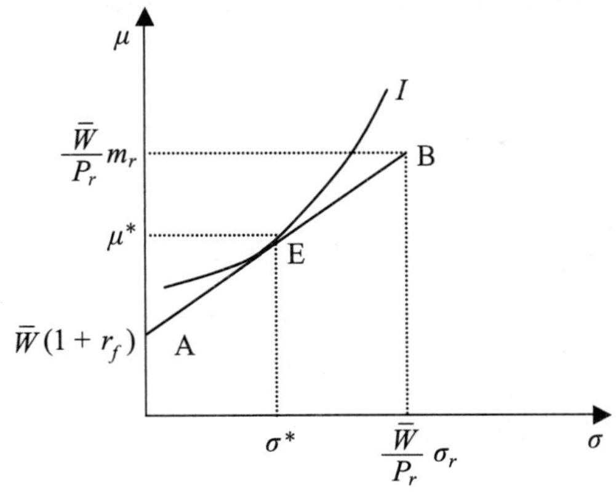


图 2.5—3　资产配置均衡

## 四、算例

若某投资者的效用函数为$U(\mu,\sigma)=\mu\cdot(\sigma+102\times10^4)^{-\frac{1}{3}}$，$\bar{W}=100$万元，$r_f=2\%$，$\mu_r=108$元，$P_f=1$元，$P_r=100$元，$\sigma_r=20$元，试求该投资者无风险资产与有风险资产的最优配置量。

解：由$U(\mu,\sigma)=\mu\cdot(\sigma+102\times10^4)^{-\frac{1}{3}}$知

$$\frac{\partial U}{\partial\mu}=(\sigma+102\times10^4)^{-\frac{1}{3}} \quad ①$$

$$\frac{\partial U}{\partial\sigma}=-\frac{1}{3}\mu(\sigma+102\times10^4)^{-\frac{4}{3}} \quad ②$$

$$k=[\mu_r-P_r(1+r_f)]/\sigma_r=(108-102)/20=0.3$$

$$\bar{W}(1+r_f)=100\times10^4\times(1+2\%)=102\times10^4(\text{元})$$

因为$MU_\sigma=-kMU_\mu$ ③

将①、②式代入③式得

$$-\frac{1}{3}\mu(\sigma+102\times10^4)^{-\frac{4}{3}}=-k(\sigma+102\times10^4)^{-\frac{1}{3}}$$

所以有

$$\mu=3k(\sigma+102\times10^4)$$

又因为$\mu=\bar{W}(1+r_f)+k\sigma$

故有

$$3k(\sigma+102\times10^4)=\bar{W}(1+r_f)+k\sigma=102\times10^4+k\sigma$$

整理后得

$$\begin{aligned}2k\sigma&=102\times10^4-3k\times102\times10^4\\&=102\times10^4(1-3k)\\&=102\times10^3\end{aligned}$$

所以得

$$\sigma^* = 102 \times 10^3 / 2k$$
$$= 102 \times 10^3 \div 0.6 = 170 \times 10^3$$

因为有风险资产的最优配置量满足 $q_r = \sigma / \sigma_r$

所以

$$q_f^* = 170 \times 10^3 / 20 = 85 \times 10^2$$

由预算约束知：$P_f q_f = \bar{W} - P_r q_r$，$P_f = 1$

所以，得：$q_f = 100 \times 10^4 - 100 \times 85 \times 10^2 = (100 - 85) \times 10^4 = 15 \times 10^4$

故该投资者的最优配置为：购买 $15 \times 10^4$ 份无风险资产，同时购买 $85 \times 10^2$ 份有风险资产。通过这一组合，投资者在承担 $170 \times 10^3$ 元风险的情况下，可得 107.1 万元（$= 100 \times 10^4 \times 1.02 \div 10^4 + 0.3 \times 170 \times 10^3 \div 10^4$）的预期收益。

**思考题**

1. 什么是基数效用、序数效用；序数效用理论的偏好公理有哪些；如何利用序数效用理论进行决策。

2. 衡量风险的方法主要有哪些，它们分别有哪些缺点。

3. 什么是风险承受能力，度量的指标是什么。

4. 当行为人的风险特征一定时，其风险承受能力与财富的关系是怎样的。

5. 现实中，行为人的风险特征及风险承受能力是如何随着财富的变化而改变的。

6. 无差异曲线有哪些性质，如何证明。

7. 已知投资者的效用函数，投资者如何将一定的资金配置于无风险资产和风险资产。

8. 在分析资产配置问题中，若给定效用函数为

$$U(\mu, \sigma) = \mu^2 \cdot \sigma$$

则是否合理。

**讨论题**

1. 在一定的资金约束下，资产能否实现最优配置与行为人的效用函数有关，若行为人的效用函数为

$$U(\mu, \sigma) = (\mu \cdot \sigma^{-1})^{\frac{1}{2}}$$

讨论其无风险资产和风险资产配置问题。

2. 讨论方程组

$$\begin{cases} MU_\sigma + kMU_\mu = 0 \\ \mu = \bar{W}(1 + r_f) + k\sigma \end{cases}$$

的解对效用函数的依赖关系。

3. 当行为人属风险偏好型投资者时，讨论在无风险资产与风险资产两类资产状态下的资产配置问题。

4. 风险承受能力 $E_\sigma$ 与在险价值 VaR 是否有某种联系。

5. 分散化投资是否具有增强风险承受能力的作用。

6. 论述风险承受能力 $E_\sigma$ 与最优杠杆率。

# 第三章　无套利与有效市场假说(EMH)

本章所介绍的无套利分析及有效市场假说(efficient market hypothesis,EMH)是现代金融投资分析的基本理论基础,同时它也是金融产品定价的基础理论依据,在这一统一的理论分析框架下,建立起现代金融投资分析较为完善的学科体系。

## 第一节　无套利分析

现代金融学研究的基本方法是无套利(no-arbitrage)均衡分析方法,该方法最先是 20 世纪 50 年代后期由莫迪里亚尼(F. Modigliani)和米勒(M. Miller)在研究企业资本结构和企业价值的关系中提出来的。可以说,这一研究方法标志着现代金融学在方法论上从传统经济学的研究中独立出来,而且成为取得后续一系列金融研究成果的基本分析手段。如套利定价理论、期权定价公式,都是灵活地利用这种“无套利”分析方法而得到的。

### 一、MM 定理

众所周知,金融研究的核心内容之一是对金融市场中的某项“头寸”进行估值和定价,无套利分析是将这项头寸与市场中的其他金融资产头寸组合起来,构筑一个市场均衡时不能产生不承受风险的利润的组合头寸,由此测算出该项头寸在市场均衡时的价值,该价值即为均衡价格。当市场处于无套利均衡时,投资者无论采取什么组合技术,他都不可能从中获取无风险的经济利润[①]。反过来说就是,只有在市场处于非均衡状态下,投资者才可能获取无风险利润,即投资者在不承担任何风险的情况下,获取超过无风险收益率的利润。无套利分析认为,当市场处于非均衡状态时,价格偏离了由供求关系所决定的价值,此时就会出现套利机会。一旦套利机会出现,套利力量将会迅速推动市场重建均衡。莫迪里亚尼和米勒认为,在一定的假定条件下,企业的价值与资本结构无关,现在人们将这一结论称为 MM 定理,它只取决于企业所创造的利税前收益 EBIT(earnings before interest and taxes)和全社会的预期收益率 $r_t^e$ ,即

$$PV=\sum_{t=1}^{\infty}\frac{EBIT_t}{(1+r_t^e)^t} \tag{3.1.1}$$

其中, $PV$ 为企业的当前价值。

当 $EBIT_i=EBIT_j=EBIT$ , $r_i^e=r_j^e=r^e$ 时,(3.1.1)式变为

$$PV=\sum_{t=1}^{\infty}\frac{EBIT}{(1+r^e)^t}=\frac{EBIT}{r^e} \tag{3.1.2}$$

从(3.1.2)式可以看出,只要能知道企业未来每年的 $EBIT$ 值,我们便能根据社会预期收益

---

① 这里无风险的经济利润是指投资者通过构筑一定的资产组合头寸,而获取的超过无风险收益率的利润。请注意它与无风险利率或无风险收益率的区别,它类似于经济学中利润的概念。在经济学中,正常利润通常包括在成本中,只有超过正常利润的收益才被称为经济利润。

率计算出它的现值。实际上,企业能够决定的只有 $EBIT$ ,它与 $r^e$ 无关。而决定 $EBIT$ 的因素无外乎是两个方面,一是企业所使用的资本总量,另一则是资本的利用效率,它与企业的资本结构无关。

### 二、一个似乎矛盾的例子

一旦企业价值确定了,无套利均衡即意味着企业发行的不同金融产品必须获得相同的收益率。否则,无套利均衡就不存在。

例如:有两家公司 A 和 B,它们的资产性质完全相同,每年创造的 $EBIT$ 也相同,为 1000 万元,但资本结构不一样。公司 A 的资本全部由股权构成,共 100 万股,公司 B 的资本分别由 4000 万元负债和 60 万股的股权构成。已知公司 B 发行的债券年利率为 8%,社会要求的预期收益率 $r^e$ 为 10%,则无套利均衡不存在。

利用(3.1.2)式,我们可以计算出公司 A 和 B 的价值现值 $PV$

$$PV = PV_A = PV_B$$
$$= \frac{1000}{10\%} = 10000(\text{万元})$$

在市场依据价值定价的情况下,A 公司股票的市场价格应该是 10000 万元/100 万股=100 元/股,B 公司债券的市场价值就是 4000 万元,B 公司每年要向债券持有人支付 4000 万元×8%=320 万元的利息。如果市场存在"做空"机制,即投资者可以"买空""卖空",则无论 B 公司股票的市场价格如何,投资者始终都有套利的机会。

1. 若 B 公司股票的市场价格小于 100 元/股,不妨假定为 90 元/股,投资者可以通过如下交易来套利:卖空 1%A 公司的股票,价值为 100 万元(=100 万股×1%×100 元/股),同时买进 1%B 公司的债券和 1%B 公司的股票,价值分别为 40 万元(=1%×4000 万元)和 54 万元(=1%×60 万股×90 元/股)。通过上述交易,投资者就可实现套利。投资者交易产生的现金流如表 3.1—1 所示。

**表 3.1—1 套利交易现金流**

| 头寸情况 | 当前现金流 | 未来每年的现金流 |
|---|---|---|
| 1%A 公司的股票空头 | +100 万元 | $-EBIT\times1\%=-1000$ 万元×1%=−10 万元 |
| 1%B 公司的债券多头 | −40 万元 | +(40 万元×8%)=+3.2 万元 |
| 1%B 公司的股票多头 | −54 万元 | +1%×($EBIT$−320 万元)=+6.8 万元 |
| 净现金流 | +6 万元 | 0 |

表 3.1—1 的数字说明,投资者上述交易的结果是,在未来每年净现金流为 0 的情况下,能顺利实现当前净现金流 6 万元的无风险收益。

从上述的分析可知,只要 B 公司股票的市场价格低于 100 元/股,投资者在 A 公司股票上保持"空头"地位的同时,在 B 公司债券和股票上保持适当"多头"地位的匹配,就可以获取套利。不同的只是套利数量的大小。

2. 若 B 公司股票的市场价格大于 100 元/股,不妨假定为 110 元/股,投资者则可通过情况 1 的相反交易来构筑头寸,从而获取套利收益。此种情况下交易产生的现金流如表 3.1—2 所示。

表 3.1－2 套利交易现金流

| 头寸情况 | 当前现金流 | 未来每年的现金流 |
| --- | --- | --- |
| 1%A 公司的股票多头 | －100 万元 | $EBIT$×1%＝10 万元 |
| 1%B 公司的债券空头 | ＋40 万元 | －40 万元×8%＝－3.2 万元 |
| 1%B 公司的股票空头 | ＋(6000 股×110 元/股)＝＋66 万元 | －1%×($EBIT$－320 万元)＝－6.8 万元 |
| 净现金流 | ＋6 万元 | 0 |

表 3.1－2 表明，投资者在 B 公司股票价格为 110 元/股的情况下，通过两公司不同金融资产的匹配，实现了 6 万元的套利收益。同理，B 公司股票价格大于 100 元/股的任何情况，投资者都能利用这种交易获取套利收益。

3. 上述两种情况均说明市场存在套利机会，且 B 公司股价的分界线为 100 元/股。那么，是否当 B 公司的股票价格为 100 元/股时就不存在套利机会呢？事实并非如此，在 B 公司股票价格为 100 元/股时，套利更为简单，投资者只要在对 A 公司股票做空的同时，以同等金额对 B 公司股票做多。如投资者可以在卖出 1%A 公司股票的同时，以 100 万元的资金买入 B 公司的股票。该交易产生的现金流如表 3.1－3 所示。

表 3.1－3 套利交易现金流

| 头寸情况 | 当前现金流 | 未来每年的现金流 |
| --- | --- | --- |
| 1%A 公司的股票空头 | ＋100 万元 | －$EBIT$×1%＝－10 万元 |
| 100 万元 B 公司的股票多头 | －100 万元 | ＋(680 万元/60 万股×10000 股)＝＋11.3 万元 |
| 净现金流 | 0 | ＋1.3 万元 |

表 3.1－3 显示，投资者通过"卖空"10000 股 A 公司股票，同时又以等值 100 万元的金额买进 10000 股 B 公司的股票，就能在不花费任何成本的情况下，实现未来每年 1.3 万元的套利收益。

综合 B 公司股票的市场价格大于、小于或等于 100 元/股三种情况，我们发现投资者无论在哪种情况下，都能进行套利，此即意味着无套利均衡不存在。

### 三、无套利均衡的存在性

为什么会发生无套利均衡不存在的情况，难道套利力量真的不足以推动市场价格实现均衡吗？显然不是。如同一家公司，分别在中国、中国香港和美国证券市场上市，美元与港币的比价[①]或汇率是＄1∶H＄7 或 7H＄/＄。当这家公司股票价格在两地市场出现不一致时，假如在美国市场为＄10/股，在香港市场为 H＄80/股，套利机会出现了，投资者利用低买、高卖的交易方式就能实现套利，即在美国市场上大量买进，同时在香港市场上等量卖出。这种套利交易的行为必然推动美国市场股价上升和香港市场股价下跌。假如美国市场股价上升到＄10.5/股，香港市场下跌至 H＄73.5/股，在这种情况下，无套利均衡就实现了。值得注意的是，我们在分析股价变动实现无套利均衡时，暗含有汇率不变的假定。事实上，在美国股票市场需求增加的同时，也导致了美元需求量的上升，香港股票市场供给增加的同时，也产生了港币供给量的增

① 为了计算方便，这里不用真值记价，而是利用假设值。

加,外汇供求的变化必然使汇率发生变动。也就是说,套利出现的同时也伴随着套汇[1]。为了分析方便,假定两个市场的股价不变,仍是$10/股和H$80/股,只考虑外汇供求变动所引起的汇率变动的无套利均衡。美元需求增加将导致美元升值,而港币供给的增加会导致港币贬值,两者综合的结果使汇率从H$7/$变为H$8/$,一旦汇率变成H$8/$,套利也就消失了。从本例的分析中我们不难发现,套利的动力总能推动市场达到均衡,前例不存在均衡的原因在于所给条件的不合理。在前例中,表面上看无风险收益率8%低于10%的预期收益率是合理的,但仔细分析其他条件的时候就不难发现它的不合理性。由于已知A、B两公司每年获取1000万元的*EBIT*,这就使它们的价值变为确定状态,A、B两公司的资产结构不一样,并不意味着A、B两公司的投资者愿意获取有差异的无风险收益,A公司只有股权,在企业价值一定的情况下,A公司股票的价格仅取决于它的总股本,A公司100元/股的股价表明投资者的预期收益率为10%,但当每年的*EBIT*一定时,这一预期收益率就不再会有不确定因素,它变为确定的了,而一个确定的收益就是无风险收益。所以,投资于A公司股票的投资者在前例中所获取10%的预期收益率实际上是一种无风险收益率,在这种情况下,B公司8%收益率的债券又有谁购买呢?因此,B公司要想达到例中的资产结构,其就不得不提高债券利率,只有当B公司债券利率上升到A公司股票收益率的水平时,A、B公司如例中的资产结构才能成为现实。然而,当前例中债券利率等于A公司股票收益率时,无套利均衡不仅存在,而且投资者套利的动力会迅速使无套利均衡得以实现。在前例中的所有其他条件不变,仅B公司债券利率从8%变为10%的情况下,B公司股票100元/股的股价就是无套利均衡价格,任何偏离这一价格的股价都会引起套利。所以,前例中不存在无套利均衡的原因不在于无套利分析本身,而在于给定的已知条件的不合理。因为投资者卖空B公司债券,同时买入A公司或B公司股票的行为也是无套利分析。

实际上,当企业价值被完全确定后,企业股权的价值也就变得完全确定了,股票也因此成为一种无风险投资工具。问题是,在现实经济活动中,企业价值是不确定的,人们对企业价值的判断只是一种预期,这种预期决定了它的债权与股权具有不同风险特征,不同风险特征加上预期的价值决定了金融投资品的市场定价。反过来说就是,市场价格是否反映了它的投资价值取决于市场对待风险的态度。目前,对该问题最重要的理论解释恐怕要数有效市场假说(EMH)。

## 第二节 有效市场假说(EMH)

若资本市场在证券价格形成中充分而准确地反映了全部相关信息,则称其为有效率。规范言之,若证券价格并不由于向所有证券交易参与者公开了信息集Φ而受到影响,那么,就说该市场对信息集Φ是有效率的。而且对信息集Φ有效率意味着以Φ为基础的证券交易不可能获取经济利润。

### 一、有效市场假设的形成

最早使用统计方法分析收益率的著作是在1900年由路易·巴舍利耶(Louis Bachelier)发表的,他把发明来分析赌博的方法用于股票、债券、期货和期权。巴舍利耶的论文是一项具有远见的开拓性工作,远远超前于他的时代。其贡献中的一项就是认识到随机游动过程(后来被维

[1] 套汇也是一种套利行为。

纳所形式化）是布朗运动。10 年以后，爱因斯坦重新发现了这一关系。

巴舍利耶提供了最早的期权回报图，他也为跨式期权和其他一些有关期权的策略提供了图解。但是，他没有给出多少经验证据支持他关于市场收益率是独立的、具有相同分布的（independent，identically distributed，IID）随机变量的观点，而这一假定对于他的分析是关键性的。

巴舍利耶的论文是革命性的，但基本上被忽视和遗忘了。直至 20 世纪 40 年代末，统计分析应用于市场遭到冷落。霍尔布鲁克·沃金（Holbrook Working）和艾尔弗雷德·考尔斯（Alfred Cowles）在 30 年代的工作是个例外。库特纳（Cootner）在他编纂的经典文集《股票市场价格的随机性》（1964b）中收集了一批成为 EMH 的基础的文章，该书最初是在 1964 年发表的。库特纳的选集，作为数量分析的第一个"黄金时代"的标准，严格限定于阐述市场特性，不包括资产组合理论。马柯维茨（Markowitz）、托宾（Tobin）和夏普（Sharpe）的著作也是在这一时期出现的，但没有被包括进去。该书为在 1964 年由法码（Fama）形式化为 EMH 的思想提供了全部理论基础。

自 20 世纪 20 年代到 40 年代的 20 年中，市场分析被基本面分析者格雷厄姆（Graham）和多德（Dodd）及其追随者与技术面分析者马吉（Magee）及其追随者所主宰。50 年代出现了第三个群体，数量分析者（巴舍利耶的追随者）。

出于本性，数量分析者比技术分析者更同情基本面分析者，因为基本面分析者假定投资者是理性的，否则价值就不能重申自己的地位。技术面分析者假定市场是由感情或凯恩斯爵士所说的"动物精神"驱动的。对于技术面分析的偏见可以在罗伯茨（Roberts）的论文（1964）和库特纳的文集中找到。罗伯茨呼吁广泛使用以肯德尔（Kendall）的工作（1964）为基础的统计分析，他说：证券的价格变化很像是由一个正确设计的轮盘赌台上的轮盘生成的，每一个结果都在统计上与过去的历史独立，频率一直相当稳定。

罗伯茨进一步宣称："变化模型坚持独立性"，并且概率"必须在时间上是稳定的"。接受这个变化模型的根本理由是，如果市场不是一个完美的轮盘赌轮盘，"人们会注意到其缺陷并采取行动，把缺陷去掉。"罗伯茨提出了这一理由但没有接受它，然而，他的论文呼吁进一步研究。

股票价格遵循随机游动的主张被奥斯本（Osborne，1964）在他写成的有关布朗运动的论文中所形式化。奥斯本提出了一个过程，在这个过程中，股票市场价格变化可以等价于一个粒子在一个流体中的运动。他是通过宣称一系列假定并从其结果中得到结论而实现这一点的。

虽然奥斯本的逻辑受到一些经济学家的质疑，但他的贡献却不应被贬低。奥斯本收集了随机游动理论背后的各种概念，这些概念最终使概率微积分的使用正当化。实质上，这一学者群体知道统计分析提供了一整套建立模型和分析的工具。然而，工具是为其背后的假设所局限的。其中最重要的局限就是，被研究对象必须是一个 IID 随机变量。这就必须假定，因为股票市场和其他资本市场是大系统，其自由度（或投资者）的数目很大，当下的价格必须反映每个人已有的信息。价格的变化只能来自没有预期到的新信息。

资本市场理论的创立者们十分清楚这些简化假定及其含义。他们没有试图去减少这些假定对于理论的影响。然而，他们确实感觉这些假定对于模型的有用性没有实质性影响，特别是如果某些有关投资者行为的假定可以被接受的话。理性投资者的概念对于 EMH 至关重要。

法码（1965a）最终把这些观测形式化成有效市场假说（EMH），他宣称市场是一个鞅，或"公平博弈"。这就是，信息不能被用来在市场上获利。

## 二、有效市场的分类

自罗伯茨(Roberts,1967)以来,人们就一直习惯于按信息集的三种不同类型将市场效率区分为三种水平,即弱态有效、半强态有效和强态有效。

1. 弱态的有效市场假说(EMH)指价格可充分反映价格历史序列中包含的信息,从而,投资者不可能从对以往价格格局的分析(称之为技术面分析方法)中导出可获反常利润的投资策略。与"随机游动假说"术语有关的则正是这种效率形式。

2. 半强态有效率市场假说指现时的股票价格不仅体现历史的价格信息,而且反映所有与公司证券有关的公开有效信息。如果市场是指此意义上的有效,那么,也就不会从对一家公司的资产负债表、损益表、股息变动或股票分拆的宣布及任何其他公开信息的分析(基本面分析方法)中导出反常的经济利润。

3. 强态有效率市场假说指市场价格充分反映有关公司的任何为市场交易参与者所知晓的全部信息,从而,即便是那些获得优惠信息(指内部信息或私有信息,内部信息与私有信息是有一定区别的,内部信息与公开信息相对应,私有信息与公共信息相对应,内部信息一定是私有信息,但私有信息却不一定是内部信息。如企业外部人员根据相关资料分析所获得的独特结论就是私有信息,但它却不是内部信息。正是这种区别决定了:利用内部信息进行交易是一种违规行为,而利用私有信息进行交易有时却不属违规行为)者也不可能凭此而保证其得到优越的投资成果。这里,市场价格完全显现出全部的私有信息。

若市场是有效率的,则为预测未来而对以往价格格局进行的(技术)分析便无用处,因为目前的市场价格已包含由此分析所得到的任何信息。假定市场参与者确信某商品价格将于下周加倍,则此价格就不再会渐趋于其新的均衡值。的确,除非立即调整价格,否则会形成有利可图的套利机会,并可预料它将会在有效率市场中被立即利用。同样,若股票价格呈现出可能盈利的季节性格局(例如,大规模的圣诞集会),则在圣诞前,投资者们就将充分地哄抬价格,以致任何未被利用的套利可能性都将消失。萨缪尔森(Samuelson,1965)和曼德布鲁特(Mandelbrot,1966)已严格证明出:若信息流动不受阻碍,且不存在交易成本,那么,投资市场次日的价格变化将只反映次日的"消息",且不与今日价格变动相关。不过他们所定义的"消息"是不可预期的,从而导致的价格变化必定也是不可预期和随机的。

金融学文献中,"随机游动"术语通常不是很严格地用来说明价格序列特征的,在这个价格序列中,全部后期价格变化都是随机的偏离其前期的价格。这样,价格的变动便与以往的价格变化无关(更规范地说,随机游动模型表明的是,各投资收益在序列上是独立的,各投资收益的概率分布恒定不变)。

# 第三节 EMH的经验分析

## 一、随机游动假说的经验证据

有关随机游动假说的经验研究,最早是由巴歇利尔(Bachelier,1900)进行的。他断言,商品的价格呈随机游动,尽管他并未使用这一术语。来自其他一些时间序列的证据则是由沃金(Working,1934,各种时间序列)、考尔斯(Cowles)和琼斯(Jones)(1937,美国各种股票价格)及肯德尔(Kendall,1953,英国各种股票和商品价格)提供的。这些研究都发现:逐次价格变化之间的序列相关基本为零。罗伯茨(1959)发现,一系列随机有序数字构成了与美国股票价格相同的时间序列。奥斯本(Osborne,1959)则发现,股票价格的摆动与物质粒子的布朗(Brown)型随机运动方式颇为相似,他发现,各种价格变化的对数是彼此独立的。

更为近期的实证研究则已使用起了种种替代性的技巧和数据集,并开始从投机市场的价格数列中去搜寻更为复杂的价格格局。格兰杰(Granger)和莫根施恩(Morgenstern)(1963)则运用了更强有力的谱分析技术,但却未能从股票价格的运动中找出可靠的可重复的价格格局。而法码(Fama,1965)则不仅观察了各序列相关系数(都接近于零),而且还通过考察一系列价格的滞后变化及进行了许多非参数"波动"检验,来证实他的调查。法码和布卢姆(Blume)(1966)考察了各种过滤技术——这些交易技术是指买进(卖出)信号是由价格自近期谷底(峰值)的上行(下行)波动而形成的——发现这些技术并不能赢得反常利润。另一些研究者运用更复杂的计算机模拟技术对股票价格格局进行技术分析后发现,以这些技术为基础无法实施有利可图的交易策略。索尔尼克(Solnik,1973)在计算了 9 个国家每天、每周及每月价格变化的序列相关系数后也得出结论:在感觉相互依存性极小的条件下,不可能形成有利可图的投资策略。

虽然大多数对股票市场的早期研究都支持随机游动的一般性结论,但更近期的研究则表明随机游动模型并不是严格成立的。不过,是否违背弱有效市场假说的形式(即任何有效市场中不能持续存在未挖掘的交易机会),则不是很清楚。

与纯粹随机游动模型不一致的发现涉及量度时期较短的价格持续变化的趋势。例如,洛(Lo)和麦金利(Mackinlay)(1988)注意到在从 20 世纪 60 年代初期到 80 年代中期的 23 年间,股票周持有和月持有期的收益表现出正的系列相关性。但是,随机游动模型的否定主要是因为小公司股票的行为,这些股票的交易没有较大的资本化股票频繁。这种系列相关性可能部分地由首先作用于大的资本化股票然后作用于较小股票的市场有关新信息引起。不管怎样,他们的发现并不一定表明股票价格的形成无效率。

### 二、EMH 的经验证据

法码和弗伦奇(French)(1988)以及波巴特(Poterba)和萨默斯(Summers)(1988)注意到虽然短期(如一周或一个月)股票收益可能是正相关的,长期(如一年或更长时间)的股票价格却是负序列相关的。这样,一种对立投资策略,即购买那些近期表现较差的股票可能比购买近期回报非常高的股票的收效更好,正如德邦特(DeBohdt)、塞勒(Thaler)(1985)和莱曼(Lehman,1988)所表明的那样。但是近期的结果对这一发现的稳健性提出了怀疑。实际上,在 1940 年以后的时期,这个相关性就大大低于此前的相关性。另外,存在于股票市场回报率的均值回复不一定表明导致股票价格在相当长的时期内偏离合理价值的"价格狂热"正在慢慢消失,正如波巴特和萨默斯所猜测的那样。时间变化所必要的回报率也与这些发现一致。不管怎样,能否通过使用简单的对立投资策略获得扣除交易成本后的风险调整收益尚不清楚。

另一种可以明显预期的关系涉及股票长期持有的回报率和最初的股息收益,正如坎贝尔(Camphell)和希勒(Shiller)(1988)所指出的那样。例如,在某些时候,2~4 年期股息收益率的方差的 25%可以用收益率对股息-价格比率的回归来解释。这一发现与证券价格决定的有效市场观点完全一致。当贴现率和进而必要的收益率表现高(低)时,股票价格相对于股息则为低(高)。这一结果也与上面描述的均值回复现象一致。引起贴现率增高的经济冲击将伴随着对股票价格的相反冲击,这将降低实际收益。但是价格下降却提高了股息收益和未来收益率。如果认为预期的收益冲击带来的累积价格效应大体为零,那么预期收益的时变性可以是引起市场价格均值回复的原因之一。

此外,人们还在股票价格序列中发现了一些季节性模式。凯姆(Keim,1983)和其他人证明了股票收益会在1月份的头几天反常地高的"元月效应"(特别是对小公司),弗伦奇(1980)等人还证明了从周五闭市到周一开市期间股票的平均收益为负的所谓的"周末效应"。盖特金斯(Gultekins,1983)、雅费(Jeffe)和韦斯特菲尔德(Westerfield)(1984)证明在几个国际市场上似乎存在着季节性模式。但是,对随机性的背离一般是非常小的,支付交易成本的投资者不可能基于这些反常情况选择一种有利可图的投资策略。因此,虽然随机游动假说不是严格成立的,但确实存在着对随机性的背离并未大到足以有未挖掘的投资机会。最后,有大量的经验证据支持弱有效市场假说。股票价格运动的历史好像没有为投资者提供任何使他们能更好地实施简单的购买-持有投资策略的信息。

为确定市场价格对新信息的调整速度,学者们进行了种种检验。法码、费希尔(Fisher)、詹森(Jensen)和罗尔(Roll)(1969)就股票拆细对股价的影响进行了观察,尽管这些拆细本身并未提供经济利益,但通常总是同时伴随或紧跟着股息的增加,而这种股息的增长正是向市场传播了这样的信息:经理们对企业的未来进展抱有信心。因此,在这些拆细通常确实导致股票价格升高的同时,市场会充分、立即地就此做出调整。在拆细宣布之前可能获得大量利润,但在宣布之后,便不再会有反常收益了。确实,在拆细后股息没能提高,厂商就在股票价格上遭受了损失,这也许是由于厂商未能预想到在增加股息方面遭到失败。类似的,当兼并公告,尤其是那些被兼并厂商的股东支付补贴的兼并公告能够大大提高股票的市场价格时,市场就会对此做出充分调整。但在兼并信息公布之后,多德(Dodd,1981)发现,并未有价格反常的证据。帕特尔(Patell)和沃尔夫森(Wolfson)(1984)研究了盈利和股息公告的日调整速度。他们注意到股票市场"非常快地"吸收了公众可得信息。价格回应的最大部分发生在消息披露之后的头5～15分钟里。

斯科尔斯(Scholes,1972)研究了大规模股票二手交割对股票价格的影响。市场专家一般相信这样的二手交割将暂时压低股票价格,并有助于有关股票正常交易数量的大规模分配。股票价格的暂时下降也许可能会产生套利机会。斯科尔斯假定,这种下降也许可能持久下去,反映了预料中的公司经营情况的难得信息被捅了出来(因为大宗股票买卖者通常都是公司内部人员)。斯科尔斯发现,这些价格下降确是持久性的,尤其当交易是在内部人员之间进行的。这样一来,它便与暂时压价假说不相一致了。不过,克劳斯(Kraus)和斯托尔(Stoll)(1972)运用一日内各种价格数据分析后却发现存在价格反向变动和套利机会的一些证据。但这种反向变动只发生在15分钟的时间内——这一调整速度表明市场是显著有效率的。

在绝大多数研究都赞同半强态有效率市场假说的同时,还存在着一些反对意见。鲍尔(Ball,1978)发现,股票价格对收益公布的反应并不充分,在收益公布后的时期,经风险调整后的反常收益系统地表现为非零值。鲍尔将此归因于资本资产定价模型不适用于风险差异调整分析,并提出了一些旨在减少这些估计偏差的步骤。但沃茨(Watts,1978)运用了鲍尔提出的这些步骤后,还是发现存在着有规律的反常收益。伦德尔曼(Rendleman)、琼斯和拉塔内(Latane)(1982)也发现,在收益公布期之后,普通股票的意外季度收益与超额收益间存在一定关系。罗尔(1984)发现,一些桔汁期货价格短时间内信息方面的低效率是由于交易所的每日价格最大变动值而形成的。但是,除此约束外,价格充分反映了全部的已知信息。再者,这期间也并未表明持续存在着其他的反常现象。而当真正发生这些反常时,通常也只是小得仅能使一个职业经纪商——交易商获得经济利润。因此,与支持半强态有效率市场假说的大量证据相比,仍可看到这些反常现象是多么强劲有力。市场会对新信息做出迅速调整的有利证据已经足够充分，以致它已成为金融计量研究中即使不是普遍、也是为一般所接受的原则了。

前面已经说明，股票拆细、股息上涨和兼并公告对股票价格都有很大影响。因而，正如雅费(1974)所证实的，内部人员间在公告发布前就按这类信息进行股票交易显然能够盈利。尽管这些交易一般属于非法，但这种市场交易至少是不公平地经常发生于公告发布之前这一事实，就说明了在此优惠信息基础上盈利是肯定无疑的。因而，强态有效率市场假说遭到驳斥就显而易见了。不过，还是有着重要的证据可证明：这种市场接近于强态有效率是有道理的。

一些经济学家已经进行了几项有关职业投资经理们档案的研究，这些研究一般都表明：随机选择的证券或未加处理的指数并不比已经专门处理的证券差，考尔斯(1933)考察了所选择的一些金融服务机构及职业投资者的档案，从中并未找到任何证据能说明其成就超过了在整个市场投资所取得的成绩。弗兰德(Friend)等断言，普通互助基金的经营业绩与具有类似资产构成的未经处理的证券收益水平差异很小。为衡量适度风险收益的利弊，詹森(1969)运用资本资产定价模型来衡量经风险调整的互助基金经营业绩。他发现，尽管这些基金关注的是赢得正值的反常毛收益，但任何具有相对优势的职业经理却还是在管理费上有所损失。法码(1990)思考了几项更近期的关于互助基金和养老金基金投资经理的研究。当一些互助基金赢得很低的反常毛收益(费用扣除前)时，类似的风险下，养老金基金经理事实上在费用扣除前赚的比消极的投资组合时少。需指出的是，有效率市场假说并不排除为获得信息而只追求少量反常毛收益的可能性。格罗斯曼(Grossman)和斯蒂格利茨(Stiglitz)(1980)、科内尔(Cornell)和罗尔(1981)对一个可观察的市场均衡可能会留下某种可予分析的刺激因素进行了说明，认为需要昂贵信息的那些人也许会有相对更多的毛收益，但却只会有普通的净收益。职业投资者们在经营成果上的大量迹象表明，他们的净收益仅处在平均水平上或平均水平以下。例如，在 1965 年至 1990 年的 25 年间，美国养老基金会 2/3 的职业经理们运用未经处理的标准普尔公司编制的 500 种股票指数后却未能成功。而且，人们发现，任何杰出的成就都极少有连贯性。就像一位职业经理在某一时期取得突出成就，而在下一时期就可能受挫于同一市场一样。很显然，即使可能确实存在优秀的投资经理，那也只是极少数。

### 三、来自于经验分析的挑战

在普遍赞同有效率市场假说的同时，也存在一些与最强态假说不相一致的反对意见。巴苏(Basu，1977，1983)发现，那些低价格-收益率股票经风险调整后的平均收益要高于那些高价格-收益率的股票。班斯(Banz，1981)发现，对较小厂商进行有价证券投资能够得到大量的长期超常利润率。正如上面指出过的，大部分较高的收益形成于 1 月份初。我们知道较小厂商的交易成本较高，但这一因素似乎并不能解释规模效应。在整个时期，这种规模效应不同程度地持续存在，且与证明低价格-收益率股票具有较高收益的证据有关。当然，也必须始终记住，有关反常收益的这些研究结果也是对市场效率的检验，并且是有关的资产定价模型的特殊形式。因而，不可能区别这些反常收益是否确实由于信息低效所致或者是由于作为风险度量方法的资本资产定价模型的不适用所致。另外，在 20 世纪 80 年代的大多数时间里股票市场中的规模效应并不明显。

弗伦奇和罗尔(1986)研究了新信息的获得加速市场运动这一 EMH 的关键前提假设。如果市场运动的主要原因是信息的获得，那么市场开放时的市场价格波动应比市场关闭时的大。事实上，一个普通的日子里从开市到闭市的价格的方差是，周五闭市是周一开市的价格方差的

6倍，即使周末的时间长了1倍。对此现象的一种可能解释是新的公众信息（如新经济数据、合并公告等）最有可能在正常的业务时间里到达，或者开市时价格的较大波动可能是由私人信息的提供引起的，而这种信息通常是在进行交易时被吸入股票价格中。股票分析家更有可能在此时工作，而且当信息可以迅速而方便的加以反应时，制造这种信息的利益会更大。

为了区分这两种解释，弗伦奇和罗尔研究了当关闭交易时营业日前后的价格波动。1968年的下半年，由于文书工作的滞后，主要的股票交易所在周三关闭。可以预期，在这些日子里公众信息会不间断地发生，但是私人信息的流动将会急剧下降。这样，如果新的公众信息是股票价格变化的主要原因的话，人们应当预期从周二的闭市到周四的开市的价格波动远远大于从周二的闭市到周三开市的价格波动。相反，如果私人信息的产生是股票价格变化的重要原因，那么当周三关闭交易时，周二到周四的价格波动应远远小于当周三为正常交易日时候的波动。结果两天的波动数值非常小。它们仅此一天的波动值大一点，这表明私人信息的产生是市场上价格变化的主要原因。

问题是市场会制造它自己的新闻。正如一个重要的新油田的发现会影响一种石油股票的价格一样，一家主要经纪人公司发布的某种股票的投机消息也会有同样的效果。虽然这并不一定意味着市场无效，但它确实提出了市场上除新的公众信息以外的额外影响的可能性。

罗尔（1988）也说明了即使从事后看来，对股票价格变化的解释能力也相对较差。不到40%的股价波动是由涉及经济、行业发展的事件和关于单个公司的特别新闻解释的。看起来证券的估值和它们随时间的变化是很复杂的，私人信息以及专家和其他投资者的情绪可能在估值过程中有重要作用。

在另一项否定市场效率概念的经验研究中，希勒（1981）认为，股票市场诸价格的变化总量实在太大，以致无法通过大量股息支付的变化来加以证明。这种显然是从整个股票市场角度对有效率市场假说提出的否定，已超出了关于某些投资者或交易计划能否击败市场这一狭义问题之外了。不过，希勒的验证既是对市场效率的共同检验，也是对其股息作用模型的校正。马什（Marsh）和默顿（Merton）（1986）建立了一个股息及股票价格变化的替代模型。他们断言：希勒有关股票价格过于易变的研究结论，是他对股息作用的解释有误所致，而不是市场无效的结果。克雷顿（Kleidon，1986）也曾得出类似的结论。然而，马尔基尔（Malkiel，1985）观察到的在投机市场上的一时狂潮——从郁金香茎到热门的增值股票——不得不使人们怀疑我们是否应该认为现行的股票行市代表了对合理贴现后的现值的最佳有效估计。

詹森（1978）和鲍尔（1978）对其他一些散见的低效例子进行了概括。马尔基尔（1980）则认为，多年来由于一些定额基金（甚至那些实质上是拥有“市场”证券的基金）在定价上的低效，使其为投资者提供了比直接购买和拥有归这些基金所持有的高度多样化证券所能获得的收益还要高的反常收益。

## 第四节　分形简介

有效市场假说为现代金融投资分析提供了必要的理论基础，在此基础上，形成了较为完备的理论分析框架。然而，当代经济学家和金融学家却发现，基于EMH的理论是一种线性且价格连续变动的分析模式，这种线性与连续分析范式与复杂的金融现象无论在逻辑上，还是在实践中都不具备完全的一致性。针对线性与连续分析模式的局限性，结合复杂性科学的发展，数学出身的金融学家彼德斯（Peters）借助分形思想和技术，提出了一种基于非线性且包容间断变化特征的分析范式——分形市场假说(FMH)。

## 一、分形几何的提出

分形几何学的发展是20世纪数学领域最有用和最迷人的发现之一。利用分形，数学家们创造了一个系统，它可以用几条简单的规则来描述自然形状。复杂从这种简单性中浮现出来。分形给复杂以结构，给混沌以美丽。分形可以最好的描述大多数自然形状和时间序列。

1975年，美国IBM公司的数学家曼德勃罗(Benoit B. Mendelbnot)创造出了“分形”(fractal)这个新术语，当曼德勃罗的力作《自然界中的分形几何》一书于1982年出版之后，分形这个概念在社会各界得到了迅速传播。自此，分形作为一种研究工具，在各个领域得到了广泛应用。金融投资也是其重要的应用领域之一。

## 二、分形中的自相似

一个分形是一个对象，它的部分以某种方式与整体相关。分形是自指的(self-referential)或自相似的(self-similar)。最容易察觉到的自然分形中的一个就是树。树是按分形标度伸出枝杈的。每一个枝杈上面伸出更小的枝杈，在质的意义上与整个树相类似。

分形形状在空间方面显示自相似性。分形时间序列则在时间方面显示自相似性。分形时间序列是随机分形，比起我们在开始时叙述的纯粹的数学分形来，随机分形与自然物体有更多的共同之处。出于研究目的的需要，我们主要关心的是分形时间序列，但分形形状可以给我们一个很好的直觉基础，它让我们理解“自相似性”究竟是什么意思。

可以用很多方法生成分形形状。最简单的方法是取一个生成规则，并一次一次的迭代它。图3.4－1显示了一个例子。我们从一个实心的等边三角形，如图3.4－1(a)开始，然后从那个三角形里面去掉一个等边三角形，这时得到了三个更小的三角形和中间的一个三角形空白，如图3.4－1(b)所示。现在再从那三个三角形的每一个里面都去掉一个三角形，如图3.4－1(c)所示。如果一直重复这个过程，最终会得到图3.4－1(d)中显示的结构：一个三角形的里面有着无数个更小三角形。如果放大这个三角形的一部分，我们会看到较大的三角形里面有更多、更小的三角形。无限多的三角形被套进了初始三角形的有限空间里面。这里，被称为谢尔平斯基(Sierpinski)三角形，它是与时间序列分析有关的。

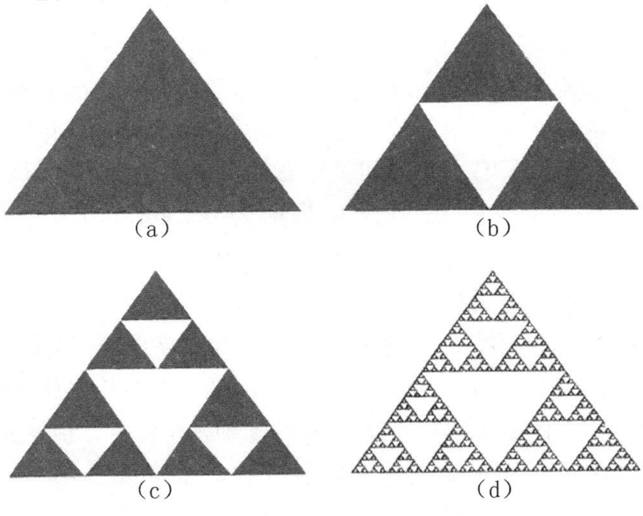


**图3.4－1 谢尔平斯基三角形**

现在,试试把欧几里德几何学应用于谢尔平斯基三角形。它不是一维的,因为它不是一条线。它和实心三角形不一样,不是二维的,因为它的里面有洞。它的维数在一和二之间。它的维数是 1.58,一个分数维或分形维。分数维是赖以确认分形的主要特征。曼德勃罗关于分数维是自然的而且确实存在的洞见是现实的,它将深远的扩展数学的描述能力。

另一个典型的分形形状的例子是科尔雪花(Koch snowflake)。与谢尔平斯基三角形不同,科尔雪花是使用加法规则生成的。图 3.4—2 显示了它的生成过程。从一个等边三角形开始(图 3.4—2(a))。在每一条边的中间 1/3 处,放上另一个等边三角形,生成图 3.4—2(b)所示的形状。一直重复上述步骤,结果就生成了图 3.4—2(c)中的雪花。从概念上说,这种雪花的长度是无限的,因为可以把三角形无限地加上去。在图 3.4—2 中,虽然包住初始三角形的圆限定了空间,但我们通过无限迭加的过程却在一个有限的空间里获得了无限的长度。

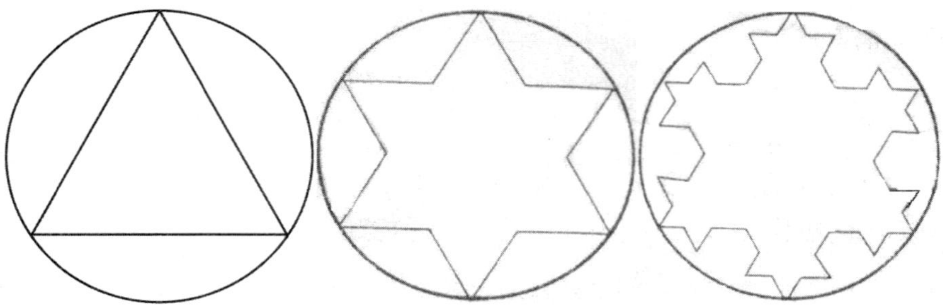

(a)　(b)　(c)

图 3.4—2　科尔雪花

这两个例子,谢尔平斯基三角形和科尔雪花,是对称的分形。它们经常被叫做确定分形,因为它们是用确定的规则生成的。事实上,自然物体永远不会真正对称。因此,这两个分形形状不是自然界或资本市场的真正代表,但它们显示了分形的某些重要特征。它们是用迭代一个简单的规则生成的自相似物体,有一个分形维。实际上,更为现实的是随机分形。

## 第五节　分形统计学简述 *

### 一、分形分布

分形统计学研究的主要问题是分形分布,它不同于传统统计学只考虑两个特征数的分布,它是由四个特征参数构成的更为复杂的分布,且我们熟悉的正态分布是它的特例。

分形分布的存在实际上已经有一段时间了。在经济学文献中,它们被称作"帕累托"(Pareto)、或"帕累托-莱维"(Pareto-Levy)、或"稳定帕累托"(stable Paretian)分布。这些分布的性质最早是由莱维(Levy)推导出来的,并于 1925 年发表。他的工作是以帕累托(Pareto)(1897)有关收入分布的工作为基础的。帕累托发现,除了大约最上层 3%的富人收入的分布可以用对数正态分布来很好的近似描述外,其他部分人的收入分布服从逆幂率,这会导致一个较胖的尾部。实际上,找到一个比另一个高 10 倍的人的概率是很有限的(因而是服从正态分布的),但找到一个比另一个人富 100 倍的人的概率要比正态概率所预测的高得多。帕累托猜想,这个较胖的尾部的出现多半是因为富人可以比普通人更有效的使用他们的财富并产生杠杆作用,创造财富并获得甚至更高的收入水平。G. K. 齐普夫(G. K. Zipf)在单词使用频率方面发现了类似的逆幂率。齐普夫发现，长单词用得比短单词少。A. J. 洛特卡(A. J. Lotka)发现了逆幂率的社会学例子：学术界科学论文的发表就是一个例子。一个学者过去写出的论文越多，他或她今后多半也写得越多。因为他(她)越容易寻找到更多的合作者与能干的研究助手，学术界越知名、越资深的成员可以合写越多的论文。他们借助这种产生杠杆作用的方法推动他们的研究事业。在所有这三种场合，当对尾部进行研究时，一个反馈机制增进了被度量的任何一种生产。这种反馈效应借助于此事件使得尾部甚至更长。莱维研究了这三种胖尾分布并推广了所有的概率分布以把它们考虑进去。

这种胖尾、高峰的分布是帕累托分布的特征形状。莱维推广了概率分布的特征函数，形成了以下特征函数 $f(x)$ 的表达式

$$\ln[f(x)] = i\delta x - \gamma|x|^{\alpha}[1 + i\beta(x/|x|)\tan(\alpha\pi/2)] \tag{3.5.1}$$

## 二、分形分布中的特征参数

(3.5.1)式包含四个特征参数：$\alpha$、$\beta$、$\delta$ 和 $\gamma$。$\delta$ 是均值的位置参数，$\gamma$ 是可以调整的比例参数，$\beta$ 是偏斜度的度量，其取值范围为从 $-1$ 到 $+1$，$\alpha$ 既度量分布的尖峰程度又度量分布的胖尾程度，它的取值范围为从 0 到 2，包括 0 和 2。如果 $\beta=0$，则以位置参数为中心呈对称分布。最重要的参数是 $\alpha$，被称为“特征指数”，它取决 $\delta$ 点的峰值和尾部粗细程度，它的取值在 0($>0$)～2($\leqslant 2$)之间，是分形分布的重要特征。当 $\alpha=2$ 时，该分布为正态分布，均值有极限，方差等于 $2\gamma^2$。当 $1<\alpha<2$ 时，二阶矩(总体方差)无极限或无法确定。当 $0<\alpha\leqslant 1$ 时，一阶矩(均值)也无极限。可见，高于二阶的矩均无极限。随着样本容量的增加，样本方差和峰度的估计值不会收敛，而是趋于无限发散。

无极限方差解释了为什么会存在价格不连续情形。在资本市场上，这源于市场恐慌的蔓延，它放大了悲观或乐观情绪，从而导致价格不连续。相反，正态分布的方差是有极限的，因此它的分布形态不像其他分形分布那样分散，这就排除了价格不连续现象。

从上面的讨论可知分形分布的良好性质。特征指数有助于理解分形分布的可加性性质。如果 $n$ 个随机变量服从分形分布，其位置参数等于 1，特征指数等于 1.75，把这 $n$ 个变量相加后，得出的随机变量的均值将等于 $1\times n$，特征指数将等于 1.75。

若所有随机变量都服从正态分布($\alpha=2$)，加总后的分布也是正态分布。此时，均值和方差都有极限且等于 $1^2\times n=1\times n$。

现在清楚了，正态分布的这种可加性性质不被代表混沌现象最后一阶的正态分布所独享，而是属于整个分形分布族共同的性质，而正态分布不具一般性，只是个特例。这也说明了中心极限定理不能应用于分形分布的原因：若把几个柯西分布①随机变量相加，就得到一个柯西分布随机变量，而不是正态分布随机变量，即便 $n\to\infty$。

正态分布和柯西分布是分形分布的两个特例，当 $\alpha=2$，且 $\beta=0$ 时，就得到均值为 $\delta$，方差为 $2\gamma^2$ 的正态分布；当 $\alpha=1$ 且 $\beta=0$ 时，就得到均值、方差无极限的柯西分布。此时，$\delta$ 只是中位数，$\gamma$ 为半内四分位间距(semi-interquartile range)。当 $\delta=0$ 而 $\gamma=1$ 时，通常研究分形分布。此时，我们得到的是分形分布的简化形式：标准正态分布不过是简化分形分布的一个特例。

分形分布中也存在很多问题。一个最大的问题是除正态分布和柯西分布外，它没有解析

---

① 柯西分布特征函数的表达式为：$f(x)=\dfrac{1}{\pi}\left[\dfrac{\gamma}{\gamma^2+(x-\delta)^2}\right]$。

解。概率密度函数也没有明确的表达式。幸好一些研究推导出了不同 $\alpha$ 值分形分布的概率密度函数和累积密度函数,这些 $\alpha$ 值处于 0.25～2 之间。所采用的技术是基于正态分布和柯西分布的加权平均分布。对于不同 $\alpha$ 值的简化分布形式,彼德斯(Peters)均建立了累积分布表。把 $\mu$ 定义为 $x$ 与 $\delta$(位置参数)之差再除以比例参数 $\gamma$,就得出简化分布形式。由于比例参数 $\gamma$ 在正态分布中等于 $\frac{\sigma}{\sqrt{2}}$,因此,$F(z)$ 与 $F(\mu,\alpha=2)$ 略有区别。其关系为

$$\mu=\sqrt{2}\times z \tag{3.5.2}$$

利用彼德斯的累积分布表,可以发现 $F(\mu=2,\alpha=2)=0.9104$。就是说 $\mu$ 大于 2 的概率为 0.0896,比 $1-F(z=2)=0.0228$ 大得多。当 $z=2$ 时,相应的 $\mu$ 值为 $2\times\sqrt{2}\approx 2.8$。通常,$F(\mu=2.8,\alpha=2)=0.9761$,则 $1-F(\mu=2.8,\alpha=2)=0.0239$,与期望值 0.0228 非常接近。

分形分布的第二个性质是自相似性,在进行假设检验时我们总是利用这一性质。由于列出正态分布所有可能的均值与方差组合的工作过于繁琐,一般把实际分布做标准化处理,应用标准正态分布函数,这样做的前提只能是正态分布具有自相似性(即比例不变)。当我们用一个比例参数来调整原始分布(标准差即为分形比例参数 $\gamma$ 的倍数)时,该分布的性质未发生变化:对于任意 $\mu$ 和 $\sigma$,$\mu=1.65\sigma$ 以左的部分代表 5%的概率面积。

对于分形分布,尚无与中心极限定理相对应的定理。这意味着,$\alpha$ 不同的分布相加后所得分布的特征指数不得而知。

## 第六节　分形在金融投资中的应用

### 一、分形市场假说

虽然将标准的高斯统计应用于金融投资分析有些时候表现不错,但是实践证明它在大多数情况下表现不佳,这其中的原因是金融资产价格时断时续的相关特征和易变性高度的不稳定。如何系统描述包含非稳定特征的金融市场就成为金融投资研究者所面临的课题。彼德斯(Peters)利用分形理论对此进行了尝试,并提出了分形市场假说(fractal market hypothesis , FMH)。

分形市场假说强调了流动性的影响以及基于投资者行为之上的投资起点。分形市场假说的目的是给予一个符合我们观察的投资者行为和市场价格运动的模型。

市场的存在,向交易者提供了一个稳定性和流动性环境。投资者总希望得到一个好价格,可是在经济意义上,它并非是一个“公平”的价格。例如,短期的补进很少在公平的价格上发生。当有许多投资者参与并具有许多个投资起点时市场保持稳定性。当一个 5 分钟交易者遭受 $6\sigma$ 事件时,一个具有较长投资起点的投资者必定跟进,从而稳定了市场。投资者之所以愿意这么做,是因为,在他或她的投资起点内,5 分钟交易者的 $6\sigma$ 事件是平常的事。只要另外一个投资者在危机中有长于这个投资者的投资起点,市场将稳定它自身。基于这一点,投资者必定分担了相同的风险水平(一旦对于投资起点的规模变化作一个调整),而且他们分担的风险解释了为什么收益的频率分布在不同的投资起点看起来是相同的。由于自相似性的统计结构,故称这个提议为分形市场假说。

### 二、分形结构的稳定性问题

当分形结构崩溃时市场变得不稳定。当具有长期投资起点的投资者或者在市场停止参与

或者他们自己成为短期投资者时崩溃发生。当投资者感到，他们用来进行市场评价的基础——较长期的基本信息不再重要或不可信赖时，崩溃就会发生。经济周期或政治危机，当长期展望变的高度的不确定时，是最能说明这些崩溃事件的。

这一不稳定的类型不同于熊市。熊市是依赖正在下降的基础评价。不稳定性是由短期易变性的极高水平来表现的。最终的结果可能是一个实质性的下跌，或是一个实质性的攀升，或是对于起动的一个价格等价物——这些都发生在一个极短的时间内。并且，前两个结果似乎比后者更常见。

举一个美国历史上曾发生的事件作为例子。即 1963 年 11 月 22 日肯尼迪(Kennedy)总统被刺杀时的市场反应。国家领袖人物的突然死亡传进市场引起一片混乱；他的死亡对于国家的长期战略前景有不确定的影响。在那天，长期投资者或者没有参与交易，或因恐慌而成为短期投资者。一旦基础信息失去价值，这些长期投资者将缩短他们的投资起点并开始在无法遏制的、消极的技术动态上交易。直到总统的葬礼结束之后市场才重新开业，这时，投资者能够较好的判断总统之死在经济、长期评价所得收益和市场稳定上的影响。

在我国，2001 年 6 月 12 日，国有股减持方案公布后，长期投资者开始集中重新审视市场的长期远景，他们开始卖出自己所持有的股权，股市完全被具有极短期的投资起点的投资者所统治，长期投资者除了卖股票之外无事可做，或者他们也变成短期交易者。此后，暂时叫停国有股减持方案使市场信息变得如此不确定，基础信息失去了作用，结果市场也就达到了不稳定的新高度。直至 2002 年下半年，作为长期投资者的证券投资基金在接下来的日子里跟进并购买，市场才又趋于稳定。

### 三、投资起点与市场稳定性

在市场中，对于不同投资起点，统计分布的范围履行了同样的作用。只要具有不同投资起点的投资者参与市场交易，那么，在一个投资起点的恐慌就能够被其他投资起点作为买入(卖出)机会而吸收。所以，假如整个市场具有相同的投资起点，它将因流动性缺乏而呈现恐慌。当投资起点成为同一的时候，市场成为“自由落体”；那就是，价格序列呈现不连续性。在高斯环境下，大的变化是许多小变化的总和。因此，在恐慌和混乱期间，市场通常跳过价格。间断导致大的变化，而且胖尾呈现在收益频率分布中。再者，这些间断点是由于市场参与者的同一投资起点的出现而导致的流动性缺乏的结果。

当市场完成了这一稳定的统计结构时，市场动态的和动力的变化就如同扩大了投资起点的范围。投资起点越短，技术因素、交易活动以及形成流动性就越重要。投资者相互追寻这一趋势，群体行为能左右局面。随着投资起点的增加，技术性因素逐步的让位于基础的和经济的因素。价格作为这个结果，反映了这一关系，而且，价格会随着收入预期的升降而升降。收入一般随时间逐步上升。假如在经济方向上感觉有变化，收入预期也能迅速反转。假如市场同经济循环没有关系，或这一关系很弱，这样一来，交易活动和流动性继续显示出他们的重要性，即便在长期投资起点也是如此。

假如市场在很长时间里系于经济的增长，这样风险将因经济循环占主导而随之下降。经济活动的易变性小于交易活动，它将使得长期股票收益的易变性也变小。这一关系将导致方差有界。

资本市场，就像股票和债券，附加于可能是确定性的长期经济循环，具有较短的分形统计结构。通货仅仅是在交易市场，具有分形统计结构。

最终,信息自身对于价格也不是唯一的影响,相反,信息可能被不同的投资起点不同的吸收消化(见仁见智的问题)。技术重组(股票的价格止跌)对于长期投资者仅仅是慢慢地变得明显和重要,同样,经济因素将改变预期。当长期投资者改变他们的评价而开始交易,技术倾向显示和影响短期投资者。因为在公平价格上有一般的约定俗成,在短期,价格变化可被认为是某种程度的噪音,被认为是环绕公平价格的可接受带,是一个比较大的总收入因素。较长的投资起点,有更多的时间消化信息,而且对合适的价格有更多的一致意见。作为结果,投资起点越长,时间序列越光滑。

**思考题**

1. 什么是套利,为什么市场不存在套利机会时是一种均衡状态。

2. 有效市场假说将市场区分为哪三种水平,它们各自的特点是什么。

3. 什么是分形,其突出的特点是什么。谢尔平斯基三角形和科尔雪花分别是依据什么规则生成的。

4. 分形结构崩溃时会给市场带来什么样的影响。

5. 当市场中投资者的投资起点处于同一时刻时,市场价格会呈现什么特点;时间序列的波动特征与投资起点的长度的关系是怎样的。

**讨论题**

1. 解释现实中为什么同一上市公司在不同的市场能长期存在价差。

2. 有效市场的价格体现着它的价值,为什么现实中普遍存在"封闭式基金折价"现象。

3. 在有效市场经验分析中,我们不难发现:不同学者得到不同甚至相反的经验结论。如何看待这一现象。

4. 我国证券市场是否有效?你认为有效市场假说还是分形市场假说更适合于分析我国证券市场。

5. 论述技术面分析背后的经济逻辑。

# 第四章 金融风险管理理论

金融风险是与金融活动相伴的，它是金融活动的副产品，只要有金融活动就一定有金融风险存在，金融风险产生的根源在于金融状态的不确定性、金融变量内在联系的不确定性和金融活动参与者人文因素造成的金融风险，前两者导致客观金融风险，后者则引发主观金融风险。金融风险管理理论是随着金融以及金融市场的发展而不断发展和深化的，它的发展与现实的制度背景密切相关，在货币制度从金本位转向信用本位的背景下，金融风险管理理论的演进便从客观朴实性向主观人文性的路径演化，即从重视金融风险产生之根源的客观性向从重视金融活动主体的经济关系再向金融活动参与主体的心理因素研究的演化过程。本章依据金融风险管理理论的这一演化路径，分别从状态不确定性、信息不对称环境和人文及心理特征三方面来介绍金融风险管理理论。

## 第一节 基于不确定性的金融风险管理理论

由于不确定性是风险的本质，不确定性使人们无法确切预期到其所拥有的资产或负债的价格如何发生变化，各种意想不到事件的发生，常常使真实结果与我们的预期相差甚远。当人们面对不确定性的事物与环境时，以寻求经济规律为目标的理论分析总是显得如此的苍白与无能为力，成千上万的学者与投资人每天都在不知疲倦地钻研股价的变动状况，试图从历史事件中去挖掘和发现股价的确定性运动规律，然而直到现在，我们还是没有办法去明确回答“明天的股市到底是涨还是跌”的问题，就像抛一枚质地均匀的硬币一样，人们事前根本就不可能知道会是哪一面出现。虽然我们不可能确切回答硬币的哪一面会出现，但人们在大量的试验和实践中却找到了正反面出现机率的准确答案；同样的道理，虽然我们不知道明天的股价是涨还是跌，但如果能通过相关的分析找到股价涨跌的概率，那对我们的投资行为也是有重大意义的。概括起来说就是，金融的内在不确定性决定了我们在确切回答所拥有的资产或负债价格如何变动上无能为力，即根本就不存在所谓的确定性经济规律，但统计学意义上的概率规律却是存在的，寻求金融资产或负债价格变动的概率规律，并利用相应的工具与方法来优化金融风险配置效率便就是金融风险管理所要研究的内容。传统的金融风险管理理论实质上就是不确定性管理理论，不确定性管理理论即为统计决策理论，它的核心：一是探索行为准则，另一则是寻求事物发生的概率或概率分布。本章我们从统计决策的基本要素入手，来介绍传统的金融风险管理理论。

### 一、统计决策的基本要素

统计决策或基于不确定性的金融风险管理所面临的两个重大现实问题，一是事物在不断变化，金融资产价格随时都处在变化之中，价格的变化既可能是有利的，也可能是不利的，正是可能的不利情况的存在，才导致了我们选择行为的谨慎性，金融风险管理也就才有了意义；二是信息的不完全或不完美，信息的不完全使我们始终处于对情况不能肯定的状态下，在行为人做出选择前，总是会怀疑情况不能像我们想象的那样发展。要针对这种现实进行定量的统计决策分析或金融风险管理分析，必须要具备一定的条件，这些条件主要有：

1. 行为人或决策单位。它包括个人、企业、集团、组织机构或部门、国家等，一般将其总称为决策者。

2. 决策目标。包括数量化目标和非数量化的属性目标两种。现代金融风险管理决策目标基本以数量化目标为主，金融工程师、精算师亦或金融风险管理数量分析师在制定决策目标过程中发挥着越来越重要的作用。

3. 自然状态(state of nature)。即可能发生的各种情况，概率统计中常称为事件(event)，这通常是决策者或行为人不能控制的因素。自然状态的表现形式，有非数量的属性标志与数量化的标志两种，前者如习惯、偏好等，后者如价格、市值等。在用数量表示的自然状态中，又有连续变量与离散变量之分。

统计决策里所谓自然的含义很广，它不仅包括各种自然因素，而且也包括各种社会经济因素，诸如雨量、气温、暴风、饥荒、物价、资金、产品需求量、广告、竞争者的行动等。相比之下，金融风险管理自然的范围要小的多，其是统计决策意义下自然的真子集，是其中仅与金融资产价格有关的因素。每种自然还有若干种不同的状态，不同自然的不同状态的各种组合，都会影响某一行动的结果。在一个决策问题或金融风险管理问题中，所有可能的自然状态的组合称为"状态空间"(state space)，多数情况下它是金融风险管理者不能加以控制的。在一般决策问题中，自然状态的各种可能组合往往很多，即状态空间很大，难以全部考虑到，因而在实际决策中，只能挑选出少数有重大影响的自然状态考虑之。例如，某上市公司的决策者面临推销产品 A 还是不推销产品 A 的两行动择其一的决策问题，影响行动结果的因素虽多，但最重要的因素只有两个，一是销售市场的规模(简单分为大、小两种状态)，二是竞争对手是否也推销同类产品。这样，状态空间就由 4 种可能的自然状态组成：$\theta_1$=市场小而无竞争，$\theta_2$=市场小而有竞争，$\theta_3$=市场大而无竞争，$\theta_4$=市场大而有竞争。由于这 4 种自然状态都是决策者所不能控制的，所以他采取某一种行动后将出现什么结果，也是不能确定的。再如，证券市场的普通投资者面临是否要利用投资组合来管理金融风险的决策问题，众所周知，影响这一行动结果的因素不仅很多，而且相当复杂，但在实践中你会发现最重要的因素也只有两个，一是股票市场运行状况，二是市场的风险特征。对这一决策问题，状态空间也是由 4 种可能的自然状态组成：$\theta_1$=股指上涨且非系统性风险大，$\theta_2$=股指上涨且非系统性风险小，$\theta_3$=股指下跌且非系统性风险大，$\theta_4$=股指下跌且非系统性风险小。同样的道理，因为这 4 种自然状态都是投资者所不能控制的，所以他采取某一种行动后将出现什么结果，自然也就不能确定了。

确定自然状态就像统计分类一样，其必须遵循如下这样一个原则，那就是"互相排斥，全体无遗"原则。所谓"互相排斥"就是各自然状态之间是彼此独立的，且界线分明，在同一时间内，只有一种自然状态出现，不能有两种或两种以上的自然状态同时出现，即自然状态不能重叠；所谓"全体无遗"系指所有可能发生的自然状态，都必须毫无遗漏的包含在状态空间之内。

4. 能互相替换使用的各种行动(action)，所有行动的集合构成行动空间(action space)，金融风险管理中的行动必须具有选择性，行动空间不能是空集，也不能是单元集，空集意味着无计可施，单元集则意味着没得选择，无论是无计可施还是没得选择，讨论金融风险管理都没有意义，因为这种情形的结果完全取决于运气。在多行动所组成的行动空间中，行动是决策者自身能够控制的因素。从逻辑上说，决策者可以选择行动空间中的任何一个行动，至于决策者会选择哪一个行动，则取决于决策者自身的偏好以及他对各种行动所带来的不同可能结果的评价。从这个意义上看，研究金融风险管理的意义就在于在行动空间中寻求决策者认为最佳的行动。

行动空间的确定也必须遵循“互相排斥，全体无遗”的原则。但需要说明的是，在有些情况下，“不行动”也是行动空间中应包含的一种行动，例如“空仓”也是证券投资中行动空间的一种行动。

5. 与状态空间和行动空间对应的用数量表示的付酬(pay off)，即在每种自然状态下所采取的每个行动可能产生的各种不同结果，金融风险管理中常用收益率来具体体现这种结果，通常情况下，付酬是确定性的取值。所有付酬组成的集合称为样本空间(sample space)，设 $X$ 为样本空间，$B$ 为状态空间，$A$ 为行动空间，则有 $X=B\times A$。对于状态空间、行动空间离散有限的特殊情况，样本空间可以用付酬表(payoff table)或支付矩阵的形式去表现。如 $B=\{b_1,b_2,\cdots,b_n\}$，$A=\{a_1,a_2,\cdots,a_m\}$，则体现样本空间 $X=B\times A$ 的付酬表可以表示成表 4.1—1。

**表 4.1—1 收益付酬表**

| | 状态 1($b_1$) | 状态 2($b_2$) | … | 状态 $n$($b_n$) |
|---|---|---|---|---|
| 行动 1($a_1$) | $x_{11}$ | $x_{12}$ | … | $x_{1n}$ |
| 行动 2($a_2$) | $x_{21}$ | $x_{22}$ | … | $x_{2n}$ |
| ⋮ | … | … | | … |
| 行动 $m$($a_m$) | $x_{m1}$ | $x_{m2}$ | … | $x_{mn}$ |

在金融风险管理中，常常出于对期望收益的考量，付酬表 4.1—1 往往还包括状态空间各状态所对应的概率 $p$，此时付酬表可表示成表 4.1—2。

**表 4.1—2 期望收益付酬表**

| | 状态 1($b_1$) | 状态 2($b_2$) | … | 状态 $n$($b_n$) |
|---|---|---|---|---|
| 概率 | $p_1$ | $p_2$ | … | $p_n$ |
| 行动 1($a_1$) | $x_{11}$ | $x_{12}$ | … | $x_{1n}$ |
| 行动 2($a_2$) | $x_{21}$ | $x_{22}$ | … | $x_{2n}$ |
| ⋮ | … | … | | … |
| 行动 $m$($a_m$) | $x_{m1}$ | $x_{m2}$ | … | $x_{mn}$ |

样本空间在金融风险管理中起着极其重要的作用，它是金融风险度量、金融风险分析的数据基石。

6. 决策标准(decision criterio)，又称为决策准则。这是在不同行动中择优所必不可少的，因为不明确规定“优”的标准，就无从择优。无论是无概率决策还是有概率决策，都要分别规定适当的决策标准，据以能使决策者选择最优行动。根据有无使用概率，决策准则可以被分为三类，一类是不用概率的标准，即无概率决策，这种标准是直接取付酬中某种最大或最小值，这类决策准则通常适合在非频繁重复且存在信息改善障碍的情况下使用；第二类是全面使用概率和概率分布的标准，称为期望值准则，它是有概率决策的一种特殊标准，是统计决策和金融风险管理中使用最广泛的一种决策准则，这种用期望值作为标准的决策准则也被称为贝叶斯决策(Bayes decision)；第三类是使用概率或概率分布，但又不以期望值作为标准的决策准则，如最大概率决策准则、现代金融风险管理中的 VaR(Value at Risk)准则等。随着人们对不确定性问题认识的不断深入，这类决策准则越来越受到重视。

7. 概率。在有概率决策中，概率资料是必不可少的。有关概率与概率分布，下一节将专门讨论。

8.判断分析与价值观念。现实中,信息总是不具有完全性,即使是对于某些事件,人们通过不断的努力能使信息达到完全状态,信息收集及其处理的成本因素也会使这种完全信息失去其经济学意义,换句话说就是,人们总是要在不完全信息下做出决策。而在不完全信息状态下,对于状态空间之状态的出现,某种状态出现后的结果总是需要做出判断,这种判断既可能来自于客观经济联系的必然结果,也可能来自于经验分析的主观判断,它是决策者做出选择的基础依据。在主观判断和决策准则的确定过程中,价值观念起着决定性的作用,不同的决策者会因偏好、习惯、社会背景等不同,对同一事件或事件之结果可能会有不同的看法,这种价值观念的差异不仅决定了社会经济评价的多样性,而且也决定了决策过程中决策准则选择的多样性。

从上述的八大要素可以看出,统计决策或金融风险管理由于涉及不确定性,这使其在实际应用中都不是一件容易的事情,一些关结点还必须借助于其他学科的方法或分析工具,如在上述八项要素中,第三项的自然状态、第四项的行动、第五项的付酬和第七项的概率,都要进行预测。所用预测方法,有的是定性预测,如对属性标志表现的自然状态的预测和非数量行动的预测,都需要用到一些定性的预测方法。其他如用数量标志表现的自然状态和行动,各种付酬数值和先验概率与条件概率,则都必须用到定量预测。由于资产管理的未来性,金融活动的决策往往取决于资产管理者对于未来资产价格变化的预期,这表明统计预测(又称为预期。经济学、金融学等习惯用此称谓)在金融风险管理中具有特殊的意义与作用,有关金融风险管理中预期形成的相关内容前面第一章已做了介绍。

## 二、不确定性与概率分布

从广义上看,金融风险管理实质上是对金融市场运行不确定性的管理,奈特虽然将不确定性分为概率分布已知的随机型不确定性和概率分布未知的不确定型不确定性两类,但如果考虑到行为人具有学习能力与贝叶斯学习过程,必要时甚至加入理性预期假说,那么,在金融风险管理中再对不确定性加以分类就没有必要了,奈特的不确定性问题可以转化成概率分布预期以及概率分布预期风险。因为,无论是哪种不确定性,它都可归结为概率或概率分布。如今,人们即使是不再使用狭义的金融风险定义,但不确定性或概率依然是现代金融风险定义的内核之一。在现代金融风险管理中,主流的分析方法是期望收益-方差(M-V)模式,即便是现今流行的 VaR(在险价值。有关 VaR 的相关内容将在第七章专门介绍)技术,其都少不了对状态空间概率分布的了解,因为只有在已知概率分布的前提下,风险的度量问题才便于综合解决。以下我们仅介绍几种常用的概率分布。

(一)正态分布

在社会经济问题的研究中,使用最广泛的分布莫过于正态分布(normal distribution)。该分布定义为:如果随机变量 $Z$ 的密度函数为

$$p(Z)=\frac{1}{\sqrt{2\pi}\sigma}e^{-\frac{(Z-\mu)^2}{2\sigma^2}} \quad (-\infty<Z<+\infty) \tag{4.1.1}$$

则称 $Z$ 服从均值为 $\mu$ 、方差为 $\sigma^2$ 的正态分布。记为 $Z\sim N(\mu,\sigma^2)$ ,其中参数 $\mu$ 和 $\sigma^2$ 都是常数。

当参数 $\mu$ 和 $\sigma^2$ 取值为一组特殊的数,即 $\mu=0$ 和 $\sigma^2=1$ 时,上述正态分布具有与纵轴完全对称的一些良好的特征,此时将其称为标准正态分布,记为 $Z\sim N(0,1)$ 。标准正态分布的密度函数为

$$p(Z)=\frac{1}{\sqrt{2\pi}}e^{-\frac{Z^2}{2}} \quad (-\infty<Z<+\infty)$$

（二）$\chi^2$ 分布

在现实的金融风险管理中，人们通常拥有不同类型的金融资产，这些不同类型金融资产价值的变动并没有什么明确的相互关系，且各类金融资产与所关注的变量之间又不一定呈线性关系。在这种情况下，作为一种综合性管理金融风险的分析技术，卡方（$\chi^2$）分布则被经常使用到。此外，从经验数据的观察也能经常发现，金融风险管理分析中的相关变量之分布特征也类似于 $\chi^2$ 分布，人们也会以其为假设来寻求相应的金融风险管理方案，这使 $\chi^2$ 分布成为除正态分布之外的另一有代表性分布，它的定义是：设 $Z_i \sim N(0,1)$（其中，$i=1,2,\cdots,n$），且 $Z_1,Z_2,\cdots,Z_n$ 相互独立，则 $Z=\sum_{i=1}^{n}Z_i^2$ 的分布称为自由度为 $n$ 的卡方分布，记为 $Z\sim\chi^2(n)$。它的密度函数可表示为

$$p(Z;n)=\frac{Z^{\frac{n}{2}-1}e^{-\frac{Z}{2}}}{\Gamma\left(\frac{n}{2}\right)2^{\frac{n}{2}}} \quad (Z>0) \tag{4.1.2}$$

其中，$\Gamma(r)=\int_0^{+\infty}Z^{r-1}e^{-Z}dZ$ 为 $\Gamma$（伽玛）函数。

$\chi^2$ 分布具有如下性质：(1)如果 $Z\sim\chi^2(n)$，则随机变量 $Z$ 的期望值和方差分别为 $n$ 和 $2n$，即 $E(Z)=n$，$Var(Z)=2n$；(2) 若 $Z_i\sim\chi^2(n_i)$（其中，$i=1,2,\cdots,k$），且 $Z_1,Z_2,\cdots,Z_k$ 相互独立，则 $\sum_{i=1}^{k}Z_i\sim\chi^2(n_1+n_2+\cdots+n_k)$；(3) 若 $Z\sim\chi^2(n)$，则对任意的实数 $Z$，有 $p\left(\frac{Z-n}{\sqrt{2n}}\leqslant Z\right)\xrightarrow{n\to\infty}\frac{1}{\sqrt{2\pi}}\int_{-\infty}^{Z}e^{-\frac{t^2}{2}}dt$。该性质被称为渐近正态性，即当 $n$ 充分大时，$\frac{Z-n}{\sqrt{2n}}$ 近似服从标准正态分布 $N(0,1)$。

（三）$t$ 分布

由于大量的实证分析结论证实，多数金融资产收益率的概率分布并不服从正态分布，而是具有“尖峰厚尾”的特点，这一现实使金融风险管理专家不得不考虑对正态分布假设的修正，而 $t$ 分布却又正好是具有“厚尾”性质的一类分布，用 $t$ 分布取代正态分布自然就是顺理成章的事情。$t$ 分布的定义是，设 $Z_1\sim N(0,1)$，$Z_2\sim\chi^2(n)$，且设 $Z_1$ 与 $Z_2$ 相互独立，则 $T=\frac{Z_1}{\sqrt{\frac{1}{n}Z_2}}$ 的分布就被称为自由度为 $n$ 的 $t$ 分布。记为 $T\sim t(n)$，它的密度函数表示为

$$t(Z;n)=\frac{\Gamma\left(\frac{n+1}{2}\right)}{\sqrt{n\pi}\,\Gamma\left(\frac{n}{2}\right)}\left(1+\frac{Z^2}{n}\right)^{-\frac{n+1}{2}} \tag{4.1.3}$$

$t$ 分布具有如下性质：(1)如果 $Z\sim t(n)$，则随机变量 $Z$ 的期望值和方差在自由度大于 1 和 2 的条件下分别为 0 和 $\frac{n}{n-2}$，即 $E(Z)=0(n>1)$，$Var(Z)=\frac{n}{n-2}(n>2)$；(2) $t$ 分布的概率密度函数关于 $Z=0$ 对称，且当 $Z\to\infty$ 时单调下降地趋于 0；(3)当自由度不断增大时，自由度为 $n$ 的 $t$ 分布逐渐向标准正态分布逼近，且收敛于 $N(0,1)$。用数学形式表示就是，$t(Z;$

$n)\xrightarrow{n\to+\infty}=\frac{1}{\sqrt{2\pi}\Gamma}e^{-\frac{Z^2}{2}}$ 。

(四) $F$ 分布

虽然 $F$ 分布与 $t$ 分布在金融风险管理分析中具有一些类似的功效,但它与 $t$ 分布也有着明显不同的应用条件,$F$ 分布适用于多个卡方分布非加性综合变量的分析与对方程整体拟合效果的检验。其规范的定义是,若设 $Z_1\sim\chi^2(m)$ , $Z_2\sim\chi^2(n)$ ,且 $Z_1$ 与 $Z_2$ 相互独立,则 $F=\frac{Z_1/m}{Z_2/n}$ 的分布就被称为自由度为 $(m,n)$ 的 $F$ 分布。记为 $F\sim F(m,n)$ ,它的密度函数表示为

$$f(Z;m,n)=\frac{\Gamma\left(\frac{m+n}{2}\right)\left(\frac{m}{n}\right)^{\frac{m}{2}}}{\Gamma\left(\frac{m}{2}\right)\Gamma\left(\frac{n}{2}\right)}Z^{\frac{m}{2}-1}\left(1+\frac{m}{n}Z\right)^{-\frac{m+n}{2}}\quad(Z>0)\tag{4.1.4}$$

$F$ 分布具有如下性质:(1)如果 $Z\sim F(m,n)$ ,则随机变量 $Z$ 的期望值和方差分别为:$E(Z)=\frac{n}{n-2}(n>2)$ 和 $Var(Z)=\frac{2n^2(m+n-2)}{m(n-2)^2(n-4)}(n>4)$ ;(2) 若 $Z\sim F(m,n)$ ,则 $\frac{1}{Z}\sim F(n,m)$ ;(3)若 $T\sim t(n)$ ,则 $T^2\sim F(1,n)$ 。

(五)二项分布

在有关保险相关问题的研究中,二项分布或负二项分布是一种常常被用到的理论分布,尤其是当人们在金融资产定价过程引入二叉树方法时,二项分布便成为金融风险管理中不可或缺的分布假设。二项分布的定义是,设 $Z$ 为 $n$ 重贝努里试验中成功(记为事件 A)的次数,记 $p$ 为每次试验中 A 发生的概率,则 $n$ 次试验中 A 发生 $k$ 次的概率为

$$p(Z=k)=C_n^k p^k(1-p)^{n-k}\quad(k=0,1,2,\cdots,n)\tag{4.1.5}$$

称 $Z$ 为参数 $n$ , $p$ 的二项分布。记为 $Z\sim B(n,p)$ 。

如果 $Z\sim B(n,p)$ ,则随机变量 $Z$ 的期望值和方差分别为 $np$ 和 $np(1-p)$ ,即 $E(Z)=np$ , $Var(Z)=np(1-p)$ 。

(六)泊松分布

如果随机变量 $Z$ 的概率函数为

$$p(Z=k)=\frac{\lambda^k}{k!}e^{-\lambda}\quad(k=0,1,2,\cdots)\tag{4.1.6}$$

称 $Z$ 为参数 $\lambda$ 的泊松分布(Poisson distribution)。记为 $Z\sim P(\lambda)$ 。

如果 $Z\sim P(\lambda)$ ,则随机变量 $Z$ 的期望值和方差均为 $\lambda$ ,即 $E(Z)=\lambda$ , $Var(Z)=\lambda$ 。

上述 6 种分布不仅是数理统计学最基本的理论分布,而且也是人们研究自然、社会经济问题最常用的分布,同时它们也是金融风险管理理论分布的基础。然而,社会经济问题的复杂性使得现实的分布总是出乎理论工作者的意外,当金融风险管理专家发现现实的分布并不完全与上述 6 种分布之一一致时,金融学家或金融风险管理专家也尝试使用其他的分布,如对数正态分布、逻辑斯蒂分布(logistic distribution)等,甚至干脆抛弃对分布的设定,直接使用非参数统计方法。

## 三、贝叶斯分析

在金融风险管理过程中,人们一方面只具有有限信息,这在相当程度上限制了对金融资产

价格变动准确性的判断，甚至多数情况下，金融风险管理者根本就不知道状态空间的概率分布；另一方面，人类又是一个具有极强学习能力的社会群体，他们通过完善信息空间或实践的学习，会不断修正自身的错误，使其对状态空间概率分布的判断逐渐与现实保持一致，以提升金融风险管理水平。在概率分布未知的情况下（奈特不确定性），提升金融风险管理水平的方法有两类：一是探讨与事件和管理者风险特征一致的决策准则，以此为基础寻求最优选择方案（下一目专门介绍相关内容）；二是改善信息条件，将奈特不确定性转化为奈特风险型问题进行讨论，从而将金融风险管理纳入期望收益-方差（M-V）的研究范式。贝叶斯分析为解决将奈特不确定性转化为奈特风险型问题提供了有效的办法，它是依据风险管理者的现有信息集先设定一个先验分布，然后通过增添一些附加信息（包括主动去搜集新的信息或依据时间连续性获取的新信息）去改善先验分布，经改善的先验分布被称为后验分布，并在后验分布的基础上将金融风险管理并入 M-V 分析范式。

（一）贝叶斯定理

1. 离散型状态空间

设 $A_1, A_2, \cdots, A_n$ 是一有限或可列无穷样本空间的划分，$p(A_i) > 0,\ i = 1, 2, \cdots, n$，$B$ 为任一事件，且 $p(B) > 0$，按照概率的乘法定理和加法定理，可算出 $B$ 出现的概率为

$$p(B) = \sum_{i=1}^{n} p(A_i) p(B/A_i) \tag{4.1.7}$$

逆概率是(4.1.7)式中条件概率 $p(B/A_i)$ 的逆算式，记为 $p(A_i/B)$。逆概率的计算公式可以从概率的乘法公式和全概率公式推导出来。

因为
$$p(A_i \cap B) = p(B \cap A_i)$$
$$p(A_i \cap B) = p(A_i) p(B/A_i)$$
$$p(B \cap A_i) = p(B) P(A_i/B)$$

则有

$$p(A_i) p(B/A_i) = p(B) p(A_i/B)$$

所以
$$p(A_i/B) = p(A_i) p(B/A_i) / p(B) \tag{4.1.8}$$

将(4.1.7)式代入(4.1.8)式得

$$p(A_i/B) = p(A_i) p(B/A_i) / \sum_{i=1}^{n} p(A_i) p(B/A_i) \tag{4.1.9}$$

(4.1.9)式即是贝叶斯定理，$p(A_i/B)$ 是后验概率。

2. 连续型状态空间

假定随机变量 $Z$ 的抽样分布密度函数为 $p(Z/\theta)$，参数 $\theta$ 有先验分布 $p(\theta)$，则后验分布为已知样本 $z$ 之后的条件分布

$$p(\theta/z) = p(\theta) p(z/\theta) / p(z) \tag{4.1.10}$$

其中，$p(z) = \int p(\theta) p(z/\theta) d\theta$ 为 $z$ 的边缘分布。

（二）贝叶斯决策

前面已知说明，在奈特不确定性情况下，金融风险管理者可以通过搜集新的信息来改善先验概率，即计算后验概率。一旦金融风险管理者获取了后验概率分布，他便可以将奈特不确定性情形下的金融风险管理分析纳入奈特风险型的分析范式，即计算各行动方案的期望收益与方差，然后依据贝叶斯准则选择新的信息环境下的最优资产配置方案或对先验概率决策做出

修正。

从先验概率到后验概率的前提是金融风险管理者获得了新的信息,即条件概率信息。然而,当获取新的信息需要成本时,后验概率决策又变得复杂一些了。这时自然又引申出一个问题,那就是金融风险管理者要决定是否有必要增添新信息。解决这一问题的分析方法被称为"先后验分析"(pre-posterior analysis)。先后验分析是在进行后验概率决策之前进行的一种策略决策分析,它通常可以解决两个方面的问题,一是决策者要不要去获取新信息;二是如果决策者决定去搜集新信息,在新信息下,最优行动又该如何选择。在期望值准则的背景下,判断是否要去获取新信息的标准自然就是:信息改善所带来的期望收益大于获取信息的成本;第二个问题的判断标准则是含信息搜集成本的贝叶斯准则,即期望值准则。用公式表示就是

$$\min r(\delta)=\min E[r(\delta/z)]=\min\int r(\delta/z)p(z)dz \tag{4.1.11}$$

其中:$r(\delta)=E[R(\theta,\delta)]=\int R(\theta,\delta)p(\theta)d\theta$ 为贝叶斯风险,$R(\theta,\delta)=E[l(\theta,\delta(Z)/\theta)]=\int l(\theta,\delta(z))p(z/\theta)dz$ 为风险函数,$l(\theta,\delta)$ 为损失函数,$r(\delta/z)=E[l(\theta,\delta(Z))/Z=z]=\int l(\theta,\delta(z))p(\theta/z)d\theta$ 为后验风险。

## 四、决策准则

无论是先验概率决策还是后验概率决策,其在金融风险管理中均是为期望值-方差的分析模式服务的,其对应的决策准则可简称为期望值准则,期望值准则在决策问题的讨论中是一种最常用的决策准则,它能全面地考虑各状态的作用及其对决策结果的影响,虽然期望值并不真实,但它在状态空间概率分布已知以及特定样本(状态与行动的组合)结果确定的情况下,却具有很好的代表性,其对于处理可无限试验之决策问题无疑是一种最佳的决策准则。然而,当状态空间概率分布未知,甚至在有限信息下,人们对状态空间的认识不完全,特定样本对应之结果不确定,获取新信息的成本过高等情况下,期望值准则的运用就受到了极大的限制。尤其是对于那些具有一次性或仅少数次的决策问题来说,人们关注更多的是最终的实际结果,而不是在现实中根本就不存在的期望,在这种情形下,期望值准则显然变得不再适用。故此,讨论除期望值准则之外的其他决策准则就有了现实的意义。

奈特不确定性条件下,概率分布未知使期望值准则的运用失去了基础,但是由上一目的讨论可知,利用贝叶斯思想和方法仍然可以使这种情形的决策问题纳入期望值准则的范畴。然而,由于信息搜集成本以及后验概率可能的偏差等原因,使得决策者在处理实际决策问题中干脆就抛弃期望值准则,而是采用一类不依赖于概率分布的决策准则,以适应不确定性环境及决策者的风险偏好特征。这类不依赖于概率分布的决策准则包括:(1)极小极大准则或极大极小准则;(2)极大极大准则或极小极小准则;(3)最小最大后悔准则;(4)折中准则;(5)最大概率准则;(6)满意准则,等等。

### (一)极小极大准则或极大极小准则

极小极大准则或极大极小准则是那种"坏中求好"的决策准则,这种决策准则适合于决策者对未来前景比较悲观的心理状态,它是一种较为保守的决策准则,极小极大和极大极小分别对应的是付酬的表现形式差异,它们同属于一种决策准则。当付酬以收益矩阵或函数的形式表示时,适用于用极大极小准则,即小中取大准则;当付酬以亏损矩阵或损失函数的形式表示时,适

用于用极小极大准则，即大中取小准则。以付酬表 4.1—1 为例来说，极大极小准则就是先考察各个行动可能对应的最坏结果，即最小收益，然后在各个行动最小收益下选其最大收益所对应的行动作为最优行动，即表 4.1—3 中的最优行动 $a^* = a_k$。

**表 4.1—3　极大极小准则决策表**

| | 状态 1 ( $b_1$ ) | 状态 2 ( $b_2$ ) | … | 状态 $n$ ( $b_n$ ) | $\min\{x_{ij}\}$ |
|---|---|---|---|---|---|
| 行动 1 ( $a_1$ ) | $x_{11}$ | $x_{12}$ | … | $x_{1n}$ | $\min\{x_{1j}\}$ |
| 行动 2 ( $a_2$ ) | $x_{21}$ | $x_{22}$ | … | $x_{2n}$ | $\min\{x_{2j}\}$ |
| ⋮ | … | … | … | … | … |
| 行动 $m$ ( $a_m$ ) | $x_{m1}$ | $x_{m2}$ | … | $x_{mn}$ | $\min\{x_{mj}\}$ |
| $a^*$ | $x_{k1}$ | $x_{k2}$ | … | $x_{kn}$ | $\max[\min\{x_{ij}\}]$ |

若付酬以亏损表的形式表示，则相应的极大极小准则决策可用如表 4.1—4 描述。表 4.1—4 中，$y_{ij}$ 为损失。

**表 4.1—4　极小极大准则决策表**

| | 状态 1 ( $b_1$ ) | 状态 2 ( $b_2$ ) | … | 状态 $n$ ( $b_n$ ) | $\max\{y_{ij}\}$ |
|---|---|---|---|---|---|
| 行动 1 ( $a_1$ ) | $y_{11}$ | $y_{12}$ | … | $y_{1n}$ | $\max\{y_{1j}\}$ |
| 行动 2 ( $a_2$ ) | $y_{21}$ | $y_{22}$ | … | $y_{2n}$ | $\max\{y_{2j}\}$ |
| ⋮ | … | … | | … | … |
| 行动 $m$ ( $a_m$ ) | $y_{m1}$ | $y_{m2}$ | … | $y_{mn}$ | $\max\{y_{mj}\}$ |
| $a^*$ | $y_{k1}$ | $y_{k2}$ | … | $y_{kn}$ | $\min[\max\{y_{ij}\}]$ |

显然，这一准则虽说保守，但其风险控制却表现良好，无论最终的结果如何，其都易于被决策者所接受，采用这种决策准则，意外惊喜往往会远大于意外沮丧，现实经济决策中，这一准则被广泛应用。尤其是对于那些不以盈利为最主要目的的机构与个人，这一准则不失为一种可行的好准则。如保险机构、社保基金、养老基金等的资产组合选择。

(二)极大极大准则或极小极小准则

极大极大准则或极小极小准则是那种“好中求好”的决策准则，这种决策准则适合于对未来前景非常乐观的决策者，它是一种非常激进或自负的决策准则，极大极大和极小极小分别对应的是付酬的表现形式差异，它们也同属于一种决策准则。当付酬以收益矩阵或函数的形式表示时，适用于用极大极大准则，即大中取大准则；当付酬以亏损矩阵或损失函数的形式表示时，适用于用极小极小准则，即小中取小准则。以付酬表 4.1—1 为例来说，极大极大准则就是先考察各个行动可能对应的最好结果，即最大收益，然后在各个行动最大收益下选其最大收益所对应的行动作为最优行动，即表 4.1—5 中的最优行动 $a^* = a_k$。

若付酬以亏损表的形式表示，则相应的极小极小准则决策可用如表 4.1—6 描述。表 4.1—6 中，$y_{ij}$ 为损失。

表 4.1—5　极大极大准则决策表

| | 状态 1 ($b_1$) | 状态 2 ($b_2$) | … | 状态 $n$ ($b_n$) | $\max\{x_{ij}\}$ |
|---|---|---|---|---|---|
| 行动 1 ($a_1$) | $x_{11}$ | $x_{12}$ | … | $x_{1n}$ | $\max\{x_{1j}\}$ |
| 行动 2 ($a_2$) | $x_{21}$ | $x_{22}$ | … | $x_{2n}$ | $\max\{x_{2j}\}$ |
| ⋮ | … | … | | … | … |
| 行动 $m$ ($a_m$) | $x_{m1}$ | $x_{m2}$ | … | $x_{mn}$ | $\max\{x_{mj}\}$ |
| $a^*$ | $x_{k1}$ | $x_{k2}$ | … | $x_{kn}$ | $\max[\max\{x_{ij}\}]$ |

表 4.1—6　极小极小准则决策表

| | 状态 1 ($b_1$) | 状态 2 ($b_2$) | … | 状态 $n$ ($b_n$) | $\min\{y_{ij}\}$ |
|---|---|---|---|---|---|
| 行动 1 ($a_1$) | $y_{11}$ | $y_{12}$ | … | $y_{1n}$ | $\min\{y_{1j}\}$ |
| 行动 2 ($a_2$) | $y_{21}$ | $y_{22}$ | … | $y_{2n}$ | $\min\{y_{2j}\}$ |
| ⋮ | … | … | | … | … |
| 行动 $m$ ($a_m$) | $y_{m1}$ | $y_{m2}$ | … | $y_{mn}$ | $\min\{y_{mj}\}$ |
| $a^*$ | $y_{k1}$ | $y_{k2}$ | … | $y_{kn}$ | $\min[\min\{y_{ij}\}]$ |

从金融风险管理的角度看，这种决策准则显然是不可取的，它过于依赖“好运气”，完全忽视了对风险的考量，是一种较为典型的“赌徒准则”。当然，这种“赌徒准则”在极端情形下也是有意义的。如企业面临生死存亡时，“搏一把”就不失为一上策；个体行为者急于“咸鱼翻身”，常常也会采用这一准则。

(三)最小最大后悔准则

由于决策是一种事前的行为，而对不确定性下决策效果的评价又是一种事后的总结，或者说，当风险真正变为既定事实时，资产损失就不可逆改。而对于多数人来说，在事后结果的评价中，通常会拿实际结果与最好可能结果进行比较，只要实际结果与最好可能结果不一致，决策者就会产生“后悔”情结，对此，萨维奇(Savage)提出了最小最大后悔准则(也称萨维奇准则)。该准则实质上是以后悔值为付酬值的最小最大准则，后悔值通常用确定状态下不同行动的最优结果与实际行动之结果的差额来度量，设状态空间为 $B=\{b_1,b_2,\cdots b_n\}$，行动空间为 $A=\{a_1,a_2,\cdots,a_m\}$，样本空间(付酬以收益形式体现)为 $X=B\times A=\langle x_{ij}\mid i=1,2,\cdots,m;j=1,2,\cdots,n\rangle$，则第 $i$ 个行动的后悔值为

$$\overline{x_{ij}}=\max\langle x_{ij}\mid i=1,2,\cdots,m\rangle-x_{ij}\quad (j=1,2,\cdots,n) \tag{4.1.12}$$

因此，最小最大后悔值准则就是寻求

$$\min\max\{\overline{x_{ij}}\}=\min[\max(\max\langle x_{ij}\mid i=1,2,\cdots,m\rangle-x_{ij})]$$

所对应的行动，它可以用决策表表示成如表 4.1—7 所示。

由(4.1.12)式的经济含义可以看出，后悔值实质上就是限定选择环境的“机会亏损值”，由于行为选择被限定于已知的样本空间，故最小最大后悔值决策只是最小最大机会亏损决策的特例，之所以说它是特例，是因为表 4.1—7 中的每一列至少有一个“零”值。

表 4.1—7　最小最大后悔准则决策表

| | 状态 1（$b_1$） | 状态 2（$b_2$） | … | 状态 $n$（$b_n$） | $\max\{\overline{x_{ij}}\}$ |
|---|---|---|---|---|---|
| 行动 1（$a_1$） | $\overline{x_{11}}$ | $\overline{x_{12}}$ | … | $\overline{x_{1n}}$ | $\max\{\overline{x_{1j}}\}$ |
| 行动 2（$a_2$） | $\overline{x_{21}}$ | $\overline{x_{22}}$ | … | $\overline{x_{2n}}$ | $\max\{\overline{x_{2j}}\}$ |
| ⋮ | … | … | | … | … |
| 行动 $m$（$a_m$） | $\overline{x_{m1}}$ | $\overline{x_{m2}}$ | … | $\overline{x_{mn}}$ | $\max\{\overline{x_{mj}}\}$ |
| $a^*$ | $\overline{x_{k1}}$ | $\overline{x_{k2}}$ | … | $\overline{x_{kn}}$ | $\min[\max\{\overline{x_{ij}}\}]$ |

（四）折中准则

折中准则是极端悲观与极端乐观的综合，它不以实际付酬值为选择行动的依据，而是将每个行动之结果以两个极端值的折中值为依据，第 $i$ 个行动折中值的计算如下式

$$d_i = \alpha\max\{x_{ij}\} + (1-\alpha)\min\{x_{ij}\} \quad (i=1,2,\cdots,m) \tag{4.1.13}$$

通过折中值的计算，决策者就将 $m\times n$ 的付酬表矩阵转化为 $m\times 1$ 的折中值向量，在该准则下，决策者只需选取最大折中值（收益）或最小折中值（亏损）所对应的行动作为最优行动。

从（4.1.13）式不难看出，在样本空间给定的条件下，第 $i$ 个行动的折中值完全取决于权数 $\alpha$，在收益付酬表的情况下，$\alpha$ 越接近于 1，对应的决策准则越乐观，$\alpha$ 越接近于 0，对应的决策准则则越悲观，前面谈到的极大极大准则和极大极小准则显然是它的特例，即：如果令 $\alpha=1$，则折中准则就是极大极大准则，若令 $\alpha=0$，则折中准则就是极大极小准则。通常情况下，$\alpha$ 具有权衡风险的作用，同时，决策者通过对 $\alpha$ 的确定，可以找到与自身风险偏好相适应的行动方案，正因为此，折中准则又被称为 $\alpha$ 准则。亏损付酬表的情形可以做同样的分析。

正是 $\alpha$ 权数的性质，决定了折中准则在一定程度上具有期望值准则的特性，不同的是折中准则考虑的状态不那么全面，$\alpha$ 的确定具有更强的主观特性，决策者通过对权数的调整就能给出任意行动选择的理由，这使它表现得过于灵活，如其说折中准则是一种准则，倒不如说这一准则实际上是没有准则。

（五）最大概率准则

最大概率准则听起来似乎是一种已知概率分布的决策准则，其实不然。我们说概率分布未知其实并不意味着对自然状态出现可能性的排序一无所知，在有些情况下，依据当前的信息集，虽然决策者并不知道状态空间的概率分布，但它却能肯定哪个状态出现的可能性最大，为了获得最有可能的结果，决策者有时会选择最大概率准则。最大概率准则是重点考量最有可能出现的自然状态，然后在“锁定”自然状态的前提下寻求最优的行动方案，即当决策者已知

$$p_i \geqslant p_j \quad (j=1,2,\cdots,n)$$

时，决策者将选择满足 $\max\{x_{ki}\}$ 所对应的行动作为收益付酬决策的最优行动，或选择满足 $\min\{x_{ki}\}$ 所对应的行动作为亏损付酬决策的最优行动。

最大概率准则显然也适用于概率分布已知的风险情形，在概率分布已知的情况下，最大概率准则首先是寻找满足如下条件

$$p_i = \max\{p_j\}$$

的自然状态，然后在“锁定”自然状态 $i$ 的前提下，寻求满足 $\max\{x_{ki}\}$ 所对应的行动作为收益付酬决策的最优行动，或选择满足 $\min\{x_{ki}\}$ 所对应的行动作为亏损付酬决策的最优行动。

最大概率准则因其将关注点只放在最有可能发生的自然状态下，当状态空间的概率分布极

端集中时,这一决策准则无疑是一个好的不确定性决策或风险管理准则,而对于那种概率分布较为均匀的状态空间,该决策准则显然就不适用了,尤其是在状态空间概率分布较为均匀,且各行动方案对应付酬差异较大的情形下,这一准则一定要慎用。

最后,需要说明的是,最大概率准则在相当程度上直接体现了金融风险管理的思想或理念,它在金融风险管理中具有重要的应用价值。因为由我们前面的论述可知,风险可以被简单视为不确定性,对风险的管理实质上是对不确定性的管理,而不确定性就是概率。这就意味着对概率的管理可以近似为是对风险的管理,最大概率准则本身是一种概率管理准则,它自然也就直接是一种风险管理准则。

(六)满意准则

现实中,绝大多数人在做出决策前一般不会去进行一系列的计算,他们往往依据自己所掌握的信息(包括样本信息)提出有限可能状态结果的判断(这些判断有时带有明显的主观性),在这些判断的基础上,采取一种务实的态度去寻求尽可能与目标一致的结果。这种务实的态度包括两个层面的考量,一是对于大量的不确定性问题,信息的有限限制了人们的选择范围和对状态的把握,结果使我们根本无法保证能够去实现传统意义上的完全理性或最优。也就是说,因受客观条件的限制,最优化标准通常是不现实的,追求一个不现实的"乌托邦"没什么实际意义,更有意义的则是去寻求具有现实价值的优化方案;二是以西蒙(Herber A. Simon)为代表的经济学家所提出的有限理性(bounded rationality)的观点与分析方法,在西蒙看来,行为人的完全理性有两个难点:一是只有在确定的情况下,它才符合通常所理解的完全理性的概念,而在实践中,确定情况又几乎不存在,完全理性的假定难以满足;二是在决策时,必须假定全部可供选择的行动都是已知的,即行动空间具备完全性,每一个行动之结果也都是知道的,这在现实决策问题中,也通常是办不到的。综合起来说就是,行为人所拥有信息的有限以及对信息处理能力的有限,使得我们在不确定性决策中根本无法去实现传统经济学意义上的完全理性,行为人的选择只能建立在有限理性的基础上。根据有限理性理论,西蒙在《管理行为》(1976 年第 3 版)一书中系统阐述了不确定性决策的满意准则(satisfactory criterion)。

所谓满意准则实质上是一个最低目标要求或叫基本目标要求的决策准则,依该准则的决策是一个不断剔除不满足满意水准的过程,即决策者依据占优原则和满意水准,先删除行动空间中的劣势行动和不可接受行动,然后再在可接受行动中选择自己认为最满意的行动。

从满意准则决策过程来看,有效实施该种决策的关键在于满意水准的制定或选择,如果满意水准选择过高,可接受行动可能成为空集,如果满意水准过低,又可能出现满足该水准之行动不唯一的情况。为了解决这一问题,通常的做法是,当发现可接受行动为空集时,适当降低满意水准,直到可接受行动集非空,当非空的可接受行动集不唯一时,适当提高满意水准,不断重复这种过程,直到可接受行动集变为单元素集为止。单元素可接受行动集中的元素就是依满意准则决策的唯一最优行动。

从满意准则提出的思想以及依该准则的决策过程来看,满意准则非常适宜用于金融风险管理决策,因为行为人可以通过满意水准的选择来控制极端金融风险,有效防止"死亡风险"的发生;另一方面,由于满意水准的确定具有主观性,这就在相当程度上保证了决策准则与决策者风险偏好的一致性,从而使风险配置效率得以提高。

## 第二节 基于信息不对称的金融风险管理理论

上一节我们介绍了基于不确定性意义上的金融风险管理理论，该理论是基于传统金融风险管理思想的理论概括，它以研究自然状态的客观不确定性为主要内容，以概率及其概率分布为手段，探讨不同准则下金融风险管理决策选择。然而，当我们用经济学思维来审视传统金融风险管理理论时，不难发现其仅仅是基于不完全信息的一般性分析，而忽略了对信息结构的考量，伴随着信息经济学的产生与发展，将信息不对称的现实纳入金融风险管理的研究似乎就成为传统金融风险管理理论研究的自然延伸及发展。现代信息经济学研究告诉我们，信息不对称所带来的最突出的问题恐怕是“道德风险”与“逆向选择”，探讨金融道德风险管理和克服逆向选择带来的风险不仅是金融风险管理的现实需要，而且也是深化传统金融风险管理理论的客观要求。道德风险与逆向选择产生的根源是信息不对称，这种信息不对称可以被分为两类：一类是外部或市场的信息不对称，如保险公司与投保人之间、银行与储户之间的信息不对称，另一类是企业内部，具体说就是金融机构内部的信息不对称，如所有者与管理者、管理者与员工之间的信息不对称。本节试图从金融活动中信息不对称的现实出发，通过对信息不对称理论的阐述，重点探讨金融活动中的道德风险与逆向选择，以此为依据来讨论信息不对称环境下的金融风险管理问题。

### 一、信息不对称下的道德风险与逆向选择

伴随着社会经济的进步与企业组织形式的变革，人类的经济联系范围得到了极大的扩展，经济主体之间的相互联系也越来越密切，经济关系也发生了重大的变化。社会经济环境及制度的变化，严重冲击着经济行为人的信息集及其样本空间，信息不完全(不确定性状态)与信息不对称在相当程度上改变了行为人行动选择的范围与方式，它也为金融风险管理带来了新的研究课题。

(一)道德风险

现实金融活动中，信息不对称是一常态，储户不能完全了解银行拿着他的钱具体的去干什么，保险公司也不能完全了解投保人的真实风险，普通股民并不知道上市公司实际的经营状况，基民甚至不知道证券投资基金经理有没有“老鼠仓”，等等。无论从信息经济学还是从新制度经济学的角度看，信息不对称加上机会主义动机，都会使得信息占优的一方试图利用信息优势获取自身最大的经济利益，当信息优势方获取经济利益是以牺牲对方利益为代价时，信息优势方的行为往往被称为败德行为(moral hazard)。不管金融活动中的败德行为是否真正发生，只要金融活动处在信息不对称的环境中，败德行为发生的可能性都将是存在的，通常将这种因败德行为可能带来的经济损失称为道德风险。

金融道德风险有两类，一类是市场交易过程中，由于交易双方信息不对称所遭致的金融风险，如保险公司的保险业务就存在明显的道德风险问题，在保险问题中，由于信息搜集的障碍，使得保险机构不可能完全了解投保人所投保产品的真实情况，在所保产品上投保人存在明显的信息优势，一旦保险合同得以建立，投保人将会尽力降低所投保产品的维护成本，在监督与取证困难的背景下，投保人甚至会有意骗保，其结果导致保险机构经营风险的上升。第二类金融道德风险则是机构内部因信息不对称所引发的风险，在机构内部，雇主与雇员、管理者与员工之间都存在一定程度的信息不对称，作为信息优势方的雇员或员工并非时刻处在雇主或管理者的监

督之下，当业绩难以明确划分，且考核评价模糊时，雇员或员工的“偷懒”行为通常会导致金融企业运行缺乏效率，员工疏忽不仅会增加修复成本，而且还可能给金融机构带来直接的经济损失，如信贷员刻意隐瞒贷款人的某些信息，提升贷款人的信用等级造成银行坏账率的提高等。尤其是在监管不力的背景下，金融企业管理者或员工有意识的违规行为（包括投机行为）可能带来重大的经济损失，甚至可能遭致企业的破产，如国内某银行支行行长携款潜逃，中航油事件，巴林银行倒闭案等都是这方面的典型案例。

（二）逆向选择

信息不对称带来的另一个问题是所谓的逆向选择问题，逆向选择是指在市场交易中，信息的不对称使得交易总是在有利于信息优势方下完成，实际交易的结果系统性偏离信息劣势方的预期，从而导致信息劣势方的利益受到侵害或使信息劣势方承担了更大的风险。在现实的市场交易中，逆向选择是一个较为常见的现象，如在二手车市场中，一般情况下，卖方对其待售旧车的了解明显要多于买方，也就是说，卖方更清楚待售旧车的实际价值，买方则不然，交易双方的信息不对称使市场交易不会在实际价值之下完成，最终的交易价格往往发生在实际价值之上，二手车市场因此成为一个“只完成那些不值那些钱的旧车交易”的市场，相反，那些真正值那个价格的旧车却在市场中不能实现交易。

保险市场也有相同的情况，在保险市场中，投保人对其所投保险产品有更多的了解，保险公司往往是依据历史资料在一定分布的假定前提下来测算保险事件的期望损失，以此为基本依据来确定保险产品的价格（保费），如果将投保人分为两类，一类是低风险的投保人 $L$ ，另一类是高风险的投保人 $H$ ，在完全保险下，保险公司的期望赔付额为

$$D^e = p_L L + p_H H$$

其中，$D^e$ 为保险公司预期赔付额，$p_L$ 为低风险投保人发生理赔的概率，$p_H$ 为高风险投保人发生理赔的概率，$p_H > p_L$ ，$L$ 为低风险投保人的保额，$H$ 为高风险投保人的保额。

由于保险公司无法区分哪些投保人是低风险的，哪些投保人属于高风险的，但投保人自己却知道其属于哪类投保人，统一价格的保险产品将使低风险投保人 $L$ 放弃交易，即选择不购买保险产品，只有那些高风险的投保人 $H$ 才能从投保交易中获利，他们将选择购买保险产品，结果保险只卖给了那些高风险的投保人 $H$ ，保险公司实际赔付额的期望值变为

$$D = p_H H$$

设 $p$ 为单位保额的价格，则保险公司的预期收益为

$$R^e = p(L + H)$$

预期利润为

$$\pi^e = (p - p_L)L + (p - p_H)H$$

实际收益为

$$R = pH$$

实际利润为

$$\pi = (p - p_H)H$$

为了分析的方便，这里我们不妨忽略保险公司的经营成本，假设其按公平费率来收取保费，即按公平费率定价，则有

$$p = p_L \frac{L}{L + H} + p_H \frac{H}{L + H}$$

由于 $p$ 是 $p_L$ 和 $p_H$ 的加权平均值，则

$$p_L < p < p_H$$

由此可知,保险公司将因逆向选择而出现亏损。

由于现实的金融活动或金融市场交易总是处在一个信息不对称的环境下进行,如在信贷市场中,商业银行与借款人的信息就是不对称的,股票市场中机构投资者与个人投资者的信息往往也是不对称的,逆向选择问题的存在使得处于信息劣势方的金融资产交易者时刻都面临逆向选择的风险。

(三)道德风险与逆向选择风险之比较

虽然道德风险与逆向选择风险都来源于信息不对称,但这两类风险还是有着明显的区别,主要体现在:

1. 如果将市场交易视为一种合约,那么很显然,逆向选择风险存在于合约签订前,而道德风险则存在于合约签订后。这种时间上的区别也决定了道德风险与逆向选择风险来源于不同的经济关系,道德风险产生于有特定经济联系的行为主体,如具有委托代理关系的行为人、内部职工,而逆向选择风险只与独立的经济行为人有关;

2. 逆向选择风险仅来源于组织机构外部,它只与市场交易有关,其是市场运行可能失灵的风险,而道德风险不仅来源于市场,即组织机构外部,而且还存在于组织机构内部。当我们将委托代理关系从市场的资产委托代理关系扩展至组织机构内部的事务委托代理关系时,道德风险则可统一为:在信息不对称情况下,委托人与代理人目标不一致而引发的一方的败德行为可能对另一方造成的损失;

3. 如果说逆向选择风险是经济行为人因为对交易对手情况不完全了解所可能遭致的选择错误导致的风险,但由于它是市场交易行为,因此,逆向选择风险应属于自愿选择性风险,在信息改善困难或信息改善成本过高的情况下,它通常是经济行为人不得以而愿意承担的风险,那么道德风险则不然,道德风险是建立在已有特定经济联系或约束下,由于合约的不完善或监督成本过高,一方为了增进自身的利益而可能采取以损害另一方利益为代价的败德行为造成的,这类风险无论在什么情况下都是行为人所不愿意承担的,它属于非意愿承担风险。

## 二、金融道德风险管理

在不同的金融活动或金融市场交易中,由于信息优势方并不固定,这就决定了金融道德风险既可能来自于委托人,也可能来自于代理人,如保险中的道德风险主要来自于投保人可能的败德行为,其属于委托人道德风险,证券投资基金运作中的道德风险则主要来自于基金管理者,它属于代理人道德风险。无论是来自于委托人的道德风险还是来自于代理人的道德风险,金融道德风险作为一种非意愿承担风险,当委托代理关系所建立的经济联系使得相关行为人无法回避时,金融道德风险管理的唯一途径就是想办法消除这类风险或尽量去降低这类风险,而消除或降低这类风险的方式在于采取一定的措施去杜绝或抑制败德行为的发生。从一般的逻辑上分析,杜绝或抑制败德行为的途径无外乎三条:一是强化监管,使相关行为人根本就没有机会实施败德行为,二是建立严厉的惩罚机制,根除机会主义动机,三是建立激励相容(incentive compatibility)的机制,以使委托人与代理人的目标趋于一致。

(一)监督与惩罚机制

在克服金融道德风险方面,监管常常是有效的,它能最大限度地克服信息不对称所带来行为人活动性质的识别问题,如曾经极受社会关注的有关“马路上老龄人摔倒搀扶问题”,如果事发地点有交通检察或公众知道马路边有完整的监控录像,好心人的道德风险应该可以避免。金融监管实质上是对金融道德风险的过程管理，如果相关行为人知道自己的活动或行为始终处在别人的监督之下，即使有机会“偷懒”，行为人自己都会放弃。因此，加强金融监管对于控制金融道德风险不仅是有效的管理措施，而且也是最为直接的管理办法。

虽然强化监督可以克服金融道德风险，但是，这一措施的实施在现实经济活动中却存在着诸多的障碍，其中最主要的障碍是监督的经济成本和信息传递效率，当监督成本很高或信息传递无效率时，完全监督或全过程控制就是一件不可能的事情。试想一下，倘若保险公司为了防止投保人的道德风险，它试图采取一种相关行为的完全监督措施，即便是不考虑有关法律与伦理道德障碍，仅就监督成本而言，这种监督成本也将是极其高的，经济上根本就不可行。因此，对金融道德风险的监督通常只能采取有限监督，其监督界线则由监督的边际收益( $MR$ )与边际成本( $MC$ )决定，只有在 $MR > MC$ 情况下，加强监督才是必要的，否则，强化监督在经济上就不可行。值得一提的是，随着技术的进步，尤其一些监督设备和软件的不断推出，其大大降低了监管者监督的边际成本，这为监管者实施更强的监督措施提供了空间，因此，从动态的角度看，不断强化监督水平对于更大限度地防止金融道德风险应该是有意义的。

众所周知，监督总是与相应的惩罚机制联系在一起的，利用监督这一手段管理金融道德风险真正起作用的不是监督本身，而是其背后的惩罚机制，在缺乏惩罚机制的情况下，监督只会增加道德风险受损方的成本，并不会改变相关行为人的败德行为，只有当监督与相应的惩罚机制联系起来时，利用监督来管理道德风险才有了它的价值。在对相关行为人只能实施有限监督的情况下，惩罚机制的讨论就具有了特别重要的意义。对于惩罚机制的研究通常涉及两个方面的内容，一是惩罚力度的确定，另一是一定惩罚力度下的最优监督水平。

设某项金融业务中，能利用信息优势实施败德行为者实施败德行为所带来的收益为 $R_1$，没有败德行为情况下的收益为 $R_0$，信息优势方实施败德行为的概率为 $q$ ，实施败德行为后被发现的概率为 $p$ ，它取决于信息劣势方的监督水平，或者说取决于监督成本 $C$ ，败德行为被发现后的惩罚为 $-M$ ，则信息优势方的期望收益为

$$E(R)=(1-q)R_0+q(R_0+R_1)-pM \tag{4.2.1}$$

令 $p=p(q,C)$ ，由于监督者发现被监督者败德行为的概率与实施败德行为的概率呈同向变动，监督者发现被监督者败德行为的概率与监督成本也呈同向变功，即 $\frac{\partial p}{\partial q}>0$，$\frac{\partial p}{\partial C}>0$。将 $p=p(q,C)$ 代入(4.2.1)式得

$$E(R)=R_0+qR_1-p(q,C)M \tag{4.2.2}$$

当被监督者知道自己的败德行为与监督者的监督水平以及自己败德行为的概率有关时，且在既定的监督水平和惩罚力度下，作为理性的被监督人，其将依据(4.2.2)式的收益最大化来选择其实施败德行为的概率。

对(4.2.2)式求 $q$ 的导数得

$$\frac{\partial E(R)}{\partial q}=-\frac{\partial p}{\partial q}M+R_1$$

令 $\frac{\partial E(R)}{\partial q}=0$，则有

$$\frac{\partial p}{\partial q}M=R_1 \tag{4.2.3}$$

(4.2.3)式是一个关于变量 $q$ 和 $C$ 的方程，由该方程可以求出最优解 $q^*$ 。(4.2.3)式表明，被

监督人最优败德行为的选择概率取决于三个因素：一是败德行为所带来的收益 $R_1$，$R_1$ 越大，其选择败德行为的概率 $q^*$ 越高，这意味着，适当限制行为人的权限范围，对于降低内部人的道德风险是有意义的；二是败德行为被发现后的惩戒力度 $M$，它与 $q^*$ 呈反向变动关系，即 $M$ 越大，被监督者选择败德行为的概率 $q^*$ 就会越小，在监督成本一定的情况下，若使 $M > R_1 / \frac{\partial p}{\partial q}$，则可以达到有效控制行为人道德风险的目的；三是监督成本 $C$，$C$ 越高，被监督者选择败德行为的概率 $q^*$ 就越大，由于监督成本取决于监督技术与相应的要素投入，监督水平是由监督者确定的，作为理性的监督者，监督水平的确定应遵循 $MR = MC$ 的原则。

一旦监督者依据 $MR = MC$ 的原则确定了监督水平，相应的监督成本也就完全确定了，监督者所能做的就只剩下如何建立相应的惩罚机制。上述分析表明：在这种情况下，监督者只要让 $M > R_1 / \frac{\partial p}{\partial q}$，他就能有效的防止道德风险。

如同合约不可能做到完全的地步一样，监管水平更不可能达到完全的地步，更何况金融道德风险是与其行为人的败德行为相联系的，在很多情况下，我们根本无法去区分行为人的某种行为是败德行为还是正常的工作行为，如基金经理利用所掌握的资金量推动某只股票价格的持续上涨，通常情况下，监管者和基民不可能知道基金经理背后是否有什么猫腻，即使股民普遍都觉得有人在利用当日的股价波动行贿，但由于证据的核实成本过高或根本就不可能得到核实，往往此类事件最终只得不了了之。监督成本的障碍与败德行为识别的困难使得利用监管手段来防止道德风险变得无效，在这种情况下，行为人则不得不寻求其他的金融道德风险管理办法。这就是说，当预防金融道德风险的过程控制失灵时，人们干脆就放弃过程控制，而转向对结果的考核。

利用结果考核来管理金融道德风险的思路有两条：一是强化外部约束，利用用脚投票与接管，使相关行为人放弃实施败德行为；另一则是建立激励相容的机制，让相关行为人也承担部分风险。

（二）用脚投票与接管

用脚投票是一种最简单的金融道德风险管理办法，该办法就是在金融市场卖出你所持有的相关金融资产，从而结束与特定经济行为人的经济联系。如果你发现所持有的金融资产价值系统性偏离预期，且你怀疑但不能证实该结果是由代理人道德风险所致的时候，一个最为简单的方式就是卖出你所持有的金融资产，以此完全规避特定金融资产的道德风险。当这种金融道德风险管理方式变成一种普遍的市场行为时，相关资产的价格便会出现大幅下跌，这为外部“公司猎户”(corporate raider)提供了接管的好机会，一旦代理人机构被公司猎户所接管，更换代理人就成为一件大概率事件，若代理人被更换，其从原组织机构或金融市场交易中所得到的相关利益就不复存在。

设代理人因败德行为带来的收益为 $R_1$，没有败德行为情况下的收益为 $R_0$，代理人实施败德行为的概率为 $q$，代理人实施败德行为后被接管的概率为 $p$，接管后原代理人的收益为 0，则代理人的期望收益为

$$\begin{aligned} E(R) &= (1-p)[(1-q)R_0 + q(R_0 + R_1)] \\ &= (1-p)(R_0 + qR_1) \end{aligned} \tag{4.2.4}$$

令 $p = p(q)$，由于接管的概率与败德行为的概率呈同向变动，即 $p'(q) > 0$。将 $p = p(q)$ 代入(4.2.4)式得

$$E(R)=[1-p(q)](R_0+qR_1) \tag{4.2.5}$$

当代理人知道市场接管与自己的败德行为有关时,作为理性的代理人,其将依据(4.2.5)式的收益最大化来决定其实施败德行为的概率。

对(4.2.5)式求 $q$ 的导数得

$$\frac{dE(R)}{dq}=-p'(q)(R_0+qR_1)+R_1[1-p(q)]$$

令 $\frac{dE(R)}{dq}=0$,则有

$$-p'(q)(R_0+qR_1)+R_1[1-p(q)]=0 \tag{4.2.6}$$

(4.2.6)式是一个关于变量 $q$ 的方程,由该方程可以求出最优解 $q^*$ 。

作为一种简化分析,这里我们不妨仅讨论市场接管概率与代理人败德行为概率之间两种特殊的形式,一是 $q$ 与 $p$ 之间呈线性关系,二是 $q$ 与 $p$ 之间呈非线性的二次关系。

(1)设 $p=a+bq \quad (a,b>0)$

代入(4.2.6)式得

$$b(R_0+qR_1)+R_1(1-a-bq)=0$$

简化后有

$$bR_0+R_1-aR_1=0 \tag{4.2.7}$$

由于 $a<1$,故(4.3.7)式不可能成立。这就是说,当市场接管概率与代理人选择败德行为的概率具有线性关系时,代理人根本就找不到满足利益最大化的最优败德行为概率。在这种情况下,代理人要么选择 $q=0$,要么选择 $q=1$。当代理人选择 $q=0$ 时,即根本就不考虑败德行为时,期望收益为 $E(R)=(1-a)R_0$;当代理人选择 $q=1$ 时,即只要有机会,随时都将实施败德行为时,期望收益为 $E(R)=(1-a-b)(R_0+R_1)$ 。

比较 $E(R)=(1-a-b)(R_0+R_1)$ 与 $E(R)=(1-a)R_0$,结果不难发现,理性的代理人只有在 $(1-a)R_1-b(R_0+R_1)>0$ 或 $b<\frac{(1-a)R_1}{R_0+R_1}$ 时,才会选择败德行为,否则根本就不会有败德行为发生。

又由于 $\frac{(1-a)R_1}{R_0+R_1}$ 是 $R_0$ 的单调递减函数,$R_1$ 的单调递增函数,说明增大 $R_0$ 的值和降低 $R_1$ 的值能使 $\frac{(1-a)R_1}{R_0+R_1}$ 变小。这就意味着,在市场接管行为一定的情况下,通过提高代理人的确定性收益或降低败德行为的获利,可以有效地防止代理人道德风险。

综合上述分析不难得到如下结论:(1)委托人有效的用脚投票使市场接管与代理人的败德行为建立起相应的联系,市场接管效率越高,即 $b$ 越大,$b<\frac{(1-a)R_1}{R_0+R_1}$ 成立的可能性越小,代理人选择败德行为的可能性也就越小,由此所对应的道德风险也就越小,因此,鼓励市场接管,对于防范代理人道德风险是有效的;(2) 从监管与契约的层面看,在市场接管行为一定的情况下,通过提高代理人的确定性收益或限制代理人的权限,可以使 $\frac{(1-a)R_1}{R_0+R_1}$ 大于 $b$ 的可能性不断增大,从而能有效地防止代理人道德风险的产生。

(2)设 $p=a+bq+cq^2$

代入(4.2.6)式得

$$(b+2cq)(R_0+qR_1)+R_1(1-a-bq-cq^2)=0$$

经整理后有

$$2cqR_0+cq^2R_1+R_1(1-a)+bR_0=0 \tag{4.2.8}$$

解得

$$q^*=\frac{-2cR_0\pm\sqrt{4c^2R_0^2-4[(1-a)R_1+bR_0]cR_1}}{2cR_1} \tag{4.2.9}$$

由实数性质和 $q$ 的概率性质可知，(4.2.8)式要有有效的最优解，则必须满足

$$\begin{aligned}&c^2R_0^2-cR_1[(1-a)R_1+bR_0]\geqslant 0\\&-cR_0\pm\sqrt{c^2R_0^2-cR_1[(1-a)R_1+bR_0]}\leqslant 0\quad (c<0)\\&-cR_0+\sqrt{c^2R_0^2-cR_1[(1-a)R_1+bR_0]}\geqslant 0\quad (c>0)\end{aligned} \tag{4.2.10}$$

从(4.2.10)式可以看出，(4.2.10)式是否得到满足，其关键取决于市场接管概率函数的性质，即接管概率函数参数的符号。

由前述的讨论知，随着代理人败德行为概率的不断上升，市场接管概率也随之提高，或者说，市场接管概率 $p(q)$ 是 $q$ 的递增函数，即 $p'(q)>0$。对类似 $p=a+bq+cq^2$ 的接管概率函数，代理人败德行为概率是否存在最优的有效解，则直接与接管概率函数的边际性质有关。或者说，代理人败德行为概率是否存在最优的有效解，其取决于市场接管概率函数二阶导数的符号，即取决于 $p''(q)$ 是大于 0 还是小于 0。

当市场接管概率函数 $p(q)$ 满足边际递增的性质时，$p''(q)>0$。将这一性质应用于市场接管函数则可得 $c>0$。将其代入(4.2.10)式后有

$$-cR_0+\sqrt{c^2R_0^2-cR_1[(1-a)R_1+bR_0]}\geqslant 0 \tag{4.2.11}$$

化简后有

$$cR_1[(1-a)R_1+bR_0]\leqslant 0$$

即

$$b\leqslant\frac{-(1-a)R_1}{R_0}<0 \tag{4.2.12}$$

又由 $p'(q)>0$，即 $p'=b+2cq>0$ 对任意 $q\in[0,1]$ 都成立，由此可得 $b>0$，与(4.2.12)式矛盾。

$b$ 的矛盾表明，在市场接管对代理人败德行为选择概率具有边际递增的特性时，代理人败德行为选择概率不存在最优有效解，接管对于防范道德风险的意义如前述(1) $p=a+bq$ 的结论相同。

当市场接管概率函数 $p(q)$ 具有边际递减的特征时，$p''(q)<0$。将这一性质应用于市场接管函数则可得 $c<0$。将其代入(4.2.7)式后有

$$-cR_0\pm\sqrt{c^2R_0^2-cR_1[(1-a)R_1+bR_0]}\leqslant 0$$

显然，满足上式的关系式只可能是

$$-cR_0-\sqrt{c^2R_0^2-cR_1[(1-a)R_1+bR_0]}\leqslant 0$$

经简化及变形后有

$$-cR_1[(1-a)R_1+bR_0]\geqslant 0$$

解得

$$b \geqslant \frac{-(1-a)R_1}{R_0} \tag{4.2.13}$$

又由 $q$ 的概率性质可知

$$\frac{-2cR_0-\sqrt{4c^2R_0^2-4[(1-a)R_1+bR_0]cR_1}}{2cR_1} \leqslant 1$$

即

$$\sqrt{4c^2R_0^2-4cR_1[(1-a)R_1+bR_0]} \leqslant -4cR_1$$

化简后得

$$cR_0^2-(1-a)R_1^2+bR_0R_1 \geqslant 4cR_1^2$$

解得

$$b \geqslant \frac{(4c+1-a)R_1^2-cR_0^2}{R_0R_1} \tag{4.2.14}$$

另由实数解的性质可知

$$c^2R_0^2-(1-a)cR_1^2+bcR_0R_1 \geqslant 0$$

解得

$$b \leqslant \frac{(1-a)R_1^2-cR_0^2}{R_0R_1} \tag{4.2.15}$$

依 $p'(q)>0$ 可知 $b>0$，故(4.2.13)式总是可以获得满足，(4.2.8)式是否存在最优有效解取决于 $b$ 能否满足(4.2.14)式、(4.2.15)式和 $b>0$。换句话说就是，只要

$$\max\left(0,\frac{(4c+1-a)R_1^2-cR_0^2}{R_0R_1}\right) < b \leqslant \frac{(1-a)R_1^2-cR_0^2}{R_0R_1} \tag{4.2.16}$$

则(4.2.8)式就存在最优有效解。这就意味着，在市场接管概率函数呈现边际递减的状况下，代理人可能存在最优败德行为概率，金融道德风险难以消除。

综合起来看，上述分析的结论给予我们如下启示：在市场接管概率函数呈现非线性特征时，培育具有边际递增性质的市场接管环境，对于克服代理人道德风险有着极其重要的现实价值。

（三）风险分担

市场接管作为一种预防金融道德风险的外部机制，其对于控制内部人的败德行为具有重要的意义。然而，当败德行为来自于机构外部时，市场接管就会变得无能为力了，此时的市场接管只是转移了承担道德风险的主体，而不会有降低道德风险的作用。面对来自于外部行为人的金融道德风险，一种较为有效的克服或降低金融道德风险的办法就是建立风险共担或风险分担的金融交易合约，保险业务中的部分保险合同就是这种典型的采用了风险分担策略成功的案例。以下我们以汽车偷盗险来加以论述。

设投保人汽车的价值为 $W$，全额保险的保费为 $B$，投保人投保后安装防盗锁的成本为 $C$，安装防盗锁后汽车被盗的概率为 $p$，不装防盗锁汽车被盗的概率为 $q>p$。如果保险公司所提供的合约是全额保险合同，则投保人投保后的资产为

$W-B$　　（不安装防盗锁）

$W-B-C$　　（安装防盗锁）

比较是否安装防盗锁的结果，投保人自然会选择不安装防盗锁。由于投保人选择不安装防盗锁，汽车被盗的概率则变为 $q$，保险公司的赔付额由此变为 $qW>pW$，保险公司因此多付担了 $(q-p)W$ 的期望损失。

如果保险公司所提供的合约是一种部分保险合同，相应的比例为 $a$ ，在这种情况下，投保人投保后的期望资产为

$$(1-q)(W-aB)+qaW \qquad \text{(不安装防盗锁)}$$
$$(1-p)(W-aB-C)+paW \qquad \text{(安装防盗锁)}$$

显然，只要

$$(1-p)(W-aB-C)+paW>(1-q)(W-aB)+qaW \tag{4.2.17}$$

投保人就会选择安装防盗锁。

要使(4.2.17)式获得满足，只需

$$a(p-q)(W+B)>(p-q)W+(1-p)C \tag{4.2.18}$$

由于 $q>p$ ，所以有

$$a<\frac{W}{W+B}+\frac{(1-p)C}{(p-q)(W+B)}$$

又因为

$$\frac{(1-p)C}{(p-q)(W+B)}<0$$

所以

$$a<\frac{W}{W+B}+\frac{(1-p)C}{(p-q)(W+B)}<\frac{W}{W+B}<1 \tag{4.2.19}$$

(4.2.19)式表明，若保险公司只给投保人提供部分保险合同，购买汽车偷盗险的投保人也会选择安装防盗锁，从而有效地防止了投保人投保后的道德风险。

### 三、委托-代理模型

在金融道德风险来自于机构组织内部时，代理人的反接管措施，如采用“毒丸策略”(poison pill)①、“绿色邮件”(green mail)②、“金色降落伞”(golden parachutes)③等，也会使接管变得困难和无效，这就是说，仅依赖外部机制来防范金融道德风险是靠不住的，相比而言，内部的制度建设可能会更为重要。

在内部机制设计中，用机制设计来防范道德风险的设计思路有两条，一是将经济关系视为一种对抗性关系来设计预防机制，如前述的监督与惩罚机制设计就是依这一思路的相关内容，该思路的重心在于强调对相关行为人或代理人约束，使代理人不得不选择放弃败德行为，以此达到防范道德风险的目的，它是一种典型的被动消极性制度设计思路；另一种思路是将相关经济行为人视为利益共同体，通过相关的制度设计，使代理人与委托人的利益保持一致，从而达到让代理人不仅主动放弃败德行为，而且还会更努力工作的目的，它是一种主动积极的制度设计思路，依这一思路所设计的运行机制，不仅会因为充分尊重代理人的选择权，让代理人自愿泯灭机会主义动机而达到防范道德风险的目的，而且还会因为代理人理性，使其在追求自身利益最大化的前提下有效地增进了委托人的利益，具体说就是，当代理人更加积极主动的工作时，它会产生相关的溢出效应，额外增加委托人的利益。通常将这种使代理人与委托人利益一致的制度

---

① 该策略是给予自己公司现有股东一定的股权，这些股权除非被谋求控制权的接管出价所激活，否则是不起作用的。如在面临接管时，这些股东有权以极其优惠的价格购买更多的股票，或者以极有利的价格卖给接管后的公司。

② 指以抬高的价格回购接管者公司的股票。

③ 即给予现任管理者在接管发生之后被解雇时享受大额赔偿金的权利。

称为激励相容机制。如此密切相关的理论被称为委托-代理理论,由委托-代理理论所构建的激励相容模型被称为委托-代理模型,它是更具有一般性意义,适用于信息不对称条件下防范金融道德风险的理论模型。

(一)委托-代理理论

市场经济在社会稀缺资源配置上的优势,归根结底是信息效率上的优势。随着社会分工的发展、专业化程度的提高,社会成员之间的信息差别日益扩大,市场参与者越来越处于市场信息的非对称分布之中,非对称信息严重地影响着经济决策的制定及其决策结果。委托-代理理论即是研究非对称信息条件下市场参与者信息差别的一种社会契约形式,它是掌握较多信息的代理人通过契约或其他经济关系与掌握较少信息的委托人之间展开的一场博弈。授权者就是委托人,被授权者就是代理人。委托人有权制定向代理人给付报酬的规则和方案。有效的委托代理关系必须以委托人对代理人的约束和激励相容为前提。在现代市场经济中,委托代理关系大量地表现为股份公司中资本所有者与经营者之间的关系。

委托-代理关系存在的基本条件是委托人将资产的控制权委托给代理人,代理人对资产的增值承担责任,并且通过有效的契约来制约代理人的行为,使其行为符合委托人的利益。

现代公司制的显著特征是所有权与经营权的分离。所有权与经营权分离即表明企业的真正出资人并不自己经营与管理企业,而真正经营与管理企业的经营者并不是企业的真正出资人。在这种情况下,就必然产生了所谓的委托-代理关系,即作为企业所有权主体的股东和作为企业经营者的代理人之间实际上是一个委托-代理关系。股东以契约的形式委托经理人经营管理资产,以实现其价值最大化。在委托-代理关系中,委托人和代理人追求的目标并不一致,各自都希望自己的利益最大化。由于信息的不对称(即委托人不能完全观察到代理人的行为(努力程度),而代理人对自己的行为(努力程度)完全清楚)使得代理人始终存在机会主义动机。委托人和代理人之间的契约不完全又使得机会主义动机常常能够实现,因此,委托-代理关系中的“道德风险”就应运而生。

为了防止“道德风险”,委托人增加对代理人的监管是有意义的,加强监管至少从表面上可以尽可能避免代理人偷懒。但是,信息不对称和契约不完全的特征决定了无论委托人如何加强监管,也无法避免代理人的偷懒行为,况且强化监管是有成本的,且监管成本会随着监管水平的提高而出现边际成本递增。因此,提倡代理人的“道德自律”这样的软约束固然是必要的,但更为重要的是设计有效的激励约束机制来促成代理人的合理行为,使代理人行为的结果不仅能最大化自身的利益,而且也能保证最大限度地增加委托人的利益。

在不对称信息条件下,委托-代理理论从理论上证明了两个基本结论:(1)在任何满足代理人参与约束和激励约束,即使委托人预期收益最大化的合约中,代理人都必须承受部分风险(相应获得剩余索取权的补偿);即使代理人是风险中性的,也可通过使代理人承受完全风险(即唯一剩余索取者)的办法使委托人的期望收益最大。(2)对代理人实施监管是有意义的,因此监管可以提供更多的有关代理人行动选择的信息,从而可以减少代理人行为选择的风险成本。

上述的分析表明,虽然委托人与代理人分属两个不同的独立利益主体,他们之间的利益往往会表现出矛盾的一面,但是,利用制度设计解决两者的利益冲突,使其达到激励约束兼容的状态在理论上可行的。

(二)委托-代理基本模型

基于上述委托代理理论,我们就能建立相应的包含激励约束相容的委托代理基本模型。

不妨设代理人报酬具有如下形式

$$w(y)=s+by \tag{4.2.20}$$

其中，$s$ 为固定佣金部分，$b$ 为激励系数(一般有 $0<b<1$)，$y$ 为金融企业的价值增值。

为了分析的方便，不妨把金融企业的价值增值实现过程抽象为三个变量的关系：(1)对金融企业实现的价值增值，记为 $y$；(2)代理人在实现企业价值增值过程中的努力程度，记为 $a$；(3)此过程中代理人无法控制的外来事件影响，记为 $\varepsilon$，假定 $\varepsilon$ 服从正态分布，且 $\varepsilon \sim N(0,\sigma^2)$，则企业的价值增值函数可表示为

$$y=f(a)+\varepsilon \tag{4.2.21}$$

若代理人的努力成本是 $c(a)$，则代理人收益为

$$R=w-c(a)=s+by-c(a)=s+bf(a)-c(a)+b\varepsilon \tag{4.2.22}$$

事实上，如果代理人是风险中性的，即使代理人的行动不可观测(信息不对称)，帕累托最优同样可以实现，不会出现道德风险问题，所以，研究存在道德风险下的最优契约问题主要是研究代理人是风险规避者时的契约问题。

现在，我们假定代理人是风险规避的，则委托人预期收益为

$$\begin{aligned}E\pi(s,b)&=E(y-s-by)=E[(1-b)y]-s\\&=(1-b)f(a)-s\end{aligned} \tag{4.2.23}$$

所以，此时的契约中委托-代理问题可表示为

$$\begin{aligned}&\max[(1-b)f(a(b))-s]\\&s.t.\max Eu\\&Eu\geqslant E\underline{u}\end{aligned} \tag{4.2.24}$$

其中，$u$ 为代理人的效用函数，$\max Eu$ 为“激励相容”约束，即让代理人自己去选行动值 $a$，使其期望效用值达到最大，$Eu\geqslant E\underline{u}$ 为“个人理性”约束，它保证代理人能接受此委托契约。

代理人的效用函数为 $u=u(x)$，$x$ 可看作是 $w-c(a(b))$，由确定性等值定义知 $Eu=u(CE)$ ①(其中 $CE$ 为 $w-c(a(b))$ 的确定性等值)，所以要使 $Eu$ 最大就是要使 $u(CE)$ 最大，又因为 $u(x)$ 是关于 $x$ 的增函数，所以就是要使 $CE$ 极大，这样，上述结构可表示为

$$\begin{aligned}&\max[(1-b)f(a(b))-s]\\&s.t.\max CE\\&CE\geqslant \underline{CE}\end{aligned} \tag{4.2.25}$$

由此结构来确定最优激励系数 $b$ 的值，从而确定最优的契约 $w=s+by$ 来激励约束代理人行为。

(三)最优激励系数的选择

从(4.2.25)式可以看出，解决道德风险的关键在于求解(4.2.25)式中的最优激励系数，为了得到 $b$ 的最优解，不妨设 $r$ 为代理人的风险规避程度，即 $r$ 满足

$$r=-\frac{u''(R)}{u'(R)} \tag{4.2.26}$$

对(4.2.26)式积分，可得 $u(R)$ 一般形式为

① 由于 $w-c(a(b))$ 是一随机变量，表明在给定努力程度下，代理人收益的结果是不确定的，确定性等值是指一不确定性结果所对应的无差异的确定值。

$$u(R)=c_1-c_2e^{-rx} \tag{4.2.27}$$

取 $c_1=c_2=1$,并将 $x=R$ 代入(4.2.27)式得

$$u(R)=1-e^{-rR} \quad (r>0\text{ 时代理人为风险规避者}) \tag{4.2.28}$$

因为 $\varepsilon\sim N(0,\sigma^2)$,由(4.2.24)式知 $R$ 也服从正态分布。令 $R\sim N(m,v)$,则有

$$Eu=\int_{-\infty}^{+\infty}(1-e^{-rR})\frac{1}{\sqrt{2\pi v}}e^{-\frac{(R-m)^2}{2v}}dR=1-e^{-r(m-\frac{rv}{2})} \tag{4.2.29}$$

又因为 $Eu=u(CE)$,即 $1-e^{-r(m-\frac{rv}{2})}=1-e^{-rCE}$

则

$$CE=m-\frac{rv}{2} \tag{4.2.30}$$

因为 $E(R)=m,Var(R)=v$,且 $R=w-c(a)$

故

$$m=E[w-c(a)]=E(s+by)-c(a)=s+bE(y)-c(a)$$
$$=s+bf(a)-c(a)$$
$$v=Var[w-c(a)]=Var[s+by-c(a)]=Var(by)$$
$$=b^2Var(\varepsilon)=b^2\sigma^2$$

所以

$$CE=s+bf(a)-c(a)-rb^2\sigma^2/2 \tag{4.2.31}$$

这样,委托-代理模型可表示为

$$\max[(1-b)f(a(b))-s]$$
$$s.t.\max[s+bf(a(b))-c(a(b))-rb^2\sigma^2/2]$$
$$s+bf(a(b))-c(a(b))-rb^2\sigma^2/2\geqslant \underline{CE} \tag{4.2.32}$$

委托-代理模型(4.2.32)式实际上相当于博弈论的斯塔基尔伯格(Stackelberg)博弈,委托人(提出契约的一方)则相当于该博弈中的先行者,代理人(接受或拒绝契约的一方)则相当于跟随者。所以,可以根据求解斯塔基尔伯格博弈的方法来求解委托-代理问题中 $b$ 的解。即让代理人选一个最优的 $a(b)$ 满足(4.2.32)中的第二式,这样(4.2.32)式中的第二式成立的必要条件是 $bf_a-c_a=0$,即

$$bf_a=c_a \tag{4.2.33}$$

然后委托人在满足(4.2.32)中的第三式的前提下解(4.2.32)中的第一式。解得

$$rb\sigma^2+(b-1)f_a(a(b))a_b(b)=0 \tag{4.2.34}$$

在(4.2.34)式中,$f_a(a)$ 为边际生产率 $MP$,$a_b(b)$ 为激励的敏感性系数,记为 $\delta$。下面分别就 $\delta$ 为常数、$\delta$ 与 $b$ 成正比例两种情形来讨论 $b$ 的解。

1. 当激励的敏感性系数 $\delta$ 为常数时,有

$$rb\sigma^2+(b-1)MP\cdot\delta=0$$

可得

$$b=\frac{MP\cdot\delta}{r\sigma^2+MP\cdot\delta} \tag{4.2.35}$$

(4.2.35)式即为委托代理模型(4.2.25)式中最优激励系数 $b$ 的解。

因为 $MP>0$,且代理人对激励系数具有正的敏感性,即 $\delta>0$,

所以

$$b>0 \tag{4.2.36}$$

(4.2.36)式表明对代理人实施激励是有意义的。

另由(4.2.35)式可得

$$\frac{\partial b}{\partial r}=-\frac{MP\cdot\delta}{(r\sigma^2+MP\cdot\delta)^2}$$

$$\frac{\partial b}{\partial MP}=\frac{\delta\cdot r\sigma^2}{(r\sigma^2+MP\cdot\delta)^2}$$

$$\frac{\partial b}{\partial \delta}=\frac{r\cdot MP\cdot\sigma^2}{(r\sigma^2+MP\cdot\delta)^2}$$

所以有

$$\frac{\partial b}{\partial r}<0 \tag{4.2.37}$$

当代理人为风险回避者时,即 $r>0$,有

$$\frac{\partial b}{\partial MP}>0\ ,\ \frac{\partial b}{\partial \delta}>0 \tag{4.2.38}$$

(4.2.38)式表明,代理人的边际生产率越高,最优激励系数相应越大。代理人对激励越敏感,最优激励系数也应越大。反过来看就是,激励程度的提高,能导致代理人边际生产率的上升,同时它还能引导经理人之间的竞争。

2. 当激励的敏感性系数 $\delta$ 与 $b$ 成正比例时,即 $a_b(b)=h\cdot b$ 或 $\delta=h\cdot b$ 时,有

$$rb\sigma^2+(b-1)MP\cdot h\cdot b=0 \tag{4.2.39}$$

由(4.2.39)式得

$$[r\sigma^2+(b-1)MP\cdot h]b=0$$

$$(r\sigma^2-MP\cdot h+MP\cdot h\cdot b)b=0 \tag{4.2.40}$$

解(4.2.40)式得

$$b_1=0$$

$$b_2=1-\frac{r\sigma^2}{h\cdot MP} \tag{4.2.41}$$

$b=0$ 说明对此类代理人而言,激励是没有意义的,它只会增加委托人成本,因为代理人只需要在契约中确定一个满足的收入,委托人的非固定收入激励不会使他更努力地工作,或即使代理人的努力程度也有所增加,但由此获得的收益却赶不上委托人因激励所付出的成本。观察实际经济中的情况我们也不难发现存在这样的企业,该企业代理人只获得固定报酬,但委托人也能从企业运营中获得最大的回报。

在多数情况下,代理人的努力程度会随着 $b$ 的变化而变化,即 $b\neq0$,在这种情况下,最优激励系数 $b=1-\dfrac{r\sigma^2}{h\cdot MP}>0$,表明激励是有意义的。它在增进代理人的利益的同时,也增进了委托人的利益。

由(4.2.41)式中第二个解可得

$$\frac{\partial b}{\partial r}=-\frac{\sigma^2}{h\cdot MP}$$

$$\frac{\partial b}{\partial MP}=\frac{r\sigma^2}{h^2\cdot MP^2} \tag{4.2.42}$$

从(4.2.42)式 $\dfrac{\partial b}{\partial r}$ 的表达式可以看出,如果代理人的努力程度对激励有反应,即 $a_b(b)>0$,则有

$h>0$,从而有 $\frac{\partial b}{\partial r}<0$。

当代理人为风险规避者时,$r>0$,就有 $\frac{\partial b}{\partial MP}>0$。这表明即使 $\delta$ 取决于 $b$,最优激励系数也取决于边际生产率 $MP$,$b$ 应保持与 $MP$ 同方向的变动。或者说,委托人在制订契约时,可根据代理人的边际生产率来决定最优激励系数,如果存在竞争的经理人市场,委托人总是可以将资产委托给愿意接受委托的 $MP$ 最高的代理人,这种含最优激励系数的契约最终能使全社会的生产效率达到最大。

实际上,用激励相容机制来管理金融道德风险是风险分担的一种自然扩展或一般化,它们都是将委托人的利益与代理人的利益捆绑在一起,不同的是风险分担是让代理人自愿放弃败德行为的选择,而激励相容模型不仅让代理人自愿放弃败德行为,更重要的是让其主动努力工作。

### 四、金融逆向选择风险管理

对参与金融活动的经济行为人来说,逆向选择风险是因为对交易对手或交易标的了解不够充分而可能导致错误选择或错误定价的风险。在现实中,这类风险往往具有普遍性,故它是导致市场失灵的重要因素。一旦金融市场因逆向选择而失灵,市场参与者个体很难扭转这种局面,或者说,当金融市场因逆向选择而失灵时,金融市场参与者个体有时很难有有效的风险管理办法,除非你退出这一市场,如我国股票交易市场就明显存在这种情况。从理论上说,证券交易市场是一个投资市场,市场交易价格由标的资产的价值决定,信息不对称使投资者根本无法判断上市公司的真实价值,结果那些成功上市的企业其 IPO 价格往往都会高于它的内在价值,否则信息优势方的企业不会选择上市。一级市场的逆向选择必须要有二级市场的投机来完成,这就意味着,二级市场投机者必须要有足够强大的力量,才能使一级市场的逆向选择得以持续存在,然而,当二级市场投机者具有强大的力量时,价值投资者便被市场所驱逐,否则只能被动地去承担相应的逆向选择风险。当价值投资者被二级市场投机所驱逐时,另一种逆向选择又出现了,即投机者驱逐投资者,结果导致我国股票市场总体上呈现出较浓的投机特征就不足为怪了。一旦市场失灵,个体参与者则变得无能为力,试想我国股票市场的个体投资者又将如何去克服上述逆向选择风险呢?

当逆向选择导致市场失灵时,个体的无能为力为政府介入提供了理由。政府介入金融活动管理逆向选择风险的途径有两个,一是当逆向选择本身可能摧毁市场时,政府直接作为市场交易的一方参与市场交易,如养老、失业保险等直接由政府提供;二是政府强化监管,强化监管又包括两个方面,一是约束信息优势方的行为,改善市场交易中信息不对称的环境,如证券市场中信息披露制度建设,颁布相应的交易标准等,二是实施强制性交易,如保险中的交强险、住房公积金等。然而,我们也必须看到,市场失灵只是给了一个政府介入的理由,它并不构成政府介入的必要条件[①],由于逆向选择风险管理实质上是一个有关交易对手的信息甄别问题,微观经济行为主体在管理金融逆向选择风险中也并非完全无能为力,声誉、标准化和信号显示等都有助于微观主体管理他们的金融逆向选择风险。

---

① 在很多时候,政府做的未必就比市场好,也就是说,金融逆向选择风险管理也存在政府失灵。

(一)声誉

说白了,逆向选择是因为对交易对手缺乏了解而给予了所交易产品的错误定价,而错误定价意味着市场价格调节资源配置的失灵,从而导致了市场失灵。从理论上说,解决市场失灵的关键在于能使错误的定价得到纠正,使价格真正体现产品质量的差异。运用声誉来管理逆向选择风险的基点正是我们在技术上无法区分产品质量的情况下,利用交易对手的历史信息和表现来甄别其提供信息真伪程度,以达到从侧面改进对产品质量的判断,最终使交易价格与产品质量相一致的目的。

为了分析简单起见,假设交易的产品质量仅有好坏之分,好质量的产品记为 $h$,坏质量的产品记为 $b$,好质量产品的价格为 $P_h$ ,坏质量产品的价格为 $P_b$ ,$P_h > P_b$ ,交易对手的声誉也只被分为好与不好,市场上只存在两类交易对手 A 和 B,A 是声誉好的,B 是声誉不好的。如果依声誉定价和交易,则基本的交易原则应符合,声誉好的交易者,其显示的产品价格与产品质量是一致的,市场即按下述价格来交易产品。

$$P_A = P_i(A = i/i = h, b)$$

而对于声誉不好的交易者,只有在其价格显示为 $P_b$ 时,交易才能实现,否则,无论其产品质量是好还是坏,只要他显示的价格为 $P_h$ ,交易都不可能完成。

在金融领域,商业银行、保险公司等金融机构常常利用声誉模型来管理逆向选择风险,如商业银行在信贷业务中会给予信誉良好的贷款者优惠利率,对于信誉不好的贷款人,不仅会要求较高的利率,而且还会附加一些其他的较为苛刻的条件,比如抵押品的数量与种类等;保险公司在投保产品中也会给予信誉良好者更高的折扣,在理赔中,会给予信誉好的投保人更多的便利,对信誉不好的投保人的保险事故则使用更严格的确认手段和程序,从而从理赔成本差异上来体现声誉模型管理金融逆向选择行为。

依据声誉所实施的市场交易,显然起到了克服逆向选择风险的作用,即市场交易者避免了用 $P_h$ 的价格购买坏质量的产品 $b$,同时也避免了因逆向选择所导致的市场失灵。但是,也必须看到,声誉模型并没有完全解决市场效率问题,市场依然存在坏声誉交易者的好质量产品因显示价格为 $P_h$ 而得不到交易的效率损失。

(二)标准化

由逆向选择的基本内涵可知,之所以会产生逆向选择,归根结蒂是因为市场交易的一方无法识别产品差异,声誉模型虽然对克服逆向选择风险有现实的意义,但利用该模型管理逆向选择风险也存在诸多的问题和障碍,首先是声誉的建立一般需要一个较长的时期,对大多数潜在的交易者来说,其声誉状况根本无法判断,在这种情形下,用声誉模型来管理逆向选择风险往往会失效;其次是声誉模型管理逆向选择风险的出发点并不是基于产生逆向选择风险的实质内涵,而是基于产品之外的交易者特征,虽然交易者特征与他用价格显示的产品质量之间有一定的关系,但这种关系毕竟是从侧面揭示的,因此它的有效性是有限的;最后是即便是声誉良好的交易对手,也不能保证其显示的价格与产品质量总是完全一致的。

基于产品质量本身所发展起来的逆向选择风险管理办法则是标准化,它是依据统一的相关标准来显示产品的品质。无论你在何时或何地,也无论你对产品的品质是否有了解,标准化产品的交易都使你能获得一个较为稳定的质量保证。由于逆向选择风险的实质是产品质量差异识别的困难,且逆向选择风险的大小直接由产品质量差别的大小决定,产品质量差别越大,信息劣势方所承担的逆向选择风险也越大,标准化的实质则是旨在提升产品品质的稳定性,最大限度地缩小产品品质的差异,以此达到促进市场交易的目的。利用标准化来管理逆向选择风险,不仅能最大限度地降低市场交易信息劣势方搜集信息、识别所交易产品品质的成本,而且能使价格真正发挥调节资源配置的功能,克服逆向选择可能导致的市场失灵。

与实物产品的标准化不同,金融产品的标准化往往需要第三方来确认,如评级机构、会计师事务所、交易所等。因为金融产品的质量或品质往往与产品供给方的相关背景息息相关,而金融产品供给方的相关背景又始终处在一个动态变化的环境下,只要金融产品供给方的经营、财务状况发生了变化,由它所提供的相关金融产品的品质就会发生变化,因此,金融产品的品质无法由产品的供给者来保障。此外,金融产品的品质与其供给数量密切相关,同一产品供给数量的不同本身就包含着品质的差异,一般来说,供给量越大,品质就会越差。这种数量与品质的直接联系以及金融产品供给方的时变性使金融产品的标准化不同于实物产品,实物产品的标准化可以是同一供给者在不同的时间和地域提供品质相同的产品,但金融产品的标准化则无法通过这种途径来实现。正因为如此,才决定了金融产品的标准化往往是针对不同供给者同一产品或同类产品而言的。

最后需要说明的是,由于金融产品标准化要借助于第三方的中介组织或机构,第三方中介机构又是与标准化过程直接相关的独立经济组织,有其自身独立的经济利益,在金融产品标准化过程中,他们仅仅充当代理人的角色,因此,在利用标准化来管理逆向选择金融风险的同时,切忌不要忽视其中第三方的道德风险。

(三)信号显示

由于导致逆向选择的根本原因是信息不对称,处于信息劣势方的潜在交易者不仅无法识别产品质量,而且自身也知道自己处在信息劣势方,这就决定了其在交易中不会轻易相信交易对手所给出的一般信息,结果导致了市场失灵。从这个角度看,改善信息劣势方对交易对手所显示价格与产品质量相互关系的信任程度,对于克服逆向选择风险是有意义的。信号显示(signaling)就是信息优势方利用除价格以外,能证明价格与质量一致性的附加信息或承诺来使潜在的买者或卖者确信其所给信息的真实性,从而达到规避逆向选择风险的一种手段。这一方法最先由美国经济学家迈克尔·史宾斯(Michael Spence,1974)提出,它适用于提供高质量产品的供给者来防范逆向选择风险。

信号显示在规避逆向选择风险方面要能发挥作用,所给出的信号必须具备两个方面的条件,一是要能证明自己所提供的产品是高质量的,另一方面则要能避免提供低质量产品的竞争者也能给出相同的信号。前者是潜在客户产生有效需求的前提,后者则是克服逆向选择的必要条件,因为若提供低质量产品的竞争者也能给出相同的信号的话,潜在的客户仍无法分辨出信息的真伪,所以,信号显示要求所显示的信号必须足够强,也就是说,你所给出证明高品质产品的信号是那些提供低质量产品的竞争者所无法提供的,对那些提供低质量产品的竞争者来说,显示相同的信号要么成本太高,即使市场出现逆向选择,他们在经济上也是不划算的,要么他们根本就做不到。通常情况下,将那种对高质量产品供给者来说,成本不算高,而对提供低质量产品的竞争者来说,成本过高或根本就不可能显示的信号称为强信号。

在金融资产交易中,用信号显示管理金融逆向选择风险也有一定的意义,如在金融融资活动中,借款人主动提供超值的抵押资产就是一种强信号显示,回购协议本身就是利用信号显示来规避逆向选择风险的一种金融工具等。但值得注意的是,与产品市场不同,金融市场利用信号显示来克服逆向选择风险有明显的局限性,如在产品市场中,专利、“三保”承诺等都是显示产品高质量的强信号,而金融市场通常不具备这类强信号。

## 第三节　基于人文及心理特征的风险管理理论

从前面两节的论述可知，基于不确定性的金融风险管理理论实质上可以简单看成是一种状态管理理论，状态的自然属性决定了这一理论是一种被动性的管理理论，而基于信息不对称的金融风险管理理论实质上是一种经济关系管理理论，这种经济关系是对现实金融活动中行为人的一种抽象，过于强调现实金融活动中行为人的计算能力与理性选择，忽略了行为人的个体差异与相关约束，尤其是忽略了行为人人文及心理上的差异以及由这种差异所导致的行为选择差异。然而，由于金融是人类发明之物，金融风险虽是行为人可能选择结果的不确定性，但对这种不确定性的研究显然既不能脱离对行为人选择动机的考察，也不能忽略信息处理能力的约束，而行为人选择动机往往会受到心理因素的支配，因此，在金融风险管理理论的发展中，立足于行为人信息处理能力的有限性，并将心理学的相关研究成果纳入金融风险管理理论的研究体系，既符合“人性化管理”的发展趋势，也是金融风险管理本身精细化的要求。本节依据行为金融学[①]的相关理论成果来介绍相应的金融风险管理理论。

### 一、噪声交易风险管理

在有效市场假说(EMH)理论经济学家看来，金融市场中始终存在理性套利者，非理性投资者在某些情况下会犯同样的错误，非理性投资者的“错误”给了理性套利者实施套利的机会，套利行为将消除非理性投资者行为对价格的影响，从而保证市场在均衡状态下运行。这就是说，在市场有效的前提下，资产价格虽然存在波动，但套利交易却能够完全克服这类风险，且还能获得无风险的套利收益。事实上，在现实的金融市场中，套利机制并不像 EMH 理论经济学家想象的那么有效，套利是否有效的关键在于能否找到受噪声交易者潜在影响证券的近似替代品。为了回避风险，套利者在卖出或卖空价格高估的证券时，必须同时能买进同样或相似且价格没有高估的替代证券，如果套利者所面临的市场环境中存在发达的衍生品市场，如期货、期权市场等，则相应的替代品可能还是比较容易找到，但在大多数情况下，尤其是在像我国这样金融衍生工具不发达的金融市场环境下，绝大多数证券并没有明显合适的替代品，只要套利者找不到完全的替代品，套利行为本身就存在风险，通常将这种套利称为“风险套利”(risk arbitrage)。当理性套利者认识到套利属于风险套利时，用控制交易量来管理风险就成为套利者管理套利风险的基本手段，而套利者交易量的控制就有可能使理性套利行为不能完全消除噪声交易者的非理性行为对价格的影响，结果非理性行为仍会对价格产生程度不同的影响。另一种情况下，套利的作用就更为微弱，甚至会出现套利者被击败的可能。这种情况是，套利者可能只能找到不完全的替代品，结果在未来的日子里，不完全的替代品可能变成完全没有替代作用的工具，套利者认为被高估的证券，其价格继续上涨，而他原以为有替代作用的相应的证券价格可能继续下跌，或由小涨转变成下跌，结果使套利者面临更大的风险。即使是套利者能找到完全的替代品，他也有可能面临更大的风险，这种风险来自未来他再次出让时价格的不可预知性，或者说，价格偏差在消失前可能会继续错下去，即高估证券的价格继续走高，而相对低价的证券可能继续走低。

---

① 行为金融学是将心理学相关研究成果纳入金融资产选择研究的科学，相对主流金融学而言，它采用一种新的研究范式来探讨金融资产选择问题，并给予金融“异象”合理解释的学科。由于行为金融学到目前为止尚未形成一个统一的理论框架，我们这里只能依据有代表性的相关理论来介绍其中的风险管理问题。

虽然两者的价格最终会走向一致,但这种短期风险也是不可忽视的,投资者的破产通常并非是由长期风险引起的,多数情况下,它是短期风险突然释放的结果。银行挤兑这种现象就是短期风险导致破产的典型事例;期货交易中,只要期货价格与套利者预期相反的方向变动持续到套利者不再有可追加的保证金时,套利者因此也会破产。总之,套利行为对于实现市场的“一价原则”的确发挥着重要的作用,但同时我们也必须看到套利的作用是有限的,理性套利并不能保证市场总是处于均衡状态。在有些情况下,套利行为并不能完全消除非理性投资者行为对价格的影响。

心理学的试验和研究表明,通常情况下人们在做投资决策时会受到系统性的认知偏差的影响,他们根本不可能像贝叶斯理性交易者那样准确地确定证券的预期价值,精确地使用信息去实现证券市场的博弈均衡。如果将贝叶斯理性交易者之外的交易者都称为噪声交易者的话,那么根据心理学的研究成果,噪声交易者就是数量庞大的、有着相似行为方式的普通投资者。当噪声交易者产生集体的相似行为时,它必然对证券的市场价格产生影响,噪声交易模型就是试图揭示其中的交易机理和相应的价格形成机制的理论。

考虑一个两期的纯粹交换经济的迭代模型,该模型是指在每一时期,经济中都会产生新一代的交易者,而所有交易者都只存在两期。交易者被分为两类,一类是理性交易者 $a$ ,其比例为 $1-\mu$ ,另一类则是噪声交易者 $n$ ,其比例为 $\mu$ 。同类的交易者都是无差别的。假设经济中有两种支付相同收益的资产,一是无风险资产 $s$ ,如无风险债券,每期支付固定的利息收益 $r$ ,其价格有完全的弹性,价格设定为1;另一是有风险资产 $u$ ,如股票,它同 $s$ 一样也支付固定的收益 $r$ ,不同的是 $u$ 的价格并非是完全弹性的,供给量标准化为1。在时期 $t$ ,股票 $u$ 的价格为 $P_t$ 。

如果两类交易者事前关于 $u$ 在时期 $t+1$ 的价格分布的期望给定,则他们在时期 $t$ 所做的就是根据各自的信息,按照预期效用最大化的原则选择证券组合。理性交易者按照其已知的 $u$ 的收益分布优化他的预期效用函数;而噪声交易者对股票预期价格的错误估价是独立同分布的 $(i \cdot i \cdot d)$ ,且

$$\rho_t \sim N(\rho^*, \sigma_\rho^2) \tag{4.3.1}$$

(4.3.1)式中的 $\rho^*$ 即预期价格的错误估价均值,它可以用于衡量噪声交易者的平均“看涨人气”或“看跌人气”, $\sigma_\rho^2$ 即噪声交易者对每单位风险资产预期价格的错误估价的方差,可用于衡量噪声交易者额外的风险或非理性风险。

如果再假定所有交易者的效用以其年老时的效用函数①

$$U = 1 - e^{-(2\gamma)w} \tag{4.3.2}$$

来表示,并且还假定交易者的消费偏好不变,他们在年轻时决定 $u$ 和 $s$ 的组合比例,年老时将其所持有的风险资产 $u$ 以价格 $P_{t+1}$ 卖给下一代,并消费掉所有的财富。其中, $U$ 为交易者的效用, $\gamma$ 是交易者的绝对风险厌恶系数, $w$ 为交易者年老时的财富水平。

假定持有每单位风险资产的收益是正态分布,(4.3.2)式预期值最大化时对风险资产的需求与设想的预期收益成正比,与设想的预期收益的方差成反比。理性套利者拥有的风险资产 $u$ 的数量为 $\lambda_a^t$ ,噪声交易者拥有的风险资产为 $\lambda_n^t$ ,在 $t$ 期时,理性套利者预期 $u$ 在 $t+1$ 期的价格为 ${}_tP_{t+1}$ ,则

$${}_t\sigma_{p_{t+1}}^2 = E_t\{[P_{t+1} - E_t(P_{t+1})]^2\} \tag{4.3.3}$$

① 见(4.2.27)式。

就是 $P_{t+1}$ 提前一期的方差。风险资产的购买数量 $\lambda_n^t$ 和 $\lambda_a^t$ 是它当前价格 $P_t$、预期价格及方差和噪声交易者的错误估价 $\rho_t$ 的函数。具体的需求量为

$$\lambda_a^t = \frac{r + {}_tP_{t+1} - (1+r)P_t}{2\gamma{}_t\sigma^2_{p_{t+1}}} \tag{4.3.4}$$

$$\lambda_n^t = \frac{r + {}_tP_{t+1} - (1+r)P_t}{2\gamma{}_t\sigma^2_{p_{t+1}}} + \frac{\rho_t}{2\gamma{}_t\sigma^2_{p_{t+1}}} \tag{4.3.5}$$

从(4.3.4)式和(4.3.5)式可以看出，交易者对风险资产的需求与预期的超额收益成正比，与预期收益的方差成反比。噪声交易者与理性交易者相比，其需求中多了一个包含错误估价的部分 $\frac{\rho_t}{2\gamma{}_t\sigma^2_{p_{t+1}}}$，当他们对预期收益非常看好时，或 $\rho_t > 0$ 时，他们对风险资产的需求大于理性交易者；当他们对预期收益看坏时，或 $\rho_t < 0$ 时，他们对风险资产的需求就比理性交易者小。

有了(4.3.4)式和(4.3.5)式的需求函数后，由供给量为 1 的假设并可得到风险资产 $u$ 的价格。将(4.3.4)式和(4.3.5)式的需求进行加权得到总需求 $\lambda$ 为

$$\lambda = (1-\mu)\lambda_a^t + \mu\lambda_n^t \tag{4.3.6}$$

将(4.3.4)式和(4.3.5)式代入(4.3.6)式得

$$\lambda = \frac{r + {}_tP_{t+1} - (1+r)P_t}{2\gamma{}_t\sigma^2_{p_{t+1}}} + \frac{\mu\rho_t}{2\gamma{}_t\sigma^2_{p_{t+1}}} \tag{4.3.7}$$

(4.3.7)式即为风险资产市场的需求量，令 $\lambda = 1$(即需求等于供给)，则

$$P_t = \frac{1}{1+r}(r + {}_tP_{t+1} - 2\gamma{}_t\sigma^2_{p_{t+1}} + \mu\rho_t) \tag{4.3.8}$$

(4.3.8)式表明，风险资产在时期 $t$ 的价格是噪声交易者在该期的错误估价 $\rho_t$、模型的技术系数 $r$(资产的固定收益)、行为系数 $\gamma$(风险厌恶系数)、噪声交易者群体的大小 $\mu$ 以及下一期预期价格 ${}_tP_{t+1}$ 和它的方差 ${}_t\sigma^2_{p_{t+1}}$ 的函数。虽然，(4.3.8)式所决定的价格也是一均衡价格，但是这一均衡价格明显受到交易者预期的影响，如果交易者预期不稳定，则由(4.3.8)式决定的市场价格也不稳定。若假定交易者每一期的预期形成模式不变，且 $P_t$ 与 ${}_tP_{t+1}$ 有相同的分布，这样就可以依递归解法消掉(4.3.8)式中的 ${}_tP_{t+1}$，得

$$P_t = 1 + \frac{\mu(\rho_t - \rho^*)}{1+r} + \frac{\mu\rho^*}{r} - \frac{2\gamma}{r}{}_t\sigma^2_{p_{t+1}} \tag{4.3.9}$$

因为 $E(\rho_t) = \rho^*$，所以对(4.3.9)式求期望得

$$E(P_t) = 1 + \frac{\mu\rho^*}{r} - \frac{2\gamma}{r}{}_t\sigma^2_{p_{t+1}} \tag{4.3.10}$$

$$\begin{aligned}\sigma^2_{p_t} &= E\{[P_t - E(P_t)]^2\} \\ &= E\left\{\left[\frac{\mu(\rho_t - \rho^*)}{1+r}\right]^2\right\} \\ &= \frac{\mu^2}{(1+r)^2}E[(\rho_t - \rho^*)^2] \\ &= \frac{\mu^2}{(1+r)^2}\sigma^2_\rho \end{aligned} \tag{4.3.11}$$

又因为我们前面假定了 $P_t$ 与 ${}_tP_{t+1}$ 有相同的分布，所以有 $\sigma^2_{p_t} = {}_t\sigma^2_{p_{t+1}}$，

故

$${}_t\sigma^2_{p_{t+1}} = \frac{\mu^2}{(1+r)^2}\sigma^2_\rho \tag{4.3.12}$$

将(4.3.12)式代入(4.3.9)式得

$$P_t = 1 + \frac{\mu(\rho_t - \rho^*)}{1+r} + \frac{\mu\rho^*}{r} - \frac{2\gamma\mu^2}{r(1+r)^2}\sigma_\rho^2 \tag{4.3.13}$$

从(4.3.13)式可以看出,等式右边的后三项都与噪声交易者的特征有关,它表示噪声交易者对风险资产 $u$ 的价格的影响。当我们令 $\rho_t=0$ 时,$E(\rho_t)=\rho^*=0$,$\sigma_\rho^2=E[(\rho_t-\rho^*)^2]=0$,则有 $P_t=1$,此时,均衡价格就是它的基本价值1,当然,这时市场中只存在理性交易者,表明内在价值理论和理性假设下的EMH理论是(4.3.13)式的特例。

(4.3.13)式右边的第二项 $\frac{\mu(\rho_t-\rho^*)}{1+r}$ 表示的是由于噪声交易者错误估价改变而引起的风险资产 $u$ 的价格波动。尽管大部分投资者都知道资产 $u$ 的基本价值没有不确定性,但它的价格还是会随着噪声交易者想法的改变而大幅波动。如果一代人中噪声交易者看好后市的人占优势,他们将推动 $u$ 的价格上升;而当看淡后市的人占优势时,$u$ 的价格就会下跌;如果他们的看法是一致的,此时 $\rho_t=\rho^*$,由噪声交易者看法随机引起的价格波动消失,含有噪声交易者的稳定均衡得以实现。

(4.3.13)式右边的第三项 $\frac{\mu\rho^*}{r}$ 则表示,当噪声交易者错误估价的均值不为零时,$P_t$ 对基本价值的偏离程度,它主要取决于噪声交易者人数所占的比重和他们错误估价的期望值(对所有的交易者来说,$r$ 是已知的)。在市场交易者中,噪声交易者所占的比重越大,$P_t$ 对基本价值的偏离程度就越大(至于朝哪个方向偏离则取决于噪声交易者是看涨还是看跌);噪声交易者所占的比例越小,$P_t$ 对基本价值的偏离也将越小。另外,$P_t$ 对基本价值的偏离还明显受到噪声交易者整体错误估价的影响,确切地说,是受噪声交易者错误估价一致性的影响,噪声交易者错误估价越一致,$P_t$ 的偏离程度就越大,反之就越小。

(4.3.13)式右边的最后一项是噪声交易模型的核心,它表明,除非对由噪声交易者看淡未来而引起的风险资产价格下跌所形成的风险得到补偿,否则理性的交易者将不会持有风险资产。在 $t$ 期,即使噪声交易者和理性套利者都知道资产 $u$ 的价格已经出现了偏差,但因为谁都无法确切知道 $P_{t+1}$,无论是理性投资者还是噪声交易者,谁都不愿在这时持有更多的头寸。结果就使在边际水平上,增加这种每个人都相信定价有偏差的资产的持仓量所带来的收益被额外承担的价格风险正好抵消。这样一来,噪声交易者就为自己的操作创造了空间,理性套利行为有时就未必能击败非理性行为。

噪声交易模型(4.3.13)式虽然给出了风险资产的均衡价格,但仔细观察均衡解各部分的具体内容却不难发现,(4.3.13)式所表示的均衡关系是一种短期均衡,均衡价格明显与噪声交易者在 $t$ 期实际的错误估价有关,而 $\rho_t$ 作为一随机变量,它的取值是不确定的,因此,当我们试图验证(4.3.13)式时,(4.3.13)式右边的第二项就带有难以克服的障碍。尤其是当不同时期 $\rho_t$ 不稳定时,(4.3.13)式就无法给出风险资产一个明确的价值估值。为了获得一个稳定的均衡解,在含有噪声交易者的模型(4.3.13)式中,只要我们接受 $\rho_t \sim \mathrm{N}(\rho^*, \sigma_\rho^2)$ 的假定,则我们就能将(4.3.13)式的时期因素消除。对(4.3.13)式取期望得

$$E(P_t) = 1 + \frac{\mu\rho^*}{r} - \frac{2\gamma\mu^2}{r(1+r)^2}\sigma_\rho^2 \tag{4.3.14}$$

(4.3.14)式就是我们所期望的稳定均衡解。该解说明:(1)风险资产的市场价值由两部分组成,一部分是内在价值或基本价值;另一部分则是由噪声交易者错误估价的收益与风险决定的,它

与噪声交易者群体错误估价的系统偏差呈正方向变化，与噪声交易者错误估价的风险呈反方向变动。(2)即使市场中存在噪声交易者，风险资产也存在稳定的均衡价格，这一均衡价格就是含有噪声交易者的市场价值，实际的市场交易价格将围绕着(4.3.14)式所给定的值上下波动。(3)如果给定了噪声交易者错误估价的分布，则含有噪声交易者的市场价值就由一系列基本系数决定，这些基本系数包括：模型的技术系数 $r$ 、行为系数 $\gamma$ 和噪声交易者所占比重 $\mu$ 。这三个基本系数除 $r$ 与上市公司有关以外，其余两个( $\gamma$ 和 $\mu$ )都与市场氛围有关，如果市场投机氛围越浓，意味着交易者中噪声交易者所占比例越高，投资者的绝对风险厌恶也就越低，其结果将提高稳定的均衡价格；若市场越趋于理性，$\mu$ 就会越低，$\gamma$ 也就会相应越大，稳定的市场价格将越接近基本价值。(4)噪声交易模型价值评判的基本立足点仍是内在价值，(4.3.14)式只是在内在价值评判的基础上，引入噪声交易者，并认为噪声交易行为对于价格的决定会产生系统的影响作用，从而修正了有效市场假说(EMH)理论。

与 EMH 理论一样，噪声交易模型在风险资产的价值判断上也是基于市场价值的，不同的是，EMH 理论只考虑纯粹理论交易行为对市场价格的决定作用，而噪声交易模型对投资者特征进行了更为精细的划分，并同时考虑了理性交易者与噪声交易者对风险资产价格形成的影响。噪声交易模型的这种处理方式表明它承认风险资产价值判断的多样性(注意这种多样性与 EMH 的多样性的区别，噪声交易模型的多样性与交易者的风险偏好无关，它取决于交易者对环境的心理变化特征不同，而 EMH 多样性则完全是由投资者的风险偏好不同所导致的)，这种多样性不仅对于解释现实市场中的“异象”具有积极的作用，而且它还包含有心理学的理论与实验依据。但是，在风险资产的价值判断上，噪声交易模型与 EMH 理论一样，也存在明显的缺陷。由于噪声交易模型将主要的注意力集中到市场交易者的行为上，相应地忽略了与风险资产所对应的实物价值或实体价值的判断与衡量，就风险资产为股票来说，它忽略了对上市公司本身价值的研究。显然，只有上市公司本身的价值才是形成稳定均衡解的基础，然而，在这一点上，噪声交易模型却没有具体的体现。相反，噪声交易模型却又以基本价值作为价值衡量的基本立足点，如果按它所表现出的内在逻辑分析，则 $E(P_t)$ 就要回归到 1 上，若果真如此，则必须有

$$\rho^{*}=\frac{2\gamma\mu}{(1+r)^{2}}\sigma_{\rho}^{2} \tag{4.3.15}$$

若假定噪声交易者的行为特征不变，则(4.3.15)式中唯一可变的就是噪声交易者所占的比重 $\mu$ ，只有当 $\mu=\rho^{*}(1+r)^{2}/2\gamma\sigma_{\rho}^{2}$ 时，市场价格才能回复到与基本价值一致的状态，否则，市场价值将持续偏离基本价值。

以上的分析表明，现实的金融市场交易中，投资者的预期形成往往与其情绪密切相关，而投资者的情绪又存在一种所谓的“自我强化”机制，这使得噪声交易可能对市场价格产生系统性影响，从而产生噪声交易风险。

噪声交易风险虽然不可能完全消除，但也有一些办法能对它实施有效的管理，这些办法包括：套利交易、舆论、政策信号等。

套利交易对于抑制噪声交易风险显然具有重要的意义，因为套利交易是一种完全与噪声交易相反的交易策略，当噪声交易者的错误预期使资产价值被低估时，套利交易则是买入该资产，这种反向的力量对于维持资产价格的稳定有着重要的作用，否则，资产价格将会更深入的下跌；当噪声交易者的错误预期使资产价值被高估时，套利交易则选择卖出该资产，从而形成乐观性噪声交易的反向力量，它对于维持资产价格的稳定同样有着极其重要的作用。在噪声交易的市场中，套利交易可能由于套利力量不足，使得套利交易才具有了风险套利的性质，为了提高套利

风险或噪声风险管理的有效性,套利能力的分布就是一个值得研究的课题,相比套利能力一次性用尽,序贯性非对称使用套利能力可能对于管理噪声风险更为有效,所谓套利能力一次性用尽是指,当理性套利者发现价值与价格出现偏差时,即当市场出现套利机会时,其将所拥有的全部资源一次性用于套利交易;而序贯性非对称使用套利能力则是,即使理性套利者发现了价值与价格出现偏差,有套利机会存在,他也不会一次性地用尽所拥有的全部资源,而是根据价值与价格偏差的程度非均匀地使用资源,如按几何数列来使用套利资源。序贯性非对称套利交易更有效的原因在于,随着市场价格向同一方向变动,噪声交易效应具有边际递减的性质,相反,套利交易效应具有边际递增的性质,这不仅决定了相同资源水平下,序贯性非对称套利总能力要大于一次性套利总能力,而且也极大地增大了同期套利交易能力大于噪声交易能力的概率,即增大了市场价格出现反转的概率,从而使噪声风险管理的效果得以提升。

事实上,噪声交易风险是一种市场风险,且噪声交易模型表明,这种市场风险是由噪声交易者的一致性预期错误引起的,它造成市场价格对价值的系统性偏离,从这个意义上看,噪声交易风险具有系统性风险的特点。舆论作为信息传递与对投资者进行教育的手段,其不仅有着传递最新资讯、描述客观事实的功能,而且其观点也会影响投资者的预期,最终影响投资者的行为选择。作为传递最新资讯、描述客观事实的工具,它能使噪声交易者改善信息状况,扩展信息集,从而有利于修正预期错误,最终起到降低噪声交易风险的目的;作为对市场运行或价值评价观点的表达,舆论能让噪声交易者认识到自身的错误,众所周知,认识到错误是修正错误的前提,只有首先认识到错误,才有可能改正错误,噪声交易者错误的修正,实质上就是噪声交易风险的降低。总之,舆论无论是改善噪声交易者的信息集,还是让噪声交易者认识到自己的错误,其结果均会使市场中噪声交易者的比重 $\mu$ 变小,从而起到有效管理噪声交易风险的作用,新闻效应模型就是对这一问题的理论总结。值得注意的是,舆论对噪声交易者的影响是双面性的,客观、理性的舆论有利于降低噪声交易风险,而虚假、煽动性的舆论则会进一步刺激噪声交易者的噪声交易,甚至使理性套利者变为噪声交易者,从而增大噪声交易风险,20 世纪末网络股泡沫就是一个很好的例证。因此,加强舆论导向与质量的管理具有极端重要的意义。

理性套利在管理噪声交易风险方面的有效性我们在上面已经论述,如果噪声交易势力足够强大,理性套利者也有可能被噪声交易者击败。这就是说,完全依赖于市场投资者的自发行为对于有效地控制噪声交易风险的作用可能是有限的,市场失灵的现象仍然会发生。市场失灵为政府干预提供了理由,虽然政府干预未必一定比市场自发调节来的要好,但有些情况下,它的确效果明显。政策信号作为市场自发调节与政府干预的中间状态,它不仅在宏观经济管理中具有重要的作用,而且在管理金融市场噪声交易风险中同样重要。噪声交易风险作为具有系统性风险性质的一类风险,其相应的管理手段自然可以从产生系统性风险因素的层面去寻找,宏观经济政策作为产生系统性风险的主要因素之一,无论是理性套利交易者还是噪声交易者,其预期的形成都会包含对相关宏观经济政策的预期,也就是说,政策信号首先会影响投资者的政策预期,进而影响资产价格的预期,当政策信号属逆噪声交易者错误交易方向时,它将对噪声交易者的预期产生冲击,这种冲击一方面使噪声交易者修正错误,部分噪声交易者可能因此成为理性套利者,即使是噪声交易者不能成为理性套利者,噪声交易者的错误可能因政策信号冲击而逆转,从而形成另一错误预期方向的噪声交易者,结果使一致性错误的噪声交易者变成两股对抗的交易势力,由此降低噪声交易风险。另一方面,即便是政策信号不能改变噪声交易者错误的一致性,至少它能使噪声交易者认识到噪声交易的政策性风险在增大,从而起到克制噪声交易的作用。因为,噪声交易者并非是完全不顾及风险的交易者,他们之所以会成为噪声交易者是由于预期错误所致，而不是他们更偏好风险。当噪声交易者实行更有克制的交易时，至少噪声交易风险难以进一步增大，政策信号由此也就发挥了管理噪声交易风险的作用。

## 二、前景理论中的风险管理

大量的心理学实验表明，个体行为的选择并不遵循贝叶斯选择过程，也与阿罗的不确定性选择理论不一致，当人们面对不确定性选择时，他们并不会进行复杂的计算，而是普遍表现出避繁就简的思维特点，依据经验判断做出选择。然而，依据经验判断的选择模式不免会产生系统性偏误，这些偏误主要来源于特征代表性偏差、获得便利性偏差、调整和锚定效应、认知分歧和群体影响。在心理学实验研究与分析的基础上，卡尼曼(Kahneman )和托维斯基(Tversky)于1979 年在“风险条件下的决策分析”一文中提出了具有重要影响力的行为金融学价值选择理论模型，即前景理论(prospect theory)。该理论是不同于传统预期效用最大化的价值选择理论，它用两个函数来描述个人的选择行为，一个是价值函数(value function)，另一个是决策权重函数(decision weighting function)。其中价值函数相当于预期效用选择理论中的效用函数，决策权重函数是对预期效用理论中概率的替代。通过对预期效用理论的改造，前景理论就能给予各类金融“异象”一个很好的解释理由。

卡尼曼和托维斯基定义一个“前景”为一个不确定事件，表示为( $x$ , $p$ ; $y$ , $q$ )，这个事件最多只有两个非零的结局。个人得到 $x$ 的概率为 $p$ ，得到 $y$ 的概率为 $q$ ，另外 $1-p-q$ 的概率得不到任何东西。卡尼曼和托维斯基将个人的选择和决策过程分成两个阶段：事件发生以及人们对事件结果及相关信息的收集、整理为第一阶段，称之为编辑阶段(editing phase)；第二阶段，即进行评估和选择，也就是评估阶段(evaluation phase)。在编辑阶段，投资者往往会依据个人偏好而面对各种备选方案进行编码；在选择评价阶段，相对于参考点，投资者对收益和风险的预期决定了最终方案的制定(见图 4.3－1)。

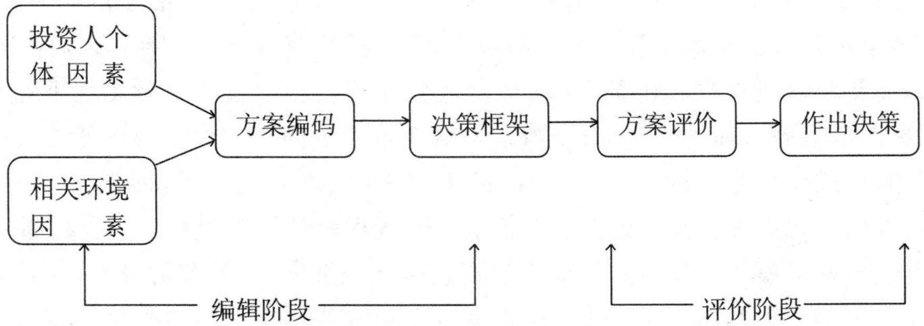


**图 4.3－1　前景理论下投资者的决策框架**

编辑阶段的作用是对意见进行组织和再表述，以简化后面的评估和选择。主要包括以下几方面的内容：(1)数据编码(coding)。卡尼曼和托维斯基指出人们通常关注的是收益和损失，而不是财富或福利的最终状态。收益和损失是相对于某一参照点而言的，而参照点的选择通常又与现有资产状况有关，在这种情况下，收益和损失实际上就是得到或付出的金额。编码就是根据参考点，把前景行为组合编译成为决策者自己的收益或损失。然而，参考点的定位以及损益的确认，在一定程度上可能受到所给前景的模式或决策者的预期的影响。(2)整合(combination)。整合出现相同结果的概率，即将结果相同的状态进行合并，这样可以简化问题。(3)分解(segregation)。分解是将“前景”分解成无风险因子和有风险因子。如期望(200，0.7；100，0.3)可以分解为确定性收益 100 与有风险的期望(100，0.7)两部分。(4)约减(cancellation)或删除。约减分两种情况：一种情况是人们在选择中抛开不同“前景”中共有的部分（分离效应），也即在一个分有两阶段的前景中，会忽略第一阶段而只考虑第二阶段的部分；另一种情况是人们常常抛弃共有的组成部分。

在编辑阶段之后，决策者将对前景进行估值，并选择出价值最大的前景。被编辑的总价值 $V$，将用两个尺度进行衡量，即价值函数 $V(x)$ 和决策权重函数 $\pi(p)$。其中 $V(x)$ 反映结果的主观价值，其衡量该结果偏离参考点的程度，也就是它衡量的是收益或损失的价值。$\pi(p)$ 表示与每一个概率 $p$ 相对应的决策权重，它与客观概率有着本质的区别，反映了概率 $p$ 对前景的全部价值的影响程度。

前景理论的基本方程描述了权重函数和价值函数结合起来去确定前景的总价值。如果（$x$，$p$；$y$，$q$）是一般性或正常的前景（即要么 $p+q<1$，要么 $x>0>y$，要么 $x<0<y$），那么

$$V(x,p;y,q)=\pi(p)\cdot V(x)+\pi(q)\cdot V(y) \tag{4.3.16}$$

其中，$\pi(\cdot)$ 表示权重函数，$V(x)$ 和 $V(y)$ 分别表示前景不同结果的价值。

对于前景的结果是严格为正或严格为负，前景理论认为，这时投资者的评价原则与正常的前景的评价是不同的，在编辑阶段，对于这种绝对为正或绝对为负的前景，投资者往往先将其分解为两个部分，其中一个部分是无风险的部分，如确定获得的最小利得或确定支付的最小损失；另一部分是有风险性部分，如可能发生的利得或损失。这种情况的评价方式可表示为

$$V(x,p;y,q)=V(y)+\pi(p)\cdot[V(x)-V(y)] \tag{4.3.17}$$

也就是说，严格为正和严格为负的前景的价值等于无风险部分的价值 $V(y)$ 加上不同结果之间的价值差 $[V(x)-V(y)]$ 乘上比较极端（概率极端）的结果的相关权重 $\pi(p)$。进一步而言，（4.3.17）式可以转化为

$$V(x,p;y,q)=\pi(p)\cdot V(x)+[1-\pi(p)]\cdot V(y) \tag{4.3.18}$$

若 $\pi(p)+\pi(1-p)=1$，则（4.3.18）式就可以转化为（4.3.16）式，即严格为正（负）的前景的价值与正常前景的价值是一致的。但是，$\pi(p)+\pi(1-p)=1$ 这一条件并不是始终成立的。

价值函数是前景理论中用来代替效用的概念，它与传统期望效用函数的区别在于它不再是财富的函数，而是利得或损失的函数，从而将价值载体落实在财富的变化量而非最终状态上。该价值函数有两个显著的属性：①价值函数是相对于参考点的单调递增反 S 形的函数，即价值函数凹向于利得（风险规避，risk averse）而凸向于损失（风险追求，risk seeking）。②在参照点附近，其边际损失要比边际收益敏感。也即价值函数在损失部分上的斜率比获利部分上的斜率要大，用图形表示就是损失部分的曲线要陡于收益部分的曲线（如图 4.3－2）。

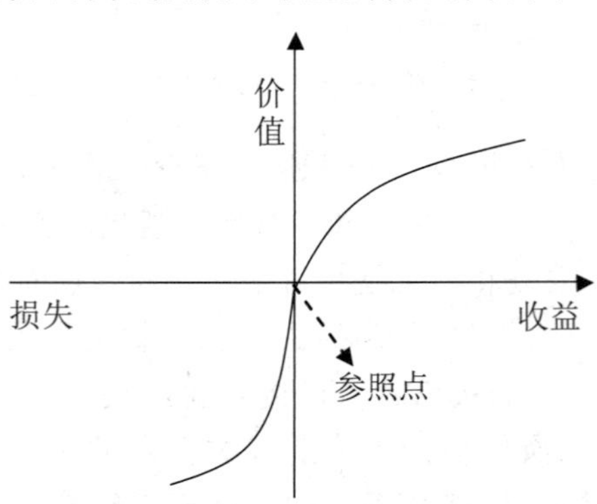


**图 4.3－2　价值函数**

心理学证据表明，人们愿意在损失情况下参与赌博，而对于损失的反应比对同等大小盈利

的反应更为激烈，损失一笔钱所带来的痛苦通常比赢得同样大小的一笔钱所带来的快感更大，泰勒(Thaler)将这种情况称为“禀赋效应”(endowment effect)。

决策权重函数由前景的选择中推断得到，虽然它是客观概率的非线性函数，但它不是概率，不符合概率公理。决策权重函数具有三方面的特点：①小概率事件的高估和次可加性(subad-ditives)。即对小概率事件的评价较高($\pi(p)>p$)，对大概率的评价较低($\pi(p)<p$)，并且在小概率区域，权重函数是次可加的，即对任意的$0<r<1$，有$\pi(rp)>r\pi(p)$。②次确定性(subcertainty)。即各互补概率事件决策权重之和小于确定性事件的决策权重，对于$0<p<1$，有$\pi(p)+\pi(1-p)<1$。③逼近确定性事件的边界，属于概率评价中的突变范围，决策权重常常被忽视或放大。

前景理论提出了一个与传统期望效用理论不同的不确定性选择理论，它认为人们在选择中关注的是价值的改变而不是最终形态，人们的行为并不总是传统主流金融学所定义的理性和风险厌恶，而是有限理性和损失规避。这一理论有助于解释现实经济生活中诸如弗里德曼-萨维奇之谜(Friedman-Savage puzzle)①、期权微笑(option smile)②、阿莱悖论(Allias paradox)③、人们不愿意对等概率事件打赌等这样的现象，而这些现象往往被期望效用理论称作“异象”。然而，从风险管理的角度看，前景理论本质上并没有给予我们更多的东西，它只是将主流金融学的期望效用函数转换成了加权价值函数，并承认主观判断偏差对决策行为的影响。

同时，我们也必须看到，前景理论所刻划的行为选择过程以及价值评价的心理因素对于金融风险管理的研究也是有重要的启发意义，SP/A 理论可以说就是受其影响而发展起来的一种行为金融风险管理理论。

SP/A 理论(Lopes，1987)既是基于前景理论的一种金融风险管理理论，也是行为资产组合理论的基础。用 S 表示安全(secutity)，即避免较低的财富水平；P 表示潜力(potential)，即达到较高财富水平的欲望；A 表示渴望水平(aspiration level )，显示一种目标。SP/A 理论将情绪因素纳入到风险选择模型中，情绪通过影响人们对各种情境下的概率估计，来影响财富的期望值。在洛普斯( Lopes)的理论框架中，恐惧与希望两种情感因素操纵着投资者的风险态度。

洛普斯假定有一个离散状态的两时期投资结构，这两个时期分别标识为 0 期和 1 期，且时期 1 有 $n$ 种状态，其中 $p_i=P(W_i)$，$i=1,2,\cdots,n$，假设财富水平排列为 $W_1\leqslant W_2\leqslant\cdots\leqslant W_n$。投资者的期望财富 $E(W)=\sum_i p_iW_i$，也可以表达为 $\sum_i D_i(W_i-W_{i-1})$ ④，其中 $W_0=0$。在后一种表达式中，投资者确定地会得到财富 $W_1$，即 $D_1=1$，从而得到财富 $W_2-W_1$ 的概率为 $D_2$，进一步得到增加的财富 $W_3-W_2$ 的概率为 $D_3$，以此类推。

---

① 指人们在购买保险的同时也购买彩票这种风险偏好不一致的现象。

② 又称波动率微笑。是指期权隐含波动率与行权价之间的关系曲线，该曲线显示，价外期权和价内期权的波动率高于平价期权的波动率，波动率曲线呈现出中间低两边高的向上的半月形。

③ 1952 年，法国经济学家设计了这样一个实验：对 100 人测试如下赌局：A：100%的机会得到 100 万元；B：10%的机会得到 500 万元，89%的机会得到 100 万元，1%的机会什么也得不到。结果发现绝大多数人会选 A。然后，分别将 A 和 B 修改成：C：11%的机会得到 100 万元，89%的机会什么也得不到；D：10%的机会得到 500 万元，90%的机会什么也得不到。结果发现，绝大多数人选择 D，即 $0.11U(100)+0.89U(0)<0.1U(500)+0.9U(0)$，$0.11U(100)<0.1U(500)+0.01U(0)$，$1.00U(100)-0.89U(100)<0.1U(500)+0.01U(0)$，$1.00U(100)<0.1U(500)+0.89U(100)+0.01U(0)$。与初始赌局选择矛盾。

④ 令 $p_n=D_n,p_i=D_i-D_{i+1}(i=1,2,3,\cdots,n-1)$，则 $p_{n-1}+p_n=D_{n-1},p_{n-2}+p_{n-1}+p_n=D_{n-2},\cdots,\sum p_i=D_1=1$，当 $W_0=0$ 时，有 $\sum_i D_i(W_i-W_{i-1})=\sum_{i=1}^{n-1}(D_i-D_{i+1})W_i+D_nW_n=\sum p_iW_i$。

Lopes 认为,逆累积分布函数 $h(D)=\delta h_s(D)+(1-\delta)h_p(D)$ 综合地反映了投资者的希望和恐惧心理以及在二者之间的权衡。其中 $h_s(D)=D_s^{1+q_s}$,$q_s\geqslant 0$,它体现了恐惧心理对风险结果的影响,它实质上是恐惧情绪下投资者的价值函数;$h_p(D)=1-(1-D_p)^{1+q_p}$,体现了希望对风险结果的影响,它是希望情绪下投资者的价值函数;$\delta$ 用来反映投资者在希望和恐惧心理之间的权衡,可以视为对应的权重函数。

为了考察投资者的风险选择,洛普斯并没有直接利用总价值最大化这一目标,而是综合考虑价值与风险的权衡,通过构建价值与风险的预期效用函数 $U(E_h(W),D(A))$,来讨论在 $U(E_h(W),D(A))$ 最大化条件下投资者的风险选择,这里,$E_h(W)$ 表示期望财富 $\sum_i r_i W_i$,即价值评价函数,用 $r_i=h(D_{i+1})-h(D_i)$ 代替概率 $p_i$,它反映了投资者希望和恐惧心理的主观概率,或概率评价函数,即前景理论中的概率权重函数。而 $D(A)$ 选择用 $P(W\geqslant A)$,表示财富达到并超过希望水平的累积概率,是另一种风险的度量方式。

SP/A 理论虽然给出了管理投资者主观评价偏误风险的基本理论框架,但效用函数的引入又使金融风险管理问题回到繁琐的计算范式,从而在一定程度上使其脱离前景理论的基本思想。事实上,我们每个人在决策选择时并不确切地知道自己的效用函数[①],更不用说去依效用函数进行复杂的计算。相反,依前景理论所描述的价值函数与权重函数的相关特点,在金融风险管理方面并未获得更深入的挖掘。

图 4.3—2 表明,投资者基于参考点的价值评价不仅是非对称的,而且其行为特征表现为,盈利时是风险规避的,亏损时又是风险追求的,这就意味着,在投资者所持金融资产处于盈利状态时,其继续持有资产的心态会越来越不稳定,换句话说就是资产供给意愿不断增强,而在其资产处于亏损状态的情况下,如果不存在资金约束,投资者将“变本加利”地提升高风险资产的需求。这种价值评价函数的特点表明:(1)依技术分析手段来管理金融风险是有效的;(2)资产组合向相对最差状态资产集中也是有效的。

由于图 4.3—2 描述的是投资者个体的价值评价函数,而市场中不同个体投资者的参考点是不同的,相对于参考点来说,投资者的资产状况处于什么状态是由市场价格决定的,而市场价格又是所有市场参与者行为选择的结果,从市场行为的角度看,市场所有的参与者可以被分为两类,一类是做多者,另一类是做空者,资产价格的变化完全取决于两类投资者市场势力的比较。虽然单个投资者的盈亏状况并不能预示资产价格的变动方向,但图 4.3—2 的特征说明市场投资者群体的盈亏状况却具有资产价格变动方向的预测能力,即当大多数投资者处于盈利状态时,资产价格离下跌就不远了,相反,当大多数投资者处于亏损状态时,资产价格则离上涨不远了。这就是说,资产价格变动的方向与该资产参与者整体的盈亏状况有关,如果我们能找到某一资产或市场投资者的平均参考点,那么,依该参考点与资产的实际价格就可大至判断投资者总体的盈亏状况,由此便可预测资产价格的变动方向。显然,资产价格技术分析的均线系统可以起到某一资产或市场投资者平均参考点的作用,利用它与市场实际价格的相互关系来操作,便可以达到降低风险的目标。正像巴菲特所言:“在别人恐惧时我贪婪,在别人贪婪时我恐惧”。

“不要将所有的鸡蛋放在一个篮子里”的意大利谚语告诉人们,组合投资可以用于风险管理,然而马柯维茨的证券投资理论只告诉我们,有效的投资组合只能规避非系统性风险,它对系

① 这不排除我们有不同的偏好,也不排除我们会对结果做出评价,前景理论之所以是对预期效用理论的突破,其关键就在于它看到了现实中偏好公理的一致性与传递性得不到满足。

统性风险却无能为力。而依据前景理论所描述的价值函数内含的行为特征，使资产组合向相对最差状态资产集中则可能能够部分规避系统性风险。设投资者持有的资产组合 $W_{P_0}=(w_{01},w_{02},\cdots,w_{0n})^T$ 是完全有效的，即组合的收益率等于市场收益率，组合方差等于市场方差，$r_P=\sum_i w_{0i}r_{0i}=r_M$，$\sigma_P^2=\sum\sum w_{0i}w_{0j}\sigma_{ij}=\sigma_M^2$，在已实现的收益率中 $r_{0i}=r_{0j}$（对任意的 $i,j=1,2,\cdots,n$）不可能完全得到满足，这里不妨依从大到小的顺序进行排序，为方便起见，假设排序后的顺序不变，即有 $r_{01}\geqslant r_{02}\geqslant\cdots\geqslant r_{0k}\geqslant r_M\geqslant r_{0k+1}\geqslant\cdots\geqslant r_{0n}$，对同一投资者而言，由于参考点未变，价值函数则表明，已实现高收益资产预期收益的价值会更低，低收益资产预期收益的价值会更高，这就意味着有

$$V(r_{11}^e)\leqslant V(r_{12}^e)\leqslant\cdots\leqslant V(r_{1n}^e) \tag{4.3.19}$$

成立，在这种情形下，若对投资组合按如下规则进行调整，即减持已实现收益率高于市场收益率的资产，同时增持已实现收益率低于市场收益率的资产，且对已实现收益率越高的资产，其减持的幅度越大，对已实现收益率越低的资产，其增持的幅度则越大，假设调整后的资产组合为 $W_{P_1}=(w_{11},w_{12},\cdots,w_{1n})^T$，其中，$w_{1i}\leqslant w_{0i}$（$i=1,2,\cdots,k$），$w_{1j}\geqslant w_{0j}$（$j=k+1,k+2,\cdots,n$）。为了简化分析，不妨假设价值函数满足一次齐次性，组合的价值等于各资产的价值之和，即 $V(wr^e)=wV(r^e)$，$V(W_P)=\sum V(w_ir_i)$。由前述的相互关系可得

调整后的组合价值：$$V(W_{P_1})=\sum V(w_{1i}r_{1i}^e)=\sum w_{1i}V(r_{1i}^e) \tag{4.3.20}$$

不调整的组合价值：$$V(W_{P_0})=\sum V(w_{0i}r_{1i}^e)=\sum w_{0i}V(r_{1i}^e) \tag{4.3.21}$$

用(4.3.20)式减(4.3.21)式得

$$\begin{aligned}V(W_{P_1})-V(W_{P_0})&=\sum(w_{1i}-w_{0i})V(r_{1i}^e)\\&=\sum_{i=1}^{k}(w_{1i}-w_{0i})V(r_{1i}^e)+\sum_{i=k+1}^{n}(w_{1i}-w_{0i})V(r_{1i}^e)\end{aligned} \tag{4.3.22}$$

因为

$$\sum_{i=1}^{k}(w_{1i}-w_{0i})+\sum_{i=k+1}^{n}(w_{1i}-w_{0i})=0$$

$$\sum_{i=1}^{k}(w_{0i}-w_{1i})V(r_{1i}^e)\leqslant\sum_{i=1}^{k}(w_{0i}-w_{1i})V(r_{1k}^e)$$

$$\sum_{i=k+1}^{n}(w_{1i}-w_{0i})V(r_{1i}^e)\geqslant\sum_{i=k+1}^{n}(w_{1i}-w_{0i})V(r_{1k+1}^e)$$

所以有

$$\begin{aligned}V(W_{P_1})-V(W_{P_0})&\geqslant\sum_{i=1}^{k}(w_{1i}-w_{0i})V(r_{1k}^e)+\sum_{i=k+1}^{n}(w_{1i}-w_{0i})V(r_{1k+1}^e)\\&=\sum_{i=k+1}^{n}(w_{1i}-w_{0i})[V(r_{1k+1}^e)-V(r_{1k}^e)]\geqslant 0\end{aligned}$$

这充分表明，调整后的组合价值至少不会低于不调整的组合价值。因此，资产组合向相对表现较差状态资产集中在金融风险管理上是有效的。

在现实中，投资者所持有的资产组合往往只是可选资产集的真子集，这个真子集中的元素一般很有限（不同类资产的个数），无论从交易费用、信息收集成本、管理成本等角度，还是从信息处理能力、管理能力等角度看，你都无法想象一个个人投资者会同时持有 50 只以上不同的股

票,当投资者所拥有的资产组合仅有少数不多的不同资产构成时,上述不断集中的调整方式将带来另一个问题,即随着资产组合中所持资产数量的不断减少,非系统性风险则会不断增加,譬如经过不断的集中化调整,最终的资产组合便可能仅由单一资产构成,显然这种单一资产的非系统性风险是极大的。克服这种非系统性风险不断增加的方式可以有两种,一是改变资产组合的调整方式,将不断集中的调整范式转换成替换性调整,即在剔除资产组合中表现最好的资产的同时,对等引入组合之外的资产,并保证非系统性风险基本不变;另一是先设立一个最小资产数,然后依不断集中的方式调整资产组合,只到组合的资产个数达到最小值后,才依组合外资产替换的方式进行调整,最小资产个数依据边际系统性风险与边际非系统性风险相等的原则来确定。

### 三、认知偏差与风险管理

认知偏差概念作为行为金融学的核心范畴,起源于认知心理学。按照认知心理学的实验解析,个体的信息加工能力具有局限性,个体的判断和决策因此都会产生偏差(Tversky,Kahneman,1974)。这种认识与进化心理学的观点相吻合,即自然选择的结果逐步将人们退化成一种依赖有限理性的决策方式来替代理性决策过程的思维主体,并据此来节约思维成本(Simon,1955)。认知心理学认为,人的认知过程可以看成是人脑的信息处理过程,无论从客观不确定性的限制,还是从大脑信息处理能力,抑或是从节约思维成本上看,人的认知过程不可能达到传统金融学所设定的完全状态,因此,认知偏差是不可避免的。一个完整的认知过程通常包含四个环节,即信息识别—信息编辑—信息输出—信息反馈,前景理论行为金融学家从个人选择的角度将这四个环节归结为两个阶段,即编辑、评价与选择。然而,从认知偏差产生的原因上看,信息识别是重要的,识别偏差可能构成认知偏差的主要错误源,而信息输出与信息反馈则可统一为信息评价阶段。这样一来,人的认知偏差便可以依次归结为:识别、编辑和评价三个阶段的偏差。行为金融学家依认知过程的三个阶段对认知偏差进行了分类。即:(1)信息识别阶段偏差:易得性偏误,代表性偏差,文化和社会认知,小数字定理,认知失调,从众心理,过度反应,搜寻成本;(2)信息编辑阶段偏差:框架依赖,保守性偏差,模糊趋避,无关效果,神奇式思考,准神奇式思考,锚定和调整;(3)信息评价阶段偏差:过度自信,后见之明,原赋效果,确定效果,反射效果,后悔厌恶,归因偏差,人性好赌,损失厌恶,宿钱效应,处置效应。

认知偏差的分类以及相关的实证研究对于揭示投资者行为的心理因素无疑是有意义的,尤其是在解释一些金融"异象"上更有其独特的优势。然而,从金融风险管理的角度看,由于投资者所面临的风险可能包括所有类型心理因素诱发的风险,且投资者经常会表现出相互矛盾的心理特征,这就决定了针对认知过程的分类而发展起来的风险管理理论并不具有普适性,因此,基于认知偏差的金融风险管理理论必须是对各类心理因素的综合与抽象。实际上,在现实经济活动中,投资者可能并不知道自己会在认知过程的哪个环节犯错,但他们却能肯定其认知结果会存在偏差,这就是说,投资者实际上知道由认知偏差所带来的行为选择风险。心理账户理论与由心理账户而发展起来的行为资产组合理论,正是针对认知偏差风险而发展起来的金融风险管理理论。

心理账户思想最早由泰勒在1980年提出,卡尼曼和托维斯基(Kahneman,Tversky,1984)正式使用了"心理账户"(mental acocunting)这一概念,后来,泰勒(Thaler,1999)对心理账户进行了详细的研究。按卡尼曼和托维斯基的定义,心理账户是指人们根据资金的来源、资金的所在和资金的用途等因素对资金进行归类,并对每一类资产从心理上设立独立的账户。这就是说,投资者对自己的不同资产有不同的"期望",在资本市场上就会设立不同的账户进行运作,人们对待不同的心理账户的风险态度也不相同。通常情况下,投资者对于放入保值心理账户的资金具有较强的风险厌恶特点，而对放入升值心理账户的资金具有较弱的风险厌恶特点，有时候甚至主动寻求风险。显然，心理账户的这一性质能够很好地解释现实中人们相互矛盾的风险偏好行为。如，一些人在购买彩票的同时，却持有相当数量的无风险资产——国债；投资者在购买彩票的同时，也会购买保险；等等。

从风险管理的角度看，心理账户理论实质上是一个投资者自发调控风险的理论，它利用投资者对其所拥有资产的心理分类，并通过独立设置账户来切断不同资产的风险传染，以此从整体上保证金融风险在承受能力范围内。就像谢夫林和斯塔特曼（Shefrin，Statman，1994）所描述的那样，个人投资者自然地认为，在他们的投资组合中有一个受最低风险保护的安全部分和一个设计投资致富的风险部分，最低风险保护的安全部分能保证即便是出现最坏结果，投资者正常的生活也不会受到严重冲击，而投资致富风险部分的作用则在于投资者期望最大限度地满足其财富欲望。虽然不同心理账户运作将导致资金的整体效用不能实现最优，但它却有利于投资者提高自控能力，因为通过制定心理账户这样的行为规范有利于约束投资者的投资行为。

（一）单心理账户行为资产组合理论

谢夫林和斯塔特曼（Shefrin，Statman，2000）借鉴马柯维茨投资组合理论（MPT）的有益部分，在前景理论与 SP/A 理论的基础上创立了行为资产组合理论（BPT），这是行为金融理论中的三个重要理论模型之一。BPT 认为，投资者将通过综合考虑期望财富、对投资安全性与增长潜力的欲望、期望水平以及达到期望值的概率五个因素来选择符合个人意愿的最优组合。行为资产组合理论类似于一个金字塔，塔身有几个层次——几个不同的心理账户组成，位于塔尖的是风险资产，位于塔底的是无风险资产。风险资产满足投资者追求财富的需求，无风险资产保障投资者的最低生活水平。各种心理账户之间的计算方式（记账方式）不相同，因此，不同账户之间不能进行通约。

假设在时期 0 的市场上，投资者具有初始财富 $W_0$，其试图通过购买一组时期 1 时的或有求索权（contingent claims），使 $W_1, W_2, \cdots, W_n$ 达到时期 1 预期财富 $E_h(W)$ 的最大化，即

$$\max E_h(W) = \sum_i r_i W_i$$

$$s.t. \begin{cases} P(W \leqslant A) \leqslant \alpha \\ \sum_i v_i W_i \leqslant W_0 \end{cases}$$

该模型假定投资者只有一个心理账户，有 $n$ 种基于某状态的或有债权，状态 $i$ 或有债权的期初投入为 $v_i$，期末收入为 1（状态 $i$ 出现）的概率为 $p_i$，期末收入为 0（状态 $i$ 不出现）的概率为 $1-p_i$；进一步假定投资者在状态 $i$ 或有债权上的投入为 $v_i W_i$，则当状态 $i$ 在投资期末出现时，投资者可获得 $W_i$，也即 $p_i = P(W_i)$，$i=1,2,\cdots,n$，假定财富水平排列为 $W_1 \leqslant W_2 \leqslant \cdots \leqslant W_n$。

模型的第一个约束条件中的 $\alpha$，$A$ 是由投资者选择确定的参数，其意义是期末财富不低于 $A$ 的概率不小于 $\alpha$，第二个约束表示投资资金约束。假定状态是按顺序排列，以使 $v_i/p_i$ 相应随着 $i$ 的增加而递减。在此假定下可得其最优解形式为

$$\begin{cases} W_i = 0, & i \notin T \\ W_i = A, & i \in T \backslash \{s_n\} \\ W_n = \left(W_0 - \sum_{i=1}^{n-1} v_i W\right) / v_n, & i = s_n \end{cases} \tag{4.3.23}$$

当 $W_0 > v_n A$，该式大于 $A$，$T$ 是状态子集，包括第 $n$ 种状态 $s_n$，且 $Prob(T) \geqslant \alpha$，但是 $T$ 中不存

在真子集 $T'$ 使 $\mathrm{Prob}(T')\geqslant\alpha$。

谢夫林和斯塔特曼发现，最优解(4.3.23)式的分布类似于由收益为 $A$ 或 0 的无风险债券和收益为 $W_n$ 的彩票所构成的收益分布，解的结果与弗里德曼-萨维奇观察到的人们会同时购买保险和彩票的现象一致。

(二)多心理账户行为资产组合理论

多心理账户行为资产组合理论是相对于单个心理账户行为资产组合理论而言的，它假设投资者具有多个心理账户，不同账户对财富的期望水平是不同的。心理账户理论金融学家认为，投资者的资产结构是金字塔式的分层结构，每一层对应投资者的一个目标，投资者对其资产分层进行管理，在金字塔式的分层结构中，底层是投资者为避免贫穷而设立的，高层是为使其富有而设立的，底层与高层之间不存在相关联系。

以投资者具有两个心理账户为例，谢夫林和斯塔特曼将两个心理账户分别对应高、低两个期望值，代表投资者既想避免贫困，又希望将来变得富有的愿望。投资者的目标是将现有财富在两个账户间分配以使整体效用达到最大。

假设低期望账户的效用函数为柯布-道格拉斯(Cobb-Douglas)函数

$$U_s=P_s^{1-\gamma}E_h(W_s)^\gamma$$

其中，$P_s$ 代表达不到低期望水平 $A_s$ 的概率，$W_s$ 代表财富，$\gamma$ 是一个非负权重参数。高期望账户的效用函数为

$$U_r=P_r^{1-\beta}E_h(W_r)^\beta$$

假定投资者的整体效用是低期望账户的效用函数与高期望账户的效用函数的联合体，即

$$U=[1+k_{dr}P_r^{1-\beta}E_h(W_r)^\beta]\cdot k_{ds}[P_s^{1-\gamma}E_h(W_s)^\gamma] \tag{4.3.24}$$

投资者的目标是(4.3.24)式的效用达到最大，利用最大化的一阶条件并可以得到(4.3.24)式的最优解。

### 思考题

1. 什么是金融风险，为什么我们要进行风险管理。
2. 金融风险管理理论有哪三个不同的层面，它们各自的特点是什么。
3. 为什么说是金融风险管理的实质就是统计决策，决策准则的制定与金融风险管理的关系是什么。
4. 委托-代理关系中的主要风险是什么？克服道德风险与逆向选择风险的途径有哪些。
5. 为什么噪声交易者能在市场中长期生存。

### 讨论题

1. 查阅相关资料，并对“中航油事件”中的风险管理问题进行评价。
2. 金融风险管理与风险偏好有关吗？是不是风险追求型行为人就不需要进行金融风险管理。
3. 讨论多层委托-代理关系中的道德风险，据此思考国有企业的改革路径。
4. 我国证券市场是否可以战胜，你能找到战胜市场的一种有效策略吗？如何看待策略的有效性。
5. 论概率分布设定错误风险。
6. 如何评价“处在风口，猪都会飞”的风险化解路径。并以此论证：为什么新常态下风险管理更为重要。
7. 当中国居民将房产视为“安全资产”时，会发生什么？

# 第二篇　基本模型

将金融投资理论形式化就构成了该学科的理论模型，模型分析不仅充分体现了科学研究的严谨性，而且这种研究能够给予人们美的享受，它是现代经济学和金融学的主流研究范式。自20世纪50年代初，马柯维茨首次提出证券投资组合模型后，一个以模型分析技术为主导的研究模式在金融投资分析中形成，模型分析与新模型的构建似乎成为判断学科进步的基本标准。因此，对于金融投资基本模型的学习就成为了解该学科发展极其重要的内容。本篇作为基本理论的延续，主要介绍该学科最有影响力且应用最为广泛的基本模型，其中包括：证券投资组合模型、资本资产定价模型和VaR模型。现金流贴现模型因易于理解，且大家在前期课程中都有所熟悉，在此我们就不做专门介绍，而是将其融入到相关具体内容中；期权定价模型则放到下一篇——工具与市场中讨论。

本篇由五、六、七共三章组成。

第五章——证券投资组合模型。“不要将所有的鸡蛋放在同一个篮子里”，这似乎是一个人人都知晓的道理。然而，如何在理论上解释这一朴实的思想并将其上升到科学意义上，却是一个长期未得到解决的课题，直到20世纪50年代，马柯维茨证券投资组合模型的提出，这一问题才得到圆满的解答。本章以证券市场（风险市场）为对象，以收益与风险的权衡为基础，依靠引入有效投资组合来构建证券投资组合模型，通过对有效组合边界性质与特点的讨论，证明了一些与此相关的重要定理；同时结合投资者的风险偏好特征，系统地解决了证券投资组合的具体选择。

第六章——资本资产定价模型(CAPM)与因素模型。马柯维茨证券投资组合模型解决了风险市场的最优投资组合及投资组合的选择,这种优化投资方案的模型要求投资者有合理的预期收益率与风险,其中包括投资者要有合理的预期价格假设。然而众所周知的是,证券的价格是由投资者的市场行为决定的,价格决定的依据又是什么呢?资本资产定价模型(CAPM)给出了相应的答案。本章在证券投资组合模型的基础上,通过在可行集中引入无风险资产,推导出证券组合的定价模型与单一证券的定价模型,从而在理论上解决了证券合理预期收益率问题,也为投资者实施投资行为提供了一个公正的判定依据。此外,本章还较详细地介绍了与 CAPM 有关,但分析思想却明显不同的 APT 模型。

第七章——VaR 与风险管理。VaR 模型是 20 世纪 90 年代兴起的一种风险管理技术,这种风险管理技术的产生直接来自于统计思想,它是统计学与金融风险管理相结合的产物。VaR 模型的提出,很快在学术界与实际部门,尤其是商业银行系统引起了强烈的反响。本章简单地对 VaR 的定义、统计学背景、计算方法等进行了介绍;同时还结合我国证券市场的实践,详细介绍了一篇 VaR 模型实际应用的研究文献。

# 第五章　证券投资组合模型

证券投资组合理论是现代金融学研究的主要内容之一，该理论自 20 世纪 50 年代提出以来，得到了迅速的发展。目前，它已成为金融投资与金融风险管理不可或缺的内容。

## 第一节　风险分散与相关分析

1952 年马柯维茨（Harry Markowitz）提出的证券投资组合理论通常被认为是现代金融学的发端。这一理论的问世，使金融学开始摆脱纯粹描述性的研究和单纯经验操作的状态，数量化方法大量进入金融领域，并成为金融投资研究的主流。投资组合理论的基本思想是，通过分散化的投资来对冲掉一部分风险。马柯维茨的证券投资组合理论首次将古老的西方谚语“不要将所有的鸡蛋放在一个篮子里”的纯朴思想上升到理论层次，从而为后人实施有效的投资组合奠定了理论基础，同时也为人们优化投资行为提供了具体的解决方案。

风险的分散化原理被认为是现代金融学中唯一“白吃的午餐”，即将多项有风险资产组合到一起，可以对冲掉部分风险而不降低平均的预期收益率，这也是马科维茨的主要贡献。

### 一、证券投资组合预期收益与风险

马柯维茨关于证券投资组合选择理论的思想是在阅读威廉斯（Williams）的《投资价值理论》时萌发的。威廉斯提出一种股票的价值应当等于它的未来红利的现值，即现金流或红利贴现模型。由于红利是发行股票的公司分配给股东的收入，以货币、股份等形式支付，数额大小由董事会根据公司的经营情况而定，所以它是不确定的。威廉斯认为，投资者在无法知道未来红利的情况下，他们是依据预期红利来评价和选择股票的。马柯维茨不完全同意这一观点，他认为，如果投资者只关心股票的预期收益的话，就没有必要将自己的全部资金分散投资于不同的证券或进行投资组合（因为他观察到现实中，大多数投资者是投资于投资组合，而不是仅投资于单一证券），因为投资者只需投资于一种预期收益率最高的证券就可以达到预期收益最大的目标了，这显然与实际或理性的投资行为不符。因此，他认为，投资者分散投资关心的不仅是收益，而且还关心投资的风险，投资者是依据预期收益和风险两个因素来确定投资的。1952 年，年仅 25 岁的马柯维茨在《金融杂志》上发表了一篇划时代的论文——“证券组合的选择”，该文以资产组合为基础，配合投资者对风险的态度，从而进行资产选择分析。该论文的发表标志着现代投资组合理论的形成。1956 年，马柯维茨又发表了一篇题为“线性约束数量方程的最优化”的论文，论文进一步完善了他 1952 年的理论。1959 年，他出版了题为《证券组合的选择——有效的分散》的著作，在该书中他系统分析了含有多种证券的投资组合，提出了衡量单一证券以及资产组合的收益与风险的数量关系式，并充分讨论了证券投资组合的最优解。

一个组合是一个各种证券资产的聚集。从逻辑上讲，一个组合的预期回报率和标准差就会依赖于包含在该组合中的各种证券资产的预期回报率和标准差，同时投资于每种证券资产的资金数量也是重要的。这里的证券资产含义包括“有风险资产”和“无风险资产”，除了无风险证券外,我们可将所有有风险的股票、债券及其他衍生证券统称为有风险资产。

描述组合预期回报率的一种方法是,将组合中所含证券的预期回报率的加权平均值作为组合的预期回报率,并以组合中各证券投资资金所占总资金的比重作为权数。用公式表示就是

$$\bar{r}_p = \sum_{i=1}^{N} w_i \bar{r}_i \tag{5.1.1}$$

其中,$\bar{r}_p$ 为组合的预期回报率,$w_i$ 为组合中投资于证券 $i$ 的资金占总投资金额的比例,$\bar{r}_i$ 为证券 $i$ 的预期回报率,$N$ 为组合中不同证券的数目。

因为 $\bar{r}_p \leqslant \max\{r_i \mid i=1,2,\cdots,N\}$ ,因此对一位仅仅希望预期收益率最大的投资者,他将选择只持有一种证券。然而实践中却很少有将"所有的鸡蛋放在一个篮子里"的投资者。相反,投资者绝大多数都是实施的分散化投资,即他们通常是构筑一个投资组合,且在投资组合中至少包含不只一种证券。在马柯维茨看来,投资者在实践中选择投资组合而不只选择一种证券进行投资的原因在于分散化可以减少由标准差所度量的风险。在证券市场有效的情况下,预期收益率的高低往往与风险的大小是对称的,这就是说,仅仅以预期收益率最大作为投资决策的标准,其实质上暗含着按风险最大准则决策,而投资者总是厌恶风险的,收益与风险的冲突使投资者的投资选择不能仅仅以预期收益率最大作为唯一准则,而是他们必须在收益与风险之间加以权衡。

基本的统计学知识告诉我们,利用标准差对一个组合进行风险测度,就是以某种方式估计它的实际回报率与其期望回报率之间可能的偏离程度,即估计实际结果与期望结果之间的可能偏离程度。

由标准差公式的计算性质可知,一个 $N$ 种证券投资组合的标准差为

$$\sigma_P = \left(\sum_{i=1}^{N}\sum_{j=1}^{N} w_i w_j \sigma_{ij}\right)^{\frac{1}{2}} \tag{5.1.2}$$

其中,$N$ 表示投资组合中的证券数目,$w_i$、$w_j$ 表示组合中投资于证券 $i$ 或 $j$ 的比例,$\sigma_{ij}$ 表示证券 $i$ 和证券 $j$ 的协方差,当 $i=j$ 时,$\sigma_{ii}=\sigma_{jj}=\sigma_i^2=\sigma_j^2$ ,即为方差。

### 二、风险相关性度量——协方差与相关系数

协方差(即(5.1.2)式中的 $\sigma_{ij}$ )是两个随机变量(即(5.1.2)式中的两种证券 $i$ 与 $j$ 的预期回报率)相互关系的一种统计测度。协方差的正值表明证券的回报率倾向于向同一方向变动。这就是说,一个证券的高预期回报率伴随着另一证券的高预期回报率。一个负的协方差则表明一种证券与另一种证券相背变动的倾向。或者说,一种证券高预期回报率伴随着另一种证券的低预期回报率。一个相对小的或 0 值的协方差则表明两种证券的回报率之间只有很小的互动关系或没有任何互动关系。

与协方差密切联系的另一个统计测度是相关系数。事实上,两个随机变量间的协方差等于这两个随机变量之间的相关系数乘以它们各自的标准差之积,即

$$\sigma_{ij} = \rho_{ij}\sigma_i\sigma_j \tag{5.1.3}$$

其中,$\rho_{ij}$ 为证券 $i$ 和证券 $j$ 回报率之间的相关系数。

相关系数是对协方差的重新标度,以便于对随机变量之间相对值的变动特征进行比较。相关系数介于$-1$ 和$+1$ 之间,$-1$ 的取值被称为完全负相关,$+1$ 的取值则被称为完全正相关,多数情况是相关系数的取值介于这两个极端值之间,当 $\rho_{ij}$ 为零时,则表明证券 $i$ 与证券 $j$ 的收益率之间不存在线性关系。

图 5.1－1(a)展现的是假想的完全正相关的两个证券 A 和 B 的回报率的散点图。注意所有这些点是严格落在一条上倾的直线上的。这意味着，当两种证券中的一种有相对较高的回报率时，另一个也将如此。同样，当两种证券中的一种有相对较低的回报率时，另一个也将如此。

另一种完全相反的情形是，散点图中这些点严格落在一条下倾的直线上，此时，两种证券的回报率完全负相关，如图 5.1－1(b)所示。在这种情况下，我们将看到两种证券的回报率呈反向变动。即当一种证券有相对较高的回报率时，另一种证券则会有相对较低的回报率。

还有一种特别重要的情形就是证券回报率的散点图十分分散，不能用一条上倾或下倾的直线近似地来表示。这种情况下，回报率之间不存在线性相关关系，此时相关系数为 0。图 5.1－1(c)呈现了这种情况，在这种情况下，一种证券有相对较高的回报率时，另一种证券可能有一个相对较高的或相对较低的或平均的回报率。

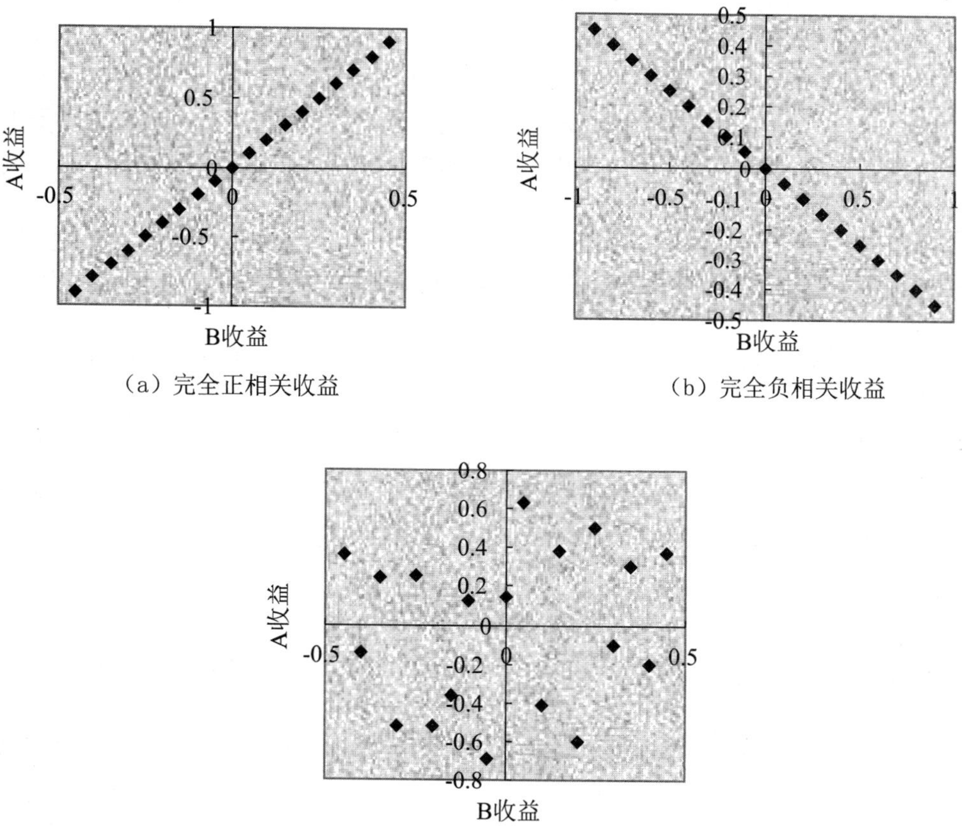

(c) 完全不相关收益

**图 5.1－1　两种证券收益的相关关系图**

如果将(5.1.2)式改写成

$$\sigma_P=\Big(\sum_{i=1}^{N}w_i^2\sigma_i^2+\sum_{i=1}^{N}\sum_{\substack{j=1\\j\neq i}}^{N}w_iw_j\sigma_{ij}\Big)^{\frac{1}{2}} \tag{5.1.4}$$

并将(5.1.3)式代入(5.1.4)式得

$$\sigma_P=\Big(\sum_{i=1}^{N}w_i^2\sigma_i^2+\sum_{i=1}^{N}\sum_{\substack{j=1\\j\neq i}}^{N}w_iw_j\rho_{ij}\sigma_i\sigma_j\Big)^{\frac{1}{2}} \tag{5.1.5}$$

(5.1.5)式表明，只要 $\rho_{ij}$ 不全为 1，在不存在做空机制的情况下(不允许做空意味着 $w_i\geqslant 0(i=$

$1,2,\cdots,N$)),则有

$$\sigma_P < \sum_{i=1}^{N} w_i\sigma_i \tag{5.1.6}$$

因为在 $w_i$、$\sigma_i(i=1,2,\cdots,N)$ 都大于或等于 0 的情况下,有

$$\sum_{i=1}^{N}\sum_{j=1}^{N} w_iw_j\sigma_i\sigma_j(1-\rho_{ij}) \geqslant 0$$

故有

$$\sum_{i=1}^{N}\sum_{j=1}^{N} w_iw_j\sigma_i\sigma_j \geqslant \sum_{i=1}^{N}\sum_{j=1}^{N} w_iw_j\rho_{ij}\sigma_i\sigma_j$$

由上述条件知,对于任何 $i,j$

$$w_iw_j\sigma_i\sigma_j \geqslant 0$$

除非 $\sigma_i$ 或 $\sigma_j=0$,否则

$$w_iw_j\sigma_i\sigma_j > 0$$

而 $\sigma_i=0(i=1,2,\cdots,N)$ 意味着所有的证券都是无风险证券,这与有风险的证券投资市场相矛盾,所以,当我们所考虑的证券投资组合中不含无风险资产时,$\sigma_i>0(i=1,2,\cdots,N)$ 成立。所以 $w_iw_j\sigma_i\sigma_j>0$ 也成立。

又因为 $1-\rho_{ij}\geqslant 0$,所以 $\sum_{i=1}^{N}\sum_{j=1}^{N} w_iw_j\sigma_i\sigma_j(1-\rho_{ij})=0$ 的条件必然是 $1-\rho_{ij}=0$ 对所有的 $i$ 成立,这就是说,只有在 $\rho_{ij}$ 全为 1 时,$\sum_{i=1}^{N}\sum_{j=1}^{N} w_iw_j\sigma_i\sigma_j \geqslant \sum_{i=1}^{N}\sum_{j=1}^{N} w_iw_j\rho_{ij}\sigma_i\sigma_j$ 的等式才成立。或者说,只要 $\rho_{ij}$ 不全为 1,就有 $\sum_{i=1}^{N}\sum_{j=1}^{N} w_iw_j\sigma_i\sigma_j > \sum_{i=1}^{N}\sum_{j=1}^{N} w_iw_j\rho_{ij}\sigma_i\sigma_j$,即(5.1.6)式成立。

(5.1.6)式说明,风险市场中,投资组合的风险小于风险的组合,它表明投资者通过投资组合的确可以降低风险。$\rho_{ij}$ 越接近于 1,风险降低的程度越小,$\rho_{ij}$ 越接近于$-1$,风险降低的程度越大。

值得注意的是,当证券市场存在做空机制,即 $w_i$ 可以小于零时,(5.1.6)式就不成立。例如,一个两个证券的投资组合,$\sigma_1=10$,$\sigma_2=50$,对于投资组合 $w_1=1.5$,$w_2=-0.5$ 来说,风险的组合 $w_1\sigma_1+w_2\sigma_2=1.5\times 10-0.5\times 50=-10$,在这种情况下,无论证券 1 与证券 2 的关系如何,都有 $\sigma_P\geqslant 0$(这是由标准差的性质决定的)。在这种情况下,显然(5.1.6)式不成立。

### 三、系统风险与非系统风险

前面的分析表明,有效的投资组合可以实现降低风险的目的。接下来,我们自然会提出一个问题,即通过有效的投资组合,可否将风险降至 0 呢?回答是否定的。只要考虑下述特殊情况就可找到问题的答案(一般性证明在本章第节三后面给出)。

假定在上述投资组合中,$N$ 种有风险资产的比重是一样的,即有 $w_i=\dfrac{1}{N}$,$i=1,2\cdots,N$。于是,组合的方差可写成

$$\sigma_P^2=\sum_{i=1}^{N}\sum_{j=1}^{N}\frac{1}{N}\frac{1}{N}\sigma_{ij}=\frac{1}{N^2}\sum_{i=1}^{N}\sigma_{ii}+\frac{1}{N^2}\sum_{i=1}^{N}\sum_{\substack{j=1\\ i\neq j}}^{N}\sigma_{ij} \tag{5.1.7}$$

从(5.1.7)式可以看出,该式右端的第一项是 $N$ 项有风险资产的方差之和。又因为每一项有风险

资产的方差是有限的数，即 $\max\{\sigma_i^2,(i=1,2,\cdots,N)\}\leqslant\sigma^2$（$\sigma$ 为一确定量），分母是 $N^2$，所以当 $N$ 变得很大时，$\frac{1}{N^2}\sum_{i=1}^{N}\sigma_{ii}\leqslant\frac{1}{N}\sigma^2$ 会趋于零，但第二项不会趋于零，而是趋于协方差的平均值 $\bar{\sigma}_{ij}$。因为

$$\bar{\sigma}_{ij}=\frac{1}{N^2-N}\sum_{i=1}^{N}\sum_{\substack{j=1\\i\neq j}}^{N}\sigma_{ij}$$

所以有

$$\sum_{i=1}^{N}\sum_{\substack{j=1\\i\neq j}}^{N}\sigma_{ij}=\bar{\sigma}_{ij}(N^2-N) \tag{5.1.8}$$

将(5.1.8)式代入(5.1.7)式得

$$\sigma_P^2=\frac{1}{N^2}\sum_{i=1}^{N}\sigma_i{}^2+\frac{N^2-N}{N^2}\bar{\sigma}_{ij} \tag{5.1.9}$$

当 $N\to\infty$ 时，$\sigma_P^2\to\bar{\sigma}_{ij}$，而在风险市场中 $\bar{\sigma}_{ij}\neq 0$。

由上述分析可以得出这样的结论：当证券投资组合含有许多种有风险资产时，个别资产的方差将不起作用。各项资产之间的协方差有正有负，它们会起互相对冲抵消的作用，但不会完全对冲抵消。因而投资组合的方差就近似等于平均的协方差（即未被抵消的部分）。为什么不会完全对冲抵消而使平均的协方差等于零呢？因为各项资产的收益变动存在某种“同向性”。这种同向性的风险是所有的不同资产都同时承受的，人们将这种具有同向性，且所有的不同资产都必须同时承受的风险称为系统风险或市场风险，而那些可以对冲抵消掉的风险称为非系统风险或企业风险。于是有，通过扩大投资组合（即增加所包含的资产的种类）进行风险分散化，可以消除非系统风险（企业风险），但不能消除系统风险。

**表 5.1—1　不同数目股票组合后的风险**

| 组合中的股票数 | 组合年收益率波动性的平均数（%） | 组合波动性与单个股票波动性的比例 |
|---|---|---|
| 1 | 49.24 | 1.00 |
| 2 | 37.36 | 0.76 |
| 4 | 29.69 | 0.60 |
| 6 | 26.64 | 0.54 |
| 8 | 24.98 | 0.51 |
| 10 | 23.93 | 0.49 |
| 20 | 21.68 | 0.44 |
| 30 | 20.87 | 0.42 |
| 40 | 20.46 | 0.42 |
| 50 | 20.20 | 0.41 |
| 100 | 19.69 | 0.40 |
| 200 | 19.42 | 0.39 |
| 300 | 19.34 | 0.39 |
| 400 | 19.29 | 0.39 |
| 500 | 19.27 | 0.39 |
| 1000 | 19.21 | 0.39 |

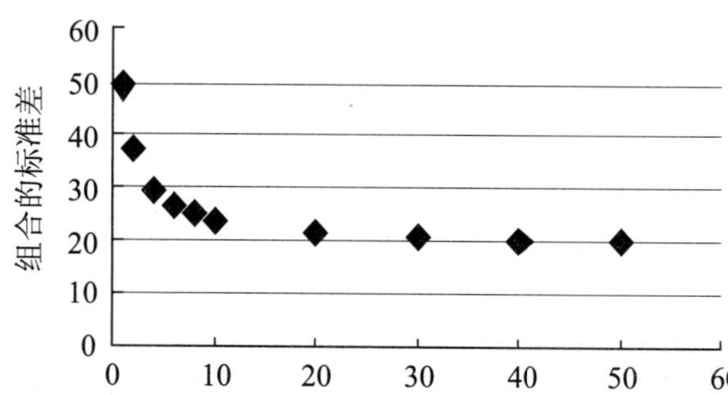

**图 5.1—2　股票组合的风险变化**

表5.1—1与图5.1—2记录了纽约股票交易所随机地挑选股票构成等权重的股票投资组合，组合的年收益率的波动性（用收益率的标准差来度量）的变化情况如表5.1—1或图5.1—2所示。从图5.1—2和表5.1—1中均可以看出，随着投资组合股票种类数的增多，起初投资组合的风险出现迅速的降低，而在股票的数目超过30以后，风险再降低的程度就不明显了。事实上，表5.1—1和图5.1—2都表明，平均波动性不会低于19.2%，这就是无法通过分散化消除的系统风险（市场风险）。

非系统风险是企业特有的风险，诸如企业陷入法律纠纷、罢工、新产品开发失败等。系统风险则指整个市场所必须承受的风险，如经济的景气情况、市场总体利率水平的变化等，是由于整个市场环境发生变化而产生的风险。

因为投资者可以通过分散化投资降低以至于消除非系统风险，所以，持有风险分散化投资组合的投资者比不进行风险分散化的投资者，可以要求比较低的投资回报率（预期收益率）。这样，分散化投资组合的投资者在市场交易中，就处于比较有利的竞争地位，市场的均衡定价将根据竞争优势者的行为来确定。因此，市场定价的结果，将只对系统风险提供风险补偿。

## 第二节　证券投资组合模型

在我们讨论过如何用均值和方差（标准差）度量投资组合的预期回报率与风险程度后，本节将讨论投资者是如何利用均值-方差模型来进行证券投资组合构造的。

### 一、可行集与有效集、有效边界

可行集也称为机会集，它代表所有可能组合的集合。或者说，它是以投资者可以实现的投资组合为元素，由这些元素所构成的全体。该集合不强调投资是否有效，而只强调投资者能否办到，只要是投资者能办到的投资组合，都属于可行集。这就是说，所有可能的组合可以位于可行集的边界上（如A、C点）或内部（如B、D点）。图5.2—1描述了可行集的位置，一般地，这个集合有一个如该图所示的伞形形状。它的位置依赖于所包含的特定证券，可能更右或更左，更高或更低，更胖或更瘦一些。除非出现反常情况，其形状看起来都应该与图5.2—1所示的相似。

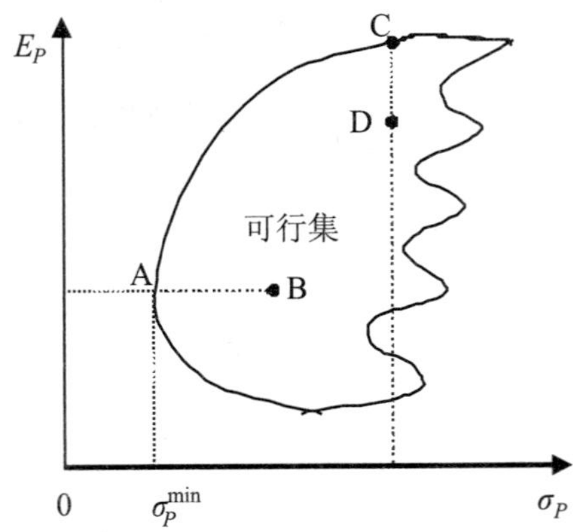


**图5.2—1　有效边界**

有效集是指可行集中那些如果投资者不额外增加风险就无法再提升其预期收益率的所有投资组合组成的集合。有效集中的元素或组合都称为有效组合，有效集显然是可行组合中的一个子集。另外，它有如下性质：(1)对每一风险水平，有效组合给投资者提供最大预期回报率；(2)对每一预期回报率水平，有效组合给投资者提供最小的风险；(3)它与投资者的风险偏好无关。

有效边界是有效集在风险与预期收益坐标图上的几何表述，如图 5.2－1 所示。从图 5.2－1 中可以看出，A 点所示的组合代表风险最小的组合，C 点所示的组合代表预期回报率最高的组合，而与 A 点同预期收益率水平的 B 点，风险则大于 A 点(即 $\sigma_B > \sigma_A$)，与 C 点同风险的 D 点，预期回报率水平则低于 C 点(即 $E_D < E_C$)。因此我们可以断定，B、D 所对应的投资组合虽是可行的，但不是有效的。而 A 和 C 所对应的投资组合既是可行的，又是有效的，A 和 C 两点一定落在有效边界上。将所有界于 A、C 两点之间各风险状态下预期收益率最大的点连接起来就可得到证券投资组合的有效边界，如图 5.2－1 中的 AC 曲线。

## 二、最优规划下的有效资产组合

假定现在有 $n$ 项有风险资产，它们的预期收益率记为 $E(r_i)$ $(i=1,\cdots,n)$，彼此之间的协方差记为 $\sigma_{ij}$ $(i,j=1,\cdots,n)$ (当 $i=j$ 时，$\sigma_{ii}$ 就是方差)。$w_1,\cdots,w_n$ 表示相应的证券资产在组合中的比重。于是投资组合的预期收益率和方差为

$$
\begin{aligned}
E_P(r) &= \sum_{i=1}^{n} w_i E(r_i) \\
\sigma_P^2 &= \sum_{i=1}^{n}\sum_{j=1}^{n} w_i w_j \sigma_{ij}
\end{aligned}
\tag{5.2.1}
$$

下面，我们只讨论 $\sigma^2 > 0$ 的情况。以后将看到，这样限定是有道理的，并能得到经验事实的支持。优化投资组合的过程就是寻求有效投资组合，它是指在预期收益率一定的条件下，使组合的方差达到最小，或在方差一定的条件下，使预期收益率达到最大。

用二次最优规划来描述均值—方差证券资产组合问题时的有效资产组合为

$$
\begin{aligned}
&\min \quad \sigma_P^2 = \sum_{i=1}^{n}\sum_{j=1}^{n} w_i w_j \sigma_{ij} \\
&s.t. \begin{cases} \sum_{i=1}^{n} w_i E(r_i) = E_P \\ \sum_{i=1}^{n} w_i = 1 \end{cases}
\end{aligned}
\tag{5.2.2}
$$

或

$$
\begin{aligned}
&\max \quad E_P = \sum_{i=1}^{n} w_i E(r_i) \\
&s.t. \begin{cases} \sum_{i=1}^{n}\sum_{j=1}^{n} w_i w_j \sigma_{ij} = \sigma_P^2 \\ \sum_{i=1}^{n} w_i = 1 \end{cases}
\end{aligned}
\tag{5.2.3}
$$

由于(5.2.3)式只是(5.2.2)式的另一种表述形式，它与(5.2.3)式所包含的实质内容没有什么区别，故我们以下只讨论(5.2.2)式。(5.2.3)式的相同分析留给读者作为练习。

(5.2.2)式表明,对于每一给定的 $E_P$,可以解出相应的标准差 $\sigma_P^*$,每一对( $E_P$, $\sigma_P^*$ )都是标准差-预期收益率曲线图的一个坐标点,所有这些点就连成图 5.2—2 中的曲线。可以从数学上证明[①],这条曲线是双曲线,它被称为最小方差曲线。

最小方差曲线内部(即曲线右边)的每一个点代表这 $n$ 种证券资产的一个组合。其中任两个点所代表的两个组合值组合起来得到新的点(代表一个新的组合)一定落在原来两个点的连线的左侧,这是因为新的组合能进一步起到分散风险的作用,即在相同预期收益率的情况下,新组合的标准差小于原两个组合标准差的平均值,而这个平均值与新组合预期收益率所决定的点正好落在原两个组合所对应点的连线上。用图说明(如图 5.2—2 所示)就是,设 A、B 两点为原投资组合所对应的均值-标准差点,C 为由 A、B 两个组合再组合的点,过 C 点的等预期收益率线与 A、B 的连线相交于 D 点,由风险分散化的性质知,C 点对应的标准差小于 A、B 点标准差的平均值 $\bar{\sigma}_{AB}$,且 $\bar{\sigma}_{AB}$ 正是 D 点的标准差,所以 C 点在 D 点的左边,也即在 A、B 的连线的左边。投资组合的这一性质表明最小方差线具有向左凸的特征。

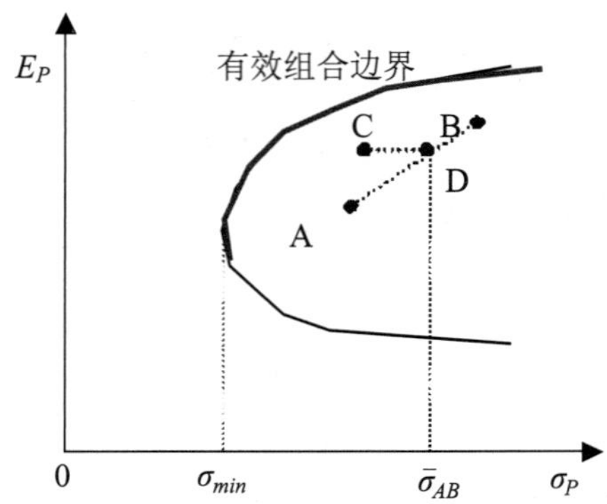


**图 5.2—2 最小方差曲线**

实际上,最小方差曲线就是有效边界,它只有左上方的那一段才有实际意义。因为在承受同样风险(同样的标准差)的情况下,理性的投资者都会选择最大预期收益率,即有效边界上的点进行投资组合。

## 第三节 投资组合模型的解与两基金分离定理

由上节介绍的有效边界的经济内涵可以得到一条非常重要的性质,即两基金分离定理。本节我们就着重讨论这一定理。

两基金分离定理:在所有有风险资产组合的有效组合边界上,任意两个分离的点都代表两个分离的有效投资组合,而有效组合边界上任意其他点所代表的有效投资组合,都可以由这两个分离的点所代表的有效投资组合的线性组合生成。

两基金分离定理还可以这样表述:任一最小方差资产组合 $W_P=(w_1,w_2,\cdots,w_n)^T$,都可以唯一地表示成其他两个不同的最小方差资产组合 $W_a=(w_{a1},w_{a2},\cdots,w_{an})^T$ 和 $W_b=(w_{b1},w_{b2},\cdots,w_{bn})^T$ 的线性组合形式,$W_P=k_1W_a+k_2W_b$,且 $k_1+k_2=1$。

由于两基金分离定理和有效边界双曲线性质的证明都与证券投资组合的求解有关,因此本

① 见下一节。

节的证明分为四步，第一步是证券投资组合模型的求解；第二步是两基金分离定理的证明；第三步则是有效边界双曲线特征的证明；最后一步则是关于投资组合无论如何都不能使风险为0一般情形下的证明。

### 一、证券投资组合模型的求解

由(5.2.2)式可以建立拉格朗日函数

$$L=\sum_{i=1}^{n}\sum_{j=1}^{n}w_iw_j\sigma_{ij}+\lambda\left[\sum w_iE(r_i)-E_p\right]+\mu\left(\sum_{i=1}^{n}w_i-1\right) \tag{5.3.1}$$

根据极值的一阶必要条件，分别求(5.3.1)式中 $w_i(i=1,2,\cdots,n)$、$\lambda$、$\mu$ 的偏导数，并令其等于0得

$$\begin{cases}\dfrac{\partial L}{\partial w_i}=2w_i\sigma_i^2+2\sum\limits_{\substack{j=1\\j\neq i}}^{n}w_j\sigma_{ij}+\lambda E(r_i)+\mu=0\\ \dfrac{\partial L}{\partial \lambda}=\sum\limits_{i=1}^{n}w_iE(r_i)-E_p=0\\ \dfrac{\partial L}{\partial \mu}=\sum\limits_{i=1}^{n}w_i-1=0\end{cases} \tag{5.3.2}$$

显然，(5.3.2)式是一个含有 $n+2$ 个未知量的线性方程组，为了分析的方便，这里将(5.3.2)式写成矩阵的形式。并令

$$\Omega=2\begin{pmatrix}\sigma_1^2 & \sigma_{12} & \cdots & \sigma_{1n}\\ \sigma_{21} & \sigma_2^2 & \cdots & \sigma_{2n}\\ \vdots & \vdots & & \vdots\\ \sigma_{n1} & \sigma_{n2} & \cdots & \sigma_n^2\end{pmatrix},\qquad E_i=\begin{pmatrix}E(r_1) & 1\\ E(r_2) & 1\\ \vdots & \vdots\\ E(r_n) & 1\end{pmatrix}$$

$$E(P)=\begin{pmatrix}E_P\\1\end{pmatrix},\qquad W=\begin{pmatrix}w_1\\w_2\\ \vdots\\ w_n\end{pmatrix},\qquad \delta=\begin{pmatrix}\lambda\\ \mu\end{pmatrix}$$

则(5.3.2)式可表示成

$$\begin{pmatrix}\Omega & E_i\\ E_i^T & 0\end{pmatrix}\begin{pmatrix}W\\ \delta\end{pmatrix}=\begin{pmatrix}0\\ E(P)\end{pmatrix} \tag{5.3.3}$$

将(5.3.3)式改写成

$$\begin{cases}\Omega W+E_i\delta=0\\ E_i^TW=E(P)\end{cases} \tag{5.3.4}$$

由于协方差矩阵 $\frac{1}{2}\Omega$ 是一正定矩阵，故 $\Omega$ 的性质决定了 $\Omega$ 可逆，且 $\Omega^{-1}$ 也是正定矩阵，对(5.3.4)第一式左乘 $\Omega^{-1}$ 得

$$W+\Omega^{-1}E_i\delta=0$$

所以

$$W=-\Omega^{-1}E_i\delta \tag{5.3.5}$$

将(5.3.5)式代入(5.3.4)式的第二式得

$$-E_i^T\Omega^{-1}E_i\delta=E(P) \tag{5.3.6}$$

显然 $E_i^T\Omega^{-1}E_i$ 也是正定矩阵，可逆，则

$$\delta=-(E_i^T\Omega^{-1}E_i)^{-1}E(P) \tag{5.3.7}$$

将(5.3.7)式代入(5.3.5)式得

$$W=\Omega^{-1}E_i(E_i^T\Omega^{-1}E_i)^{-1}E(P) \tag{5.3.8}$$

(5.3.8)式说明，所有有效边界上的点均满足(5.3.8)式的条件，且它就是证券投资组合模型的解。

## 二、两基金分离定理的证明

设 $W_1$ 和 $W_2$ 是有效边界上两个分离的点所对应的投资组合，则它一定也是模型(5.2.2)式的解。由(5.3.8)式有

$$W_1=\Omega^{-1}E_i(E_i^T\Omega^{-1}E_i)^{-1}E(P_1)$$
$$W_2=\Omega^{-1}E_i(E_i^T\Omega^{-1}E_i)^{-1}E(P_2)$$

由 $W_1$ 与 $W_2$ 的分离性知 $E(P_1)\neq E(P_2)$，任给有效边界上的一点所对应的投资组合 $W_3$，则

$$W_3=\Omega^{-1}E_i(E_i^T\Omega^{-1}E_i)^{-1}E(P_3) \tag{5.3.9}$$

如果 $W_3=k_1W_1+k_2W_2$ 有非零解，则两基金分离定理得证。

下面的工作就是寻找 $k_1$、$k_2$ 的非零解。

分别将 $W_1$、$W_2$ 和 $W_3$ 代入关系式 $W_3=k_1W_1+k_2W_2$ 得

$$\begin{aligned}\Omega^{-1}E_i(E_i^T\Omega^{-1}E_i)^{-1}E(P_3)=&k_1[\Omega^{-1}E_i(E_i^T\Omega^{-1}E_i)^{-1}]E(P_1)\\&+k_2[\Omega^{-1}E_i(E_i^T\Omega^{-1}E_i)^{-1}]E(P_2)\end{aligned} \tag{5.3.10}$$

(5.3.10)式是否有非零解等价于 $E(P_3)=k_1E(P_1)+k_2E(P_2)$ 是否有非零解，即 $\begin{pmatrix}E_{P_3}\\1\end{pmatrix}=k_1\begin{pmatrix}E_{P_1}\\1\end{pmatrix}+k_2\begin{pmatrix}E_{P_2}\\1\end{pmatrix}$ 是否有非零解，$E_{P_i}(i=1,2,3)$ 是有效边界上三个点的期望收益率。

由 $\begin{pmatrix}E_{P_3}\\1\end{pmatrix}=k_1\begin{pmatrix}E_{P_1}\\1\end{pmatrix}+k_2\begin{pmatrix}E_{P_2}\\1\end{pmatrix}$ 有

$$\begin{cases}E_{P_3}=k_1E_{P_1}+k_2E_{P_2}\\1=k_1+k_2\end{cases} \tag{5.3.11}$$

解(5.3.11)第二式得

$$k_2=1-k_1$$

将 $k_2=1-k_1$ 代入(5.3.11)式的第一式得

$$\begin{aligned}E_{P_3}&=k_1E_{P_1}+(1-k_1)E_{P_2}\\&=E_{P_2}+k_1(E_{P_1}-E_{P_2})\end{aligned}$$

所以

$$k_1=\frac{E_{P_3}-E_{P_2}}{E_{P_1}-E_{P_2}} \tag{5.3.12}$$

前面已经说明，$W_1$ 与 $W_2$ 的分离性决定了 $E_{P_1}\neq E_{P_2}$，所以(5.3.12)有解。又因为 $W_3$ 是有效边界上的任一点，当 $W_3$ 不是 $W_2$ 时，$E_{P_3}\neq E_{P_2}$，(5.3.12)式决定的 $k_1$ 和(5.3.11)式决定的 $k_2$ 就是 $E(P_3)=k_1E(P_1)+k_2E(P_2)$ 的一组非零解。当 $W_3$ 就是 $W_2$ 时，$k_1=0$，$k_2=1$ 即

为 $E(P_3)=k_1E(P_1)+k_2E(P_2)$ 的非零解。所以，$W_3$ 可以用 $W_1$ 和 $W_2$ 的线性表出。证毕。

**三、有效组合边界的双曲线特征**

证明有效组合边界的双曲线特征性质即是寻求图 5.2－1 中 AC 线的具体函数关系。由于(5.3.8)式是(5.2.2)式的解，所以(5.3.8)式的 $W$ 满足(5.2.2)式中方差最小的条件。

将(5.2.2)式中 $\sigma_P^2$ 右端的表达式写成矩阵的形式得

$$\min \sigma_P^2 = W^T\Omega W \tag{5.3.13}$$

由于(5.3.8)式的 $W$ 满足方差最小化条件，将其代入(5.3.13)式有

$$\begin{aligned}\sigma_P^2 &= [\Omega^{-1}E_i(E_i^T\Omega^{-1}E_i)^{-1}E(P)]^T\Omega\Omega^{-1}E_i(E_i^T\Omega^{-1}E_i)^{-1}E(P)\\ &= [\Omega^{-1}E_i(E_i^T\Omega^{-1}E_i)^{-1}E(P)]^TE_i(E_i^T\Omega^{-1}E_i)^{-1}E(P)\end{aligned} \tag{5.3.14}$$

因为 $\Omega$、$(E_i^T\Omega^{-1}E_i)$ 为正定矩阵，它的逆矩阵也具有正定性，且为对称矩阵，

所以　$[(E_i^T\Omega^{-1}E_i)^{-1}]^T=(E_i^T\Omega^{-1}E_i)^{-1}$ ，$(\Omega^{-1})^T=\Omega^{-1}$

故有

$$\begin{aligned}\sigma_P^2 &= E^T(P)(E_i^T\Omega^{-1}E_i)^{-1}E_i^T\Omega^{-1}E_i(E_i^T\Omega^{-1}E_i)^{-1}E(P)\\ &= E^T(P)(E_i^T\Omega^{-1}E_i)^{-1}E(P)\end{aligned} \tag{5.3.15}$$

又因为 $E(P)=\begin{pmatrix}E_P\\1\end{pmatrix}$

所以

$$\sigma_P^2=(E_P,1)(E_i^T\Omega^{-1}E_i)^{-1}\begin{pmatrix}E_P\\1\end{pmatrix} \tag{5.3.16}$$

由于 $E_i$ 是一 $n\times 2$ 矩阵，$\Omega^{-1}$ 为一 $n\times n$ 矩阵，所以 $(E_i^T\Omega^{-1}E_i)^{-1}$ 为一 $2\times 2(=2\times n\times n\times n\times n\times 2)$ 对称矩阵。

令

$$(E_i^T\Omega^{-1}E_i)^{-1}=\begin{pmatrix}a & b\\ b & c\end{pmatrix} \tag{5.3.17}$$

由 $\begin{pmatrix}a & b\\ b & c\end{pmatrix}$ 的正定性决定了 $a$、$c>0$，且 $ac>b^2$

将(5.3.17)式代入(5.3.16)式得

$$\begin{aligned}\sigma_P^2 &= (E_P,1)\begin{pmatrix}a & b\\ b & c\end{pmatrix}\begin{pmatrix}E_P\\1\end{pmatrix}\\ &= (aE_P+b,\quad bE_P+c)\begin{pmatrix}E_P\\1\end{pmatrix}\\ &= aE_P^2+2bE_P+c\\ &= a\left[E_P^2+2\frac{b}{a}E_P+\left(\frac{b}{a}\right)^2\right]-\frac{b^2}{a}+c\\ &= a\left(E_P+\frac{b}{a}\right)^2-\frac{b^2}{a}+c\end{aligned} \tag{5.3.18}$$

所以

$$\frac{\sigma_P^2}{c-\dfrac{b^2}{a}}-\frac{\left(E_P+\dfrac{b}{a}\right)^2}{\dfrac{c}{a}-\dfrac{b^2}{a^2}}=1 \tag{5.3.19}$$

由 $a$、$c>0$，$ac>b^2$ 知

$$c-\frac{b^2}{a}>0\text{，}\frac{c}{a}-\frac{b^2}{a^2}>0$$

所以(5.3.19)式即为标准差-预期收益率坐标上的双曲线，它就是最小方差曲线。证毕。

### 四、系统性风险不可消失

本章第一节就等比例配置投资组合的特殊情形证明了：在风险市场中，无论投资者如何进行证券投资组合，他始终都不可能完全消除证券投资风险的结论。此处我们就可以利用有效边界或最小方差曲线给出一般情形下的证明。

由有效边界或最小方差曲线的性质知，(5.3.18)式所表述的含义是，对于任一给定的预期收益率 $E_P$，由(5.3.18)式所决定的方差 $\sigma_P^2$ 或风险均是最小的。如果我们能证明：有效投资组合边界或最小方差曲线在预期收益率可变的条件下，存在方差的最小值，且其最小值大于 0。那么，问题就得以解决了。

根据极值的一阶必要条件，对(5.3.18)式求导得

$$\frac{d\sigma_P^2}{dE_P}=2a\left(E_P+\frac{b}{a}\right) \tag{5.3.20}$$

令 $\frac{d\sigma_P^2}{dE_P}=0$，解得

$$E_P=-\frac{b}{a} \tag{5.3.21}$$

(5.3.21)式意味着，在投资组合预期收益率为 $-\frac{b}{a}$ 处，最小方差曲线或有效边界的方差达到最小值。

将(5.3.21)式代入(5.3.18)式得最小方差曲线或有效边界的最小方差为

$$\begin{aligned}\min\sigma_P^2&=a\left(-\frac{b}{a}+\frac{b}{a}\right)^2-\frac{b^2}{a}+c\\&=c-\frac{b^2}{a}\end{aligned} \tag{5.3.22}$$

因为 $a>0, c>0, ac>b^2$，所以

$$c-\frac{b^2}{a}>0$$

即

$$\min\sigma_P^2>0$$

证毕。

两基金分离定理在金融上的涵义是令人吃惊的。在美国的金融市场上，有一类专门从事分散化投资的金融中介机构叫做共同基金。共同基金一方面发行小面额的受益凭证作为自己的负债，另一方面则把筹集到的大笔资金进行分散化投资，形成自己的投资组合。如果有两家不同的共同基金，它们都投资于有风险资产，而且都经营良好，经营良好意味着它们的收益-风险关系都能达到均值-方差模型所确定的有效组合边界。那么，两基金分离定理告诉我们：任何别的投资于有风险资产的共同基金，如果经营良好(即能够达到有效组合边界)的话，其投资组合一定与原来那两个共同基金的某一线性组合等同。只要找到这样两家不同的经营良好的共同基金，把自己的资金按一定的比例投资于这两家基金，就可以与投资于其他经营水平高的共同

基金获得完全一样的效果。这一结论对投资策略的制定无疑有重要的意义。

## 第四节　证券投资组合的选择

毫无疑问，任何有效投资组合都优于无效投资组合。那么，当投资者面临整个有效组合边界时，他们又该如何在有效组合边界上进行投资组合选择呢？

从前面的讨论知，有效组合边界的存在和确定是和个别投资者的效用（收益-风险偏好）没有关系的。然而，由于有效边界上的所有投资组合都是最优的，有效边界上不同投资组合之间并不存在优劣关系，因此，投资者最终具体选择哪种投资组合就取决于他们的偏好，即投资组合最终方案的选择取决于投资者收益-风险模式下的效用函数。

在预期收益率-标准差图上，利用效用函数可画出等效用曲线（如图 5.4－1(a)）。因为承受高的风险要求高的风险补偿，所以等效用曲线是递增的。即在承受较高风险的情况下，要进一步增加风险，就会要求更高的风险补偿，这意味着预期收益率要求升高得越来越多；相反，在预期收益比较低时，要进一步降低收益，也会要求降低更多的风险。造成这种变化形态的原因是经济学里“边际效用递减”原理。所以等效用曲线是向右下方凸的（数学上称为凸函数）。越处在左上方位置，等效用曲线所表示的效用函数值就越大，在图 5.4－1(a)中，$U(I_3)>U(I_2)>U(I_1)$，图 5.4－1(b)中，$U(I'_3)>U(I'_2)>U(I'_1)$。图 5.4－1(a)与图 5.4－1(b)的区别在于 $I$ 与 $I'$ 的斜率或陡峭程度不同，$I$ 的陡峭程度或斜率反映了投资者的风险偏好或风险厌恶程度，投资者越厌恶风险，其等效用曲线越陡峭，即正斜率越大。显然，图 5.4－1(a)中等效用曲线的斜率大于图 5.4－1(b)中等效用曲线的斜率，说明图 5.4－1(a)所对应的投资者的风险厌恶程度大于图 5.4－1(b)的投资者。

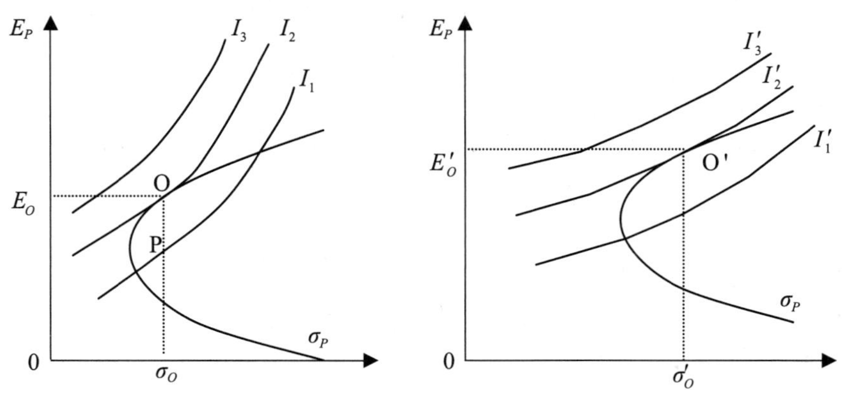


**图 5.4－1　风险偏好与投资选择的比较**

一旦有了投资者的风险厌恶情况所决定的等效用曲线，分析他们将如何在有效边界上选择最佳的投资组合就容易解决了。在图 5.4－1(a)中，投资者的等效用曲线 $I_1$、$I_2$、$I_3$ 之间有关系：$U(I_3)>U(I_2)>U(I_1)$，其中只有 $I_2$ 与有效边界切于切点 O，投资者将最终选择此切点 $(E_O,\sigma_O)$ 所对应的投资组合为他的最优投资组合。从图 5.4－1(a)可以看出，虽然投资者更偏好 $I_3$ 上的组合，然而可行组合中不存在这样的组合，想要达到这条无差异曲线只能是一种奢望而已。至于 $I_1$，投资者可有很多投资组合可供选择（例如 P 点），然而，从图 5.4－1(a)中可明显看出，组合 O 位于组合 P 之上，因为 O 点位于效用更高的无差异曲线上，说明组合 O 优于组合

P,投资者自然会选择组合O,而不会选择组合P。由于切点O是投资者现实的满足效用最大化条件的投资组合,所以理性的投资者必然选择切点O作为自己的最优投资组合方案。至于与图5.4—1(b)风险特征一致的投资者,其最佳投资组合必然选择点($E'_O,\sigma'_O$)对应的投资组合,该点同样满足等效用线与有效边界相切的条件。

利用上面的分析,并结合最小方差曲线的具体形式,我们就能求出不同风险偏好投资者的最优投资组合点的预期收益率与标准差。

设投资者的效用函数

$$U=U(\sigma_P,E_P)$$

则无差异曲线的方程为

$$U(\sigma_P,E_P)=m \quad (m\text{ 为常数}) \tag{5.4.1}$$

对(5.4.1)式两边求微分得

$$\frac{\partial U}{\partial \sigma_P}d\sigma_P+\frac{\partial U}{\partial E_P}dE_P=0 \tag{5.4.2}$$

(5.4.2)式变形后有

$$\frac{dE_P}{d\sigma_P}=-\frac{\partial U}{\partial \sigma_P}\Big/\frac{\partial U}{\partial E_P} \tag{5.4.3}$$

因以 $\frac{\partial U}{\partial \sigma_P}=MU_{\sigma_P}$($\sigma_P$ 的边际效用),$\frac{\partial U}{\partial E_P}=MU_{E_P}$($E_P$ 的边际效用),

所以

$$\frac{dE_P}{d\sigma_P}=-MU_{\sigma_P}/MU_{E_P} \tag{5.4.4}$$

(5.4.4)式就是无差异曲线的斜率。

由于投资者的最优方案是选择无差异曲线与有效边界线的切点。对(5.3.19)式求微分得

$$\frac{\partial\sigma_P^2/\partial\sigma_P}{c-\frac{b^2}{a}}d\sigma_P-\frac{\partial\left(E_P+\frac{b}{a}\right)^2\Big/\partial E_P}{\frac{c}{a}-\frac{b^2}{a^2}}dE_P=0$$

整理后得

$$\begin{aligned}\frac{dE_P}{d\sigma_P}&=\frac{2\sigma_P}{c-\frac{b^2}{a}}\Bigg/\frac{2\left(E_P+\frac{b}{a}\right)}{\frac{c}{a}-\frac{b^2}{a^2}}\\&=\frac{\sigma_P}{a\left(E_P+\frac{b}{a}\right)}=\frac{\sigma_P}{aE_P+b}\end{aligned} \tag{5.4.5}$$

(5.4.5)式即为有效边界的斜率。

由无差异曲线与有效边界相切的性质知,在切点处有(5.4.4)式等于(5.4.5)式,即

$$-MU_{\sigma_P}/MU_{E_P}=\frac{\sigma_P}{aE_P+b} \tag{5.4.6}$$

所以,满足无差异曲线与最小方差曲线相切的必要条件是

$$\sigma_P\cdot MU_{E_P}+MU_{\sigma_P}(aE_P+b)=0 \tag{5.4.7}$$

另外,无差异曲线与最小方差曲线的切点必然既过无差异曲线,同时也过有效边界线。故

将(5.4.7)式与有效边界方程(5.3.19)式联立起来就决定了投资组合的最优状态( $\sigma_P^*$ , $E_P^*$ )。或者说,通过解下述方程组

$$\begin{cases}\dfrac{\sigma_P^2}{c-\dfrac{b^2}{a}}-\dfrac{\left(E_P+\dfrac{b}{a}\right)^2}{\dfrac{c}{a}-\dfrac{b^2}{a^2}}=1\\ \sigma_P\cdot MU_{E_P}+MU_{\sigma_P}(aE_P+b)=0\end{cases} \tag{5.4.8}$$

就可得到切点的坐标值。

只有在先确定了( $\sigma_P^*$ , $E_P^*$ ),即(5.4.8)式的解之后,我们才能根据(5.3.8)式去确定唯一的投资组合,这一组合即为与投资者风险特征相一致的投资组合。

作为一个问题留给读者思考:在上述分析中,我们利用最小方差曲线与斜率相等方程(5.4.7)联立,以此求切点的坐标。实际上,切点也在无差异曲线上,为什么我们不让无差异曲线即等效用函数 $U(\sigma_P,E_P)=m$ ( $m$ 为常数)与(5.4.7)联立?

需要说明的是,风险厌恶的投资者的无差异曲线是正斜率且下凸的,此意味着在有效边界的任何两点之间画一直线段,这一直线段都将位于有效边界的下方。有效边界的这一特征是很重要的,因为它保证了投资者的无差异曲线与有效边界的切点是唯一的。

## 第五节 算例

假设证券市场只有三种股票 A、B、C,预期收益率分别是 10%、8%和 5%,预期收益率的协方差矩阵

$$\Omega=\begin{pmatrix}50&20&10\\20&30&10\\10&10&20\end{pmatrix}$$

某投资者的效用函数 $U(\sigma,r)=30r^2\sigma^{-3}$,问投资者如何选择投资组合才能达到最优?

解:为了计算的方便,以下计算过程均不带%符号。

由 $\Omega=\begin{pmatrix}50&20&10\\20&30&10\\10&10&20\end{pmatrix}$ 可计算

$$\Omega^{-1}=\begin{pmatrix}\dfrac{1}{36}&-\dfrac{1}{60}&-\dfrac{1}{180}\\-\dfrac{1}{60}&\dfrac{1}{20}&-\dfrac{1}{60}\\-\dfrac{1}{180}&-\dfrac{1}{60}&\dfrac{11}{180}\end{pmatrix},E_i=\begin{pmatrix}10&1\\8&1\\5&1\end{pmatrix}$$

故有 $E_i^T\Omega^{-1}E_i=\begin{pmatrix}10&8&5\\1&1&1\end{pmatrix}\begin{pmatrix}\dfrac{1}{36}&-\dfrac{1}{60}&-\dfrac{1}{180}\\-\dfrac{1}{60}&\dfrac{1}{20}&-\dfrac{1}{60}\\-\dfrac{1}{180}&-\dfrac{1}{60}&\dfrac{11}{180}\end{pmatrix}\begin{pmatrix}10&1\\8&1\\5&1\end{pmatrix}$

$$=\begin{pmatrix}\frac{7}{60} & \frac{3}{20} & \frac{7}{60}\\ \frac{1}{180} & \frac{1}{60} & \frac{7}{180}\end{pmatrix}\begin{pmatrix}10 & 1\\ 8 & 1\\ 5 & 1\end{pmatrix}=\begin{pmatrix}\frac{59}{20} & \frac{23}{60}\\ \frac{23}{60} & \frac{11}{180}\end{pmatrix}$$

所以 $(E_i^T\Omega^{-1}E_i)^{-1}=\begin{pmatrix}\frac{649}{354} & -\frac{23}{2}\\ -\frac{23}{2} & \frac{177}{2}\end{pmatrix}$

由(5.3.17)式可得

$$a=\frac{649}{354},b=-\frac{23}{2},c=\frac{177}{2}$$

另由效用函数 $U(\sigma,r)=30r^2\sigma^{-3}$ 知

$$MU_{\sigma_P}=-90E_P^2\sigma_P^{-4}$$

$$MU_{E_P}=60E_P\sigma_P^{-3}$$

代入(5.4.8)第二式得

$$60E_P\cdot\sigma_P^{-2}-90E_P^2\cdot\sigma_P^{-4}\left(\frac{649}{354}E_P-\frac{23}{2}\right)=0$$

两边同除 $30E_P\cdot\sigma_P^{-2}$ 得

$$2-3E_P\sigma_P^{-2}\left(\frac{649}{354}E_P-\frac{23}{2}\right)=0 \qquad ①$$

$$\frac{649}{118}E_P^2-\frac{69}{2}E_P=2\sigma_P^2$$

将 $a=\frac{649}{354},b=-\frac{23}{2},c=\frac{177}{2}$ 代入(5.4.8)的第一式得

$$\frac{649}{60\times177}\sigma_P^2-\frac{649^2}{120\times177^2}\times\left(E_P-\frac{177\times23}{649}\right)^2=1$$

$$\sigma_P^2=\frac{60\times177}{649}+\frac{177}{2\times649}\times\left(\frac{649}{177}E_P-23\right)^2 \qquad ②$$

将②代入①得

$$\frac{649}{118}E_P^2-\frac{69}{2}E_P=\frac{120\times177}{649}+\frac{177}{649}\times\left(\frac{649}{177}E_P-23\right)^2$$

整理后得

$$\frac{649}{2\times177}E_P^2+\frac{23}{2}E_P-177=0 \qquad ③$$

解③得

$$E_P=\frac{-\frac{23}{2}\pm\sqrt{\frac{529}{4}+2\times649}}{\frac{649}{177}}\approx\left(-\frac{23}{2}\pm38\right)\Big/\frac{649}{177}$$

根据题意知，$E_P$ 的负根可以去掉，所以

$$E_P\approx5.9$$

将 $E_P\approx5.9$ 代回②得

$\sigma_P^2 \approx 16.63, \sigma_P \approx 4.08$

有了 $E_P$ 的值以后，我们便可以根据(5.3.8)式来计算最优组合。在计算最优组合之前，先计算 $\Omega^{-1}E_i$。

因为 $\Omega^{-1}$ 是对称矩阵，

所以 $(\Omega^{-1})^T = \Omega^{-1}$

故有 $\Omega^{-1}E_i = (E_i^T\Omega^{-1})^T$

由前述计算

$$\text{因为 } \Omega^{-1}E_i = \begin{pmatrix} \frac{7}{60} & \frac{1}{180} \\ \frac{3}{20} & \frac{1}{60} \\ \frac{7}{60} & \frac{7}{180} \end{pmatrix}$$

故有 $W = \Omega^{-1}E_i(E_i^T\Omega^{-1}E_i)^{-1}E(P)$

$$= \begin{pmatrix} \frac{7}{60} & \frac{1}{180} \\ \frac{3}{20} & \frac{1}{60} \\ \frac{7}{60} & \frac{7}{180} \end{pmatrix} \begin{pmatrix} \frac{649}{354} & -\frac{23}{2} \\ -\frac{23}{2} & \frac{177}{2} \end{pmatrix} \begin{pmatrix} 5.9 \\ 1 \end{pmatrix}$$

$$= \begin{pmatrix} 0.15 & -0.85 \\ 0.08 & -0.25 \\ -0.23 & 2.1 \end{pmatrix} \begin{pmatrix} 5.9 \\ 1 \end{pmatrix}$$

$$= \begin{pmatrix} 0.035 \\ 0.222 \\ 0.743 \end{pmatrix}$$

所以该投资者的最优投资组合是：投资于股票 A 所占资金为 3.5%，投资于股票 B 所占资金为 22.2%，投资于股票 C 所占资金为 74.3%。组合投资的最优预期收益率为 5.9%，标准差为 4.08%。

**思考题**

1. 一个投资组合的收益和风险是如何度量的；在不存在做空机制的条件下，投资组合的风险与各证券风险的关系是怎样的。如果存在做空机制呢。

2. 一个投资组合的风险可以被分解为哪两部分，随着组合中证券种类的增多，哪种风险能够被消除，哪种风险不能被消除，为什么？

3. 什么是有效集，它与可行集的关系是什么。

4. 有效集具有哪些性质。

5. 有效边界是如何被确定的。

6. 什么是两基金分离定理，它的经济含义是什么。

7. 投资者如何选择有效组合边界上的投资组合，对于不同风险偏好的投资者，其最优投资组合的选择有何区别。

**讨论题**

1. 有效投资组合与有效市场的关系。

2. 如果某一投资者属于风险追求者类型,投资组合理论是否还适用。

3. 投资组合理论是否适用于不同的资产市场。

4. 考虑所有证券相互独立这种特殊情形下投资组合模型的解及投资选择。

5. 证券投资组合理论给出了"不要将所有的鸡蛋放在同一个篮子里"的科学道理,如果"鸡蛋"很少,它还有意义吗?

6. "不要将所有的鸡蛋放在同一个篮子里"的出发点是担心"篮子"在运送的过程中被打翻,就是说,"篮子"被运送到目的地的状况与承运人有关,由此阐述"专业化"与证券投资基金发展的意义。

# 第六章　资本资产定价模型(CAPM)与因素模型

资本资产定价模型(the capital asset pricing model,CAPM)是基于投资组合选择理论的均衡理论。它最早由夏普(Sharpe)于1964年提出,几乎同时,林特纳(Lintner,1965)也独立推导出CAPM,故现在人们将资本资产定价模型统称为夏普-林特纳模型,该模型试图从理论上回答在均衡情况下人们承担风险的市场报酬。本章我们将较详细地介绍这个模型,并对基于因素分析的类似定价模型及其相互关系进行阐述。

## 第一节　资本市场线

上一章提供了一个确定投资者最佳投资组合的方法,即在估计出所要投资的全部证券的预期回报率、方差及证券间的协方差的基础上,投资者便可根据等效用线与有效组合边界线切点来确定最佳投资组合,以及它的预期回报率和标准差。由于现实中效用函数的不可知性,使得利用上一章寻求最优解的解决方案在实践中出现了不可逾越的障碍,因此投资组合理论更多的是体现了它的理论意义。这种方法属规范经济学的范畴,它是在理论指导下告知投资者应该如何去做。以下,我们将进入实证经济学的领域,介绍资本资产定价模型。

### 一、CAPM的基本假设

任何经济模型均是建立在一定的假设基础上的,资本资产定价模型也不例外,资本资产定价模型的假设已包含于上一章所讨论的规范性投资方法中。这些假设包括:

1. 投资者通过投资组合在某一段时期内的预期回报率和标准差来评价这个投资组合的优劣。

2. 投资者永不满足,因此,当面临其他条件相同的两种选择时,他们将选择具有较高预期回报率的那一种。

3. 投资者是厌恶风险的,当面临其他条件相同的两种选择时,他们将选择具有较小标准差的那一种。

4. 每一个资产都是无限可分的,意味着,如果投资者愿意的话,他可以购买一个股份的一部分。

5. 投资者可以以一个无风险利率贷出(即投资)或借入资金。

6. 税收和交易成本均忽略不计。

7. 所有投资者都有相同的投资期限。

8. 对于所有投资者,无风险利率相同。

9. 对于所有投资者,信息是免费的并且是立即可得的。

10. 投资者具有相同的预期,即他们对预期回报率、标准差和证券之间的协方差具有相同的理解。

从以上假设可以看到,资本资产定价模型将情况简化为一个极端的情形:每一个人拥有相同的信息，并且对证券的前景具有一致的看法；证券市场是完全市场，投资者在没有任何摩擦阻碍（如有限可分、税收、交易成本和无风险借入和贷出的不同利率等）的情况下投资。这样，在每个人采取相同的投资态度的前提下，通过考察市场上的所有投资者的集体行为，从而推导出每一种证券的风险和收益之间的均衡关系。

## 二、资本市场线（capital market line，CML）

在上一章讨论的有风险证券组合中，有效边界不会与均值-方差图的纵轴相交，因为纵轴上的任何一点都代表风险为 0 的组合。前面的分析已经说明，有风险的证券市场无论怎么进行投资组合都不可能使其风险变为 0（系统性风险的存在）。因此，有效边界一定位于纵轴的右方。然而，当我们在证券市场中引入无风险证券时，情况就不一样了。显然，全部持有无风险证券本身也是一个有效组合，这就是说，在引入无风险证券后，投资者的有效组合边界发生了变化，变化后的有效组合边界一定通过纵轴上的点$(0, r_f)$（$r_f$ 为无风险收益率），如图 6.1－1 所示。在图 6.1－1 中，点$(0, r_f)$与原有效组合边界之间有唯一一条切线，过点$(0, r_f)$作原有效组合边界的切线，切点为 T，T 也是有效组合。因为，在引入无风险证券后，图 6.1－1 中我们仍找不到风险值为 $\sigma_T$ 、预期收益率高于 $\bar{r}_T$ 的可行投资组合，或在 $\bar{r}_T$ 一定情况下，风险小于 $\sigma_T$ 的投资组合。所以，T 点对应的收益-风险值也是最佳的。

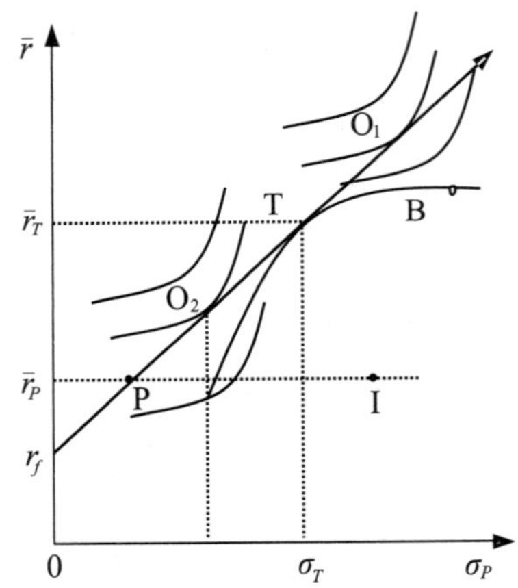


**图 6.1－1　无风险借、贷下的投资组合**

实际上，图 6.1－1 中的切线就是引入无风险证券后，在有借贷条件下新的有效投资组合边界。为了说明这一结论，这里不妨以图 6.1－1 中的 T 点为界，将切线分成两部分来讨论，先看 T 点的左边线段，显然，点$(0, r_f)$所对应的投资组合是投资者将所有的资金都投资于购买无风险证券的投资组合（一种只含有单一证券的特殊组合），点 $T(\sigma_T, \bar{r}_T)$则是投资者完全不持有无风险证券的有效投资组合，它们在期望收益-风险约束下是可行的。由可行集的凸性特征知，$(0, r_f)$与$(\sigma_T, \bar{r}_T)$的连线一定包含在可行集之中，所以$(0, r_f)$与 $T(\sigma_T, \bar{r}_T)$的连线也是可行的。又由点$(0, r_f)$与 $T(\sigma_T, \bar{r}_T)$的有效性特征知，切点左上方的任何点都是不可行的，这就是说，$(0, r_f)$与$(\sigma_T, \bar{r}_T)$连线上的任何一点，都是可行集中满足风险一定情况下，期望收益最大化的投资组合，所以它就是有效边界。然后，再看图 6.1－1 中切线 T 右上部分线段，该线段上的任何一点所对应的投资组合都是(5.2.2)式的解，也就是说，仅从收益-风险的角度看，它是有效的。然而，值得注意的是，在这类投资组合中，一定包含无风险证券持有量的负值解。换句话说就是，如果在(5.2.2)式中要求 $w_i$（$i$ =无风险证券，有风险证券 $1,2,\cdots,n$）大于或等于 0，则此解就是不可行解。因此，要切线 T 的右上半部分成为有效边界，$w_i \geq 0$ 的条件必须去掉。一旦允许 $w_i$ 取任意值，则 T 右上半部分的每一点所对应的投资组合不仅是可行的，而且还是有效的。$w_f < 0$（$w_f$ 为无风险证券的持有比例）意味着投资者按 $r_f$ 的利率进行借贷。这就是说，在有借贷的条件下，切线上点 T 的右上半部分也构成有效边界。

综合上述分析，我们不难看出，图 6.1－1 中的切线就是有借贷条件下的有效边界，是否发生借贷关系，取决于投资者选择的投资组合是位于 T 的左边，还是它的右边。若投资者选择的投资组合位于 T 的左边，如图 6.1－1 中的 $O_2$，则投资者不需要融资，且在投资组合中一定还包含有一定量的无风险证券（相当于贷出资金）；若投资者选择的投资组合位于 T 的右边，如 $O_1$ 点，他就必须进行融资，即在利率为 $r_f$ 下借入所需要的资金。如果现实中借贷条件不能被满足，即投资者只能以自有资金选择投资组合，这时有效边界由两部分构成，一部分是 T 点左边的切线段，另一部分是原不含无风险证券有效边界 T 点的右半部分，即曲线 TB。有借贷条件的有效边界（图 6.1－1 中的切线）被称为资本市场线。

因为，资本市场线是通过 $(0, r_f)$ 和 $(\sigma_T, \bar{r}_T)$ 两点的直线，而两点可以完全决定一条直线，由这两点的坐标可得直线的斜率为 $\dfrac{\bar{r}_T - r_f}{\sigma_T - 0}$，所以该直线的方程能被写成

$$\bar{r}_P = a + \frac{\bar{r}_T - r_f}{\sigma_T}\sigma_P \tag{6.1.1}$$

又因为该直线过 $(0, r_f)$ 点，将 $\bar{r}_P = r_f$，$\sigma_P = 0$ 代入(6.1.1)式得 $a = r_f$，这样我们便得到了资本市场线

$$\bar{r}_P = r_f + \frac{\bar{r}_T - r_f}{\sigma_T}\sigma_P \tag{6.1.2}$$

其中，$\bar{r}_P$ 和 $\sigma_P$ 表示引入无风险证券后任一有效组合的预期回报率和标准差。

资本市场线上的切点 T 具有一些特殊的性质：(1)T 点是仅包含有风险资产的投资组合；(2)在市场均衡的情况下，T 点包含所有有风险资产；(3)在市场均衡的条件下，T 点所对应的投资组合完全反映了有风险市场的资产结构。

先看性质(1)。从图 6.1－1 可以看出，T 点是未引入无风险资产前，所有有风险资产有效组合边界上的点，它自然只包含有风险资产，当引入无风险资产后，新的组合虽然也在资本市场线上，但此时无风险资产的持有量为 0，表明新的组合与原组合实质上是一样的。所以，T 点所对应的投资组合只包含有风险资产。

再看性质(2)。在资本市场线上，$(0, r_f)$ 和 $T(\sigma_T, \bar{r}_T)$ 所对应的投资组合是含有无风险资产的两个有效组合，由两基金分离定理知，任何其他的有效组合均可用这两个有效组合线性表示。设 $(\sigma_P, \bar{r}_P)$ 为资本市场线上的任一有效组合所对应的风险与期望收益之结果，具体的组合为 $(w_f, w'_1, w'_2, \cdots, w'_n)^T$（$w_f + \sum_{i=1}^{n} w'_i = 1$）。再根据点 $(0, r_f)$ 和 $T(\sigma_T, \bar{r}_T)$ 所对应的经济含义知，$(0, r_f)$ 对应的组合为 $(1,0,0,\cdots,0)^T$，$(\sigma_T, \bar{r}_T)$ 所对应之组合为 $(0, w_1, w_2, \cdots, w_n)^T$（$\sum_{i=1}^{n} w_i = 1$），则存在非零的 $k_1$、$k_2$，使

$$\begin{pmatrix} w_f \\ w'_1 \\ w'_2 \\ \vdots \\ w'_n \end{pmatrix} = k_1 \begin{pmatrix} 1 \\ 0 \\ 0 \\ \vdots \\ 0 \end{pmatrix} + k_2 \begin{pmatrix} 0 \\ w_1 \\ w_2 \\ \vdots \\ w_n \end{pmatrix} \tag{6.1.3}$$

成立。由(6.1.3)式得

$$\begin{pmatrix} w_f \\ w'_1 \\ w'_2 \\ \vdots \\ w'_n \end{pmatrix} = \begin{pmatrix} k_1 \\ k_2 w_1 \\ k_2 w_2 \\ \vdots \\ k_2 w_n \end{pmatrix} \tag{6.1.4}$$

所以有

$$w_f = k_1 \text{ , } k_2 w_i = w'_i \qquad (i = 1, 2, \cdots, n) \tag{6.1.5}$$

由上章两基金分离定理的证明过程中知，$k_1 = 1 - k_2$。若 $k_2 = 0$，则 $k_1 = 1$，表示该有效组合即为点$(0, r_f)$所对应的投资组合，这不是我们要讨论的 T 点。当 $k_2 \neq 0$，$w_i$ 也非零对所有的 $i$ 都成立，否则，至少存在某一 $i_0(1 \leqslant i_0 \leqslant n)$，使 $w_{i_0} = 0$。由(6.1.5)式知，当 $w_{i_0} = 0$ 时，$k_2 w_{i_0} = w'_{i_0}$ 也必然为零，这就是说，若 T 的组合中不含有市场中的某一有风险资产，则所有其他的有效组合都不含有该有风险资产。虽然投资者由于风险偏好的不同，可能会选择不同的投资组合，但理性决定了他们所选择的投资组合一定是有效组合。而由上述分析知，所有有效组合中均不含有证券 $i_0$。换句话说就是，证券 $i_0$ 在当前的价格水平下变得无人问津，结果证券 $i_0$ 的价格必然下跌，证券 $i_0$ 价格下跌意味着它的收益率不断提高，市场价格调整的结果必然使证券 $i_0$ 进入有效投资组合之中，一旦 $i_0$ 进入有效投资组合，则它就必然进入 T 所对应的投资组合中。这就是说，在市场均衡的情况下，$w_{i_0}$ 不可能为 0，或者说，T 包含了所有的有风险资产。

最后来看看性质(3)。由性质(2)的讨论知，点 T 是包含所有有风险证券的有效组合，仍记该组合为 $(0, w_1, w_2, \cdots, w_n)^T$。现设资本市场有 $m$ 个投资人，且投资者都是理性的，也就是说，投资者均选择 CML 上的某一点作为自己的投资组合，第 $j$ 个投资者所选择的投资组合为 $(w_f^{(j)}, w_1^{(j)}, w_2^{(j)}, \cdots, w_n^{(j)})^T$，他的总资金规模记为 $M_j$，则他投资于第 $i$ 个有风险证券所占用的资金为 $w_i^{(j)} M_j$。

由(6.1.5)式有

$$w_i^{(j)} = k_2^{(j)} w_i$$

所以第 $i$ 个有风险证券占用第 $j$ 个投资者的资金为 $k_2^{(j)} w_i M_j$，市场全体投资人投资于第 $i$ 个有风险证券的总资金为

$$\sum_{j=1}^{m} k_2^{(j)} w_i M_j = w_i \sum_{j=1}^{m} k_2^{(j)} M_j$$

它也是第 $i$ 个有风险证券均衡时的市值。所有有风险证券的总市值为

$$\begin{aligned} \sum_{i=1}^{n} w_i \sum_{j=1}^{m} k_2^{(j)} M_j &= \Big(\sum_{j=1}^{m} k_2^{(j)} M_j\Big) \sum_{i=1}^{n} w_i \\ &= \sum_{j=1}^{m} k_2^{(j)} M_j \quad (\text{因为} \sum_{i=1}^{n} w_i = 1) \end{aligned}$$

在有了每一个有风险证券和有风险证券总市值后，我们就可非常容易地计算出第 $i$ 个有风

险证券市值占总市值的比重为

$$w_i \sum_{j=1}^{m} k_2^{(j)} M_j / \sum_{j=1}^{m} k_2^{(j)} M_j = w_i \quad (i=1,2,\cdots,n)$$

这就证实了性质(3)。

从 T 点所对应投资组合的性质看，T 点几乎完全反映了有风险证券市场的基本特征，它简直就是一个浓缩的市场，正因为如此，人们才将 T 点所对应的投资组合称为市场组合(the market portfolio)，即市场组合是这样的投资组合，它包含所有市场上存在的有风险资产种类，且各种资产所占的比例与每种资产的总市值占市场所有资产总市值的比例相同。习惯上用 M 代替图 6.1—1 中的 T 来表示市场组合。这样，CML 就是点$(0, r_f)$与点 $M(\sigma_M, \bar{r}_M)$的连线，如图 6.1—2 所示。相应的方程也就变为

$$\bar{r}_P = r_f + \frac{\bar{r}_M - r_f}{\sigma_M}\sigma_P \tag{6.1.6}$$

(6.1.6)式才是真正意义上的资本市场线，它描述了含有无风险资产情况下，任一有效投资组合与市场组合的关系。只是需要注意的是，(6.1.6)式成立的前提是市场是有效的。

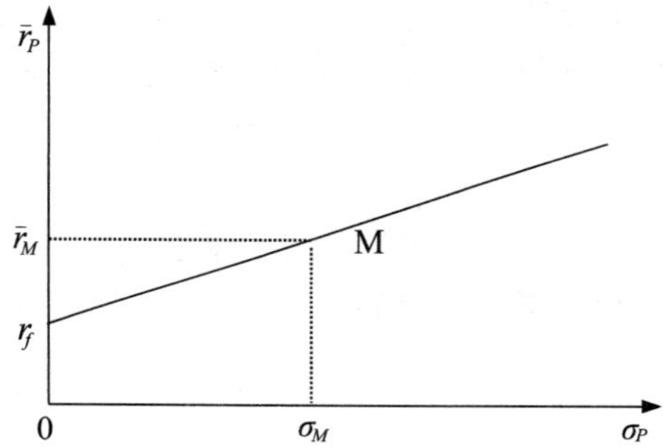


**图 6.1—2 资本市场线**

## 第二节 资本资产定价模型(CAPM)

资本市场线反映了有效组合的预期回报率和标准差(风险)之间的均衡关系，但并没有反映任何单个证券的预期回报率和标准差(风险)之间的特定关系。由于集中投资于单个证券可视为一种特殊的组合，且它是可行的，但集中投资于单个证券却并非是一个有效的投资组合，因此其必然位于资本市场线的下方。为了得到单个证券的预期回报率和标准差之间的某种关系，可以考虑上一章所述的计算任意组合标准差

$$\sigma_P = \left(\sum_{i=1}^{N}\sum_{j=1}^{N} w_i w_j \sigma_{ij}\right)^{1/2} \tag{6.2.1}$$

的特殊情形——市场组合的标准差

$$\sigma_M = \left(\sum_{i=1}^{n}\sum_{j=1}^{n} w_{iM} w_{jM} \sigma_{ij}\right)^{1/2} \tag{6.2.2}$$

其中，$w_{iM}$、$w_{jM}$ 分别表示证券 $i$ 和证券 $j$ 在市场组合中的比例。

将(6.2.2)式变形可得

$$\sigma_M = \left(w_{1M}\sum_{j=1}^{n} w_{jM}\sigma_{1j} + w_{2M}\sum_{j=1}^{n} w_{jM}\sigma_{2j} + \cdots + w_{nM}\sum_{j=1}^{n} w_{jM}\sigma_{nj}\right)^{1/2} \tag{6.2.3}$$

根据协方差的性质可知，证券 $i$ 与市场组合的协方差（$\sigma_{iM}$）可以表示为市场组合中每个证券与证券 $i$ 的协方差的加权和，即

$$\sum_{j=1}^{n} w_{jM}\sigma_{ij} = \sigma_{iM} \text{ ①} \tag{6.2.4}$$

将(6.2.4)式代入(6.2.3)式可得

$$\sigma_M = (w_{1M}\sigma_{1M} + w_{2M}\sigma_{2M} + \cdots + w_{nM}\sigma_{nM})^{1/2} \tag{6.2.5}$$

于是，市场组合的标准差等于组合中所有证券与市场组合的协方差的加权和的平方根，其中权数为各证券在市场组合中的比例。

由(6.2.5)式可以看出，市场组合中每一证券对市场组合标准差的贡献大小取决于该证券与市场组合的协方差（$\sigma_{iM}$），而这一协方差也正是组合中每一证券相对风险的度量。这样，具有较大 $\sigma_{iM}$ 值的证券将对市场组合的风险有较多的贡献，而非具有较大标准差（$\sigma_i$）的证券为市场组合增加更多的风险，标准差（$\sigma_i$）仅是该证券自身风险的度量。

基于上述分析，可以得出：那些具有较大 $\sigma_{iM}$ 值的证券将提高市场组合的风险（$\sigma_M$），并由资本市场线可知，较高的风险必然伴随较大的预期回报率，只有该证券的预期回报率也较高时，才能为组合的预期回报率的提高做出贡献。

为了得到证券 $i$ 的预期收益率与标准差之间的关系，我们可以考虑这样一种组合，这一组合是投资者将所有的资金用于购买证券 $i$，即组合 $(i)\begin{pmatrix}0\\0\\\vdots\\1\\0\\\vdots\\0\end{pmatrix}$。由于证券 $i$ 为一有风险资产，故该组合一定包含在所有有风险资产的可行集中，如图 6.1－1 中的点 I，过点 I 作横轴的平行线，该线与纵轴的交点为$(0, \bar{r}_i)$（$\bar{r}_i$ 为证券 $i$ 的预期收益率），由 CML 线的切线性质知，过 I 点的平行线一定与 CML 相交，交点记为 P。由于 P 点在 CML 线上，所以 P 点一定对应某一有效投资组合，该投资组合的预期收益率记为 $\bar{r}_P$，$\bar{r}_P = \bar{r}_i$，代入(6.1.2)式得

$$\bar{r}_i = r_f + \frac{\bar{r}_M - r_f}{\sigma_M}\sigma_P \tag{6.2.6}$$

因为 P 点在 CML 线上，只要 I 点给定了，P 点也就完全确定了。根据(6.1.3)式知，存在一

---

① $$\begin{aligned}\sigma_{iM} &= E[(r_i - E(r_i))(r_M - E(r_M))] \\ &= E[(r_i - E(r_i))(\sum_{j=1}^{n} w_{jM}r_j - \sum_{j=1}^{n} w_{jM}E(r_j))] \\ &= E\{(r_i - E(r_i))[\sum_{j=1}^{n} w_{jM}(r_j - E(r_j))]\} \\ &= \sum_{j=1}^{n} w_{jM}E[(r_i - E(r_i))(r_j - E(r_j))] = \sum_{j=1}^{n} w_{jM}\sigma_{ij}\end{aligned}$$

确定的非零 $k_1,k_2$，使 P 对所对应的有效投资组合表示成 $\begin{pmatrix} k_1 \\ k_2 w_1 \\ k_2 w_2 \\ \vdots \\ k_2 w_n \end{pmatrix}$，由于 $k_1$ 对应的是无风险证券，

所以

$$\sigma_P^2 = \sum_{i=1}^{n}\sum_{j=1}^{n} k_2^2 w_i w_j \sigma_{ij} = k_2^2 \sigma_M^2$$

即

$$\sigma_P = k_2 \sigma_M \tag{6.2.7}$$

将(6.2.7)式代入(6.2.6)式得

$$\bar{r}_i = r_f + \frac{\bar{r}_M - r_f}{\sigma_M} k_2 \sigma_M = r_f + k_2(\bar{r}_M - r_f) \tag{6.2.8}$$

若将确定性函数关系表示成随机关系式，则(6.2.8)式可改写成如下计量经济方程

$$r_i = r_f + k_2(r_M - r_f) + \mu_t \tag{6.2.9}$$

其中，$\mu_t$ 为与 $r_M$ 不相关的随机扰动项，且 $\bar{\mu}_i = 0$。

利用(6.2.9)式和(6.2.7)式可求出 $r_i$ 与 $r_M$ 的协方差为

$$\begin{aligned}\operatorname{cov}(r_i, r_M) &= E[(r_i - \bar{r}_i)(r_M - \bar{r}_M)] \\ &= E\{[r_f + k_2(r_M - r_f) + \mu_t - r_f - k_2(\bar{r}_M - r_f)](r_M - \bar{r}_M)\} \\ &= E\{[k_2(r_M - \bar{r}_M) + \mu_t](r_M - \bar{r}_M)\} \\ &= E[k_2(r_M - \bar{r}_M)^2 + \mu_t(r_M - \bar{r}_M)] \\ &= E[k_2(r_M - \bar{r}_M)^2] + E[\mu_t(r_M - \bar{r}_M)]\end{aligned} \tag{6.2.10}$$

因为 $\mu_t$ 与 $r_M$ 不相关，且 $\bar{\mu}_t = 0$，

所以

$$\operatorname{cov}(\mu_t, r_M) = E[\mu_t(r_M - \bar{r}_M)] = 0 \tag{6.2.11}$$

将(6.2.11)式代入(6.2.10)式得

$$\operatorname{cov}(r_i, r_M) = k_2 \sigma_M^2$$

所以

$$k_2 = \sigma_{iM} / \sigma_M^2 \tag{6.2.12}$$

再将(6.2.12)式代入(6.2.8)式得

$$\bar{r}_i = r_f + \frac{\bar{r}_M - r_f}{\sigma_M^2} \sigma_{iM} \tag{6.2.13}$$

该方程代表一条截距为 $r_f$，斜率为 $\frac{\bar{r}_M - r_f}{\sigma_M^2}$ 的直线，如图 6.2－1(a)所示。该式表明，那些与市场组合有较大协方差( $\sigma_{iM}$ )的证券将具有较高的预期回报率( $\bar{r}_i$ )。这种证券的协方差与预期回报率之间的线性关系被称为证券市场线(security market line, SML)。

如果定义

$$\beta_{iM} = \frac{\sigma_{iM}}{\sigma_M^2}$$

为证券的贝塔系数(贝塔值),它表示了证券的相对风险大小。则证券市场线可表达为

$$\bar{r}_i = r_f + (\bar{r}_M - r_f)\beta_{iM} \tag{6.2.14}$$

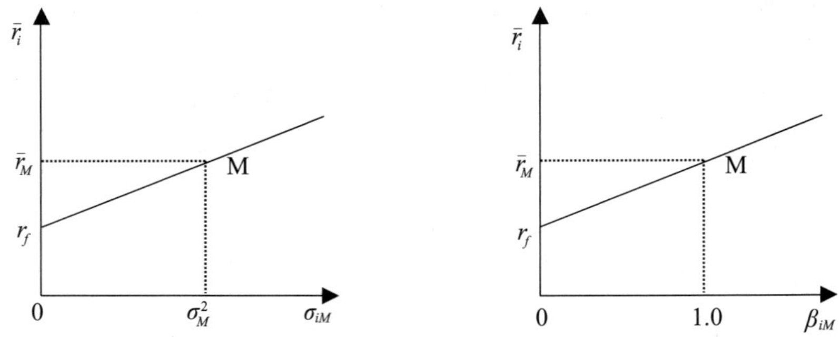


(a) 协方差版本　　(b) 贝塔版本

**图 6.2—1　证券市场线**

该式代表了一条以 $r_f$ 为截距、$(\bar{r}_M - r_f)$ 为斜率的直线,见图 6.2—1(b)。

贝塔系数具有一个重要的性质:投资组合的贝塔系数是该组合中各证券的贝塔系数的加权平均数,权数即为各证券在组合中的比例。用公式表示为

$$\beta_{PM} = \sum_{i=1}^{k} w_i \beta_{iM} \tag{6.2.15}$$

其中,$k$ 为组合证券的个数。

由于一个投资组合的预期回报率是各成分证券预期回报率的加权平均数,权数也为各证券在组合中的比例,即

$$\begin{aligned}\bar{r}_P &= \sum_{i=1}^{k} w_i \bar{r}_i = \sum_{i=1}^{k} w_i [r_f + (\bar{r}_M - r_f)\beta_{iM}] \\ &= r_f \sum_{i=1}^{k} w_i + (\bar{r}_M - r_f) \sum_{i=1}^{k} w_i \beta_{iM} \\ &= r_f + (\bar{r}_M - r_f) \sum_{i=1}^{k} w_i \beta_{iM} \\ &= r_f + (\bar{r}_M - r_f)\beta_{PM}\end{aligned} \tag{6.2.16}$$

因此由这些证券构成的投资组合也必然落在以预期回报率为纵轴、贝塔系数为横轴的证券市场线上。

此外,(6.2.16)式描述了这样的一种关系,即有效组合既落在资本市场线上又落在证券市场线上,而非有效组合则只落在证券市场线上,它位于资本市场线之下。

实际上,从金融工程的角度看,我们可将投资组合也视为一种单一证券,不妨将这种证券称为组合证券,该证券的期望收益率记为 $\bar{r}_P$ ,标准差记为 $\sigma_P$ ,$\beta$ 值记为 $\beta_{PM}$。 只需用组合证券 P 的相应量代替(6.2.14)式中证券 $i$ 的值,则(6.2.16)式就是很自然的,且由 $\beta_{iM} = \sigma_{iM}/\sigma_M^2$ ,有

$$\beta_{PM} = \sigma_{PM}/\sigma_M^2$$

因为

$$\sigma_{PM} = \rho_{PM}\sigma_P \cdot \sigma_M \tag{6.2.17}$$

其中,$\rho_{PM}$ 为组合证券与市场的相关系数,$-1 \leqslant \rho_{PM} \leqslant 1$。

所以

$$\beta_{PM} = \rho_{PM}\sigma_P/\sigma_M \tag{6.2.18}$$

将(6.2.18)式代入(6.2.16)式得

$$\bar{r}_P = r_f + (\bar{r}_M - r_f)\rho_{PM}\sigma_P/\sigma_M \quad (6.2.19)$$

因为 $\bar{r}_M > r_f$（若不然的话，就不会有人购买风险资产，从而致使证券市场价格下跌，$\bar{r}_M$ 上升，直到 $\bar{r}_M > r_f$），且 $\rho \leqslant 1$，所以

$$\bar{r}_P \leqslant r_f + (\bar{r}_M - r_f)\sigma_P/\sigma_M \quad (6.2.20)$$

(6.2.20)式说明，(6.2.19)式的 SML 位于 CML $[\bar{r}_P = r_f + (\bar{r}_M - r_f)\sigma_P/\sigma_M]$ 之下，并且只有当 $\rho_{PM}=1$ 时，(6.2.19)式的证券市场线才与 CML 完全一致。由 CML 的定义知，此时的组合 P 为有效组合。

综合上述分析，证券市场线必然经过两点，一个是市场组合，该点的预期回报率为 $\bar{r}_M$，贝塔系数为 1；另一个是无风险证券，该点的预期回报率和贝塔系数分别为 $r_f$ 和 0。因此由坐标为$(1, \bar{r}_M)$和$(0, r_f)$的两点便可确定证券市场线的具体形状和位置，即以 $r_f$ 为截距、$(\bar{r}_M - r_f)$为斜率的直线(见图 6.2－1(b))。值得注意的是，虽然 CML 与 SML 都通过市场组合和点$(0, r_f)$，但 CML 与 SML 所使用的是不同的坐标变量，CML 描述的是有效组合自身的预期收益率与风险的均衡关系，而 SML 描述的是单一证券或证券组合与证券市场的相互关系。

## 第三节 因素模型

资本资产定价模型(CAPM)为投资者提供了一个投资的理论框架，即在估计组合中每一种证券的预期回报率、标准差、以及每一对证券之间的协方差的基础上，导出马柯维茨有效集，并在一个给定的无风险利率下确定切点组合。资本资产定价模型对投资的指导意义毋庸质疑，但其面临的最令人苦恼的问题便是庞大的计算量，因为随着所分析证券的数目的增多，需要计算的证券间的协方差数目会呈指数上升。因此，计算市场组合中成千上百种证券的方差、协方差，并从中构造有效集时，即便利用具有巨大数据处理能力的计算机，也会令人觉得力不从心。因此，实践中随着对马氏有效集简化的需求的增加，因素模型应运而生。

### 一、因素模型(factor models)

因素模型又称指数模型(index models)，是建立在证券回报率对各种因素或指数变动的敏感度这一假设基础上的。它将证券回报率表达为受一个或多个因素的影响，而这些因素是系统地影响所有证券价格的共同经济因素，因此使得证券间的回报率具有相关性，从而能够通过建立因素模型计算证券的预期回报率、方差以及它们之间的协方差，而这些又是确定马氏有效集的必要条件。证券回报率中不能由共同因素所解释的部分则属于该种证券的个性，与其他证券的个性无关。

依据影响证券的因素的个数不同，因素模型可分为单因素模型和多因素模型。

### 二、单因素模型(one-factor models)

(一)模型形式

如果证券的回报率只受一个因素的影响，则建立的模型即为单因素模型。这类模型可表示为

$$r_{it} = a_i + b_i F_t + \mu_{it} \quad (6.3.1)$$

其中，$r_{it}$ 为 $t$ 时期证券 $i$ 的回报率，$F_t$ 为 $t$ 时期因素的预期值，$b_i$ 为证券 $i$ 对该因素的敏感性，$a_i$ 为与因素 $F$ 无关的因素的影响，在任何时期均相同，$\mu_{it}$ 为随机误差项，是没有被因素解释的

部分。

因素模型对于证券 $i$ 的回报率的揭示由两部分构成，一部分是由因素 $F_t$ 完全确定的部分，它是 $F_i$ 的线性关系，如图 6.3—1 所示。另一部分则是 $F_i$ 无法解释的部分，这一部分往往假定其是由随机因素决定的，它反映的是实际 $r_{it}$ 值与理论 $r_{it}$ 值的偏离，在图中表示为点（$F_{i_0t}$，$r_{i_0t}$）到确定部分的垂直距离。

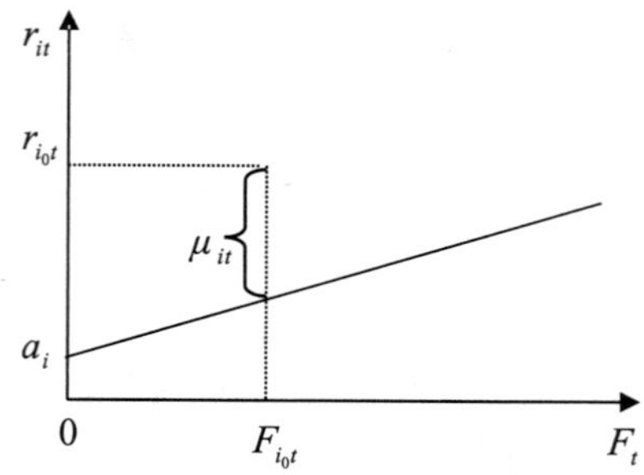


**图 6.3—1　单因素模型图示**

（二）模型参数的估计

单因素模型的形式为一元线性回归模型。如果能取得足够样本值，利用普通最小二乘法便能够得到 $a_i$ 与 $b_i$ 的估计值。

$$\begin{cases} \hat{a}_i = \dfrac{\sum F_t^2 r_{it} - \sum F_t \sum F_t r_{ti}}{n\sum F_t^2 - (\sum F_t)^2} \\ \hat{b}_i = \dfrac{n\sum F_t r_{it} - \sum F_t \sum r_{ti}}{n\sum F_t^2 - (\sum F_t)^2} \end{cases} \tag{6.3.2}$$

依据 OLS 方法的基本假设，不难得到该模型具有如下性质。

1. 预期回报率

证券 $i$ 的预期回报率为

$$\bar{r}_i = a_i + b_i\bar{F} \tag{6.3.3}$$

其中，$\bar{F}$ 为因素的预期值。

这一性质可直接利用 $E(\mu_{it})=0$ 的假定得到。

2. 方差

证券 $i$ 的方差为

$$\sigma_i^2 = b_i^2\sigma_F^2 + \sigma_{\mu i}^2 \tag{6.3.4}$$

其中，$\sigma_F^2$ 为因素 $F$ 的方差，$\sigma_{\mu i}^2$ 是随机误差项 $\mu_{it}$ 的方差。

因为

$$\begin{aligned} \sigma_i^2 &= E[(r_{it} - \bar{r}_i)^2] \\ &= E\{[b_i(F_t - \bar{F}) + \mu_{it}]^2\} \\ &= b_i^2\sigma_F^2 + 2b_i\operatorname{cov}(F_t, \mu_{it}) + \sigma_{\mu i}^2 \end{aligned}$$

由 $\mu_{it}$ 与其他变量的非相关性知

$$\operatorname{cov}(F_t, \mu_{it}) = 0$$

所以，(6.3.4)式成立。

3. 协方差

任意两种证券 $i$ 和 $j$ 之间的协方差为

$$\sigma_{ij}=b_i b_j \sigma_F^2 \tag{6.3.5}$$

这一性质只要利用

$$\text{cov}(F_t,\mu_{it})=\text{cov}(F_t,\mu_{jt})=\text{cov}(\mu_{it},\mu_{jt})=0$$

的假定即可得。

因为

$$\begin{aligned}\sigma_{ij}&=E\{[b_i(F_t-\bar{F})+\mu_{it}][b_j(F_t-\bar{F})+\mu_{jt}]\}\\&=E[b_ib_j(F_t-\bar{F})^2+b_j\mu_{it}(F_t-\bar{F})+b_i\mu_{jt}(F_t-\bar{F})+\mu_{it}\mu_{jt}]\\&=b_ib_j\sigma_F^2+b_j\text{cov}(\mu_{it},F_t)+b_i\text{cov}(\mu_{jt},F_t)+\text{cov}(\mu_{it},\mu_{jt})\\&=b_ib_j\sigma_F^2\end{aligned}$$

通过以上预期回报率、方差、协方差的计算，便可确定马氏有效集，从而为投资管理提供依据。

（三）市场模型

市场模型是一特殊的线性回归模型，它是将某种证券在某一给定时期内的收益率与同一时期市场指数（如美国证券市场的标准·普尔 500 指数，中国证券市场的上证综指、深证成指等）的回报率相联系，建立的一元线性回归模型，该模型的一般形式为

$$r_i=\alpha_{iI}+\beta_{iI}r_I+\varepsilon_{iI} \tag{6.3.6}$$

其中，$r_i$ 为某一给定时期证券 $i$ 的回报率；$r_I$ 为相同时期市场指数 I 的回报率，在单因素模型中表现为因素值；$\alpha_{iI}$ 为截距项；$\beta_{iI}$ 为斜率项，在单因素模型中表现为因素 $r_I$ 的敏感性；$\varepsilon_{iI}$ 为随机误差项。

该模型表明，当 $\beta_{iI}$ 为正数时，证券 $i$ 的回报率随着市场指数的回报率的增大而增高；反之，将随着市场指数的回报率的增大而降低。

（四）单因素模型的两个重要特征

1. 马氏有效集及切点组合能够简化确定

在资本资产定价模型中，为了确定切点组合的构成，投资者需要估计出所有证券的预期回报率、方差、协方差，工作量巨大。而这一工作通过建立单因素模型，只需估计出模型中每种证券的 $a_i$、$b_i$ 和 $\sigma_{\mu i}^2$（知道因素的预期值 $\bar{F}$ 和其标准差 $\sigma_F^2$），并利用（6.3.3）式、（6.3.4）式、（6.3.5）式即可完成。然后，根据所有证券的预期回报率、方差、协方差导出马氏有效集。最后，利用一个给定的无风险利率确定切点组合。

2. 分散化能够降低非因素风险（详见本章第四节“总风险的分解”）

## 三、多因素模型（multiple-factor models）

如果证券的回报率受到两个或两个以上因素的共同影响，这时建立的模型即为多因素模型。在多因素模型中最简单的形式便是双因素模型，我们将以双因素模型作为开始对多因素模型的各种性质进行讨论，然后加以推广。

（一）双因素模型（two-factor models）

1. 模型的形式

在双因素模型中，证券 $i$ 在时期 $t$ 的回报率 $r_{it}$ 可表示为

$$r_{it}=a_i+b_{i1}F_{1t}+b_{i2}F_{2t}+\mu_{it} \tag{6.3.7}$$

其中，$F_{1t}$ 和 $F_{2t}$ 是对证券 $i$ 的回报率有普遍性影响的两个因素，$b_{i1}$ 和 $b_{i2}$ 分别是证券 $i$ 对因素 $F_{1t}$ 和因素 $F_{2t}$ 的敏感性。$a_i$ 与 $\mu_{it}$ 分别表示截距项和随机误差项。

2.模型参数的估计

双因素模型的形式恰为二元线性回归模型。如果能取得足够样本值，利用普通最小二乘法便可得到 $a_i$、$b_{i1}$ 和 $b_{i2}$ 的估计值。即

$$\begin{cases}\hat{a}_i=\bar{r}-\hat{b}_{i1}\bar{F}_1-\hat{b}_{i2}\bar{F}_2\\ \hat{b}_{i1}=\dfrac{\sum f_{1i}\tau_i\sum f_{2i}^2-\sum f_{2i}\tau_i\sum f_{1i}f_{2i}}{\sum f_{1i}^2\sum f_{2i}^2-(\sum f_{1i}f_{2i})^2}\\ \hat{b}_{i2}=\dfrac{\sum f_{2i}\tau_i\sum f_{1i}^2-\sum f_{1i}\tau_i\sum f_{1i}f_{2i}}{\sum f_{1i}^2\sum f_{2i}^2-(\sum f_{1i}f_{2i})^2}\end{cases} \tag{6.3.8}$$

(6.3.8)式中

$$\bar{F}_1=\frac{\sum F_{1i}}{n},\quad \bar{F}_2=\frac{\sum F_{2i}}{n}$$

$$\bar{r}=\frac{\sum r_i}{n},\qquad f_{1i}=F_{1i}-\bar{F}_1$$

$$f_{2i}=F_{2i}-\bar{F}_2,\quad \tau_i=r_i-\bar{r}$$

由 OLS 方法的基本假设，利用与单因素模型相同的分析方法，可以得到双因素模型的如下性质。

(1)预期回报率

证券 $i$ 的预期回报率为

$$\bar{r}_i=a_i+b_{i1}\bar{F}_1+b_{i2}\bar{F}_2 \tag{6.3.9}$$

其中，$\bar{F}_1$、$\bar{F}_2$ 为因素的预期值。

(2)方差

双因素模型中，证券 $i$ 的方差为

$$\sigma_i^2=b_{i1}^2\sigma_{F1}^2+b_{i2}^2\sigma_{F2}^2+2b_{i1}b_{i2}\mathrm{cov}(F_1,F_2)+\sigma_{\mu i}^2 \tag{6.3.10}$$

其中，$\sigma_{F1}^2$、$\sigma_{F2}^2$ 分别为因素 $F_1$ 和 $F_2$ 的方差，$\sigma_{\mu i}^2$ 是随机误差项 $\mu_{it}$ 的方差。

(3)协方差

双因素模型中，任意两种证券 $i$ 和 $j$ 之间的协方差为

$$\sigma_{ij}=b_{i1}b_{j1}\sigma_{F1}^2+b_{i2}b_{j2}\sigma_{F2}^2+(b_{i1}b_{j2}+b_{i2}b_{j1})\mathrm{cov}(F_1,F_2) \tag{6.3.11}$$

与单因素模型一样，通过预期回报率、方差、协方差的计算，便可确定马氏有效集。继而，对于一个给定的无风险利率确定出切点组合，从而使投资者在有借贷条件下，可以根据自身的偏好确定最佳组合。

(二)模型的扩展

双因素模型的基本结论可以顺利地扩展到多因素情形，即对于因素多于两个的情形，如 $k$ 个因素的多因素模型，一般可表示为

$$r_{it}=a_i+b_{i1}F_{1t}+b_{i2}F_{2t}+\cdots+b_{ik}F_{kt}+\mu_{it} \tag{6.3.12}$$

其中，$F_{1t}$，$F_{2t}$，…，$F_{kt}$ 是对证券 $i$ 的回报率有普遍性影响的 $k$ 个因素，$b_{i1}$，$b_{i2}$，…，$b_{ik}$ 分别是证券 $i$ 对因素 $F_{1t}$，$F_{2t}$，…，$F_{kt}$ 的敏感性。$a_i$ 与 $\mu_{it}$ 分别表示截距项和随机误差项。

多因素模型的形式恰是“多元线性回归模型”。利用多元线性回归模型的最小二乘估计方法进行估计，便可求得 $a_i, b_{i1}, b_{i2}, \cdots, b_{in}$ 的估计值。且有

1. 预期回报率

$$\bar{r}_i = a_i + \sum_{j=1}^{k} b_{ij}\bar{F}_j \tag{6.3.13}$$

2. 方差

$$\sigma_i^2 = \sum_{j=1}^{k}\sum_{l=1}^{k} b_{ij}b_{il}\operatorname{cov}(F_j, F_l) + \sigma_{\mu i}^2 \tag{6.3.14}$$

3. 协方差

$$\sigma_{ij} = \sum_{l=1}^{k} b_{il}b_{jl}\sigma_{Fl}^2 + \sum_{l=1}^{k}\sum_{k}(b_{il}b_{jm} + b_{im}b_{jl})\operatorname{cov}(F_l, F_m) \tag{6.3.15}$$

### 四、因素模型与均衡

通过前面的学习已了解到，资本资产定价模型(CAPM)是一个资产定价的均衡模型。决定证券或组合的预期回报率的唯一因素是该证券或组合的风险(用贝塔值来衡量)，即对于具有相同贝塔值的不同证券或组合的预期回报率应相等。用公式表示便是上节给出的证券市场线。

$$\bar{r}_i = r_f + (\bar{r}_M - r_f)\beta_{iM} \tag{6.3.16}$$

而本节所讨论的因素模型却并不一定是资产定价的均衡模型。以单因素模型为例，证券或组合的预期回报率由下式决定

$$\bar{r}_i = a_i + b_i\bar{F} \tag{6.3.17}$$

该模型说明：具有相同因素敏感性( $b_i$ )的不同证券或组合，由于它们的截距项 $a_i$ 可能不同，从而使预期回报率可能存在明显的差别。也即在因素模型中，证券或组合的预期回报率并不由其因素敏感性( $b_i$ )唯一决定。

尽管因素模型并不一定是一个资产定价的均衡模型，但从(6.3.16)式和(6.3.17)式的形式上看，似乎可以觉察出单因素模型与资本资产定价模型的参数之间有某种换算关系。当我们将单因素模型中的因素 F 看作市场组合的回报率 $r_M$ 时，(6.3.17)式可以写成

$$\bar{r}_i = a_i + b_i\bar{r}_M \tag{6.3.18}$$

而(6.3.16)式经简单变形得

$$\bar{r}_i = (1 - \beta_{iM})r_f + \bar{r}_M\beta_{iM} \tag{6.3.19}$$

比较(6.3.18)式与(6.3.19)式不难发现，(6.3.18)式满足均衡定价的条件是

$$a_i = (1 - \beta_{iM})r_f \tag{6.3.20}$$

$$b_i = \beta_{iM} \tag{6.3.21}$$

这就是说，虽然因素模型并不是均衡定价模型，但当估计参数 $a_i$、$b_i$ 满足(6.3.20)式和(6.3.21)式的关系时，因素模型也是一均衡定价模型。

### 五、因素的确定

在建立因素模型时，首先要确定哪些因素被包含在模型中。由于“因素”是影响证券价格共同变动的变量，因此一般选择一些宏观经济因素，如：(1)工业总产值或国内生产总值 GDP；

(2)利率水平;(3)通货膨胀率或货币供应量等。

## 第四节　总风险的分解

### 一、单因素模型下总风险的分解

根据单因素模型,任何证券 $i$ 的总风险均由其方差 $\sigma_i^2$ 来测度,并且由上一节的分析知 $\sigma_i^2$ 可分解为两部分。即

$$\sigma_i^2 = b_i^2\sigma_F^2 + \sigma_{\mu i}^2$$

其中,$b_i^2\sigma_F^2$ 为证券 $i$ 的因素风险;$\sigma_{\mu i}^2$ 为证券 $i$ 的非因素风险。

就一个投资组合而言,当这个组合中第 $i$ 个证券的资金比例为 $w_i$ ( $i=1,2,\cdots,k$ )时,组合的回报率为

$$r_{pt} = \sum_{i=1}^{k} w_i r_{it} \tag{6.4.1}$$

若每个证券的回报率由同一单因素模型

$$r_{it} = a_i + b_i F_t + \mu_{it}$$

决定,则投资组合的单因素模型为

$$\begin{aligned} r_{pt} &= \sum_{i=1}^{k} w_i (a_i + b_i F_t + \mu_{it}) \\ &= \sum_{i=1}^{k} w_i a_i + \left( \sum_{i=1}^{k} w_i b_i \right) F_t + \sum_{i=1}^{k} w_i \mu_{it} \\ &= a_p + b_p F_t + \mu_{pt} \end{aligned} \tag{6.4.2}$$

(6.4.2)式中

$$a_p = \sum_{i=1}^{k} w_i a_i \;,\; b_p = \sum_{i=1}^{k} w_i b_i \;,\; \mu_{pt} = \sum_{i=1}^{k} w_i \mu_{it}$$

显然,组合的单因素模型(6.4.2)式是单个证券的单因素模型(6.3.1)式的扩展。因此,由组合回报率的方差测度的组合的总风险 $\sigma_p^2$ 也可分解为两部分。即

$$\sigma_p^2 = b_p^2\sigma_F^2 + \sigma_{\mu p}^2 \tag{6.4.3}$$

其中,$b_p^2\sigma_F^2$ 为组合的因素风险;$\sigma_{\mu p}^2$ 为组合的非因素风险。

### 二、市场模型下的总风险

市场模型是单因素模型的一个特例,在该模型中,因素为市场指数的收益率。上一节中我们曾论述过市场模型

$$r_i = \alpha_{iI} + \beta_{iI} r_I + \varepsilon_{iI}$$

证券 $i$ 的方差 $\sigma_i^2$ (总风险)也可分解为两部分,即

$$\begin{aligned} \sigma_i^2 &= E[(r_i - \bar{r}_i)^2] = E[(\alpha_{iI} + \beta_{iI} r_I + \varepsilon_{iI} - \alpha_{iI} - \beta_{iI}\bar{r}_I)^2] = E\{[\beta_{iI}(r_I - \bar{r}_I) + \varepsilon_{iI}]^2\} \\ &= \beta_{iI}^2\sigma_I^2 + 2\beta_{iI}\operatorname{cov}(r_I, \varepsilon_{iI}) + \sigma_{\varepsilon_{iI}}^2 \\ &= \beta_{iI}^2\sigma_I^2 + \sigma_{\varepsilon_{iI}}^2 \end{aligned}$$

其中,$\beta_{iI}^2\sigma_I^2$ 为证券 $i$ 的市场风险及系统性风险,$\sigma_{\varepsilon_{iI}}^2$ 为非系统性风险。

然而,当我们考虑一个投资组合,且组合中每一个证券的资金比例为 $w_i$ ( $i=1,2,\cdots,k$ )

时，则由市场模型有

$$r_p = \alpha_{pI} + \beta_{pI} r_I + \varepsilon_{pI} \tag{6.4.4}$$

这里

$$\alpha_{pI} = \sum_{i=1}^{k} w_i \alpha_{iI}\ ,\ \beta_{pI} = \sum_{i=1}^{k} w_i \beta_{iI}\ ,\ \varepsilon_{pI} = \sum_{i=1}^{k} w_i \varepsilon_{iI}$$

利用上述同样的分析可得，组合的总风险 $\sigma_p^2$ 也可分解为两部分。即

$$\sigma_p^2 = \beta_{pI}^2 \sigma_I^2 + \sigma_{\varepsilon p}^2 \tag{6.4.5}$$

其中，$\beta_{pI}^2 \sigma_I^2$ 为组合的市场风险，即系统性风险；$\sigma_{\varepsilon p}^2$ 为组合的个别风险，即非系统性风险。它们分别与单因素模型中的因素风险和非因素风险相对应。

由(5.1.7)式的分析知，随着组合证券数目的增加，$\sigma_{\varepsilon p}^2 \to 0$，而 $\beta_{pI}^2 \sigma_I^2$ 将趋于一稳定值。这就是说，随着组合的分散化，将导致个别风险的减少和市场风险的平均化，进而使得总风险逐渐降低并趋于市场风险水平，如图 6.4－1 所示。图 6.4－1 中，总风险由两部分构成，一是可变部分，它随着 N 的增加而趋于降低，另一为不变部分，可表示成平行于横轴的直线，且这条直线还是总风险曲线的渐近线。

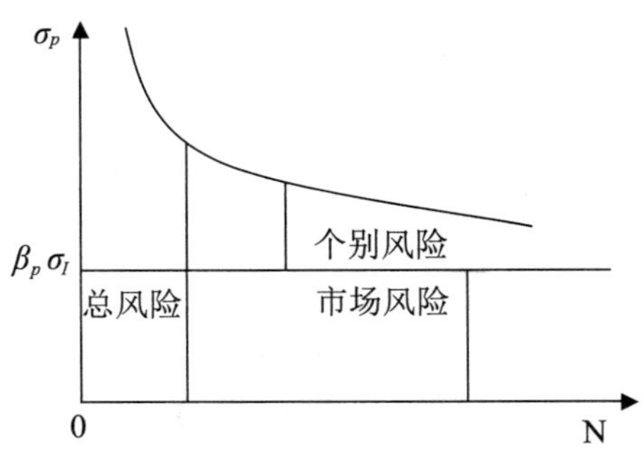


**图 6.4－1　总风险及其分解**

# 第五节　单因素的套利定价模型(APT)

资本资产定价模型(CAPM)是一个描述证券的预期回报率是由其相对风险(贝塔值)决定的均衡模型。而本节开始介绍的是由斯蒂芬·罗斯(Stephen Ross)1976 年提出的资产定价模型的一种替代模型——套利定价理论(arbitrage pricing theory，APT)。该模型的主要假设是，每个投资者都会去利用在不增加风险的情况下能够增加组合回报率的机会，其具体做法是构造套利组合。

套利定价理论与资本资产定价模型一样，也包含一系列假设，主要有：(1)投资者具有相同的预期；(2)投资者是回避风险的，且以效用最大化为目标；(3)市场是完全的，不考虑交易成本因素的影响。

与资本资产定价理论不同的是，套利定价理论的假设条件要弱得多，它至少不包含 CAPM 中的如下假设：(1)单一投资期；(2)不存在税收问题；(3)投资者能以无风险利率自由地借入和贷出资金；(4)投资者以回报率的均值和方差为基础选择投资组合。

套利定价理论的出发点是假设证券的回报率与若干因素相联系，它是建立在因素模型基础上的。本节只讨论单因素模型的情形。

假设证券 $i$ 在时期 $t$ 的回报率 $r_{it}$ 由(6.3.1)式的单因素模型决定

$$r_{it} = a_i + b_i F_t + \mu_{it}$$

为了更易于理解这种套利的思想与分析技术，先考虑一个具体的实例。

设想一个投资者拥有三种证券，其投资于每种证券的当前市值均为 50000 元，此时该投资者可投资的财富为 150000 元。这三种证券的预期回报率和敏感性如表 6.5－1 所示。

**表 6.5－1 预期回报率与敏感性值**

| 证券 $i$ | $\bar{r}_i$ (%) | $b_i$ |
|---|---|---|
| 1 | 10 | 0.6 |
| 2 | 14 | 2.0 |
| 3 | 8 | 1.2 |

表 6.5－1 中的预期回报率和敏感性都存在明显的差别，投资者是否需要调整资产组合，或者说表 6.5－1 中所显现的情况是否是一个均衡的状态？如果不是，证券的价格和预期回报率将如何变化，从而使其达到一个均衡的状态？这种变化的动力又源自何处？下面我们对这些问题一一加以讨论。

## 一、套利的原则

根据“一价定律”，同一种资产不可能在一个或几个市场中以不同的价格进行交易，否则，就会出现套利。

套利是利用同一种证券或证券组合的不同价格赚取无风险利润的行为。其最基本的做法便是以较高的价格出售证券并同时以较低的价格购进相同的证券（或功能上等价的证券）。既然套利利润的获取是无风险的，所以投资者一旦发现这种机会便会设法利用它。

同一种证券的套利方式是最简洁的，即低价买、高价卖，因为其价格的差距和变化一目了然。对于不同的证券或组合，套利的依据是：“因素模型的均衡条件表明，具有相同因素敏感性的证券或组合应具有相同的预期回报率”。否则，投资者将利用证券或组合间预期回报率之间的差距进行套利，从而获取无风险收益。套利的结果最终使市场达到均衡状态，当然，套利机会也因此而消失。

## 二、套利组合(arbitrage portfolios)

根据套利原则，投资者的套利行为是在不增加风险的情况下，增加组合的预期回报率，而实现这一目的的手段便是构造套利组合。

作为一个套利组合，它应满足如下条件：

1. 它是一个不需要投资者任何额外资金的组合，也就是说，投资者是通过所持有组合中证券持有量的调整来构造套利组合的。或者说，在市场存在买空卖空的条件下，投资者通过构筑当前现金流为零的投资组合来实现套利的。即如果用 $\Delta w_i$ 表示投资者对证券 $i$ 的资金调整量，或用 $w_i$ 表示投资者在存在做空机制的条件下对证券 $i$ 的资金配置量，则这一条件可表示为

$$\sum_{i=1}^{n} \Delta w_i = 0 \quad 或 \quad \sum_{i=1}^{n} w_i = 0 \tag{6.5.1}$$

2. 一个套利组合对任何因素都没有敏感性，也就是说，因素 $F_t$ 的任何变动都不会使套利组合的收益率发生变化，即

$$\frac{dr_{pt}}{dF_t}=0$$

由(6.4.2)式知

$$\frac{dr_{pt}}{dF_t}=b_p$$

所以，符合其敏感性或因素免疫的条件是 $b_p=0$。又由于组合的敏感性系数是组合中各证券敏感性系数的加权平均值，因此，套利组合的这一条件可表示为

$$\sum_{i=1}^{n}b_i\Delta w_i=0 \quad 或 \quad \sum_{i=1}^{n}b_iw_i=0 \tag{6.5.2}$$

就前述例子来说，它表示为

$$0.6\Delta w_1+2.0\Delta w_2+1.2\Delta w_3=0$$

满足以上两个条件的组合便构造了一个含有两个方程、三个未知数的方程组，该方程组具有无穷多组解。显然，在本例中，只要先确定其中某一证券的调整比例或投资比例，则就可获得唯一解。不妨设先给 $\Delta w_1$ 赋值，令 $\Delta w_1=0.1$，这样可得到只含有两个未知数的方程组

$$\begin{cases}0.1+\Delta w_2+\Delta w_3=0\\0.06+2.0\Delta w_2+1.2\Delta w_3=0\end{cases}$$

该方程的唯一解为

$$\Delta w_2=0.075,\ \Delta w_3=-0.175$$

这意味着，投资者若将原先的组合调整为，证券 1 的市值 65000 元（$=50000+150000\times0.1$）、证券 2 的市值 61250 元（$=50000+150000\times0.075$），证券 3 的市值 23750 元（$=50000-150000\times0.175$），便构成了一个套利组合。通过构造套利组合，投资者便获得了 0.65%的无风险收益，即

$$\Delta w_1\bar{r}_1+\Delta w_2\bar{r}_2+\Delta w_3\bar{r}_3=0.1\times10\%+0.075\times14\%-0.175\times8\%=0.65\%$$

上述实例说明，投资者通过调整原先的资金配置结构，实现了在不增加风险的同时增进收益的目标。实际上，套利是一种典型的“无本取利”行为，投资者获取一定的收益不需要任何本金投入，只需要构筑好资金量相同的多空头寸，即套利组合。因此，在无本金的情况下，套利组合能实现的重要条件是证券市场具有做空机制。

总之，一个套利组合是能为投资者带来正的预期回报率，且不需要任何额外资金（不承受额外风险）的投资组合。

### 三、APT 资产定价线

（一）套利对定价的影响

通过上例的分析我们可以看到，投资者构造的套利组合实际上是在买入证券 1 和证券 2 的同时卖出证券 3。投资者的这种套利行为明显增加了证券 1 和证券 2 的需求，在供给不变的情况下，证券 1 和证券 2 的价格将上升，从而使得其预期回报率下降。相反，不断增加的卖压将使证券 3 的价格下降，从而提高其预期回报率。因为证券的预期回报率是由其当前价格（$P_0$）和预期期末价格（$P_1^e$）决定的。即

$$\bar{r}=\frac{P_1^e}{P_0}-1 \tag{6.5.3}$$

由于证券供求关系的变化会导致当前价格($P_0$)的变动,当前价格变动的结果就是预期回报率的变化。一旦预期回报率发生变化,投资者也就会继续调整他的投资结构,即投资者重新构筑他的套利组合。这样,投资者构筑套利组合所形成的买卖行为引起的预期回报率的上升或下降将逐渐减弱供求矛盾,最终所有的套利行为将停止(其过程见图 6.5－1)。即买卖行为将使套利机会逐渐减少,以至最终消失,从而达到市场均衡。

购买证券 1 ⟶需求>供给⟶当前价格↑⟶预期回报率↓⟶需求↓⟶需求＝供给
购买证券 2 ⟶需求>供给⟶当前价格↑⟶预期回报率↓⟶需求↓⟶需求＝供给
卖出证券 3 ⟶需求<供给⟶当前价格↓⟶预期回报率↑⟶需求↑⟶需求＝供给

**图 6.5－1　套利对价格及预期回报率的影响**

(二)APT 资产定价线

当套利机会消失时,具有相同因素敏感性的证券应具有相同的预期回报率,否则,投资者在买入预期回报率较高证券的同时,卖出预期回报率低的证券,便可实现套利。这意味着,证券的无套利价格取决于相同因素的敏感性,当预期回报率与敏感性呈线性关系时,即

$$\bar{r}_i = \lambda_0 + \lambda_1 b_i \tag{6.5.4}$$

成立时,它就是单因素的套利定价理论(APT)的资产定价方程。该方程表明,在无套利均衡时,预期回报率和敏感性存在着如(6.5.4)式的线性关系。用图形表示,就是在以预期回报率 $\bar{r}_i$ 为纵轴、因素敏感性 $b_i$ 为横轴的坐标系下,APT 描述为一条以 $\lambda_0$ 为截距、$\lambda_1$ 为斜率的直线,这条直线被称为 APT 资产定价线(APT asset pricing line)(见图 6.5－2)。

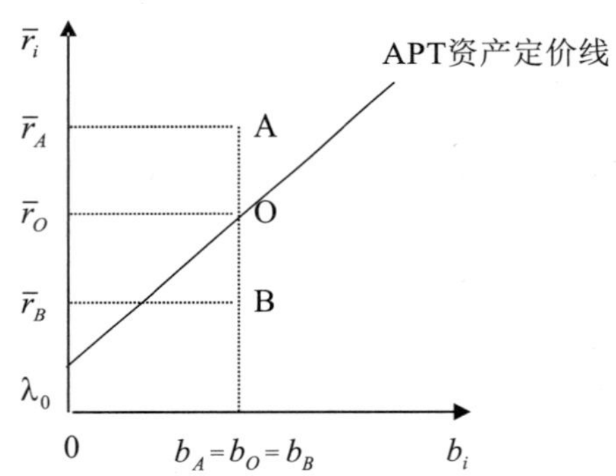


**图 6.5－2　APT 资产定价线**

套利定价理论表明,那些预期回报率和因素敏感性没有落在 APT 资产定价线上的证券,其定价是不合理的,一旦有这种情况出现,就为投资者带来套利的机会。如图 6.5－2 中,证券 A、O、B 具有相同的因素敏感性,但证券 A 和 B 的预期回报率没有落于 APT 资产定价线上,说明它们的定价是不合理的,其中证券 A 价格被低估,证券 B 价格被高估。这时,投资者只需卖出证券 B,并利用该资金买入证券 A,就能获得正的收益;由于证券 A 和 B 具有相同因素敏感性,因此,对证券 B 的卖出和对证券 A 的买入便构成一个对因素无敏感性的组合——套利组合。投资者进行套利的结果便是使证券 A 的价格上升、证券 B 价格下降,最终使它们的预期回报率都落到 APT 资产定价线上,即点 O 的位置。

### 四、APT 定价方程参数的确定

套利定价模型(6.5.4)说明证券的预期回报率由因素敏感性唯一确定。接下来的问题自然

是要讨论(6.5.4)式中参数 $\lambda_0$ 与 $\lambda_1$ 的确定问题。

在 APT 模型中，如果将证券 $i$ 视为无风险证券，则预期回报率 $\bar{r}_i = r_f$，因素敏感性 $b_i = 0$，代入(6.5.4)式中后得 $\lambda_0 = r_f$。这样该方程就可改写成

$$\bar{r}_i = r_f + \lambda_1 b_i \tag{6.5.5}$$

另外，若假设具有单位敏感性($b_i = 1$)的证券组合的预期回报率为 $\delta_1$，则(6.5.5)式可进一步可改写为

$$\delta_1 = r_f + \lambda_1 \tag{6.5.6}$$

或

$$\lambda_1 = \delta_1 - r_f \tag{6.5.7}$$

将(6.5.7)式代入(6.5.5)式得套利定价方程

$$\bar{r}_i = r_f + (\delta_1 - r_f) b_i \tag{6.5.8}$$

从 $\delta_1$ 的经济含义知，$\delta_1$ 是完全与因素变化率具有相同方向和程度的预期收益率，$\delta_1 - r_f$ 就是投资者承担因素风险的超额回报率，又称为因素风险溢价(factor risk premium)或因素预期回报率溢酬(factor-expected return premium)。故(6.5.8)式揭示了证券 $i$ 与因素风险溢价之间的关系，即证券 $i$ 的预期收益率由两部分构成，一部分是无风险收益率，另一部分则是投资者承担因素风险的补偿。

## 第六节　多因素的套利定价模型(APT)

在单因素套利定价模型中，假设证券 $i$ 在时期 $t$ 的回报率 $r_{it}$ 由某一单因素决定。本节开始讨论多因素套利定价模型，即假设证券的回报率由多因素生成。

### 一、双因素套利定价模型

在双因素模型中，假设证券 $i$ 在时期 $t$ 的回报率 $r_{it}$ 具有(6.3.7)式的形式

$$r_{it} = a_i + b_{i1} F_{1t} + b_{i2} F_{2t} + \mu_{it}$$

其中，$F_1$ 和 $F_2$ 是影响证券回报率的两个因素，$b_{i1}$ 和 $b_{i2}$ 分别是这两个因素的敏感性。

如果具有相同因素敏感性的证券或组合具有不同的预期回报率，投资者便会利用证券或组合间预期回报率之间的差距进行套利——即在不增加风险的情况下，增加组合的预期回报率。实现套利的途径依然是构造套利组合。

(一)套利组合的构建

与单因素模型一样，双因素模型的套利组合，也应满足以下两个条件。

1. 该组合不需要投资者任何额外资金，即投资者通过调整原组合中证券的资金匹配量来构造套利组合，或在有做空机制的条件下来构筑套利组合。

2. 套利组合对任何因素都没有敏感性，组合中各证券对因素的敏感性的加权平均值为零。

仍用一个实例来说明套利组合的构造。

如一个投资者拥有四种证券，他投资于每种证券的当前市值均为 50000 元，此时该投资者的可投资财富为 200000 元。且这四种证券的预期回报率和敏感性如表 6.6－1 所示。

表 6.6—1　预期回报率与敏感性值

| 证券 i | $\bar{r}_i$ (%) | $b_{i1}$ | $b_{i2}$ |
|---|---|---|---|
| 1 | 10 | 0.6 | 1.5 |
| 2 | 14 | 2.0 | 1.2 |
| 3 | 8 | 1.2 | 0.8 |
| 4 | 6 | 1.5 | 2.0 |

根据套利组合的条件可得

$$\Delta w_1 + \Delta w_2 + \Delta w_3 + \Delta w_4 = 0$$

$$0.6\Delta w_1 + 2.0\Delta w_2 + 1.2\Delta w_3 + 1.5\Delta w_4 = 0$$

$$1.5\Delta w_1 + 1.2\Delta w_2 + 0.8\Delta w_3 + 2.0\Delta w_4 = 0$$

解上述方程组,并令 $\Delta w_1 = 0.1$,则可求出,$\Delta w_2 = 0.1107$,$\Delta w_3 = -0.1155$,$\Delta w_4 = -0.0952$。

这就是说,若投资者按 $\Delta w_i (i=1,2,3,4)$ 的值调整证券 $i$ 的持有比例,则新的投资组合可使预期回报率提高 1.05%[=(0.1×10%)+(0.1107×14%)+(−0.1155×8%)+(−0.0952×6%)]。

这个套利组合是由卖出证券 3 和证券 4,同时买入证券 1 和证券 2 实现的。投资者的买卖行为使得证券 1 和证券 2 的价格逐渐上升,它们的预期回报率逐渐下降,证券 3 和证券 4 的价格逐渐下降,其预期回报率逐渐上升。证券 $i(i=1,2,3,4)$ 价格变化的结果,最终使套利组合的预期回报率为零,在这种情况下证券市场便达到了无套利均衡状态。

(二)APT 资产定价方程

在无套利均衡状态下,证券或证券组合的预期回报率由因素的敏感性唯一确定,不妨设证券 $i$ 的预期回报率与因素敏感性系数呈线性关系。

$$\bar{r}_i = \lambda_0 + \lambda_1 b_{i1} + \lambda_2 b_{i2} \tag{6.6.1}$$

其中,$\lambda_0$、$\lambda_1$ 和 $\lambda_2$ 为常数。

与单因素套利定价模型一样,我们可以确定(6.6.1)式中的参数 $\lambda_0$、$\lambda_1$ 和 $\lambda_2$。

1. $\lambda_0$ 等于无风险利率。因为,无风险资产对任何因素的敏感性均为零,此处只需令 $b_{i1}=0$,$b_{i2}=0$,代入(6.6.1)式即可得 $\lambda_0 = r_f$。

2. 考虑 $b_{i1}=1$ ,$b_{i2}=0$ 的证券组合,并令其预期回报率为 $\delta_1$,则由套利定价方程可得

$$\delta_1 = r_f + \lambda_1 \tag{6.6.2}$$

或

$$\lambda_1 = \delta_1 - r_f \tag{6.6.3}$$

3. 同样,考虑 $b_{i2}=1$ ,$b_{i1}=0$ 的证券组合,令该组合的预期回报率为 $\delta_2$,则由套利定价方程可得

$$\delta_2 = r_f + \lambda_2 \tag{6.6.4}$$

或

$$\lambda_2 = \delta_2 - r_f \tag{6.6.5}$$

将 $\lambda_0 = r_f$ 、(6.6.3)式和(6.6.5)式代入(6.6.1)式得

$$\bar{r}_i = r_f + (\delta_1 - r_f) b_{i1} + (\delta_2 - r_f) b_{i2} \tag{6.6.6}$$

(6.6.6)式即为双因素套利定价模型,模型中的 $\lambda_1$ 或($\delta_1 - r_f$)是第一个因素的风险溢价,$\lambda_2$ 或

$(\delta_2 - r_f)$是第二个因素的风险溢价。

### 二、多因素套利定价模型

当证券的回报率由多个因素生成时，具有 $k$ 个因素的多因素模型为

$$r_{it} = a_i + b_{i1}F_{1t} + b_{i2}F_{2t} + \cdots + b_{ik}F_{kt} + \mu_{it}$$

其中，$F_{1t}$，$F_{2t}$，…，$F_{kt}$ 是对证券 $i$ 的回报率有普遍性影响的 $k$ 个因素，$b_{i1}$，$b_{i2}$，…，$b_{ik}$ 分别是证券 $i$ 对因素 $F_{1t}$，$F_{2t}$，…，$F_{kt}$ 的敏感性。

与方程(6.6.1)式类似，证券 $i$ 的多因素套利定价方程可表示为

$$\bar{r}_i = \lambda_0 + \lambda_1 b_{i1} + \lambda_2 b_{i2} + \cdots + \lambda_k b_{ik} \tag{6.6.7}$$

与单因素和双因素套利定价模型一样，(6.6.7)式中的 $\lambda_0$ 等于无风险利率 $r_f$，$\lambda_j (j=1,2,\cdots,k)$ 等于 $\delta_j - r_f$，$\delta_j (j=1,2,\cdots,k)$是对因素 $j$ 具有单位敏感性($b_{ij}=1$)、而对其他因素无敏感性这类特殊组合的预期回报率，且由 $\lambda_j$ 与 $\delta_j$ 的关系知，$\lambda_j$ 是第 $j$ 个因素的风险溢价$(\delta_j - r_f)$。这样，多因素套利定价模型(6.6.7)式就可表示成

$$\bar{r}_i = r_f + (\delta_1 - r_f) b_{i1} + (\delta_2 - r_f) b_{i2} + \cdots + (\delta_k - r_f) b_{ik} \tag{6.6.8}$$

(6.6.8)式说明，证券 $i$ 的预期回报率等于无风险利率加上证券对 $k$ 个因素敏感性的风险溢价。

## 第七节　APT 与 CAPM 的比较

本章第六节我们曾讨论过套利定价模型(APT)与资本资产定价模型(CAPM)在假设方面的区别。并且通过对 APT 模型的讨论，我们不难看出 APT 模型与 CAPM 一样，都是资产定价的均衡模型。那么，它们之间是否存在联系或有区别呢？这正是本节需要讨论的问题。

### 一、单因素 APT 模型与 CAPM 模型

(一)市场组合为因素的 APT 模型

对于单因素 APT 模型，如果证券回报率由"市场组合"这一因素生成，且因素变量选择市场组合的预期收益率，则(6.3.1)式可改写为

$$r_i = a_i + b_i r_M + \varepsilon_{iM} \tag{6.7.1}$$

相应的套利定价方程为

$$\bar{r}_i = r_f + (\delta_1 - r_f) b_i \tag{6.5.8}$$

由 $\delta_1$ 的定义知，$\delta_1$ 就是市场组合的预期回报率($\bar{r}_M$)(因市场组合具有单位敏感性)。这样，单因素 APT 套利定价模型可表示成

$$\bar{r}_i = r_f + (\bar{r}_M - r_f) b_i \tag{6.7.2}$$

因为

$$\begin{aligned}\beta_{iM} &= \frac{\mathrm{cov}(r_i, r_M)}{\sigma_M^2} = \frac{1}{\sigma_M^2} E[(r_i - \bar{r}_i)(r_M - \bar{r}_M)] \\ &= \frac{1}{\sigma_M^2} E[(a_i + b_i r_M + \varepsilon_{iM} - a_i - b_i \bar{r}_M)(r_M - \bar{r}_M)] \\ &= \frac{1}{\sigma_M^2} E[b_i (r_M - \bar{r}_M)^2 + \varepsilon_{iM}(r_M - \bar{r}_M)] \\ &= \frac{1}{\sigma_M^2} [b_i \sigma_M^2 + \mathrm{cov}(\varepsilon_i, r_M)] = b_i\end{aligned}$$

所以(6.7.2)式恰为CAPM,即

$$\bar{r}_i = r_f + (\bar{r}_M - r_f)\beta_{iM}$$

(二)其他单因素模型

对于因素不是市场组合的单因素APT模型,它与CAPM之间存在下述联系。

1.贝塔系数与因素敏感性的关系

对于单因素生成模型

$$r_{it} = a_i + b_i F_t + \mu_{it} \tag{6.3.1}$$

考虑 $r_i$ 与 $r_M$ 的协方差 $\text{cov}(r_i, r_M)$,由 $\text{cov}(r_i, r_M)$ 的定义知

$$\begin{aligned}\text{cov}(r_i, r_M) &= E[(r_i - \bar{r}_i)(r_M - \bar{r}_M)] \\ &= E[(a_i + b_i F_t + \mu_{it} - a_i - b_i \bar{F}_t)(r_M - \bar{r}_M)] \\ &= E\{[b_i(F_t - \bar{F}_t) + \mu_{it}](r_M - \bar{r}_M)\} \\ &= b_i \text{cov}(F, r_M) + \text{cov}(\mu_i, r_M) \\ &= b_i \text{cov}(F, r_M)\end{aligned}$$

其中,$\text{cov}(F, r_M)$ 是因素和市场组合回报率之间的协方差。

因为

$$\beta_{iM} = \frac{\text{cov}(r_i, r_M)}{\sigma_M^2}$$

所以

$$\beta_{iM} = \frac{\text{cov}(F, r_M)}{\sigma_M^2} b_i \tag{6.7.3}$$

由于 $\frac{\text{cov}(F, r_M)}{\sigma_M^2}$ 是一个常数,因此当单因素APT模型(6.5.8)与CAPM(6.2.14)均成立时,(6.7.3)式说明 $\beta_{iM}$ 与 $b_i$ 存在着稳定的线性相关关系,如果 $\text{cov}(F, r_M) > 0$,则 $b_i$ 与 $\beta_{iM}$ 正相关;如果 $\text{cov}(F, r_M) < 0$,则 $b_i$ 与 $\beta_{iM}$ 负相关。当现实中出现(6.7.3)式不成立的情况时,表明存在套利机会,这时投资者可以通过构造套利组合来获取无风险收益。

2.因素风险溢价

若将(6.7.3)式代入(6.2.14)式得

$$\bar{r}_i = r_f + (\bar{r}_M - r_f)\frac{\text{cov}(F, r_M)}{\sigma_M^2} b_i \tag{6.7.4}$$

当 $b_i \neq 0$ 时,用(6.5.5)式减(6.7.4)式得

$$\lambda_1 = (\bar{r}_M - r_f)\frac{\text{cov}(F, r_M)}{\sigma_M^2} \tag{6.7.5}$$

因为 $\sigma_M^2 > 0$,且一般情况下 $(\bar{r}_M - r_f) > 0$ 也成立,所以

(1)当 $\text{cov}(F, r_M) > 0$($F$ 与 $r_M$ 正相关)时,有 $\lambda_1 > 0$。因此,$b_i$ 越大,证券的预期回报率越高。说明证券的预期回报率与因素敏感性呈正向变动关系。

(2)当 $\text{cov}(F, r_M) < 0$($F$ 与 $r_M$ 负相关)时,有 $\lambda_1 < 0$。因此,$b_i$ 越大,证券的预期回报率越低。说明证券的预期回报率与因素敏感性呈反向变动关系。

## 二、多因素APT模型与CAPM模型

若多因素APT模型(如双因素)与CAPM均成立,则有

$$\bar{r}_i = r_f + (\bar{r}_M - r_f)\beta_{iM}$$

$$\bar{r}_i = r_f + (\delta_1 - r_f)b_{i1} + (\delta_2 - r_f)b_{i2}$$

采用单因素模型同样的分析方法，可得贝塔系数（$\beta_{iM}$）与因素敏感性（$b_{i1}$、$b_{i2}$）的关系为

$$\beta_{iM}=\frac{\operatorname{cov}(F_1,r_M)}{\sigma_M^2}b_{i1}+\frac{\operatorname{cov}(F_2,r_M)}{\sigma_M^2}b_{i2} \tag{6.7.6}$$

其中，$\operatorname{cov}(F_1,r_M)$、$\operatorname{cov}(F_2,r_M)$ 分别是第一、二个因素与市场组合回报率之间的协方差。由于 $\frac{\operatorname{cov}(F_1,r_M)}{\sigma_M^2}$ 和 $\frac{\operatorname{cov}(F_2,r_M)}{\sigma_M^2}$ 均为常数，因此，当双因素 APT 模型(6.6.6)式与 CAPM (6.2.14)式均成立时，(6.7.6)式说明 $\beta_{iM}$ 是 $b_{i1}$、$b_{i2}$ 的线性组合。

如果将(6.7.6)式代入(6.2.14)式，则可得

$$\bar{r}_i=r_f+(\bar{r}_M-r_f)\left[\frac{\operatorname{cov}(F_1,r_M)}{\sigma_M^2}b_{i1}+\frac{\operatorname{cov}(F_2,r_M)}{\sigma_M^2}b_{i2}\right] \tag{6.7.7}$$

或

$$\bar{r}_i=r_f+(\bar{r}_M-r_f)\frac{\operatorname{cov}(F_1,r_M)}{\sigma_M^2}b_{i1}+(\bar{r}_M-r_f)\frac{\operatorname{cov}(F_2,r_M)}{\sigma_M^2}b_{i2} \tag{6.7.8}$$

与(6.6.6)式比较，可得

$$\lambda_1=(\bar{r}_M-r_f)\frac{\operatorname{cov}(F_1,r_M)}{\sigma_M^2} \tag{6.7.9}$$

$$\lambda_2=(\bar{r}_M-r_f)\frac{\operatorname{cov}(F_2,r_M)}{\sigma_M^2} \tag{6.7.10}$$

该关系同样告诉我们，因为 $\sigma_M^2>0$，且一般情况下（$\bar{r}_M-r_f$）>0 成立，所以 $\lambda_1$、$\lambda_2$ 的取值就依赖于因素与市场组合回报率的相关关系。

一般情况下，多因素 APT 模型与 CAPM 的关系可表示为

$$\beta_{iM}=\sum_{j=1}^{k}\frac{\operatorname{cov}(F_j,r_M)}{\sigma_M^2}b_{ij} \tag{6.7.11}$$

$$\lambda_j=(\bar{r}_M-r_f)\frac{\operatorname{cov}(F_j,r_M)}{\sigma_M^2}\qquad(j=1,2,\cdots,k) \tag{6.7.12}$$

从上面的分析我们不难看出，CAPM 的确是 APT 单因素时的特例，且 CAPM 与 APT 之间具有广泛的联系。然而，我们同时也必须看到 CAPM 与 APT 两者之间的不同，它们之间最主要的差别在于 CAPM 强调市场的有效性，而 APT 则强调了无套利均衡，两者建立的思想基础是不同的。显然，有效的市场一定含有无套利均衡，然而，现实中的无套利均衡未必能保证市场是有效的，当市场本身不能满足有效性时，CAPM 的关系式就遭到破坏，在这种情况下，再利用(6.2.14)式来给证券 $i$ 定价就存在明显的问题，而 APT 则不同，无论市场本身的情况怎么样，只要投资者再也找不到套利机会，APT 就能成立。当然，现实中，套利机会的识别通常也是很困难的。

**思考题**

1. CAPM 理论的假定条件有哪些，这些假设将投资者及其投资环境简化为一种怎样的情形。

2. 如果投资者只能以自有资金投资，其组合的有效边界是如何确定的；如果投资者能够以无风险利率借贷资金，其组合的有效边界又是如何确定的。

3. 资本市场线的切点具有哪些特殊的性质。

4. 市场组合的标准差是否是组合中各证券标准差的加权平均,为什么?

5. 证券市场线与资本市场线的关系是怎样的。是否任一投资组合(包括单一证券)都落在证券市场线上。在什么情况下,证券市场线与资本市场线才是一致的。

6. 什么是因素模型,市场模型中的因素是什么。

7. 与资本资产定价模型相比因素模型在确定市场组合时有哪些方便之处。

8. 因素模型是否是均衡的模型。在什么情况下因素模型与资本资产定价模型是一致的。

9. 在实际应用中,都有哪些变量可被用作因素模型的因素,为什么?

10. 证券(组合)的风险可被分为哪两部分,它们之间的关系是怎样的。

11. 套利定价模型的理论基础和假设分别是什么。

12. 如何构建套利组合。

13. 套利行为对市场的影响是怎样的。

14. APT 定价模型中的因素风险溢价是如何确定的。

15. 当市场组合为单因素模型中的因素时,APT 定价模型与 CAPM 的关系是怎样的。

16. APT 定价模型中的因素风险溢价的正负取决于什么因素。

**讨论题**

1. 如果在可选证券中包括无风险资产,证明两基金分离定理仍然成立。

2. 如果有两个证券 $i$ 和 $j$ ,它们对应公司的经营业绩存在重大区别,然而其市场价格的变动完全正相关,即 $\rho_{ij}=1$,那么用 CAPM 定价的结果如何。并依此讨论 CAPM 的局限性。

3. 在我国证券市场中,我们常常不难发现,在一定时期,某一证券 $i$ 价格的变动完全与市场无关,即 $\rho_{iM}=0$,但该证券却不是无风险资产,如何解释这种现象。

4. 从操作层面讨论 APT 定价模型的应用性障碍。

5. 金融资产定价有两种思路,一种是基于内在价值的定价,另一种是基于资产市场相互关系的定价,如何看待这两种定价范式。

# 第七章　VaR 与风险管理

VaR(Value at Risk)即风险价值或在险价值,是 20 世纪 90 年代极受银行业或其他金融机构关注的一种风险管理技术,它借助统计学的思想与方法来评估金融机构资产价值中暴露于风险中的风险大小,从而为金融机构实施有效的风险管理提供基础依据。

## 第一节　置信水平与统计预测

在本章介绍 VaR 方法及应用之前,我们首先介绍一下此方法的统计学基础,即关于置信水平与统计预测的问题,这又不得不涉及统计推断和参数估计的问题。

首先,统计推断(inference)是指根据样本数据对总体的数量特征进行推测和判断,它提供了一整套根据样本统计量对相应总体参数进行推测和判断的科学方法。根据统计推断所要达到的目的,又可分为参数估计(estimation)和假设检验(hypothesis testing)。参数估计旨在用样本统计数值推测相应的总体参数值,假设检验则用来判断样本数据能否支持关于相应总体数量特征的假设。参数估计又包括点估计和区间估计。

区间估计(interval estimation)是从点估计值和抽样标准误出发,按给定的概率值建立包含待估计参数的区间,其中这个给定的概率值称为置信度或置信水平(confidence level),这个建立起来的包含待估计函数的区间称为置信区间(confidence interval),划定置信区间的两个数值分别称为置信下限(lower confidence limit,LCL)和置信上限(upper confidence limit,UCL)。

以正态分布为例,假设已知样本均值( $\bar{X}$ )和样本标准差( $\sigma_{\bar{X}}$ ),(1－α)称为置信水平,它表示将构造置信区间的步骤重复很多次,置信区间包含总体均值 $\mu$ 的次数所占比例,其中 $\alpha$ 为置信度,它是一个比较小的概率值,表示置信区间不能包括 $\mu$ 的可能性。在标准正态曲线(如图 7.1－1)下,截下左右对称两尾部面积和为 $\alpha$ 的两个标准正态单位,记为 $\pm Z_{\frac{\alpha}{2}}$ ,那么置信下限和上限分别为

$$LCL = \bar{X} - Z_{\frac{\alpha}{2}} \cdot \sigma_{\bar{X}}$$

$$UCL = \bar{X} + Z_{\frac{\alpha}{2}} \cdot \sigma_{\bar{X}}$$

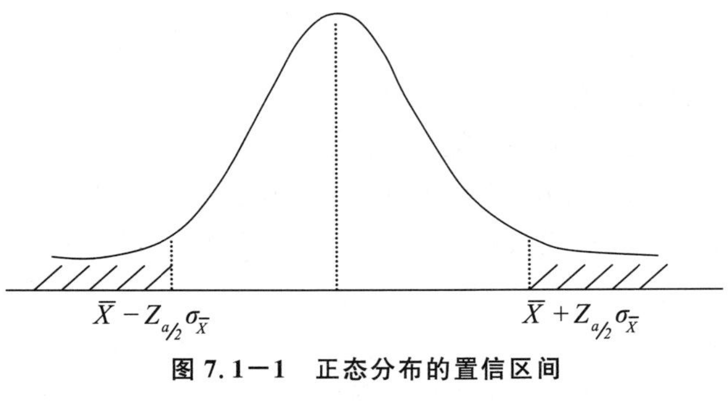


**图 7.1－1　正态分布的置信区间**

并且有下式成立

$$P(\bar{X}-Z_{\frac{\alpha}{2}}\sigma_{\bar{X}}\leqslant\mu\leqslant\bar{X}+Z_{\frac{\alpha}{2}}\sigma_{\bar{X}})=1-\alpha$$

其中，$\bar{X}$ 为样本均值，$\sigma_{\bar{X}}$ 为样本标准差，$\mu$ 为总体均值，$Z_{\frac{\alpha}{2}}$ 为标准正态分布下的分位数。

现在，我们在此基础上引入统计预测的概念。统计预测是指，以已经掌握的统计资料为依据，按照事物的内在联系及其发展规律，运用适当的数学模型，预计所研究的对象在一定时间内可能达到的规模或水平。统计预测的主要特点包括两个方面，一是以实际统计资料为依据，根据过去预测未来，或根据事物的依存关系，由已知变量推断相关的其他变量；二是预测的手段，即数学模型。如果我们只将统计预测的范围限定在与时间概念相联系的对未来的预测上，就是在已知现有信息的条件下，预测未来变量的走势或范围，则也可以将现有信息理解成已知的样本信息，那么所要预测的就将会是总体信息的部分了。这样，就可以将参数估计出的置信区间转化为未来变量的走势范围了。这里，需要注意到表示总体信息的 $\mu$ 是未知常量，而样本信息 $\bar{X}$ 则是随机变量。

图 7.1—1 显示了置信区间的位置及其有关变量的相互关系。从图 7.1—1 可以看出，置信区间的跨度为 $2Z_{\frac{\alpha}{2}}\cdot\sigma_{\bar{X}}$。置信水平（$1-\alpha$）表示区间估计的把握程度，置信区间的跨度（$2Z_{\frac{\alpha}{2}}\cdot\sigma_{\bar{X}}$）是置信水平的正函数，即要求的把握程度越大，势必得到一个较宽的置信区间，这就相应降低了估计的准确程度。过宽的置信区间提供给决策者的是含糊的信息，造成决策上的困难。由此可见，在样本容量一定的前提下，决策者需要在估计的把握程度和准确程度之间进行权衡，指定一个合理的置信水平，通常取的置信水平为 90%、95% 和 99%。为了方便，统计学家将常用的正态曲线下尾部的面积、两尾面积和、单位面积与相应的标准正态单位制作成包含表 7.1—1 内容的标准正态分布表。使用者只需给出置信水平或显著水平就可很方便的获得变量 $Z_{\frac{\alpha}{2}}$ 的值。

**表 7.1—1　常用标准正态单位与面积对照表**

| $1-\alpha$ | $\alpha$ | $\alpha/2$ | $Z_{\alpha/2}$ |
|---|---|---|---|
| 0.90 | 0.10 | 0.050 | 1.65 |
| 0.95 | 0.05 | 0.025 | 1.96 |
| 0.98 | 0.02 | 0.010 | 2.33 |
| 0.99 | 0.01 | 0.005 | 2.58 |

## 第二节　VaR 简介

VaR 作为一个统计概念，本身不过是个数字，它是指一家机构（我们以银行为例）面临“正常”的市场波动时，相信自己的资产组合可能遭受的最大损失。这个定义隐含的意思是说，遭受比 VaR 更大的损失的概率是个确定的、很小的值。

在一本关于 VaR 的开山之作中，P・Jorion 是这样定义 VaR 的：“VaR 是给定的置信水平和目标时段下预期的最大损失（或最坏情况下的损失）”[①]。从 Jorion 的定义中，可以推断出 VaR 有如下最重要的特征。

① P・Jorion. Value at Risk[M]. New York: McGraw-Hill, 1997.

1. VaR是个总结性度量值。度量特定风险的总结性方法很长时间以前就已经存在了，但VaR却是一种独特的风险度量方法，它在综合框架下考虑了市场风险所有可能的来源。这一特征使VaR方法独具吸引力，易于为高层管理人士所掌握。

2. VaR要求用随机形式表达一个组合未来的损益（以下称P&L），以致未来的每个预期，P&L或P&L的区间都可以与其所发生的概率同时表述。通过预期历史数据并把它们用于对未来的预测或者通过为预期的P&L假设一个合适的概率（密度）函数均可以做到这一点。

3. VaR值依赖于所选择的时间范围。让我们举一个例子作为启发，对于一个给定的组合，人们会预期一天的VaR比一个月的VaR小一些。这不过是个常识：给定一只股票，持有一个月的预期P&L一般会比同一只股票持有一天的预期P&L大得多（用绝对值衡量）。

4. VaR取决于所选择的概率水平。事实上，我们希望在设定的时间范围内未来实际发生的损失超过给定概率下（例如5%）的VaR水平。概率越大，VaR越小（但作用也更小）。

换句话讲，VaR是描述给定组合可能遭受损失大小的一种简单方法。VaR方法具有灵活性，因为它可满足各种金融机构的需要，只需选好时间范围和概率水平即可。VaR概念的一个主要缺陷是它不要求对金融市场的走势做理论上的假定。因此，在应用基于VaR方法的风险管理系统时，需要凭借大量的主观判断。选择不同的模型描述市场行为，其导致的结果也可能是大小不同的，事实上也正是如此。

下面我们给出VaR的正式定义。

一家实体机构的VaR是指这样的一种损失额，给定概率 $p$ 下，持有期限 $t$ 日，在 $t$ 日持有期内预计超过这一损失的概率不会大于 $p$。

在这里，我们发现要计算VaR，需要三个因素变量，一是概率水平 $p$，二是持有期限 $t$，另外就是期望收益概率（密度）函数的选择。

对时间范围的选择主要是主观行为，它与银行或金融机构的业务种类和所分析的资产组合类型有关。对于交易组合主要投资于高流动性货币的银行，最好选择1天时间段。对于需要按季度调整组合并报告业绩的投资银行经理来说，90天是较为合适的。理想的情况是，时间范围与组合定期清算所需的最长时间相一致。如果时间范围短于组合定期清算所需的时间，则必须把流动性风险明确反映在模型之中。

鉴于日交易额较大，银行和金融机构一般根据资产负债表内的金融资产的重要性，按日对其资产组合进行有效的按市值计价（mark-to-market）。对于非金融机构，较长的期限（甚至1个月）也可能是比较合适的。时间范围是一项基本因素，特别是在不同组合间进行比较的时候，因为10天的VaR和1天的VaR之间相比是没有任何意义的。在其余方面相同的情况下，前者比后者大。

我们没有必要计算每个时间段的VaR值。事实上，根据一套禁用的但却被普遍接受的假设，$t$ 天的VaR大致等于 $\sqrt{t}$ 乘以1天的VaR。例如，如果按95%的置信水平计算出给定组合1天的VaR是100万美元，则同一组合10天（置信水平相同）的VaR就是 $\$100\times\sqrt{10}\approx\$316$ 万美元。用这个简单的线性转换来测算风险除了需要一些统计方面的假设外，还应注意，计算出的VaR值只适用于给定的组合，而且测算风险所需的（有时是隐含的）假设是，在整个新的（及更长的）时间范围里初始的组合仍保持不变。这样做，特别是对于较长的时间范围，没什么道理。从直觉来看，时间越长，预期损失应越大，因此VaR值应与所选取的时间长度正相关。

另一个因素就是概率水平的选择。金融学理论对概率水平 $p$ 没有提供任何指导原则，它主要取决于风险管理系统如何解释 VaR 值。5%或 1%的损失概率是否应被视为“极端情形”，从风险管理经理的角度来看，就只是个选择的问题。在实践中，使用 VaR 系统的商业银行选择不同的概率水平。非金融企业使用 VaR 系统度量和管理金融风险时，也是这样做的。由于概率水平 $p$ 是一个极端情形，因此 $p$ 值越小(置信水平 $1-p$ 越大)，相应的 VaR 值应越大。

表 7.2—1 归纳了美国一些银行和非金融公司采用的置信水平(等于 $1-p$)。

表 7.2—1　各机构选用的置信水平

| 公司名称 | 置信水平(%) |
|---|---|
| 银行信托公司 | 99 |
| 花旗银行 | 95.4 |
| J. P. 摩根银行 | 95 |
| 美洲银行 | 95 |
| 美孚石油公司 | 99.7 |

最后，期望收益率的概率(密度)函数的选择也是影响 VaR 水平的重要因素。计算 VaR，要求期望收益率(或组合的预期价格变动)的概率密度函数为已知，或可由已知的分布推导出来。最常用(唯一用)的分布是正态分布。该假设大大简化了 VaR 繁重的运算负担，为风险管理者提供了一套功能强大的统计工具。采用正态分布是因为几乎所有已知的推论性统计方法的出发点都是正态假设，它在理论上已经过中心极限定理的证明。然而，关于资产收益率的大量实证分布在均值附近峰值比正态分布高，而尾部则比正态分布粗的结论却与正态分布假定不完全一致，这使人们对用正态假设计算的 VaR 值产生怀疑。今天，一部分金融学家或统计学家开始将该领域的研究重心转向对资产收益率概率分布的估计上。显然，这一工作对于提升 VaR 的实际应用价值是至关重要的。

## 第三节　VaR 的计算

用 VaR 进行风险管理的关键在于它的计算，现行计算 VaR 的方法主要有两类：一是参数法计算 VaR；另一类则是模拟法计算 VaR。

### 一、参数法计算 VaR

参数方法是计算 VaR 最常用的方法，该方法假设收益率服从正态分布(“参数”性质来源于它们依赖于特定分布假设这一事实)。四种不同的参数方法包括。

(1)组合-正态法

(2)资产-正态法(RiskMetrics 模型采用的方法)

(3) $\delta$ -正态法

(4) $\delta$ - $\gamma$ 法

前三种方法假设组合的现金流为线性，最后一个模型假设现金流为非线性。在这里，我们只介绍前三种方法。

(一)组合-正态法

这种方法把 VaR 看作是组合收益率标准差等一系列元素的乘积，即

$$\mathrm{VaR} = \alpha\sigma_P\sqrt{t} \tag{7.3.1}$$

其中，$\alpha$ 为标准正态分布下所选置信度 $p$ 所对应的 $Z$ 值或分位数。举例来说，如果置信度 $p=5\%$，则 $\alpha=1.645$；如果置信度 $p=2.5\%$，则 $\alpha=1.96$；如果置信度 $p=1\%$，则 $\alpha=2.33$。$\sigma_P$ 是在给定时间范围内组合收益率的标准差。$t$ 为持有期，$\sqrt{t}$ 为调整因素，用于测算资产收益率的变化情况。例如，如果我们要计算 1 个月的 VaR，而且已经算出了 1 天的 $\sigma$，则调整因素等于 $\sqrt{30}$。

此方法是基于组合收益率的正态性假定，即 $r_P \sim N(\mu_P, \sigma_P)$。若组合中仅包含少量资产，且它们的收益率服从正态分布，或组合包含大量头寸，其分布仅限于正态分布，模型将被证明有效。

组合-正态法的实用性体现在两方面。一方面是分散化投资成功的组合都包含大量彼此独立的资产头寸，且服从正态分布。如果组合中任何资产的收益率分布的均值和方差均有极限，就可应用中心极限定理获得组合的收益率服从正态分布。另一方面是通过这一方法迅速确定向交易部门分配的资本准备金数量。如果能观察到交易部门的收益率历史纪录，就可以计算出收益率的均值和标准差(例如，季度收益率或年收益率)。可以据此提取准备金以防备可能发生的损失，或为整个部门设置交易限额。

虽然组合-正态法有很好的性质和实用性，但不能就这样认为它是风险度量和风险管理的唯一解决方案，特别是当组合中包含大量高度非线性资产(如期权)时，或在评估各行业组合时应尤为谨慎。这一方法的主要优点就是其简洁性，与资产-正态法和 $\delta$-正态法比起来，它不要求估计大规模的相关性矩阵。

(二)资产-正态法(RiskMetrics 方法)

与组合-正态法不同，这种方法根据组合中各资产的权重和它们收益率之间的相关性来计算组合的标准差。

$$\mathrm{VaR} = \alpha\sigma_P\sqrt{t} \tag{7.3.2}$$

在(7.3.2)式中，组合的标准差 $\sigma_P$ 不是依据组合收益率的历史记录，而是根据公式

$$\sigma_P = \sqrt{W^T \Omega W} \tag{7.3.3}$$

来获得的。其中，$W$ 为单个资产头寸权重的 $N \times 1$ 向量，$N$ 是组合中不同资产的个数，$\Omega$ 为组合收益率的协方差矩阵。

利用该方法计算 VaR 包含如下潜在假设。

1. 资产头寸的收益率服从联合正态分布。我们假定组合(零息债券或对应的附息债券、股票指数、股票期权等)中单个头寸的收益率服从正态分布。

2. 组合收益率服从正态分布是因为组合中每个头寸都服从正态分布。实际上，由于几个正态分布随机变量之和也服从正态分布，所以组合的收益率也服从正态分布。

资产-正态法具有特别的优势，因为它是从哈里·马柯维茨的现代组合理论直接推导出来的方法。现代组合理论认为，资产组合的风险不仅是组合内单个资产风险的加总，还包括资产本身之间价格变动的协方差。在 VaR 理论中，这说明我们必须考虑风险因素之间的协方差，才能正确计算组合的 VaR。只要市场因素之间不完全相关，资产分散化就会降低风险，从而降低 VaR 值。事实上，资产-正态法的假定(资产收益率服从正态分布，用组合收益率的标准差测度风险)也是现代组合理论和资本资产定价模型的基础。

资产-正态法是 RiskMetrics 模型的基本方法，后者是 J. P. 摩根银行的著名软件(20 世纪 90 年代初通过互联网公布)，它对整个行业产生了深远影响，掀起了人们对 VaR 的兴趣和研究

热潮。但是,资产-正态法也存在缺陷,如:它依赖于头寸收益率的正态性;是一种局部的方法,即只适用于头寸收益率变动为无穷小的情形;是彻底的线性方法,对现金流呈现高度非线性特征的资产(如期权)没有应用二次项进行估计;运算繁琐,它不仅要求进行资产分解及现金流对应的工作,而且要计算规模很大的相关性矩阵,在 $N$ 个头寸下就要计算 $N$ 个方差和 $N(N-1)/2$ 个协方差。

(三) $\delta$-正态法

$\delta$-正态法的原理是引入有限个风险因素,然后把单个资产价格(或收益率)变动与市场因素的价格(或收益率)变动联系起来,这样就可减少资产-正态法的运算负担。引入有限个风险因素控制了相关性的存在,使得在组合容量很大时也能有效的计算市场风险。相关性维数的减少是靠增加风险因素(市场因素)而非风险头寸来实现的,但这并不是说资产分解没有必要(经典的例子是外币远期利率协议,它可分解成三个基础头寸以体现风险:本币市场利率、外币市场利率、汇率),而使它大大简化了计算程序。

在 $\delta$-正态法下,单个资产的波动是通过每个市场因素的变动乘以该变动的敏感性参数得出来的,例如,市场因素 $j$ 的变动引起资产价格变动。这些敏感性参数被称为 $\delta$ 因子。

正规的表述是,假设组合的市场价值是 $M$ 个市场因素组合的集合 $S$ 的函数,例如,$MV_P=f(S_1,S_2,S_3,\cdots,S_M)$。组合的市场价值可以改写为

$$\begin{aligned}MV_P&=\theta t+\sum_j\delta_jS_j\\&=\theta t+S\delta^T\end{aligned}\tag{7.3.4}$$

其中,$S_j$ 为市场组合对第 $j$ 个市场因素的风险暴露,$S=(S_1,S_2,\cdots,S_M)$,$\delta=(\partial MV/\partial S_1,\partial MV/\partial S_2,\cdots,\partial MV/\partial S_M)$。

对 $\delta$ 模型来说,组合价格的变动

$$\Delta MV_P=\theta\Delta t+\Delta S\delta^T\tag{7.3.5}$$

其中,$\theta\Delta t$ 为组合价值随时间发生的变化(组合的 $\theta$ 值乘以时间段),$\Delta S$ 为因素变动向量。

组合的风险

$$\sigma_P=\sqrt{\delta\Omega\delta^T}\tag{7.3.6}$$

其中,$\Omega$ 是因素协方差矩阵。

VaR 值的计算为

$$\text{VaR}=\alpha\sigma_P\sqrt{t}\tag{7.3.7}$$

实际上,$\delta$-正态模型基于如下假设:

(1)市场因素的变动服从联合正态分布。市场因素变化的未来波动性估计以及不同市场因素变动的协方差估计都基于此假设;

(2)市场因素变动与单个资产变动之间呈线性关系。这意味着组合价值的变动可由市场因素变动的线性形式表示出来;

(3)正态分布变量的线性组合也服从正态分布,对市场因素变动的正态性假设的隐含意义是组合变动的概率密度函数也服从正态分布。

$\delta$-正态模型是精确度与复杂度之间折衷的产物。它适用于短期(例如一日内变动)和组合中不包括或包括少量期权的情形。与资产-正态法相比,它的优势在于体现了波动性风险(若波动性被当作一个市场因素的话),并且大大降低了问题的复杂程度。

利用 $\delta$-正态法计算 VaR 包括以下主要步骤:

(1)风险映射。即识别基础市场因子,将证券组合中的金融工具映射为一系列只受单一市场因子影响的标准头寸。

(2)市场因子的方差-协方差矩阵的估计。假设市场因子的变化服从正态分布,估计分布的参数(如方差和相关系数),得到方差-协方差矩阵。

(3)估计标准头寸的 $\delta$。

(4)估计标准头寸的方差-协方差矩阵。根据估计出的 $\delta$ 和市场因子的方差-协方差矩阵,计算相应的标准头寸的方差-协方差矩阵。

(5)组合价值变化与 VaR 估计。使用标准的统计方法根据标准头寸的方差、协方差求取组合价值的变化,得到 VaR 的估计结果。

下面用一个简单的例子来说明 $\delta$-正态法计算 VaR 的步骤[①]。

假定一个美国公司持有一个 3 个月的外汇远期合约,该合约在 91 天后交割,支出 1500 万美元,收到 1000 万英镑。其美元计值的 VaR 计算可分为 4 步。

①风险映射

识别金融工具中包含的基本市场因子,将远期合约映射为只包含一个市场因子的标准头寸。该合约包含的市场因子为英镑利率、美元利率和即期汇率。将远期合约分解为面值为 1000 万英镑的 3 个月期英镑零息债券的多头,和面值为 1500 万美元的 3 个月期美元零息债券的空头。

美元空头(用负号表示)的市场价值为:

$$X_1=-\frac{15000000}{1+r_{美元}(91/360)}=-\frac{15000000}{1+0.5469\times(91/360)}=-14795000(美元)$$

英镑多头的市场价值为($S$ 为即期汇率):

$$X_2=S\times\frac{10000000}{1+r_{英镑}(91/365)}=15123242(美元)$$

假定即期汇率 $S$ 不变,则存在投资于 3 个月期的英镑债券($X_2=15123242$ 美元)的利率风险;假定英镑利率不变,则面值 1000 万英镑的债券(现金头寸为 $X_3=15123242$ 美元)。从美国公司角度看,由于英镑支付债券的头寸暴露于两个市场因子的变化,所以合约中英镑部分的美元价值在映射后的头寸中出现两次。

在上述完成的映射过程中,远期合约被描述为 3 种标准头寸($X_1$、$X_2$ 和 $X_3$)的数量。

②市场因子的方差-协方差矩阵估计

假定基本市场因子变化的百分数服从均值为零的多元正态分布,下表给出了标准差和相关系数的估计。

**表 7.3—1 市场因子变化的标准差和相关系数**

| 市场因子 | 变化(%)的标准差 | 市场因子变化(%)的相关系数 | | | |
|---|---|---|---|---|---|
| | | 市场因子 | 3 个月的美元利率 | 3 个月的英镑利率 | 美元/英镑汇率 |
| 3 个月的美元利率 | 0.61 | 3 个月的美元利率 | 1.00 | | |
| 3 个月的英镑利率 | 0.58 | 3 个月的英镑利率 | 0.11 | 1.00 | |
| 美元/英镑汇率 | 0.35 | 美元/英镑汇率 | 0.19 | 0.10 | 1.00 |

① 该例引自王春峰,《VaR 金融市场风险管理》,天津大学出版社,2001。

③估计标准头寸的方差-协方差矩阵

标准头寸价值变化的标准差由市场因子的标准差和标准头寸对市场因子变化的 $\delta$ 决定。若假定 $\delta$ 为 $X$，则表明当市场因子变化 1%时，标准头寸的价值变化则为 $X\%$。这样，第一个标准头寸的价值变化百分比为：

$$\Delta X_1(\%) \approx \frac{\partial X_1}{\partial r_{美元}} \cdot \frac{r_{美元}}{X_1} \cdot \Delta r_{美元}$$

这样就存在

$$\sigma_1 \approx -\frac{\partial X_1}{\partial r_{美元}} \cdot \frac{r_{美元}}{X_1} \cdot \sigma_{美元}$$

其中，$\sigma_1$ 为 $\Delta X_1(\%)$的标准差；$\sigma_{美元}$ 为 $\Delta r_{美元}$ 的标准差。由于 $\frac{\partial X_1}{\partial r_{美元}} < 0$，因此公式中加入了负号。

同理，其他两个标准头寸有

$$\sigma_2 \approx -\frac{\partial X_2}{\partial r_{英镑}} \cdot \frac{r_{英镑}}{X_2} \cdot \sigma_{英镑}$$

$$\sigma_1 \approx \frac{\partial X_3}{\partial S} \cdot \frac{S}{X_1} \cdot \sigma_S$$

标准头寸价值变化间的相关性等于市场因子之间的相关性，但如果标准头寸的价值变化与市场因子的变化相反时，则相关系数异号。因此存在

$$\rho_{13} = -\rho_{美元,汇率}$$

$$\rho_{23} = -\rho_{英镑,汇率}$$

$$\rho_{12} = -\rho_{美元,英镑}$$

④组合价值变化与 VaR 估计

计算组合的方差和标准差，并确定组合收益或损失的分布。组合价值变化的方差取决于标准头寸价值变化的标准差、相关系数和头寸的大小。用公式可表示为

$$\sigma_{组合}^2 = X_1^2\sigma_1^2 + X_2^2\sigma_2^2 + X_3^2\sigma_3^2 + 2X_1X_2\rho_{12}\sigma_1\sigma_2 + 2X_1X_3\rho_{13}\sigma_1\sigma_3 + 2X_2X_3\rho_{23}\sigma_2\sigma_3$$

经计算，组合的标准差约为 $\sigma_{组合} = 52500$。如果使用 5%的置信度计算风险价值，则

$$\text{VaR} = 1.65 \times \sigma_{组合} = 1.65 \times 52500 = 86625(美元)$$

其含义为，一般情况下，该美国公司损失达到 86625 美元的概率不会超过 5%。

## 二、模拟法计算 VaR

上面我们考察了所谓的参数方法(即明显依赖于给定的收益率概率分布来计算 VaR 的方法)。模拟模型则是另外一种方法。尽管比参数法要求更多的运算工作，模拟模型还是克服了参数法的许多缺陷。模拟模型可以分为以下两类：(1)历史模拟模型；(2)蒙特卡罗模型(Moute Carlo simulation model)。

(一)历史模拟法

历史模拟法是一个简单的、非理论的方法，它对潜在市场因素的标准分布不做假定。历史模拟法基于如下思想：即认为历史的情形会重复出现，在分析上，是将历史数据作为一个时间序列进行模拟。

这种方法对历史价格走势应用三步骤模型技术，因此比较直观。

(1)选择合适的长期市场因素历史收益率时间序列 $[F(i)_t]$，$t = -T, -T+1, \cdots, 0, -$

般用 3～5 年的日数据，其中 $F(i)$ 为市场因素 $i$ 的向量。

(2)给定第一步得到的时间序列，计算清算期间(当前)组合价值变动的时间序列。在为组合中的单个资产定价时，采用实际价格函数(例如对简单期权用布莱克-斯科尔斯公式或 Garman-Kohlhagen 公式，对现金流用零息债券贴现函数)或者采用 $\delta$ 或 $\delta$-$\gamma$ 参数估计模型。

(3)从历史数据归纳出的收益率实际分布情况列表显示，选择某一概率水平，计算该分布在这一概率水平下可能出现的极值，然后据此计算合适的风险资本额。

例如，采用过去 101 天交易日的数据，计算某一金融资产组合的 VaR。每一个市场因素 $F(i)$ ( $i=1,2,\cdots,n$ )在 100 天内不断发生变化，可得到反映变化值的向量。这一变化值向量是由市场因素的 100 个变化量所组成。即

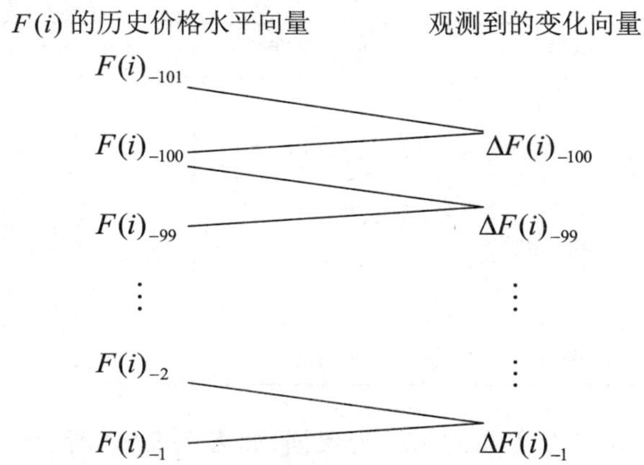


假定这 100 个变化量在未来的一天都可能出现，于是，对于每一个市场因子，将市场因子的当前值 $F(i)_0$ 和观测到的变化向量相加，便可得到市场因子的未来可能价格水平，以向量 $AF(i)$ 表示，即

$$AF(i)_1=F(i)_0+\Delta F(i)_{-1}$$
$$AF(i)_2=F(i)_0+\Delta F(i)_{-2}$$
$$\vdots$$
$$AF(i)_{100}=F(i)_0+\Delta F(i)_{-100}$$

通过对 $n$ 个市场因素中的每一因素当前值 $F(i)_0$ 和未来可能价格水平 $AF(i)$ 的计算，可以计算组合的当前值 $V_0$ 与组合价值的变化量 $\Delta V$。

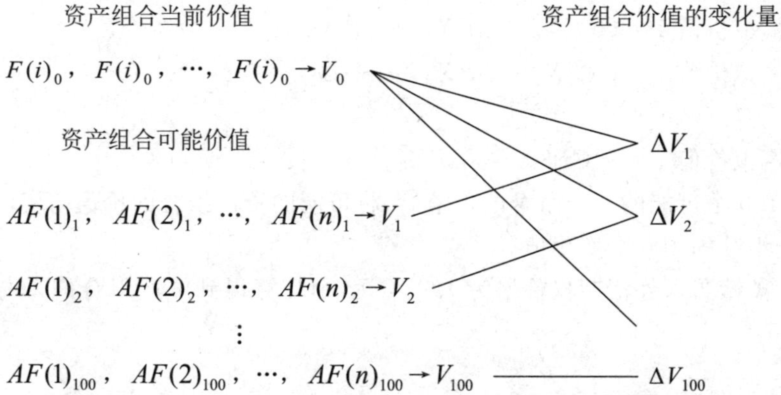


将上述资产组合价值的变化量由小到大排列，在所规定的置信概率下，便可确定 VaR 值。

下面,我们通过一个具体实例来说明历史模拟法计算 VaR[①]。

现要求对以美元为面值的资产组合进行风险价值分析,设置信水平为 99%,持有该资产组合的时间为 1 天。假定投资者持有的资产组合为美元/英镑的外汇买入期权。

首先,我们需要分析影响外汇期权价格变动有哪些重要的市场因素。根据金融理论,影响外汇期权价格变化的主要因素有四种:①美元与英镑的即期汇率;②即期汇率的波动程度;③美元利率;④英镑利率。为简化计算,我们只讨论前两个市场因素:即期汇率及其波动程度。

现收集到过去 101 天的现货美元/英镑马克汇率收市价和即期汇率波动程度数据,并可根据该数据计算两个市场因素一天的变化量,如表 7.3—2 所示。

**表 7.3—2**

| 时间(天) | 美元/英镑汇率 | 波动程度 | 现货汇率变化量 | 波动程度变化量 |
|---|---|---|---|---|
| −101 | 1.4000 | 0.150 | | |
| −100 | 1.3970 | 0.149 | −0.0030 | −0.001 |
| −99 | 1.3960 | 0.149 | −0.0010 | −0.000 |
| ⋮ | ⋮ | ⋮ | ⋮ | ⋮ |
| −2 | 1.4015 | 0.163 | +0.0015 | +0.005 |
| −1 | 1.4024 | 0.162 | +0.0007 | −0.001 |

然后,可以模拟计算每一个因素的 100 天数据,如表 7.3—3 所示。

**表 7.3—3**

| | 即期汇率 | 即期汇率波动 |
|---|---|---|
| 模拟值 1 | $FX_0+\Delta FX_1$ | $\sigma_0+\Delta\sigma_1$ |
| 模拟值 2 | $FX_0+\Delta FX_2$ | $\sigma_0+\Delta\sigma_2$ |
| ⋮ | ⋮ | ⋮ |
| 模拟值 100 | $FX_0+\Delta FX_{100}$ | $\sigma_0+\Delta\sigma_{100}$ |

然后利用期权价格模型,并代入上述两个因素的 100 个模拟值,计算得到 100 个可能的资产组合的价值:

资产组合模拟价值 1$=C(FX_0+\Delta FX_1,\sigma_0+\Delta\sigma_1,\cdots)$

资产组合模拟价值 2$=C(FX_0+\Delta FX_2,\sigma_0+\Delta\sigma_2,\cdots)$

⋮

资产组合模拟价值 100$=C(FX_0+\Delta FX_{100},\sigma_0+\Delta\sigma_{100},\cdots)$

得到上述 100 个可能的资产组合的价值后,将可能的资产组合的价值与资产组合的现值比较,得到该资产组合的 100 个变化值。

已知美元/英镑买入外汇期权价格为 1.8 美元,则计算得到资产组合的 100 个变化值如表 7.3—4 所示。

① 该例选自严武等著,《风险统计与决策分析》,经济管理出版社,1999。为了更接近现实,我们将原例中的德国马克换成了英镑。

表 7.3—4

| 汇率变化值 $\Delta FX$ | 波动程度变化值 $\Delta\sigma$ | 资产组合(美元/英镑买入外汇期权)可能价值(美元) | 与即期外汇期权的差异(美元) |
|---|---|---|---|
| −0.0030 | −0.001 | 1.75 | −0.05 |
| −0.0010 | −0.000 | 1.73 | −0.07 |
| ⋮ | ⋮ | ⋮ | ⋮ |
| +0.0015 | −0.005 | 1.87 | +0.07 |
| +0.007 | −0.001 | 1.88 | +0.08 |

将资产组合价值的变化量按从小到大的顺序排列,如表 7.3—5 所示。

表 7.3—5

| 序号 | 资产组合价值的变化量(美元) |
|---|---|
| 100 | −0.11 |
| 99 | −0.07 |
| 98 | −0.05 |
| ⋮ | ⋮ |
| 2 | +0.07 |
| 1 | +0.08 |

表 7.3—5 给出了资产组合的风险价值分布状况。它告诉我们当观察样本数据为 101 天时,持有该组合为 1 天时,以某概率出现的最大损失额。本例中,由于置信水平为 99%,因此投资者的资产组合每天的 VaR 是 7 美分,即在正常市场条件下,只有 1%的使该投资者持有的美元/英镑买入期权每天损失超过 7 美分。

历史模拟法对生成组合收益率的市场价格过程几乎不做假定,它只是假设未来的市场价格信息与历史上的市场价格信息一样,都取自同一经验分布。用统计学术语来讲,这种方法唯一的假定就是市场因素收益率服从一个静态的过程,从而概率密度函数不随时间变化,或不发生大幅变化。在选择市场因素收益率时间序列的历史区间时,存在任意性,这既可能包括极端的价格波动,也可能排除极端情形,比如 1987 年 10 月美国股灾或者 1992 年欧洲货币体系危机。

从另一方面来看,通过使用经验分布,分析师就可以规避那些在为市场价格波动建模时遇到的问题。这些问题例如,市场价格分布呈粗尾形态,比正态分布下预测的形状偏斜一些;波动性和相关性不够稳定等。除此之外,对价格函数几乎不做任何假定。利用实际价格分布,可以对整个组合随时重新定价。这里隐含的意思是说,组合的现金流体现了总体特征,而不仅仅是个局部测算。如果计算现金流,则应在模型中引入估计误差项。

该方法与参数方法相比,有三个明显优势。(1)模型本质上简单,多数时候无需估计任何参数,市场因素序列都是观测出来的;(2)完全体现了市场因素的实际分布,分布的各阶矩(甚至高于二阶的)以及市场因素之间的相关性集合均可模拟出来;(3)非常易于向最高管理层做出说明。

但历史模拟法也有很多缺陷和问题。首先,如果市场因素的未来分布与历史分布差别过大,测算结果就会非常不准;其次,和其他模拟法一样,要承担大量的运算,对银行来讲尤其如此;再有就是,如果市场因素收益率观察值数量过少,就不太可能精确界定分布的尾部形态,如果样本时间段过短,相对于真实分布,该方法就会低估或高估极端波动,反过来,如果样本区间过长,就很难再假设市场因素的分布是静态的了。

(二)蒙特卡罗模拟模型

历史模拟法应用的基础是资产价格或市场因素的历史实际观测值,据此可以得出组合损益的几个结果,并基于所观察到的损益分布计算 VaR。蒙特卡罗模拟模型与上述理念类似,最大的区别是资产收益率或市场因素收益率不是取历史观察值,而是用计算机模拟出来的。目标是模拟 $n$ 个(实际上是 10000 个)情景,以获得组合价值的 10000 个数据。然后根据计算出的损益分布,扣除(95%概率水平下)500 个最差的结果,或扣除(99%概率水平下)100 个最差的结果,就可以计算出 VaR 的值。

蒙特卡罗模拟技术的基本做法是,重复模拟金融变量的随机过程,涵盖各种可能出现的情形。通过这种模拟,就可以再现组合价值的整个分布。假设我们想用模拟技术模拟单个资产(如股票或股票指数)的价格变化轨迹。首先,也是最关键的一步是选好价格随机过程。最常用的模型是几何布朗运动,即随机行走模型的连续形式,然后构造出非常多的情景来评估组合的损益情况。一旦能够生成满足一定相关性的时间序列,下一个选择就是决定生成多少个序列。一个可能的做法是为组合中每个资产生成一个序列。可以根据历史数据计算每种资产的波动性以及与组合内其他资产之间的相关性。若有 $N$ 个资产,就应生成 $N$ 个相关的时间序列,例如 1000 次,然后得出该组合的现金流分布情况。从某种意义上看,这种方法很像资产-正态法。一个更常用且简洁的方法是只生成市场因素时间序列,这就可以大大降低时间序列的个数,此时,组合中任何资产价值发生的变动都可以通过 $\delta$ 或 $\delta$-$\gamma$ 近似法测算出来。

蒙特卡罗技术大体上克服了参数法和历史模拟法所遇到的问题。它主要的不足在于大量的运算,因为它需要算出几千个不同的情景作为分析的基础。但另一方面,正是由于具有高度的灵活性,它才能解释各种风险,包括波动性风险和信用风险。换句话说,它能反映最微妙的模型风险(即模型本身解释力不足的风险)。很多银行、信托公司、战略性重新定位金融机构等都采用蒙特卡罗模拟技术,随着计算机功能日渐提升,这种方法也越来越受到欢迎。

## 第四节 随机过程与 VaR

风险计量模型可以描述资产组合价值的未来预期波动特征,其基本前提是能够在任何时点计算出期望收益率随时间的动态变化及其概率分布。从投资和统计的角度来看,与价格概念相比,收益率概念更受欢迎,在收益率基础上建模比在价格基础上建模要容易得多,因此,VaR 风险管理体系主要讨论收益率模型。

未来收益率的实际变化是无法准确预测的,但并不是说预测根本不可行,而是说未来的收益率的取值可能位于给定某个区间,其各种可能结果的概率由一个概率密度函数(以下简称密度函数)来确定。收益率被视为随机变量,其性质体现在密度函数上,我们把单期的对数收益率记为 $r$。金融分析师们不只对单期收益率感兴趣,而更关注收益率在未来的变化路径。为满足这一需要,就必须建立收益率随时间变化的模型。在分析中,收益率可以看作随时间变化的随机变量。定义该变量为 $r(t)$,其中 $t$ 为时间变量。在任何时点上(即 $t=1,2,\cdots,n$),$r(t)$ 只是单个随机变量。随机变量族 $\{r(t)\}$ 定义了一个随机过程(或随机函数)。在时间序列分析和建立金融模型时,随机过程是个非常重要的概念,因为一旦我们识别出一个随机过程,并产生出一系列观察值,就可以对该序列做出一些推断,从而预测未来的收益率。

下面我们再来看看布朗运动的一种特殊形式,几何布朗运动(geometrical brownian motion,GBM)。后面第十二章我们将专门介绍描述股票走势的连续过程,即维纳过程,股票走势的一般维纳过程可表示为

$$dS = adt + bdz \tag{7.4.1}$$

其中,$dz$ 为标准维纳过程,$a$ 为漂移率常数。

在很小的时间段内,有

$$\Delta S = a\Delta t + b\varepsilon\sqrt{\Delta t} \tag{7.4.2}$$

其中,$\Delta S$ 服从均值为 $a\Delta t$ 、方差为 $b^2\Delta t$ 的正态分布。

从关于价格与收益率的关系及其数学特征我们也能体会到,不能用一般维纳过程来描述股票价格趋势,因为它无法体现股票价格的重要特征,即投资者要求的收益率独立于股价水平。一般维纳过程隐含的意思是,既然预期的股票价格变动(假定上涨)就是股票价格的上涨,那么预期收益率是趋于稳定下降的。必须要用百分比收益率预期恒定的假设来取代上述假定。因此,股价模型为

$$\frac{dS}{S} = \mu dt \quad 或 \quad dS = S\mu dt \tag{7.4.3}$$

在短期内,模型可写成 $\Delta S = S\mu\Delta t$。 在无风险状态下,漂移率等于无风险收益率,且不存在导致未来股价波动的不确定性因素。在计算波动性时,需加入一个随机项,即

$$\frac{dS}{S} = \mu dt + \sigma dz \tag{7.4.4}$$

其中,$dz$ 服从维纳过程。

预期的瞬时漂移率为 $\mu S$ ,瞬时方差为 $S^2\sigma^2$。 可见,这是假定方差在任何时点、任何 $S$ 值下都保持不变。(7.4.4)式描述的模型就代表了几何布朗运动。为了便于模拟分析,通常使用几何布朗运动的离散形式

$$\frac{\Delta S}{S} = \mu\Delta t + \sigma\varepsilon\sqrt{\Delta t} \tag{7.4.5}$$

其中,$\varepsilon \sim N(0,1)$ ,$\Delta S/S$ 服从均值为 $\mu\Delta t$ 、标准差为 $\sigma\sqrt{\Delta t}$ 的正态分布。

几何布朗运动的离散形式是 VaR 的蒙特卡罗模拟计算的主要应用形式。

选择什么样的随机过程模型来预测资产价格变动对 VaR 方法的影响很大。假定在 10 天范围内,以 95%和 90%的置信水平来计算一个走势与纽约证券交易所指数完全相同的组合的 VaR。皮埃特罗·潘泽(Pietoo Penza)计算了 1997 年 1 月 1 日—1998 年 3 月 22 日绝对值及对数形式收益率变化的均值和标准差。计算结果如下。

绝对值收益率变动:均值=0.5085,标准差=4.7936

对数收益率变动:均值=0.0005,标准差=0.0043

他们分别选择算术布朗运动(维纳过程)和几何布朗运动的离散形式,计算出 10 天的 100 条价格变化轨迹,然后在第 10 天取模拟序列的 5%和 10%。结果如表 7.4-1 所示。

表 7.4—1 两种随机过程的 VaR 值比较

| | VaR90% | VaR95% |
|---|---|---|
| 算术布朗运动 | 19.05 | 25.02 |
| 几何布朗运动 | 9.85 | 12.90 |

从表 7.4—1 可以看出,采用两个不同的随机过程模型计算出的 VaR 值有很大的差异,如果从统计学的角度来解释的话,那就是采用什么样的统计假设,决定着计算结果的差异。

## 第五节 预测方差-协方差矩阵计算 VaR *

有关持有期与置信水平的选择,巴塞尔委员会(Basle Committee)的建议(1995 年 4 月)是,在 10 个工作日持有期内计算 99%水平的 VaR 值。不论采取方差-协方差矩阵法还是蒙特卡罗模拟法,任何 VaR 模型的核心都是准确预测持有期的方差和协方差。J. P. 摩根银行的 RiskMetrics 模型采用指数加权移动平均方法,其日数据应用的衰减因子为 0.94,月度数据的衰减因子为 0.97。指数加权移动平均得出的结论与 GARCH(1,1)①预测过程的结论非常相似。毫无疑问,GARCH 是最完整的预测技术,但需要从事大量的运算工作。如果持有期长达几个月,则需要在一个合适的长期的数据时段求简单无条件方差-协方差矩阵,条件是收益率平方序列是稳定的(即存在无条件方差)。虽然 GARCH 方法能对较短时段给出越来越精确的预测结果,但在估计庞大的方差-协方差矩阵时仍无法克服固有的运算难题。然而,可以针对给定风险类别中各要素的收益率展开主成分分析(principle components analysis)。尽管其结果实际上是使矩阵规模变小,但这样做不是为了降低矩阵维数,而是使主成分正交,从而令无条件相关系数等于 0。按照定义,主成分无条件方差-协方差矩阵就是对角线矩阵。

参照某一标准,衡量一下各种模型的作用如何,就可给它们排出座次。此时有必要制定一个标准来比较哪个模型更有效。一个可行的方法是取很长的数据时期内的无条件标准差为参照标准,再拿各种模型预测的波动性值与其对比:如果某个模型这方面无法改进,就不应予以采用。

无论模型在确定样本期估计(即在样本的数据期间估计模型参数)中表现得多好,真正验证其功效大小还是在样本之外(常称为样本后期,post sample)的预测检验中进行的。标准的计量经济学方法是保留模型估计所采用的数据部分,然后再以某种方式估计模型预测是否准确。

不管怎样,仍无法回避一个问题,即如何确定用以衡量一个检验模型是否适当的标准。一般的方法是用均方误差来衡量波动性和相关性预测是否准确,但这也存在问题,根均方误差(root-mean-square error)标准来自正态似然函数(normal likelihood function),当波动性等于常数,实际预测值与预测均值之间平方差最小化,就意味着正态似然函数最大化②。但是,尽管对数收益率假定服从正态分布,其方差是否也服从正态分布在事前却无法预知。因此,采用基于极大似然估计值的标准不可行。

在不同波动性预测值之间难以比较的另一个原因是,它们常代表不同的时间段。比如,历

① GARCH 模型为 ARCH 模型的一般形式,称为广义自回归条件异方差模型,简单 GARCH(1,1)模型只有一个滞后误差平方项和一个自回归项,其方程的形式为:$E(\sigma_t^2)=\alpha_0+\alpha_1\sigma_{t-1}^2+\beta_1\varepsilon_{t-1}^2+\varepsilon_t$。

② 事实上,如果残差是同方差的,最小二乘法回归就与极大似然估计完全相同。

史波动性常用于做长期预测，即一个月以上的预测，而隐含波动性则无法与其他预测值相对比，因为其预测值是连续变化的。

无论采用何种预测方法，短期波动性估计总比长期波动性估计准确。令人遗憾的是，在比较不同预测方法有效性的问题上，只有这么一个确定的答案。

## 第六节 VaR模型在我国股市风险分析中的应用

如果说，导致1997年亚洲金融危机的原因是发展中国家金融体系不健全与国际游资的冲击，那么，事隔10年之后，由次债危机引发的全球性金融危机却恰恰发生在市场最完善、金融体系最完全、金融市场运行最规范的美国。对于此次全球性金融危机爆发的原因，几乎一致的看法是，金融产品的过度衍生与金融机构在房产价格不断攀升背景下对住房贷款条件的放松。事实上，在全球金融危机爆发前，我们还在津津乐道金融创新（主要指金融工具创新），为什么突然一夜之间却又出现衍生过度呢？说信贷条件被过度放松，可信贷条件及其相应的风险评价可是使用大量复杂模型计算的结果啊！我们认为，产生这一现象的原因是明显的，即它是事先判断与事后检验不一致的结果。在金融风险管理中，相比事先判断来说，事后检验虽不是没有意义，但它于事无补。然而，当我们在探寻产生本次金融危机的原因时，却很少从事前判断的层面去挖掘，金融机构金融决策事前技术支持的缺陷被忽略了。

作为现行广为流行的一种风险度量技术，VaR自20世纪90年代被提出后，其很快在金融机构风险管理中得到广泛应用，巴塞尔委员会还依据VaR的相关计算制定了一系列银行风险管理的标准，由此，用VaR管理金融风险不仅迅速扩展到世界范围，而且其也迅速延伸到非银行类金融机构。作为一种风险度量技术，VaR是指在正常情况及持有期间内，在特定的概率范围（置信水平）下投资组合因市场风险可能发生的最大损失估计值，即 $P(\Delta V_t < \mathrm{VaR}_t \mid I_{t-1}) = \alpha$。简单地说就是，对于某一投资组合或资产组合，在正常情况下有 $(1-\alpha)\%$（置信水平）的信心在未来 $T$ 天（持有期间）内，此投资组合或资产组合的损失将不超过 $\mathrm{VaR}_t$ 元。VaR的提出有力地促进了风险度量技术的进步，作为一种可以事前计算的风险管理方法，其克服了传统方法只能事后评价的缺陷；其次，VaR还可以将不同市场因子、不同资产组合的风险加以集成加总，充分考虑各种风险来源的相互作用，较好地反映金融市场风险复杂结构间的动态影响，得到较为准确的风险暴露估计，这也是传统金融风险管理方法不能做到的。然而，VaR这种事前的风险度量技术也是有缺陷的，表现得较为明显的是，在VaR的计算中，通常需要事前设定数据的概率分布。显然，概率分布设定的不同、估计方法不同，其结果就会迥异。如经典VaR测定通常假定数据分布服从正态分布①，可是国内外大量的实证和经验研究发现，绝大多数金融数据分布呈现“尖峰厚尾”特性，这使实际的VaR值常常被低估，其结果将使金融机构和金融企业持有过低的风险资本。在VaR被广泛应用的今天，金融机构和金融企业持有过低风险资本的结果是可想而知的。因此，重视对VaR计算过程中概率分布设定错误的分析就显得特别重要。作为VaR应用，这里我们在充分考虑概率分布设定错误可能带来的风险的前提下，试图利用根据数据特征改进的模型分别计算最受关注的极值风险度量VaR值，来说明我国股市面临的市场风险的实际大小，以此改进对我国股市市场风险VaR值的判断。

① 这主要是应用了中心极限定理。

## 一、文献综述

VaR 作为一种风险管理技术,它首先来源于金融机构的实践,20 世纪 80 年代一些金融公司就将 VaR 用于测量交易性证券的市场风险,直到 90 年代,VaR 才被系统地上升到理论上的研究。1994 年,Wilson 首次将 VaR 定义为"给定置信水平下持有期内的最大可能损失",并将 delta 模型扩展到 delta-Gamma 正态模型。1995 年,美国 JP. Morgan 银行提出了以方差-协方差矩阵作为衡量 VaR 的基本方法,随后,JP. Morgan(1996)将 VaR 看作是在既定头寸或被冲销或重估前市场价值可能发生市场价值的最大损失的估计值被应用于实践。随着金融资产收益率"尖峰厚尾"分布特征被越来越多的经验分析所证实,VaR 计算中的正态分布设定风险引起了学者们的广泛关注,为了克服正态分布设定风险,Hsieh(1993)将 ARCH 模型的时变思想应用于 VaR 的计算,他用 Delta 表示价值函数的改变,同时用 ARCH 模型描述随机状态变量的波动,选择 ECARCH 模型来估计 VaR;Zangari(1996)则结合实际中收益率的波动特征,提出了一类克服正态分布设定风险的扩展技术,即在 VaR 的计算中引用 Cornish-Fisher 扩展方法,将方差、偏度和峰度引入 VaR 的计算,用以修正正态假定下的 VaR,Cornish-Fisher 扩展有效地改善了 VaR 的估值;Matthew Britsker(2006)从实证和理论角度比较全面地探讨和检验了 VaR 的三种模型——历史模拟法、两种改进的历史模拟法。克服 VaR 正态分布设定风险的另一种改进途径来自于数值理论的应用,Dowd Kewin(1999)提出了针对收益率分布尾部超过某一较大阈值的数据进行建模进而计算 VaR 的极值模型,Bacmann 等人(2004)应用极值理论分析了包括套利基金、股票和债券的混合投资组合的风险,并用 VaR 和 ES[①] 进行了定量描述,C. Brooks 等(2005)则提出了一种半非参数的极值方法。

国内的相关研究起步较晚,研究也基本遵循国外的思路与路践。我国学者的研究始于郑文通(1997)的"金融风险的 VaR 方法及其应用"一文,随后,詹原瑞(1999)系统介绍了两类假定条件下市场风险 VaR 的度量和计算方法,提出了计算 VaR 的主要流程,王春峰等(2000)系统介绍了 VaR 计算方法及发展动态,比较了各种方法的优缺点,指出了各自的适用范围,田宏伟等(2000)讨论了在极值理论基础计算 VaR 的"两次子样试算法",余素红等(2004)通过对比 GARCH 模型和随机波动(SV)模型,得到 SV 模型能更好地刻画金融市场的实际特征,陈荣达等(2004)将外汇期权扩展成 Delta-Gamma-Theta 模型,并用 Cornish-Fisher 扩展方法校正 Delta-Gamma-Theta 风险对正态偏斜的影响,刘国光等(2005)利用跳跃式扩展模型和极值理论方法对沪深股市收益分布特征进行了研究,研究结果显示,帕累托分布较好地拟合收益分布左尾部,卢方元(2005)利用大偏差定理研究了金融资产收益率尾部概率估计问题,宋鹏燕等(2009)用幂律型分布的扩展形式拟合了 GARCH 的残差分布尾部,通过对上证综指的实证分析说明幂律型分布的动态 VaR 比基于正态分布的 GARCH 模型和静态幂律尾法更精确。

从国内外的研究,可以看出 VaR 理论研究的发展脉络:理论与实务界在对 VaR 方法进行了充足研究的同时,逐渐认识了 VaR 经典方法(模拟方法和方差-协方差法)的缺陷,正态分析设定误差,VaR 的发展就在于寻求克服或降低概率分布设定风险的方法。将极值理论应用于 VaR 的计算虽然从逻辑上具有较为明显的优势,但因其样本的苛刻性要求,使这类方法在实际应用中受到了极大的限制。相比之下,结合 ARCH 模型来改进 VaR 的计算则要现实的多,伴随着 ARCH 理论的发展,运用 GARCH 及改进模型计算 VaR 的方法,近年来已受到越来越多

① ES(Expected Shortfall):预期损失,一种风险度量技术。它是指超过 VaR 的期望值。

的学者重视，目前已涌现出不少利用数据分布尾部特征计算 VaR 的理论与方法。

### 二、VaR 估计中的概率分布设定风险

金融资产的未来性决定了人们在作出决策选择时必须面对不确定性，当投资者面临不确定性时，状态空间的概率分布预期或设定对投资选择具有决定性的作用，无论是预期还是人为设定，犯错误都是不可避免的。由于目前尚没有有效解决现实问题的概率分布估计方法，金融学家在理论研究中往往会事先设定概率分布，而一旦概率分布设定错误，金融资产选择中的概率分布设定风险就产生了。

假定 $\{Y_t\}$ 是一个标量或向量经济变量，具有条件概率密度函数 $f(y_t \mid I_{t-1},t)$，其中 $I_{t-1}$ 是在时间 $t-1$ 的可用信息。条件概率密度函数 $f(y_t \mid I_{t-1},t)$ 给出了在已知信息集 $I_{t-1}$ 时，$Y_t$ 在时间 $t$ 位于无穷小区间 $[y,y+dy]$ 的概率，完全刻画了 $\{Y_t\}$ 的动态行为。若 $f(y_t \mid I_{t-1},t)$ 是已知函数，通过它就可刻画 $\{Y_t\}$ 的各种特征值，揭示经济变量序列动态的特征值。但遗憾的是实践中 $f(y_t \mid I_{t-1},t)$ 通常是未知的，实践中我们只能观测到经济数据，这些数据是市场未知的概率法则的表现，人们面对不确定性的一种无奈选择就是利用观测的数据推断市场的概率法则或是数据生产过程，由此获得知识解释经济学说和经济理论，解释公认的经济现象，以及预测未来市场的行为。

假设决策者作出决策选择行动 $a$ 时，面临损失函数 $L(a,Y_t,t)$，损失函数度量了由于在时间 $t-1$ 的预测偏离在时间 $t$ 发生的实际结果 $Y_t$，决策者所承受的损失或惩罚。而这个损失或惩罚取决于行动 $a$，所以决策者将选择一个最优行动 $a$，以使期望损失

$$a_0 = \arg\min_a \int L(a,y,t)p(y \mid I_{t-1},t)dy \text{ ①}$$

最小化。其中 $p(y \mid I_{t-1},t)$ 是决策者对 $Y_t$ 的真实条件概率密度 $f(y_t \mid I_{t-1},t)$ 的预测。

针对上述决策原则，当 $L(y_t \mid I_{t-1},t)=(y_t-a)^2$ 时，我们有 $a_t^* = \int yp(y \mid I_{t-1},t)dy = \mu_t(p)$，这种情况下，决策者只需知道 $Y_t$ 的条件期望。当 $L(y_t \mid I_{t-1},t)=e^{\alpha(y-\alpha)}-1-\alpha(y-\alpha)$，且 $\{Y_t\}$ 服从条件正态分布时，$a_t^* = \int yp(y \mid I_{t-1},t)dy + \frac{\alpha}{2}\int [y-\mu_t(p)]^2 p(y \mid I_{t-1},t)dy$。它是 $\{Y_t\}$ 的条件期望和条件方差的线性组合。当损失函数 $L(a,Y_t,t)$ 不是 $(y_t-a)^2$ 的对称函数时，最优行动 $a_0$ 通常取决于整个条件密度函数 $f(y_t \mid I_{t-1},t)$。最初的几阶矩是不充分的，这种情况下，概率密度函数预测对决策就变得必要了。

当概率密度预测模型 $p(y \mid I_{t-1},t)$ 与未知的真实条件概率密度 $f(y \mid I_{t-1},t)$ 相吻合时，在以下意义上密度函数预测是最优的：即相比于任一概率密度预测模型 $p(y \mid I_{t-1},t)$，不管他们的损失函数是什么，所有决策者都偏好真实条件概率密度 $f(y \mid I_{t-1},t)$，即 $\min_a \int L(a,y,t)p(y \mid I_{t-1},t)dy \leqslant \min_a \int L(a,y,t)f(y \mid I_{t-1},t)dy$。因此可以看出模型设定错误是非最优决策的主要原因。

经典的 VaR 计算方法假定正态分布源于中心极限定理。中心极限定理的经典公式讨论有限方差为 $\sigma^2$ 的独立同分布随机变量之和 $X_1+X_2+\cdots+X_N$ 收敛于正态分布的问题。然而必

---

① Arg 是 argument 的缩写，是可行的，比较的意思。

须注意到，有限的 $N$ 和 $X_1+X_2+\cdots+X_N$ 的分布在尾部(对应于极端事件)可能与正态预测值相差很远，中心极值定理仅关心中心区域，当 $N$ 很大时，该区域保持有限权重。如研究服从指数分布的正随机变量，其概率密度函数为 $p_1(x)=\Theta(x)\alpha e^{-\alpha x}$，其中当 $x\geqslant 0$ 时函数 $\Theta(x)$ 等于1，其他情况等于0。经过简单的计算表明，其均值为 $m=\alpha^{-1}$，方差为 $\sigma^2=\alpha^{-2}$。$N$ 个这种变量的和的分布服从指数分布的 $N$ 阶卷积。根据中心极限定理，该分布应该趋于均值为 $Nm$，方差为 $N\sigma^2$ 的高斯分布。可以精确计算指数分布的 $N$ 阶卷积，其结果是

$$p(x)=\Theta(x)\alpha^N\ \frac{x^{N-1}e^{-\alpha x}}{(N-1)!}$$

它的渐近性质与正态分布相差甚远：对于 $x<0$，"左边"严格等于零，而"右边"尾部是指数分布，因此大大"厚于"正态分布。很清楚，中心极限定理并不能应用于远离均值的 $x$。

确保中心极限定理收敛于正态分布的主要假设有：(1) $X_i$ 必须是独立变量，或至少不能"太"相关①。(2)随机变量 $X_i$ 不一定要服从同一分布，但有一条件要满足：所有这些分布的方差不能相差太远，以确保没有任何一个方差在其中起主导作用。(3)严格来说，中心极限定理只有在 $N$ 无穷大时才成立。如上所述，中心极限定理并没有透露出 $X$ 分布尾部的任何信息，仅仅指在分布的中间部分可以用正态分布描述。然而经济生活中金融产品通常是相关的，所以中心极限定理不是处处成立的，这就决定了要谨慎使用正态分布设定。

### 三、基于数据特征的 VaR 改进模型

金融市场价格变化不确定性是现代金融研究的一个重要问题，这种不确定性通常用方差来描述和度量，早期的定价模型一般假定同方差性。然而，大量的观察和实证结果显示，诸如股票价格、通货膨胀率、利率和外汇汇率等许多金融时间序列数据的方差都会经常随着时间变化，具有聚集性和方差波动性特点。针对金融数据方差的时变性问题，美国经济学家恩格尔(Engle R. F,1982)提出了条件异方差自回归模型(auto-regressive conditional heteroscedasticity，简称ARCH 模型)处理技术，Bollerslev(1986)在 ARCH 模型基础上对方差的表现形式进行了直接的线性扩展，形成了应用更为广泛的 GARCH 模型，成功地解决了金融数据波动的描述。我们认为，如果能将现实数据特征纳入 VaR 的计算，而不是直接设定概率分布，那么用 VaR 度量风险将一定能降低概率分布设定风险，提高实践中的风险管理效率。以下我们尝试运用能够描述数据特征的 GARCH 模型测定投资组合的方差，同时考虑使用概率分布判定的改进方法计算投资组合价值函数变化量的分位数来完成这一任务。

Wilson(1994)根据其对 VaR 的定义，并将使用 Laylor 定理一阶近似的 Delta 模型扩展到二阶近似的 Delta-Gamma 模型，即将价值函数由线性函数推广为非线性函数。而后利用价值函数与市场因子的近似关系，推断市场因子的方差-协方差，进而简化 VaR 的计算，使 VaR 值更精确。以下我们从 Delta-Gamma 模型出发来梳理这一改进过程。

(一)Delta-Gamma 模型

设 $V(X)$ 表示投资组合的价值函数，$X=(X_1,X_2,\cdots,X_n)^T$ 表示风险资产的价格，收益率 $R=(R_1,R_2,\cdots,R_n)^T=\left(\frac{\Delta X_1}{X_1},\frac{\Delta X_2}{X_2},\cdots,\frac{\Delta X_n}{X}\right)^T$。利用 Laylor 展开式近似，有

① 即当 $|x_i-x_j|$ 很大时，$<X_jX_j>-m^2$ 必须充分快地衰减，这里 $<X_iX_j>$ 表示对 $X_iX_j$ 取期望。

$$\Delta V = V(X+\Delta X) - V(X) \approx \sum_{i=1}^{n} \delta_i R_i + \frac{1}{2}\sum_{i=1}^{n}\sum_{j=1}^{n}\Gamma_{ij}R_iR_j = \Delta^T R + \frac{1}{2}R^T\Gamma R$$

其中，$\delta_i = X_i \dfrac{\partial V}{\partial X_i}$，$\Gamma_{ij} = X_iX_j \dfrac{\partial^2 V}{\partial X_i \partial X_j}$，$\Delta^T R$ 为 Delta 项，$\dfrac{1}{2}R^T\Gamma R$ 为 Gamma 项。

假设风险度量时间跨度选择 1 天，RiskMetric 技术小组认为市场变量在未来 24 小时的交易量的期望价差可以为 0，所以可以设 $R \sim N(0,\Sigma)$，$\Sigma$ 为正定矩阵，且 $R_1, R_2, \cdots, R_n$ 相互独立。现在来正交化 $R$，令 $Y = \Sigma^{-1/2}R$，满足 $\Sigma^{-1/2}$ 是对称矩阵，且 $\Sigma^{-1/2}\Sigma^{-1/2} = \Sigma^{-1}$。由于 $R \sim N(0,\Sigma)$，所以独立正态分布的线性组合 $Y$ 仍服从正态分布 $N(0,I)$。

于是 Gamma 项

$$\frac{1}{2}R^T\Gamma R = \frac{1}{2}(\Sigma^{1/2}Y)^T\Gamma(\Sigma^{1/2}Y) = \frac{1}{2}Y^T\Sigma^{1/2}\Gamma\Sigma^{1/2}Y = \frac{1}{2}Y^TAY$$

其中，$\Sigma^{1/2}\Gamma\Sigma^{1/2} = A$。

由矩阵的谱分解可得 $A = C\Lambda C^T$，$C$ 是矩阵 $A$ 的特征向量构成的矩阵，$\Lambda$ 是矩阵 $A$ 的特征值 $\lambda_i$ 构成的对角矩阵，故

$$\frac{1}{2}Y^TAY = \frac{1}{2}Y^TC\Lambda C^TY = \frac{1}{2}(C^TY)^T\Lambda(C^TY) = \frac{1}{2}Z^T\Lambda Z = \frac{1}{2}\sum_{i=1}^{n}\lambda_i Z_i^2$$

其中，$Z = C^TY$。

同理，$Z$ 服从正态分布。由 stein'引理①(1981)可得

$$\mathrm{cov}(\Delta^T R, \frac{1}{2}R^T\Gamma R) = 0$$

因此，可计算得

$$\mu_1 = E(\Delta V) = E\left(\Delta^T R + \frac{1}{2}R^T\Gamma R\right) = \frac{1}{2}tr(\Gamma\Sigma)$$

$$\mu_2 = E(\Delta V - \mu_1)^2 = Var(\Delta^T R) + Var\left(\frac{1}{2}R^T\Gamma R\right) + \mathrm{cov}\left(\Delta^T R, \frac{1}{2}R^T\Gamma R\right)$$

$$= \Delta^T\Sigma\Delta + \frac{1}{2}tr[(\Gamma\Sigma)^2]\mu_3 = E(\Delta\tilde{V} - \mu_1)^3 = 3\Delta^T\Sigma\Gamma\Sigma\Delta + tr[(\Gamma\Sigma)^3]$$

$$\mu_4 = E(\Delta\tilde{V} - \mu_1)^4 = 12\Delta^T\Sigma(\Gamma\Sigma)^2\Delta + 3tr[(\Gamma\Sigma)^4] + 3\mu_2^2$$

（二）Delta-Gamma-Johnson 方法

这里我们感兴趣的问题是寻求价值函数变化量 $\Delta V$ 的分布，从而计算 VaR。Johnson 转换方法的基本思想是能够找到一个单调函数 $f(W)$ 与 $\Delta V$ 分布相同，且 $W$ 的分布已知，就可近似求得 $VaR = f(Z_\alpha)$，其中 $Z_\alpha$ 是 $W$ 的 $\alpha$ 分位数。Johnson 提供了一系列转换函数。

(1) $f(W) = \exp\left(\dfrac{W-\zeta_1}{\zeta_2}\right) + \zeta_3$，$f(W) \geqslant \zeta_3$

(2) $f(W) = \dfrac{\exp\left(\dfrac{W-\zeta_1}{\zeta_2}\right)(\zeta_3+\zeta_4)+\zeta_3}{1+\exp\left(\dfrac{W-\zeta_1}{\zeta_2}\right)}$，$\zeta_3 \leqslant f(W) \leqslant \zeta_3+\zeta_4$

(3) $f(W) = \sinh\left(\dfrac{W-\zeta_1}{\zeta_2}\right)\zeta_4 + \zeta_3$

① $\mathrm{cov}(\xi, f(\eta)) = E[f'(\eta)]\mathrm{cov}(\xi,\eta)$，$\xi, \eta$ 服从正态分布的随机变量，$f(\cdot)$ 为光滑函数。

这里，$W \sim N(0,1)$，$\zeta_1, \zeta_2, \zeta_3, \zeta_4$ 可以是 $\Delta V$ 的各阶矩参数。

（三）Cornish-Fisher 扩展

Cornish-Fisher 扩展的目的就是依据 $\Phi$ 也即链接函数（concatenated function）$F^\circ\Phi$ 的 $\alpha$ 分位数条件下求得 $F$ 分布的 $\alpha$ 分位数。$F^\circ\Phi$ 序列扩展的关键是 Lagrange 反引理：一个 $s \to t$ 的隐函数为 $t = c + s \cdot h(t)$。因为对于一些常数 $c$，$h$ 可以在 $t = c$ 点处分解，所以任何解析函数 $f(x)$ 都可以写出在 $s = 0$（$t = c$）处的幂级数序列，即

$$f(t) = f(c) + \sum_{r=0}^{\infty} \frac{s^r}{r!} D^{(r-1)} (f' \cdot h^r)(c)$$

其中，$D$ 表示求导数。

取 $c = \alpha$，$f = \Phi^{-1}$，$h = (\Phi - F)^\circ\Phi^{-1}$，于是有

$$\Phi^{-1}(t) = \Phi^{-1}(\alpha) + \sum_{r=0}^{\infty} (-1)^r \frac{s^r}{r!} D^{(r-1)} [(F-\Phi)^r / \varphi^\circ\Phi^{-1}](\alpha)$$

令 $s=1$，由引理知 $\Phi^{-1}(t) = F^{-1}(\alpha)$，记 $x = F^{-1}(\alpha)$ 和 $z = \Phi^{-1}(\alpha)$，得到正规扩展式

$$x = z + \sum_{r=1}^{\infty} (-1)^r \frac{1}{r!} D^{(r-1)} [(F-\Phi)^r / \varphi^\circ\Phi^{-1}] \Phi(\alpha)$$

记 $a = (F - \Phi)/\varphi$，得到

$$x = z + \sum_{r=1}^{\infty} (-1)^r \frac{1}{r!} D^{(r-1)} (a^r)(z)$$

这里 $D^{(r)} = \left(D + \frac{\varphi'}{\varphi}\right)\left(D + 2\frac{\varphi'}{\varphi}\right)\cdots\left(D + r\frac{\varphi'}{\varphi}\right)$。

这就是一般的 Cornish-Fisher 扩展。

求出分位数的关键就是选择特殊的基础分布 $\Phi$ 和拓展序列 $a$。最经典的 Cornish-Fisher 扩展是选择 $\Phi$ 为标准正态分布和 $a$ 为 Gamma-Charlier 序列①。

（四）Delta-Gamma-Cornish-Fisher 扩展方法

Zangari(1996)引用 Cornish-Fisher 扩展方法，在 Delta-Gamma 正态模型中引入 $\Delta V$ 的前四阶矩近似得到了分位数 $CF_\alpha^{-1}$，首次应用于 VaR 的计算。在置信水平为 $\alpha$ 下 $\frac{\Delta V - \mu_1}{\sqrt{\mu_2}}$ 的分位数 $CF_\alpha^{-1}$ 为

$$CF_\alpha^{-1} = \Phi_\alpha^{-1} + \frac{\zeta_3}{6}[(\Phi_\alpha^{-1})^2 - 1] + \frac{\zeta_4}{24}[(\Phi_\alpha^{-1})^3 - 3\Phi_\alpha^{-1}] - \frac{\zeta_3^2}{36}[2(\Phi_\alpha^{-1})^3 - 5\Phi_\alpha^{-1}]$$

其中，$\zeta_3 = \mu_3/(\mu_2)^{3/2}$，$\zeta_4 = \mu_4/(\mu_2)^2 - 3$。

## 四、改进模型的应用

（一）数据来源及相关统计特征

我们这里分析的样本数据来源于上海证券交易所综合股价指数的日收盘价，时间跨度为 2003 年 1 月 2 日至 2009 年 10 月 23 日的数据，共 1649 个数据。收益率形式采用自然对数收益率的形式，即 $R_t = \ln P_t / P_{t-1}$，其中 $P_t$ 为第 $t$ 期的收盘价格，这样就得到上证综指的日收益率时

① Gamma-Charlier 序列就是将 W 的矩母函数 $M(t) = E(e^{tW})$ 和标准正态分布的矩母函数 $e^{-t^2/w}$ 的积展成幂级数的形式，即 $M(t)e^{-t^2/2} = \sum_{k=0}^{\infty} c_k t^k$。

间序列 $\{R_t\}$ ，$\{R_t\}$ 的变动状况如图 7.6—1 所示。经计算可得上证综指日收益率时间序列的相关统计特征值见表 7.6—1。

**表 7.6—1 上证综指收益率的基本统计特征**

| 指数简称 | 均值 | 最大值 | 最小值 | 标准差 | 偏度 | 峰度 | Jarque-Bera | Prob |
|---|---|---|---|---|---|---|---|---|
| 上证综指 | 0.000519 | 0.090345 | −0.092562 | 0.018554 | −0.251763 | 6.025843 | 646.4950 | 0.000000 |

从表 7.6—1 可以看出，上证综指的收益率序列的均值比较小，变动幅度很大，标准差也很大，说明我国股票市场收益波动较大。偏度系数均明显小于 0，峰度系数均大于 3，存在明显的非对称性、尖峰厚尾特征。JB 检验也能进一步证明指数的收益率拒绝正态分布假定。此外，从时序图 7.6—1 可看出，在较大的波动后有较大的波动，在较小的波动后紧跟着较小的波动，即日收益率在所选观测期的波动存在明显的集聚性。

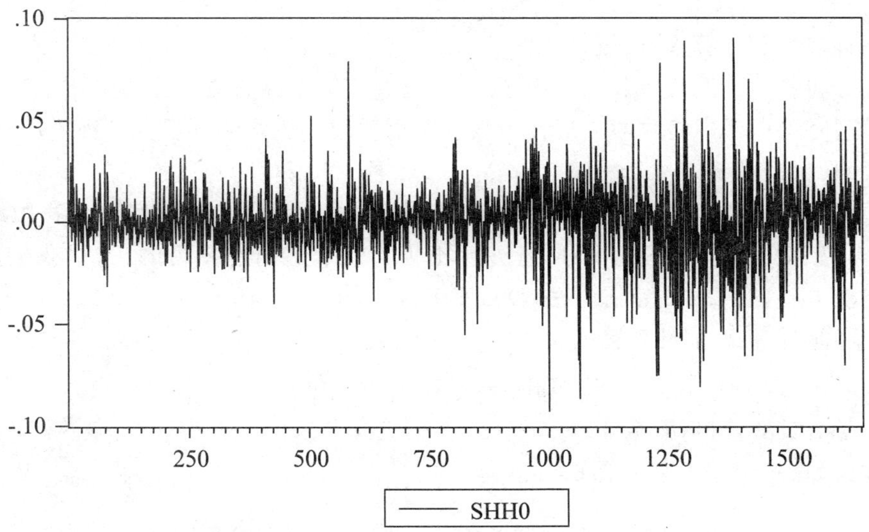


**图 7.6—1 上证综指日收益率的波动情况**

（二）平稳性和异方差检验

首先用 ADF 单位根方法对日收益率 $\{R_t\}$ 进行平稳性检验，相关检验数据见表 7.6—2。表 7.6—2 显示，ADF 统计量值为−40.32634，远远小于显著性水平 1%与 5%下的临界值−3.434114，−2.863089，则说明日收益率序列不存在单位根，可以判断收益率 $\{R_t\}$ 为平稳序列。

**表 7.6—2 ADF 单位根检验**

| | | t-Statistic | Prob |
|---|---|---|---|
| ADF 统计量 | | −40.32634 | 0.0000 |
| 临界值 | 1% | −3.434114 | |
| | 5% | −2.863089 | |
| | 10% | −2.567642 | |

从图7.6－1的直观效果上看,上证综指日收益率序列存在波动集聚现象,由此表明它很有可能存在异方差,故必须对扰动项 $\varepsilon_t$ 进行拉格朗日乘子检验(LM检验),结果见表7.6－3。结果显示存在异方差,这说明我国股市收益率序列存在ARCH现象。

**表7.6－3　ARCH-LM检验**

| ARCH(q) | LM值 | F值 | Prob | 结论 |
|---|---|---|---|---|
| 1 | 29.82213 | 30.33488 | 0.000000 | 存在异方差 |
| 2 | 34.86184 | 17.77531 | 0.000000 | 存在异方差 |
| 3 | 63.41712 | 21.93269 | 0.000000 | 存在异方差 |
| 4 | 81.39655 | 21.34338 | 0.000000 | 存在异方差 |
| 5 | 87.56734 | 18.43129 | 0.000000 | 存在异方差 |
| 6 | 97.45296 | 17.19237 | 0.000000 | 存在异方差 |

(三)估计参数和计算VaR值

由上文分析知,上证综指收益率序列是平稳的,存在异方差,但基本不相关,所以建立GARCH模型时可以考虑将收益方程设为没有滞后项的一般均值方程。经反复测试,这里我们选择GARCH(1,1)模型。

在对数据特征有了较详细的了解后,接下来的任务就是依扩展模型计算我国股票市场的VaR值,并与正态分布假定下的VaR值进行比较。为了达到这一目的,这里我们用GARCH模型估计时变方法,在Delta-正态方法,D-G-C-F(指Delta-Gamma-Cornish-Fisher扩展方法)下估计VaR值,此时VaR的计算公式为

$$\mathrm{VaR}_t = -P_t F_\alpha^{-1} \sigma_t \sqrt{T}$$

其中,$P_t$ 为第 $t$ 日的价格,$T$ 取1。

计算结果如表7.6－4至表7.6－6所示。

**表7.6－4　上证综指在 $\alpha=0.05$ 下的VaR值**[①]

| 分布 | 均值 | 最大值 | 最小值 | 标准差 | 偏度 | 超额峰度 | Jarque-Bera | Prob |
|---|---|---|---|---|---|---|---|---|
| D-N | 71.65175 | 264.3284 | 16.83460 | 55.74496 | 1.045789 | 2.876403 | 301.6278 | 0.000000 |
| D-G-C-F | 77.35336 | 285.3621 | 18.17419 | 60.18018 | 1.045789 | 2.876403 | 301.6278 | 0.000000 |

**表7.6－5　上证综指在 $\alpha=0.01$ 下的VaR值**

| 分布 | 均值 | 最大值 | 最小值 | 标准差 | 偏度 | 超额峰度 | Jarque-Bera | Prob |
|---|---|---|---|---|---|---|---|---|
| D－N | 101.1810 | 373.2637 | 23.77249 | 78.71864 | 1.045789 | 2.876403 | 301.6278 | 0.000000 |
| D-G-C-F | 141.8543 | 523.3106 | 33.32871 | 110.3624 | 1.045789 | 2.876403 | 301.6278 | 0.000000 |

(四)结果分析

由表7.6－4、表7.6－5可知,在正态分布下,上证综指分别以95%、99%的概率保证最大损失额不超过71.6518点和101.1810点,该结果意味着,若我们不考虑数据特征,直接以正态

① D-N指Delta-正态方法,D-G-C-F指Delta-Gamma-Cornish-Fisher扩展方法。

表 7.6—6 上证综指前六位的 VaR 值

| 日期 | $\alpha=0.01$ | | $\alpha=0.05$ | |
|---|---|---|---|---|
| | D-N | D-G-C-F | D-N | D-G-C-F |
| 2008.02.04 | 373.2637 | 523.3106 | 264.3284 | 285.3621 |
| 2008.02.05 | 356.9044 | 500.3751 | 252.7435 | 272.8552 |
| 2008.02.13 | 342.4704 | 480.1388 | 242.5220 | 261.8204 |
| 2008.2.14 | 336.3417 | 471.5464 | 238.1819 | 257.1350 |
| 2008.1.28 | 334.6066 | 469.1139 | 236.9532 | 255.8085 |
| 2008.2.15 | 322.3417 | 451.4810 | 228.0467 | 246.1933 |

分布为条件去判断我国股票市场风险，其结果是，以 95%，99%把握来确定 2003 年 1 月 2 日到 2009 年 10 月 23 日我国股票市场 1 单位交易价格承担的最大损失将不超过 71.6518 点和 101.1810 点。若不以正态分布为前提，同时考虑数据特征，利用 Delta-Gamma-Cornish-Fisher 扩展方法得到的 VaR 值则分别为 77.3534 点和 141.8543 点，Delta-Gamma-Cornish-Fisher 扩展方法得到的 VaR 值都比 Delta-正态方法得到的相应值大，它说明简单地假定数据分布服从正态分布会低估 VaR 值，而 VaR 值的过低估计将使金融机构持有过低的风险资本，从而面临过高的风险。

从表 7.6—4、表 7.6—5 中统计量可以看出两种方法两个置信度下计算的偏度、超额峰度均相同，这是可以从偏度、超额峰度的计算过程理解，两种方法对应的只有分位数的不同。两种方法两个置信度下的 VaR 值的偏度、超额峰度都不同于正态分布，呈现出右偏尖峰特征，说明在我国股票的日 VaR 值中，多数值低于平均值，少数极值拉大了 VaR 值。

最后，从表 7.6—6 可以看出，上证综指最大的 VaR 值均集中于 2008 年 1 月 28 日到 2008 年 2 月 15 日之间，其不仅说明用 GARCH 模型描述数据特征，并依此计算 VaR 是适宜的，而且还表明我国股票市场投资者在这段时间面临的市场风险很大。究其原因则是明显的，即主要是受国际金融市场的影响，2007 年发端于美国的次债危机此间正在演变为全球性金融危机，并迅速地蔓延到我国，造成我国股票市场投资者情绪的极端不稳定。

5. 模型的稳健性检验

通过计算，可得 Kupiec 检验中的失败检验法的检验统计量值分别为−6.4291，−12.8581，小于临界值 $\chi_{\alpha}(1)=\chi_{0.05}(1)$。所以可以认为 Delta-正态方法与 Delta-Gamma-Cornish-Fisher 扩展方法拟合都比较好。然而，进一步计算则可看出两者在稳健性方面的差别，两方法的失败率分别为 0.0370 和 0.0291，虽然均小于 0.05，说明两方法都比较精确，但 Delta-Gamma-Cornish-Fisher 扩展方法比 Delta-正态方法更稳健。同样的方法可以验证 $\alpha=0.01$ 时的稳健性，其结果与 $\alpha=0.05$ 时相同。

**思考题**

1. 置信水平、置信区间、估计精度之间的关系是怎样的。
2. 什么是 VaR，VaR 的大小取决于哪几个因素。
3. 组合-正态法计算 VaR 有哪些优缺点。
4. 资产-正态法与组合-正态法在计算 VaR 时，有哪些主要区别。
5. 资产-正态法计算 VaR 有哪些优缺点，与之相比 $\delta$-正态法在计算 VaR 时有哪些改进。

6. 历史模拟法计算 VaR 的基本步骤是什么,该方法的优缺点是什么。

7. 与历史模拟法相比,蒙特卡罗模拟法的最大改进是什么。

8. 组合-正态法、资产-正态法和 $\delta$-正态法各自的理论依据是什么。

**讨论题**

1. $\delta$-正态法与 APT 的关系。

2. 在我国这样的转轨经济中,历史模拟方法的适应性如何。

3. 比较蒙特卡罗与回归分析的建模思想。

4. 由 VaR 的计算公式

$$\text{VaR}=\alpha\sigma_P\sqrt{t}$$

可知,当 $t\to\infty$ 时,$\text{VaR}\to\infty$。如何理解 VaR 在长期投资资产风险管理中的作用。

5. 如果投资者既无流动性需要,且所持金融资产又实行的是沽出结算制度,即卖出后才结算,那么,该投资者是否有必要利用 VaR 进行风险管理。

6. 论述风险偏好、风险承受能力与 VaR 值的选择。

7. 论述 VaR 在"死亡风险"管理中的应用。

# 第三篇　工具与市场统计分析

20世纪70年代初，布雷顿森林体系的崩溃导致了信用货币制度的形成，一个非稳定的金融局面开始显现。面对动荡不安的金融市场，金融创新成为金融领域的迫切要求。进入20世纪80年代后，一个以金融创新为基本特征之一的格局形成。金融创新包括三个方面的内容：一是制度创新；二是金融工具创新；三是金融市场创新。其中最重要的是工具创新。而工具与市场又有着密切的关系，当我们谈论金融投资时，最终必然要落实到特定的金融工具上，金融投资统计分析是对具体工具价格和相应市场运行的分析。前两篇的理论阐述与模型介绍虽有一般性的意义，它能作为指导投资的理论基础，但具体落实到某类工具或市场时，其必须结合它们特定的制度安排和交易规则来进行分析，本篇正是围绕这一想法而展开的。在本篇中，我们有选择性地挑选了债务工具或市场、股权类工具与市场、外汇类工具与市场、期货类工具与市场和期权类工具与市场来加以分析。本篇由五章组成。

第八章——债券投资与利率风险。债券是人们最为常见的投资品种，它包括三个基本要素，即面值、期限和利率。债券的种类很多，期限结构与利率形式也很复杂，发行方式的多样性使其可实现的收益率与利率既密切相关，又非一致。利率作为金融中联系最广泛的价格类变量，它对债券价格的形成与债券投资收益率都产生重要的影响，利率风险因此也成为债券投资最重要的风险之一。除此以外，债券的承诺性特征决定了违约风险构成它的最主要风险。正确测定债券投资的收益率与风险是实施债券投资与风险管理的前提。本章对这些内容都做了详细的介绍，尤其是对不同类型收益率、各类利率以及它们之间的相互关系进行了形式化的梳理。

第九章——股票市场投资分析。股票是现代企业制度的产物，股票市场则是股票发行与交易的场所，股票市场在促进社会资源优化配置的同时，也改善着社会经济行为主体的风险配置。我国现行的股票市场虽然诞生的时间不长，但发展却极其迅速，在所有可供选择的金融投资工具中，股票投资又是受关注程度最高的。该章从基本概念入手，在简单介绍了股票及股票市场相关概念、分类、基本特征等内容的基础上，重点讨论了股票市场及股权的定价问题，同时从一般意义上阐述了股票市场投资的基本面分析方法及其内容。针对股票投资价值估值的复杂性与现有相关理论与模型的局限性，本章最后还专门从操作性层面探讨了股票投资的价格决定的相关问题。

第十章——外汇市场与汇率风险。随着我国开放程度的不断深入，外汇及外汇市场开始被越来越多的人所熟悉。汇率作为货币的价格，其联系的广泛性决定了它在居民、企业和政府的经济活动中的重要性，汇率的不确定性又使他们可能面临巨大的风险。近年来，人民币升值与游资冲击使我们深切体会到开放经济的复杂性，了解外汇市场并熟悉汇率风险管理已成为今日中国投资者必备的知识。本章在介绍外汇市场及其相关基本概念的基础上，重点论述了最基本的汇率决定理论与模型，其中包括购买力平价理论、利率平价理论和费雪方程式等，进而从实际操作的角度讨论了汇率风险管理方法。

第十一章——期货市场及杠杆投资。与债券、股票、外汇不同，期货作为一类金融衍生工具，其市场具备衍生品市场零和博弈的特点。作为一种开发得相对较早的金融衍生工具，期货的成功推出不仅使未来的不确定性变得完全确定，从而满足了风险规避型投资者的套期保值或锁定盈亏的需求，而且它的杠杆效应同时又满足了风险追求型投资者的高风险偏好，极大地促进了金融市场风险配置功能的发挥与金融市场的发展。本章在介绍了期货工具相关基本概念、期货市场运作规则的基础上，重点讨论了期货产品的定价以及期货工具套期保值与风险配置功能，同时还从多层面，对期货与另一个很相似的衍生工具——远期进行了比较。

第十二章——期权市场及期权定价模型。与期货不同，作为衍生产品的期权的推出，开创了金融工具非对称性的先河。规范的期权市场虽然形成的时间不长，但它的发展却是惊人的。也不知是巧合还是历史的必然，几乎是在第一份规范的期权合约推出的同时，布莱克-斯科尔斯发表了他们的期权定价模型。自此，该模型就成为金融工程师研究创新金融工具定价的基本元素，期权定价模型以它巨大的吸引力受到金融学家的青睐，似乎达到了“不了解期权定价模型，就等于不懂金融投资；不熟悉期权定价模型就等于不了解金融工程学”的程度。本章在介绍期权相关概念、特征、分类的基础上，重点从三个方面介绍了期权（买权）的定价，即基于二叉树的期权定价、基于随机过程的布莱克-斯科尔斯模型和基于基本分布特征与风险中性的布莱克-斯科尔斯模型，并着重讨论了模型变量的统计特征、经济含义及期权价格对相关变量的敏感性问题。

# 第八章 债券投资与利率风险

债券作为一个最为常见的投资工具，现在正被越来越多的中国老百姓所熟悉，尤其是国债投资，它已经成为居民最重要的投资选择之一。近些年来，我国货币市场利率的不稳定不仅使个人投资者初步尝到了利率变动的风险，而且使一些机构投资者因此深陷困境。本章试图对债券投资及其相关内容做一详细介绍。

## 第一节 债券投资的收益率度量

债券是一种投资工具，它是发行人或债务人承诺到期后偿还给投资人或债权人所借款项加上事先约定的利息的凭证或契约。一般情况下，债券包括三个方面的内容：一是票面面值；二是期限；三是利息及利息支付方式。

### 一、债券的分类

债券的种类繁多，可按不同的标准进行分类，常见的分类有：

1. 按期限来划分，它可被分为短期债券、中期债券和长期债券。短期债券通常指期限在一年以内的债券；中期债券常指期限在一年以上、五年以内的债券；长期债券是指五年期以上的债券。

2. 按国界划分，债券可被分为国内债券、国外债券和国际债券。国内债券指发行人在本国发行，且随后在本国交易的债券，这类债券是我们最常见的债券。国外债券是外国发行人发行的以发行所在地国币种计值的债券。这种债券通常有其特殊的称号，如在美国发行的外国债券被称为扬基债券；在日本发行的外国债券被称为武士债券；在英国发行的外国债券被称为猛犬债券；在荷兰发行的外国债券被称为伦布朗债券；在西班牙发行的外国债券被称为斗牛士债券等。国际债券指由一个国际辛迪加包销，同时在几个国家发行，且不受任何单个国家监管的无记名债券。这类债券又称为离岸债券，更普遍的被称为欧洲债券。这类债券至少涉及三个国家，一是发行人的国家，二是发行地的国家，三是币种对应的国家。如我国政府在伦敦债券市场发行的美元债券就属此类债券。正是该类债券的上述特点，使其顺利地实现了最大限度的金融自由化。

3. 按发行人是否是政府及其附属机构来划分，它可被分为政府债券与非政府债券。政府债券还可细分为中央政府债券、地方政府债券和政府附属机构债券。非政府债券主要是指公司债券，也包括私人金融机构发行的债券。

4. 按有无担保划分，债券可被分为担保债券和无担保债券。担保债券又分为政府担保债券、一般担保债券和抵押债券。一般担保债券是指以企业的资产进行担保的债券。抵押债券还可细分为一般抵押债券和固定抵押债券，即以债券发行人的一般或特定财产尤其是设备、固定资产为抵押。

5. 按募集方式来划分，债券可被分为公募债券和私募债券。公募债券是指公开向社会公众发行的债券,其发行对象没有特定指向;私募债券是指向特定范围内的公众进行募集的债券。

6. 按债券是否附有权益来划分,它可被分为普通债券、息票债券、贴现债券、可转换债券、附有认股权证的债券。普通债券指不附有任何利息以外的权利的债券;息票债券是指在债券上附有定期的息票利息,到规定的日期时,债券持有人可将息票剪下来进行支取;贴现债券是折价发行的债券,即该类债券的发行价低于面值,持有人的收益除来自于利息收入(若有的话)外,还有一部分来自于面值与发行价之差额。最常见的贴现债券是零息债券,该债券的全部收益来自于债券面值与发行价的差额;可转换债券是指在特定时期按规定比率可转换成发行人公司股票的债券;附有认股权证的债券是指发行时就附有认购发行人公司普通股票权利的债券。通常情况下,息票债券、贴现债券、可转换债券和附有认股权证的债券的利息都低于普通债券。

7. 按利率是否固定来划分,债券可被划分为固定利率债券和浮动利率债券。固定利率债券在发行时就确定了债权存续期内的利率水平,无论经济环境发生什么变化,利率水平在到期前均不会变化;浮动利率债券通常在发行时只确定第一期的利率水平,一期以后的利率水平则根据市场基准利率进行调整。一般情况下,利率水平每一个季度或半年调整一次。浮动利率债券本身是为了应对利率风险而创造的,虽然表面上它似乎增加了结果的不确定性,但由于在它的利率水平与市场利率水平之间设置了固定的同向调整模式,这使其利率风险往往低于固定债券。

### 二、债券市场的收益率度量

债券市场是指为债券的买卖提供交易的场所。它被分为一级市场或初级市场和二级市场。一级市场指交易新发行债券的市场;二级市场是交易以前发行,但尚未到期的债券的市场。二级市场的存在不仅为债券投资者提供了更高的流动性,而且它还有"价格发现功能"。与传统债券市场相比,现代债券市场具有更广阔的发行范围和交易品种与交易便捷性。

从流动性的角度看,债券的固定期限本身使其表现出流动性较差的特点,投资者一旦持有债券,他通常只能等到到期后才能兑现本金和利息。然而,二级市场的存在,使投资者需要流动性时,随时可以兑现。这就是说债券投资者并不一定非得将债券持有到到期日。如一位家长为孩子准备了一笔入学的报名费,现在距孩子开学还有三个月的时间,这位家长既可以将这笔钱存入银行(活期或三个月以内的定期),他也可以用这笔钱购买三个月期的国库券。如果市场上期限最短的债券是一年期的债券,在没有债券二级市场的情况下,显然,这位家长不能将暂时闲置的这笔资金投入到债券工具上。若存在债权二级市场,且该家长预期未来三个月内的市场利率会下降,则他就可以将暂时闲置三个月的资金用于债券投资。不妨假设他用这笔资金购买了三年期的国债。三个月后,市场利率果然已经降低,相应的二级市场国债价格上升(利率与债券价格之间是反向变动的关系),他卖出当初所购买的国债,其结果不仅保证了孩子顺利地入学,而且还从债券价格的变动中获得了一个较为满意的收益。

就二级市场的价格发现功能看,它与所有的其他公开市场一样,都具有价值发现功能。因为,在二级市场中,债券的价格取决于市场的供求状况,而债券的供求状况实质上又取决于它的内在价值,当市场价格偏离其内在价值时,套利机会便会出现,套利力量将推动债券价格恢复到它的内在价值。那么,到底如何来衡量债券的内在价值呢?一个通用的办法是贴现模型或预期现金流贴现法。用公式表示就是

$$V=\sum_{t=1}^{n}\frac{C_t}{(1+r)^t}+\frac{MV}{(1+r)^n} \tag{8.1.1}$$

其中，$V$ 为债券的现值，$C_t$ 为每年的息票或利息，$r$ 为债券的折现率，$MV$ 为债券面值，$n$ 为债券的时间期限(以年为单位)。

对于固定利率债券来说，(8.1.1)式中的 $C_t$、$MV$ 和 $n$ 都是确定的，在计算债券的内在价值时，唯一需要确定的是 $r$ 值，$r$ 作为贴现因子，它的经济意义是投资者因放弃当前消费，而将资金投资到债券工具上的效用损失。或者说，$r$ 是因投资者推迟消费所必须获得的补偿率。由于在现实中，我们根本无法获得这一补偿率或贴现系数 $\frac{1}{1+r}$ 的具体值，一个可行的办法是利用资本的市场收益率或单位资本成本来代替折现率。因此，在(8.1.1)式中，$r$ 往往可简单的理解为市场利率。

例如，投资者甲持有一份面值为 1000 元，年利率为 8%，每半年支付一次利息，且距到期日还有 2 年的 5 年期债券，假设已知资本的市场收益率为 10%，那么，这份债券的价值几何？

解：依题意知，$MV=1000$，$C=1000\times 8\%\div 2=40$，$r=5\%$，$n=4$

代入(8.1.1)式得

$$V=\sum_{t=1}^{4}\frac{40}{(1+5\%)^t}+\frac{1000}{(1+5\%)^4}=964.54(\text{元})$$

或

$$V=\frac{80}{(1+10\%)}+\frac{80}{(1+10\%)^2}+\frac{1000}{(1+10\%)^2}=965.29(\text{元})$$

上述的计算结果说明，投资者甲持有的该债券的价值为 964.54 元，它也是二级市场交易价格的基础，二级市场的均衡价格即为 964.54 元。

当我们将(8.1.1)式中的 $r$ 理解成市场利率，且二级市场价格 $P_0$ 由现值决定时，(8.1.1)式就可以表示成

$$P_0=\sum_{t=1}^{n}\frac{C_t}{(1+r)^t}+\frac{MV}{(1+r)^n} \tag{8.1.2}$$

对(8.1.2)式求 $r$ 的导数得

$$\frac{dP_0}{dr}=-\sum_{t=1}^{n}\frac{tC_t}{(1+r)^{t+1}}-\frac{nMV}{(1+r)^{n+1}}<0$$

此即说明债券的二级市场价格与市场利率成反向变动的关系。当市场利率表现出随机性特征时，债券市场价格也会表现出随机波动。

就一级市场考察，一级市场最重要的问题也是债券的定价。显然，(8.1.1)式也适用于一级市场的定价，当以(8.1.1)式作为一级市场发行定价的基础时，就会出现发行价格与债券面值不一致的情况。从债券的发行价格是否与面值一致的角度划分，一级市场发行方式可以被分为三种：一是溢价发行，即发行价格高于面值；二是折价发行，即发行价格低于面值；三是平价发行，即发行价格等于面值。从(8.1.1)式的基本关系可以看出，溢价发行成功的前提是债券票面利率高于市场利率或市场的预期利率，否则，这类债券就不会有人购买；折价发行的前提是债券票面利率低于市场利率或市场的预期利率，否则，市场将出现过度需求，或者说发行人因此要付出超额成本，这是发行人所不能接受的；平价发行的基本条件是票面利率与市场利率或市场的预期利率保持一致。因为，在平价发行的情况下，(8.1.2)式中的 $MV=P_0$，$C_t=P_0r_A$（其中，$r_A$ 为票面利率)，代入(8.1.2)式得

$$P_0=\sum_{t=1}^{n}\frac{P_0r_A}{(1+r)^t}+\frac{P_0}{(1+r)^n} \tag{8.1.3}$$

在(8.1.3)式两边消掉 $P_0$ 后得

$$r_A\sum_{t=1}^{n}\frac{1}{(1+r)^t}+\frac{1}{(1+r)^n}=1 \tag{8.1.4}$$

由等比数列求 $n$ 项的和得

$$r_A\frac{\frac{1}{1+r}\left[1-\left(\frac{1}{1+r}\right)^n\right]}{1-\frac{1}{1+r}}+\frac{1}{(1+r)^n}=1$$

$$r_A\frac{1}{r}\left[1-\frac{1}{(1+r)^n}\right]+\frac{1}{(1+r)^n}=1$$

$$r_A\left[1-\frac{1}{(1+r)^n}\right]+\frac{r}{(1+r)^n}=r$$

$$r_A\left[1-\frac{1}{(1+r)^n}\right]=r\left[1-\frac{1}{(1+r)^n}\right]$$

即

$$r_A=r \tag{8.1.5}$$

(8.1.5)式表明平价发行时债券市场的均衡条件为,债券的票面利率 $r_A$ 等于市场利率或市场的预期利率。

综合上述对一、二级市场债券的定价看,债券交易价格除平价发行外,其他情况均表现出交易价格与债券面值的不一致。作为债券投资者,他们最为关心的是实际收益率,而不是票面利率,现实中我们常能看到,即使是零息票债券,它也会得到投资者的青睐。实际上,债券的收益由两部分构成,一是利息收益,另一是资本收益,即买卖差价。就债券市场投资而言,收益率包括:到期收益率和持有期收益率。

(一)到期收益率

在贴现模型中,我们选择资本的市场收益率作为贴现因子的主要原因是出于可计算性的考虑。实际上,投资者在判断某种债券是否值得购买时,往往有自己的标准,他们根据自己所要求的预期收益率作为贴现因子来衡量债券的内在价值,只有在债券价格低于或等于它的内在价值时,投资者才会采取购买行为。一旦投资者以某一价格 $P_a$ 购买了债券,并一直持有到到期日,则他的现实收益率①,就是到期收益率。反过来说就是,若当初投资者选择到期收益率 $r_M$ 作为贴现因子的话,债券现金流的现值之和一定与购买价格 $P_a$ 一致,即

$$P_a=\sum_{t=1}^{n}\frac{C_t}{(1+r_M)^t}+\frac{MV}{(1+r_M)^n} \tag{8.1.6}$$

就固定收益债券来说,投资者在决定是否购买该债券时,(8.1.6)式中除 $r_M$ 外,其他所有的量都是已知的,只要解(8.1.6)式的方程,就可求出到期收益率 $r_M$。从(8.1.6)式可以看出,当 $n$ 越来越大时,求 $r_M$ 变得越来越困难。因此,在实践中人们需要一个较简单的获取 $r_M$ 的计算公式。一个可行的办法是直接根据收益率的定义,并利用简单算术平均值作为相应变量的平均水平,来近似地计算 $r_M$。从收益率的定义出发,可知它等于平均收益比上债券投资者持有期的平均成本,如果我们将到期时的持有成本视为面值 $MV$,则持有期的平均成本为 $\frac{1}{2}(P_a+MV)$

① 此处本应是投资者实际得到的收益率,但由于实际收益率是一个专门的名词,它与通货膨胀率直接相关,其相对的是名义收益率,只有在通货膨胀率为0的情况下,它们才都是一致的。为了不造成混淆,故采用现实收益率。

（注意：这里成本不具备可加性）。到期时的总收益（不含本金）为

$$\sum_{t=1}^{n} C_t + MV - P_a$$

市场平均收益为

$$(\sum_{t=1}^{n} C_t + MV - P_a)/n$$

故可得

$$r_M = \frac{(\sum_{t=1}^{n} C_t + MV - P_a)/n}{\frac{1}{2}(P_a + MV)} \tag{8.1.7}$$

对于固定收益债券，$C_i = C_j = C \quad (i, j = 1, 2, \cdots, n)$

$$r_M = \frac{(nC + MV - P_a)/n}{\frac{1}{2}(P_a + MV)}$$

$$= \frac{C + \frac{MV - P_a}{n}}{\frac{1}{2}(P_a + MV)} \tag{8.1.8}$$

(8.1.7)式或(8.1.8)式即为到期收益率的近似计算公式，利用它我们就能很方便的计算出 $r_M$。

另外，也可直接利用(8.1.6)式中的 $(1+r)^n$ 或 $\frac{1}{(1+r)^n}$ 的近似值来计算固定收益债券的 $r_M$。因为，对固定债券来说，(8.1.6)式中的 $C_t$ 为常数，即为 $C$，则(8.1.6)式可变形为

$$P_a = \frac{C}{r_M}\left[1 - \frac{1}{(1+r_M)^n}\right] + \frac{MV}{(1+r_M)^n} \tag{8.1.9}$$

由泰勒级数展开知

$$\frac{1}{(1+r_M)^n} = 1 - nr_M + \frac{n(n+1)}{2!}r_M^2 - \frac{n(n+1)(n+2)}{3!}r_M^3 + \cdots$$

$$+ (-1)^N \frac{n(n+1)(n+2)\cdots(n+N-1)}{N!}r_M^N + \cdots \approx 1 - nr_M \tag{8.1.10}$$

将(8.1.10)式代入(8.1.9)式得

$$P_a \approx \frac{C}{r_M}(1 - 1 + nr_M) + MV(1 - nr_M)$$

$$= nC + MV - MVnr_M \tag{8.1.11}$$

所以

$$r_M \approx \frac{C + \frac{MV - P_a}{n}}{MV} \tag{8.1.12}$$

或由泰勒级数展开知

$$(1+r_M)^n = 1 + nr_M + \frac{n(n-1)}{2!}r_M^2 + \frac{n(n-1)(n-2)}{3!}r_M^3 + \cdots$$

$$+\frac{n(n-1)(n-2)\cdots(n-N+1)}{N!}r_M^N+\cdots\approx 1+nr_M \tag{8.1.13}$$

将(8.1.13)式代入(8.1.9)式得

$$P_a\approx\frac{C}{r_M}\left(1-\frac{1}{1+nr_M}\right)+\frac{MV}{1+nr_M} \tag{8.1.14}$$

两边同乘以 $1+nr_M$ 得

$$(1+nr_M)P_a\approx nC+MV$$

变形后有

$$nP_ar_M\approx nC+MV-P_a \tag{8.1.15}$$

所以

$$r_M\approx\frac{C+\dfrac{MV-P_a}{n}}{P_a} \tag{8.1.16}$$

从上述分析可知,(8.1.12)式和(8.1.16)式均可作为 $r_M$ 的近似。(8.1.12)式是将债券的面值视作平均成本的到期收益率,而(8.1.16)式则是将债券购买价格视为平均成本的到期收益率,这显然是处理平均投资成本的两种特殊情况,综合这两种情况后,不难看出,(8.1.8)式作为 $r_M$ 的值就更有代表性,这也就是人们在 $r_M$ 的计算时,为什么普遍采用(8.1.8)式,而较少利用(8.1.12)式或(8.1.16)式的缘故。

(二)持有期收益率

持有期收益率指债券投资者并不将债券持有到到期日,而是在到期日前将自己持有的债券在二级市场卖出所获得的收益率。

持有期收益率 $r_T$ 的计算方法与到期收益率完全相同,不同的只是投资者以转让的形式来兑现自己的资产,而不是到期后兑现。因此,我们只要将(8.1.6)、(8.1.8)、(8.1.12)和(8.1.14)式中的 $MV$ 换成转让价格 $P_T$,债券期限 $n$ 换成持有期限 $T$,就可得到持有期收益率的关系式和近似计算公式。即

$$P_a=\sum_{t=1}^{T}\frac{C_t}{(1+r_T)^t}+\frac{P_T}{(1+r_T)^T} \tag{8.1.17}$$

$$r_T\approx\frac{C+\dfrac{P_T-P_a}{T}}{\dfrac{1}{2}(P_a+P_T)} \tag{8.1.18}$$

$$r_T\approx\frac{C+\dfrac{(P_T-P_a)}{T}}{P_T} \tag{8.1.19}$$

$$r_T\approx\frac{C+\dfrac{(P_T-P_a)}{T}}{P_a} \tag{8.1.20}$$

## 第二节 利 率

利率是金融投资中最具多样性的变量,它是单位资金的使用成本,同时也是形成债权债务关系的重要条件之一。在金融活动中,利率最具广泛的联系性,它的变动将引起其他金融变量,

尤其是金融工具价格的相应变动。此外，利率还是连接资产市场与产品市场的纽带，是研究经济运行一般均衡的重要变量之一[①]。本节的目的在于使读者了解各种利率的决定及其相互关系。

## 一、票面利率与市场利率

票面利率是指债券发行或借贷合约签订时所明确给定的利率。当债券发行人的融资需要明确后，债券的票面利率主要取决于发行方式的选择与发行人的违约概率。

（一）无违约条件下的票面利率

在无违约条件下，票面利率主要取决于实际融资需要和发行方式。因为无套利均衡决定了债券的发行价格具有如下关系，即

$$P_a=\sum_{t=1}^{n}\frac{C_t}{(1+r)^t}+\frac{MV}{(1+r)^n} \tag{8.2.1}$$

其中，$r$ 为市场利率，其他符号同上节。

因为 $C_t$ 是发行人第 $t$ 期支付的利息，所以 $C_t=MVr_t$（$r_t$ 是第 $t$ 期的票面利率）。将 $C_t=MVr_t$ 代入(8.2.1)式得

$$P_a=\sum_{t=1}^{n}\frac{MVr_t}{(1+r)^t}+\frac{MV}{(1+r)^n} \tag{8.2.2}$$

对(8.2.2)式整理后得

$$\sum_{t=1}^{n}\frac{r_t}{(1+r)^t}+\frac{1}{(1+r)^n}=\frac{P_a}{MV} \tag{8.2.3}$$

(8.2.3)式表明，债券的票面利率取决于：(1)发行价格 $P_a$；(2)债券的期限 $n$；(3)票面面值 $MV$；(4)市场利率 $r$。一般情况下，发行人可以根据自身融资的需要来决定债券的期限与融资规模，融资规模 $K$ 由债券的发行量 $Q$ 与发行价格 $P_a$ 决定，即

$$K=QP_a \tag{8.2.4}$$

对(8.2.4)式做适当处理得

$$K=(Q\cdot MV)\frac{P_a}{MV} \tag{8.2.5}$$

(8.2.5)式中，$Q\cdot MV$ 为名义发行规模，$\frac{P_a}{MV}$ 为折算因子，它取决于发行方式的选择。

一旦发行人根据自身的实际资金需求明确了融资期限、融资规模和发行方式，则 $n$、$P_a$、$MV$ 就同时决定了。在这种情况下，票面利率 $r_t$ 完全取决于市场利率 $r$。为了分析的方便，我们假设债券为固定收益债券，即 $C_i=C_j=C(i,j=1,2,\cdots,n)$，$C=MVr_A$（$r_A$ 为票面利率），这样，(8.2.3)式可变为

$$r_A\sum_{t=1}^{n}\frac{1}{(1+r)^t}+\frac{1}{(1+r)^n}=\frac{P_a}{MV}$$

$$r_A=\left[\frac{P_a}{MV}-\frac{1}{(1+r)^n}\right]\Big/\sum_{t=1}^{n}\frac{1}{(1+r)^t}$$

---

① 利率的这种功能与作用从 IS-LM 模型中可以看得很清楚。

$$=\left[\frac{P_a}{MV}-\frac{1}{(1+r)^n}\right]\Big/\frac{1}{r}\left[1-\frac{1}{(1+r)^n}\right]$$

$$=\left[\frac{P_a}{MV}-\frac{1}{(1+r)^n}\right]r\Big/\left[1-\frac{1}{(1+r)^n}\right] \tag{8.2.6}$$

(8.2.6)式即为发行人票面利率均衡条件。从(8.2.6)式可以看出,当发行人选择平价发行方式时,$P_a=MV$,则 $r_A=r$,即票面利率等于市场利率;当发行人选择折价发行时,$\frac{P_a}{MV}<1$,从而 $\left[\frac{P_a}{MV}-\frac{1}{(1+r)^n}\right]\Big/1-\frac{1}{(1+r)^n}<1$,即 $r_A<r$,表明票面利率低于市场利率;当发行人选择溢价发行时,$\frac{P_a}{MV}>1$,从而 $\left[\frac{P_a}{MV}-\frac{1}{(1+r)^n}\right]\Big/\left[1-\frac{1}{(1+r)^n}\right]>1$,即 $r_A>r$,表明票面利率高于市场利率。

从以上分析知,$r_A$ 与 $r$ 之间的关系(8.2.6)式不仅对固定收益债券成立,对于浮动利率债券,它同样成立。不同的是,就固定收益债券而言,由于 $r_A$ 是一个常数,与之对应的市场利率也是一个常数,它是债券期限的市场平均利率;而对浮动利率债券来说,$r_A$ 本身可以是不固定的,这时,只要将(8.2.6)式中的平均市场利率相应换成各期的市场利率,(8.2.6)式也仍然成立。在这种情况下,浮动利率债券的利率浮动性完全体现在市场利率的非稳定性上,只有市场利率发生变化,浮动利率债券的利率调整才是必要的,否则它就成了固定收益债券。此外,(8.2.6)式恰恰表明了市场利率变化后,浮动利率债券利率调整的均衡值。

(二)有违约可能的票面利率

从前面的讨论知,(8.2.1)式是无违约下债券价格或债券内在价值的均衡条件。当债券存在违约的可能时,它的均衡内在价值是无违约内在价值与违约残值现值的期望值。为了分析的方便,不妨设违约情况下的残值为0,债券违约的概率为 $q$,则无违约的概率就是 $1-q$。从而可得债券有违约可能的均衡价值 $P'_a$ 为

$$P'_a=(1-q)\left[\sum_{t=1}^{n}\frac{C'_t}{(1+r)^t}+\frac{MV}{(1+r)^n}\right] \tag{8.2.7}$$

其中,$C'_t$ 为有违约可能债券第 $t$ 期的利息。

下面我们仍然从讨论固定收益债券开始。对于固定收益债券,令票面利率为 $r'_A$,则

$$C'_i=C'_j=C'=MVr'_A \quad (i,j=1,2,\cdots,n)$$

代入(8.2.7)式得

$$P'_a=(1+q)\left[MVr'_A\sum_{t=1}^{n}\frac{1}{(1+r)^t}+\frac{MV}{(1+r)^n}\right]$$

$$=(1-q)MV\left\{\frac{r'_A}{r}\left[1-\frac{1}{(1+r)^n}\right]+\frac{1}{(1+r)^n}\right\}$$

$$=(1-q)MV\frac{r'_A}{r}\left[1-\frac{1}{(1+r)^n}\right]+\frac{MV(1-q)}{(1+r)^n} \tag{8.2.8}$$

整理后得

$$r'_A=r\left[\frac{P'_a}{(1-q)MV}-\frac{1}{(1+r)^n}\right]\Big/\left[1-\frac{1}{(1+r)^n}\right] \tag{8.2.9}$$

(8.2.9)式即为有违约债券的均衡条件。它意味着在市场利率与违约概率已知的情况下,债券

票面利率的确定取决于发行价格。

对(8.2.9)式变形得

$$r'_A = r\left[\frac{P_a}{MV}-\frac{1}{(1+r)^n}+\frac{P'_a}{(1-q)MV}-\frac{P_a}{MV}\right]\bigg/\left[1-\frac{1}{(1+r)^n}\right]$$

$$= r_A + r\,\frac{1}{MV}\left(\frac{P'_a}{1-q}-P_a\right)\bigg/\left[1-\frac{1}{(1+r)^n}\right] \qquad (8.2.10)$$

(8.2.10)式表明,有违约可能债券的票面利率由两部分构成,一部分是无违约票面利率,另一部分为违约可能的风险补偿。因为在 $P'_a = P_a$ 时,(8.2.10)式右边的第二项大于0。且

$$\frac{\partial r'_A}{\partial q} = \frac{r}{MV}\,\frac{P'_a}{(1-q)^2}\bigg/\left[1-\frac{1}{(1+r)^n}\right] > 0$$

表明债券违约的概率越大,均衡票面利率也相应越高,或者说,$q$ 越大,达到均衡时所要求的风险补偿也就越大。

反过来分析,若债券发行人选择无违约票面利率作为有违约债券的票面利率 ,即 $r'_A = r_A$ ,由(8.2.7)式得

$$P'_a = P_a - qP_a \qquad (8.2.11)$$

(8.2.11)式说明,对于期限、面值和票面利率相同的债券,有违约可能的债券市场均衡发行价格应低于无违约债券的发行价格,其程度取决于违约概率的大小,违约概率越大,价格的折价程度(与无违约债券的均衡价格相比)越深。如果将(8.2.11)式表示成 $P'_a$ 与市场利率的关系,则

$$P'_a = (1-q)\left[\sum_{t=1}^{n}\frac{MVr_A}{(1+r)^t}+\frac{MV}{(1+r)^n}\right]$$

$$\frac{\partial P'_a}{\partial r} = (1-q)\,\frac{\partial P_a}{\partial r} \qquad (8.2.12)$$

因为

$$\frac{\partial P_a}{\partial r} < 0\,,\ 1-q < 1$$

所以

$$\frac{\partial P'_a}{\partial r} < 0,\ \text{且}\ \left|\frac{\partial P'_a}{\partial r}\right| < \left|\frac{\partial P_a}{\partial r}\right| \qquad (8.2.13)$$

(8.2.13)式意味着,无论对于何种债券,债券价格与市场利率均呈反向变动关系,且有违约债券对市场利率的敏感度小于无违约债券,债券违约概率越大,其价格对市场利率的反应越不敏感。换句话说就是,违约风险越低的债券,其利率风险越重要,违约风险越高的债券,其利率风险越不重要。因为这时的主要风险是违约风险,而不是利率风险。

(三)市场利率

前述的分析表明,无论是债券定价,还是债券票面利率的确定均与市场利率有关。市场利率实质上指的是市场平均利率,它是资金供求均衡时使用资金的平均成本或平均价格。由于资金的供求取决于多种因素,因此经济学家们从不同的侧面提出了各种利率决定理论。以下介绍几种有代表性的理论。

1.资本边际生产力利率决定论

利率由资本的边际生产力决定,这是西方经济学家的最基本看法。在早期生产三要素(劳动、土地和资本)划分方式下,利息是资本生产力创造的收入,利息和利润的概念是混同的,资本的利润和借贷资本的利息是一回事。只是到了近代,经济学家在充分认识到企业家的重要性后,才将原来的三要素重新划分为四要素,即土地、劳动、资本和企业家,四要素划分的提出,才

使利息与利润分离开来。

一部分经济学者认为,资本具有生产力,资本的生产力性质决定了它是利息的唯一来源。当经济学家把边际效用递减规律移植到资本概念中后,认为在技术状况和其他生产要素投入量不变时,资本的边际生产力递减,投入的最后一个单位资本的生产力将等同于投资者获得资本的代价——利息,若资本边际生产力大于利息,投资者会继续借贷,扩大投资,直至借贷成本等于资本的边际生产力为止,否则利润就会降低;若资本边际生产力小于利息,投资者将减少借贷,减少投资,直至资本成本等于边际生产力为止,否则,就与投资者追求利润最大化的目标矛盾。所以,只有在利息等于资本边际生产力的情况下,资本市场才能达到均衡。

2. 储蓄-投资均衡决定论

这一理论由马歇尔(Marshall, Alfred)首先提出,马歇尔认为,储蓄构成资本的供给。储蓄是一种"等待",作为"等待"的储蓄受资本商品价格的影响。利率是资本的价格,利率影响储蓄,与储蓄同方向变化。另一方面,投资构成资本的需求,投资的需求量与利率呈反方向变化。那么"利息即为任何市场上使用资本的代价,故利息常趋于一均衡点,使得该市场在该利率下,对资本的需求总量恰恰等于该利率下即将来到的资本的总供给量。"可以说,利率将驱使储蓄和投资两者均衡,如图 8.2－1 所示。

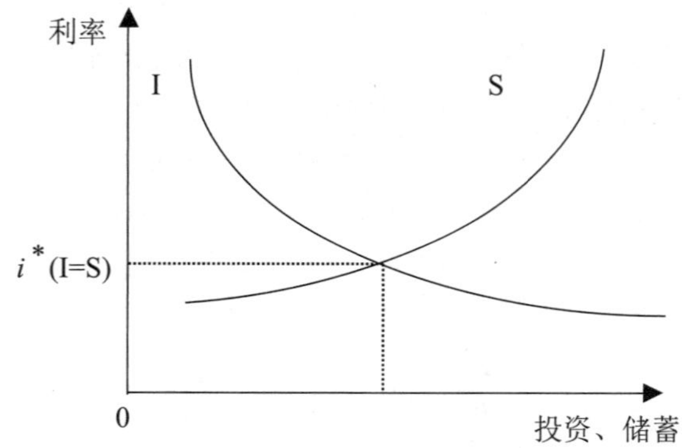


**图 8.2－1　储蓄-投资均衡**

此后,其他一些西方经济学家又用边际分析方法对马歇尔的利率决定论加以补充,进一步说明边际储蓄倾向决定储蓄曲线的高度,边际投资倾向决定投资倾向的高度,边际储蓄倾向和边际投资倾向共同决定利率水平。

3. 流动性偏好利率决定论

凯恩斯(Keynes, John Maynard)在《货币论》中已经注意到货币量对实物经济的影响,其在《就业、利息和货币通论》中完全抛弃了古典学派的货币理论,否定了储蓄-投资决定利率的传统看法。凯恩斯认为,货币量对实物经济有重要影响,利率作为货币现象是由货币量的供求关系决定的,他在货币需求函数中引入了流动性偏好假说。他认为,人们的流动性偏好决定人们对货币收入的支配,人们在得到货币收入后,首先选择收入中有多少用于消费,有多少用于储蓄,其次才是决定以什么形式储蓄,保持现金或是购买债券,这两个问题都取决于人们对流动性的偏好。即人们为什么持有不生息的现金,却并不把未消费的收入都买成债券,其原因主要是人们具有流动性偏好,持有现金的目的是要保持货币充足的流动性。在凯恩斯看来,流动性偏好率并不是固定的量,当货币供应总量一定时,它的变化与利率变化成正比,人们持有货币得到流动性偏好满足的程度与放弃货币流动性所得到的利息收入相等。所以,利息不是节欲或等待的报酬[1]，而是在一定时期内放弃流动性偏好的报酬。

在流动性偏好分析基础上，凯恩斯进一步分析了人们持有货币的动机。凯恩斯把货币需求函数式写成 $M=L_1(Y)+L_2(r)$（其中，$L_1(Y)$、$L_2(r)$ 分别为货币的交易需求和投机需求），货币的交易需求 $L_1(Y)$ 与收入 $Y$ 有关，只有货币的投机需求 $L_2(r)$ 才与利率 $r$ 有关。这样，货币供应量与货币需求量的均衡过程也就影响利率，且在货币需求量一定时，货币供应量变化与利率变化成反比。这个结论也可以这样表述，即货币需求量就是人们对流动性的偏好，流动性偏好与货币供应量共同决定利率。当流动性偏好强，货币需求量大于货币供应量时，利率上升，反之下降。

4. 可贷资金利率决定论

可贷资金利率决定论综合考虑经济实质因素和货币因素。认为利率是由储蓄-投资、货币的储藏-反储藏，以及银行所创造的信用等因素共同决定的。熊彼特（Schumpeter，Joseph Alois）最初用他的创新理论来阐述这一观点，罗伯逊（Robertson）将它进一步完善。

熊彼特在《经济发展理论》一书中，把经济活动分为经济循环和经济创新，与之相适应，银行信用也分为正常信用和非正常信用。正常信用保证经济循环正常进行，在经济循环过程中，人们出于多种因素考虑会有一定的储蓄。这种储蓄随利率提高而增加，它是资金供给的来源。资金的需求主要来源于当前遭受灾难和预期未来有较高收入的人。在经济创新中，资金需求主要来源于创业者的投资需求，资金供给除了储蓄外，绝大部分来源于银行非正常信用创造的新的货币购买力和流通领域中的货币，新创造的货币购买力一旦投入流通领域，与原有的购买力竞争使货币贬值，它对利率的影响与储蓄一样。同理，以现金形式储藏的货币将随货币购买力的下降而遭受损失，因此人们会减少储藏。这些反储藏的货币等于新创造的货币，购买力的增加也决定利率。

罗伯逊认为，凯恩斯理论中货币供求关系决定的利率是一个短期利率，在短期内增加货币数量会迫使利率下降，但货币数量的增加会引起货币的贬值和价格的上升，物价上涨不可避免地会导致利率随之上涨。他认为在长期预测中，影响利率的因素还有投资和储蓄，长期利率受储蓄、投资的影响，而不是受货币供求的影响。

5. 一般均衡利率决定论

希克斯（Hicks）和汉森（Hansen）两位学者在可贷资金利率决定论的基础上，提出利率是由一般均衡决定的理论，如图 8.3－2 所示。假设有一条使商品市场供需均衡的 IS 曲线和一条使资产市场均衡的 LM 曲线，他们的交点决定了一般均衡的市场利率。这就是著名的 IS-LM 分析法。在两部门模型中，IS 曲线由商品市场均衡 I＝S 决定，LM 曲线由资产市场均衡 L＝M（其中，L 为货币需求量，M 为货币供给量）决定，它们的交点决定了均衡的市场利率 $i_0$ 和收入水平 $Y_0$。该分析法彻底解决了商品市场和资产市场分别决定利率水平的分割利率决定论，准确描述了货币因素和实质经济因素有机结合不能分割的实际经济状况。但是，IS-LM 模型仍有缺陷，主要表现在它没有考虑价格变动因素，忽视了通货膨胀对利率决定因素的影响。对此，孟德尔、梅尔泽、布伦纳等人在 20 世纪 60 年代又提出货币利率和实际利率的区分，建立价格可变的 IS-LM 模型。

---

① 利息来自于节欲或等待的报酬是“节欲说”的观点，节欲说认为，将资本借给他人用于生产而不直接用于自己当前的消费，或者等待将来再消费，是节欲或等待的结果，利率就是这种节欲或等待的报酬。

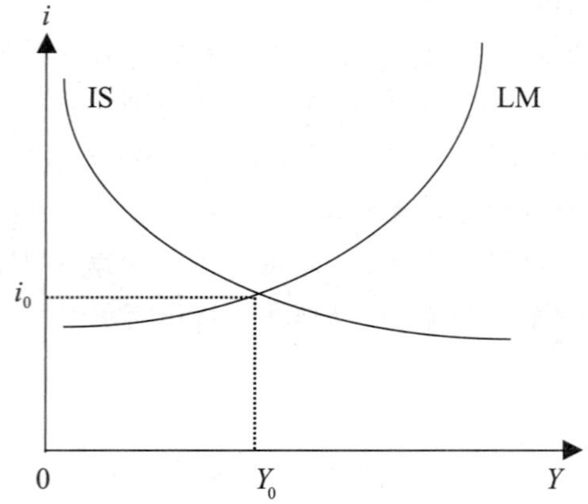


图 8.2—2　市场供求对利率的影响

孟德尔再次定义了 IS 和 LM 曲线，他认为，IS 曲线为储蓄等于投资时，实际利率与实际货币余额组合的轨迹。曲线斜率为正，因为实际利率上升使投资减少，引起紧缩缺口，而实际货币余额增加使储蓄减少，形成补偿性的膨胀缺口。为维持实际储蓄等于实际投资，实际利率的提高必伴随实际货币余额的增加。LM 曲线则为符合货币市场均衡的货币利率与实际货币余额的组合轨迹，其斜率为负，因为财富分配在货币与证券的比例取决于货币利率，当货币利率高时，对实际货币余额的需求就低。

## 二、名义利率与实际利率

由于通货膨胀的缘故，商品和服务的价格都会发生变化，要对经济结果进行正确的比较，必须考虑通货膨胀的影响，因为通货膨胀影响货币资金的实际购买力。现实中，我们可以观测到的利率，都是含有通货膨胀影响在内的利率，因此，经济学和金融学中把这种含有通货膨胀影响因素的利率称为名义利率。相应地，则将剔除通货膨胀因素后的利率称为实际利率。它反映的是资本的实际价格，而不是名义价格。

从债券投资者的角度看，投资者更为关心的是实际利率（尤其是实际收益率），而不是名义利率。在存在通货膨胀的环境下，区分实际利率与名义利率显得尤其重要。由于现实中不存在实际利率的观测值，我们能见到的只有名义利率与价格，因此实际利率的获取通常是利用它与名义利率和通货膨胀率之间的关系来实现的。

假设你以资金 $P_a$ 购买了一份平价发行且票面利率（名义利率）为 $r_A$ 的一年期的债券。一年后，你兑付手中的债券，获得 $P_a(1+r_A)$ 的本利收益。如果这一年中不存在通货膨胀，则名义利率 $r_A$ 与实际利率 $r^*$ 相同；如果这一年中，市场价格从 $P_0$ 上升到 $P_1$，即发生了通货膨胀，通货膨胀率为

$$\pi=\frac{P_1}{P_0}-1 \quad 或 \quad \frac{P_1}{P_0}=1+\pi \tag{8.2.14}$$

则一年后你获得的实际本利收益为

$$\frac{P_a(1+r_A)}{P_1/P_0}=\frac{P_a(1+r_A)}{1+\pi} \tag{8.2.15}$$

由于你所购买的债券为平价债券，故投资于债券的收益率就等于利率，所以债券的实际利率 $r^*$ 等于一年后的实际本利收益与 $P_a$ 之比减 1，即

$$r^* = \frac{P_a(1+r_A)}{1+\pi} \bigg/ P_a - 1$$

或

$$r^* = \frac{1+r_A}{1+\pi} - 1$$

$$= \frac{r_A - \pi}{1+\pi} \tag{8.2.16}$$

在温和的通货膨胀下，由于

$$\frac{1}{1+\pi} = 1 - \pi + \pi^2 - \pi^3 + \cdots$$

$$\approx 1 - \pi \tag{8.2.17}$$

将(8.2.17)式代入(8.2.16)式得

$$r^* \approx (r_A - \pi)(1 - \pi)$$

$$= r_A - \pi - r_A\pi + \pi^2$$

$$\approx r_A - \pi \tag{8.2.18}$$

所以

$$r^* \approx r_A - \pi \tag{8.2.19}$$

(8.2.19)式就是著名的费雪等式，它表达了实际利率与名义利率之间的近似关系，即实际利率近似的等于名义利率减去通货膨胀率。当然，这里对债券实际利率与名义利率的关系的分析适用于所有的利率。

值得注意的是，当现实经济存在较严重的通货膨胀时，(8.2.19)式就不适宜用来计算实际利率。

例如，某投资者购买了一份面值为 100 元，名义利率为 8%的一年期平价债券，在这一年中综合物价上涨了 3%，则由(8.2.16)式计算的实际利率为 4.85% ，与直接用(8.2.19)式计算的 5%几乎没有什么差别。若这一年内市场价格不是上涨了 3%，而是出现了较严重的通货膨胀，价格涨幅为 30%。在这种情况下，真实的实际利率 $r^*$ 为−16.92%，与直接用(8.2.19)式计算的实际利率−22%相差 5 个多百分点。显然，这种差距是不能忽略的。

### 三、即期利率与远期利率

进入 20 世纪 70 年代后，国际金融市场开始表现出极度的不稳定，利率波动不仅频繁，而且波动幅度显著增大，利率风险因此也就成为人们从事经济活动和金融交易必须高度重视的一个突出问题。对于急剧增大的利率风险，金融工程师们设计并推出了远期交易工具，远期交易工具的推出，为风险规避者和套期保值者实施有效的利率风险管理创造了条件和提供了现实的手段。如此同时，利率也就开始有了即期利率与远期利率之分。即期利率是指某一时刻 $i$ ，期限为 $T$ 的利率水平。这里的时刻 $i$ ，既可是现在也可以是未来的某一时刻，当 $i$ 是现在时刻时，利率为即期利率，一般情况下它是已知的；当 $i$ 为未来时刻时，利率为未来的即期利率，通常情况下它是未知的。远期利率是指现在确定的，从未来某一时刻 $i$ 开始，到未来另一时刻 $j$ 结束，某一期限为 $T = j - i$ 的利率水平。即期利率与远期利率的区别与联系可用时间轴直观表示，如图 8.2—3 所示。

图 8.2—3　时间轴

在图 8.2—3 中，$t$ 为单位时间，一般取年，也可取季、月等。用 ${}_ir_j$（如 ${}_0r_1$，${}_1r_2$，…）表示时刻 $i$，期限为 $T=j-i$ 的即期利率，显然，${}_0r_j$ 为即期利率，它是对当前不同期限资金供求的定价，故是已知的；${}_ir_j$（$i>0$）为未来的即期利率，它是未来 $i$ 时刻，市场对资金供求水平的定价，通常是未知的。${}_if_j$ 表示现在确定的，从 $i$ 时刻到 $j$ 时刻，期限为 $T=j-i$ 的远期利率，如 ${}_1f_2$ 表示现在确定的，从未来 1 年开始，期限为 1 年的远期利率；${}_1f_3$ 表示现在确定的，从未来 1 年开始，期限为 2 年的远期利率。它与未来的即期利率的主要区别在于，${}_if_j$ 是已知的，而 ${}_ir_j$ 是未知的。虽然 ${}_ir_j$ 是未知的，但当投资者的投资选择涉及 ${}_ir_j$ 时，他们都会对未知的 ${}_ir_j$ 做出预期，${}_ir_j$ 的预期值记为 ${}_ir_j^e$。

由于 ${}_if_j$、${}_ir_j^e$ 和 ${}_ir_j$ 均是面对未来的利率，故它们之间自然存在一定的经济联系，这种经济联系可由无风险套利交易导出。用一个例子来说明：假如一位投资者准备进行为期 2 年的无风险投资，他可以有多种不同的投资方法，其中有这样三种不同的投资策略，一是直接购买 2 年期的国库券，其二是先购买 1 年期的国库券，一年后再购买 1 年期的国库券，其三是先购买 1 年期的国库券，同时按照市场的远期价格购买从第二年初起的 1 年期国库券。为简单起见，假定所有国库券都不带息票。采用第一种策略，现在每一元钱的投资，2 年后的市场价值为 $(1+{}_0r_2)^2$，采用第二种策略，现在每一元钱的投资 2 年后的市场价值为 $(1+{}_0r_1)(1+{}_1r_1)$，采用第三种策略后，现在每一元钱的投资，2 年后的市场价值为 $(1+{}_0r_1)(1+{}_1f_2)$，如果三种投资策略都是无风险的，由无风险套利均衡条件可知，三者结果应该相等，即有 $(1+{}_0r_2)^2=(1+{}_0r_1)(1+{}_1r_2)=(1+{}_0r_1)(1+{}_1f_2)$。因此，有 ${}_1f_2={}_1r_2$，这就是说，在理论上远期利率应该等于未来的即期利率，由于 ${}_1r_2$ 未知，且 ${}_1r_2$ 受多种不确定性因素的影响，故用 ${}_1r_2$ 给 ${}_1f_2$ 定价仍不现实，一个有效的办法就是用 ${}_1r_2$ 的预期 ${}_1r_2^e$ 代替 ${}_1r_2$，在理性预期下，${}_1r_2={}_1r_2^e$，所以有 ${}_1f_2={}_1r_2^e$。如果不考虑预期变量，仅考虑当前已知的即期利率与远期利率的话，第二种投资策略则可从这里去掉，不予考虑。另一个有效的方法就是利用 $(1+{}_0r_2)^2=(1+{}_0r_1)(1+{}_1f_2)$ 给 ${}_1f_2$ 定价，由该式知，${}_1f_2$ 的值可由 ${}_0r_1$，${}_0r_2$ 两个即期利率唯一确定，即 ${}_1f_2=(2{}_0r_2+{}_0r_2^2-{}_0r_1)/(1+{}_0r_1)$，${}_1f_2\approx 2{}_0r_2-{}_0r_1$。

如果投资者不是进行 2 年的投资，而是进行 3 年的投资。在这种情况下，去掉涉及预期利率的跨期组合策略，则投资者至少有如下三种投资策略，即(1)直接购买 3 年期的国库券；(2)在购买 1 年期的国库券的同时，购买 1 年以后 2 年期的远期；(3)在购买 2 年期国库券的同时，购买 2 年以后 1 年期的远期。根据无套利均衡，则有

$$(1+{}_0r_3)^3=(1+{}_0r_1)(1+{}_1f_3)^2=(1+{}_0r_2)^2(1+{}_2f_3)$$

由 $(1+{}_0r_3)^3=(1+{}_0r_1)(1+{}_1f_3)^2$ 可得

$${}_1f_3\approx\frac{1}{2}(3{}_0r_3-{}_0r_1)\tag{8.2.20}$$

由 $(1+{}_0r_3)^3=(1+{}_0r_2)^2(1+{}_2f_3)$ 可得

$${}_2f_3\approx(3{}_0r_3-2{}_0r_2)\tag{8.2.21}$$

一般情况下，如果投资者进行 $n$ 年的投资，则他至少有如下三种投资策略可供选择：(1)直接购买 $n$ 年期的国库券；(2)在购买 $i$ 年期的国库券的同时，购买一个 $i$ 年后的 $(j-i)$ 年的远期和一个 $j$ 年后的期限为 $(n-j)$ 年的远期；(3)在购买 $j$ 年期的国库券的同时，购买一个 $j$ 年后，期限为 $(n-j)$ 年的远期。由无套利均衡可得

$$(1+{}_0r_n)^n=(1+{}_0r_i)^i(1+{}_if_j)^{j-i}(1+{}_jf_n)^{n-j}=(1+{}_0r_j)^j(1+{}_jf_n)^{n-j}$$

因为 $$(1+a)^k=\sum_{p+q=k}\frac{k!}{p!\ q!}a^q$$

所以 $$(1+{}_0r_n)^n=\sum_{p+q=n}\frac{n!}{p!\ q!}{}_0r_n{}^q$$

$$(1+{}_0r_i)^i=\sum_{p+q=i}\frac{r!}{p!\ q!}{}_0r_i{}^q,\ (1+{}_0r_j)^j=\sum_{p+q=j}\frac{j!}{p!\ q!}{}_0r_j{}^q$$

$$(1+{}_if_j)^{j-i}=\sum_{p+q=j-i}\frac{(j-i)!}{p!\ q!}{}_if_j{}^q$$

$$(1+{}_jf_n)^{n-j}=\sum_{p+q=n-j}\frac{(n-j)!}{p!\ q!}{}_jf_n{}^q$$

如果在上述各式中剔除利率的高阶项，则有

$$(1+{}_0r_n)^n\approx 1+n\,{}_0r_n\ ,\ (1+{}_0r_i)^i\approx 1+i\,{}_0r_i$$

$$(1+{}_0r_j)^j\approx 1+j\,{}_0r_j\ ,\ (1+{}_if_j)^{j-i}\approx 1+(j-i)\,{}_if_j$$

$$(1+{}_jf_n)^{n-j}\approx 1+(n-j)\,{}_jf_n$$

由 $(1+{}_0r_n)^n=(1+{}_0r_j)^j(1+{}_jf_n)^{n-j}$，并利用上述近似关系得

$$1+n\,{}_0r_n\approx(1+j\,{}_0r_j)[1+(n-j)\,{}_jf_n]$$

$$\approx 1+j\,{}_0r_j+(n-j)\,{}_jf_n$$

所以 $$(n-j)\,{}_jf_n\approx n\,{}_0r_n-j\,{}_0r_j \tag{8.2.22}$$

由 $(1+{}_0r_n)^n=(1+{}_0r_i)^i(1+{}_if_j)^{j-i}(1+{}_jf_n)^{n-j}$，且利用前述近似关系得

$$1+n\,{}_0r_n\approx(1+i\,{}_0r_i)[1+(j-i)\,{}_if_j][1+(n-j)\,{}_jf_n]$$

$$\approx 1+i\,{}_0r_i+(j-i)\,{}_if_j+(n-j)\,{}_jf_n \tag{8.2.23}$$

将(8.2.22)式代入(8.2.23)式得

$$1+n\,{}_0r_n\approx 1+i\,{}_0r_i+(j-i)\,{}_if_j+n\,{}_0r_n-j\,{}_0r_j$$

故有 $$(j-i)\,{}_if_j\approx j\,{}_0r_j-i\,{}_0r_i$$

$${}_if_j\approx\frac{1}{j-i}(j\,{}_0r_j-i\,{}_0r_i) \tag{8.2.24}$$

在一般情况下，除了能得到(8.2.24)式的关于远期利率与即期利率的近似关系外，无套利均衡还能保证以下关系式成立，即

$$\begin{cases}(1+{}_0r_i)^i(1+{}_ir_j)^{j-i}(1+{}_jr_n)^{n-j}=(1+{}_0r_i)^i(1+{}_if_j)^{j-i}(1+{}_jf_n)^{n-j}\\(1+{}_0r_j)^j(1+{}_jr_n)^{n-j}=(1+{}_0r_j)^j(1+{}_jf_n)^{n-j}\end{cases} \tag{8.2.25}$$

在理性预期条件下，${}_ir_j={}_ir_j^e$ ，${}_jr_n={}_jr_n^e$ ，所以有

$$\begin{cases}(1+{}_ir_j)^{j-i}(1+{}_jr_n^e)^{n-j}=(1+{}_if_j)^{j-i}(1+{}_jf_n)^{n-j}\\(1+{}_0r_j)^j(1+{}_jr_n^e)^{n-j}=(1+{}_0r_j)^j(1+{}_jf_n)^{n-j}\end{cases} \tag{8.2.26}$$

由(8.2.26)式的第二式可知

$${}_jf_n={}_jr_n^e \tag{8.2.27}$$

将(8.2.27)式代入(8.2.26)式的第一式得

$$(1+{}_ir_j^e)^{j-i}=(1+{}_if_j)^{j-i}$$

所以 $${}_if_j={}_ir_j^e \tag{8.2.28}$$

由以上的无风险套利均衡分析，我们可以得出以下结论：若投资者的预期符合理性预期，其远期价格（即远期利率）确实是未来即期价格（即未来即期利率）的市场预期，且在均衡的条件

下，远期价格可以由不同期限的即期利率近似地确定。

### 四、单利、复利与连续利率

在债券投资或借贷合约中，利息的记息方式对实际利息收益有着重要的影响。记息方式通常被分为两类，一是单利；另一类是复利。单利指债券或借贷合约到期前，前后各期具有相同利息收入的记息方式所对应的利率。复利则指到期前后期利息不仅包含本金利息收入，而且还同时包含前期累计利息的利息的一种记息方式，这种记息方式所对应的利率为复利率。通俗地说，复利就是所谓“利上加利”的记息方式所对应的利率。为了理解两种不同记息方式对利息收益的影响，以下我们来看一个例子。

例如，有一份面值 10000 元的三年期债券，到期后，发行人一次性偿付本利，票面利率为 5%。若该债券分别以单利和复利记息，则两者有何差别?

解：(1)若以单利的方式记息，则到期后，投资者可以收到本息收入 11500 元[$=10000\times(1+5\%\times 3)$]，其中利息收入 1500 元。

(2)若该债券是以复利记息的，则到期后，投资者可收到本息收入 11576.25 元[$=10000\times(1+5\%)^3$]，其中利息收入为 1576.25 元。比单利记息多 76.25 元。

这个例子说明，与单利记息相比，复利对债权人或投资者更有利，而对债务人或发行人更不利。另外，债券的期限越长，复利的作用越明显。如将上例中的期限由 3 年改为 6 年，则单利的利息收入为 3000 元，而复利的利息收入高达 3400.96 元，两者相差 400.96 元，是 76.25 元的 5.26 倍，可在时间上后者却只是前者的 2 倍。

从投资分析的角度看，复利实际上是平价债券利息再投资下的平均收益率。设有一 $n$ 年期的面值为 $MV$ 的债券工具，其每年按票面利率 $r_A$ 支付固定利息 $MVr_A$，若一年后，投资者将收到的 $MVr_A$ 的利息收入再投资于期限为 $n-1$ 年的该类债券工具，则投资者两年后的利息收入为 $MVr_A+MVr_Ar_A=MVr_A(1+r_A)$，投资者再将所获得的利息收入 $MVr_A(1+r_A)$ 再投资于 $n-2$ 年期的该种债券工具，三年后获得 $MVr_A(1+r_A)+MVr_A(1+r_A)r_A=MVr_A(1+r_A)^2$ 的利息收入，依此类推，投资者 $n$ 年后将获得 $MVr_A(1+r_A)^{n-1}$ 的利息收入。值得注意的是，$n$ 年后投资者还将同时收回各种不同期限债券工具投资的本金，包括初始投入 $n$ 年期债务工具投资的本金 $MV$，$n-1$ 年期债务工具的本金(实质上是指第二年的利息收入) $MVr_A$，$n-2$ 年期债务工具投资的本金(第三年的利息收入) $MVr_A(1+r_A)$，……，1 年期债务工具投资的本金(第 $n$ 年的利息收入) $MVr_A(1+r_A)^{n-2}$。这样，我们便可得到投资者投资于债券总的投资收益 $R$ 为

$$
\begin{aligned}
R &= MV+MVr_A+MVr_A(1+r_A)+\cdots+MVr_A(1+r_A)^{n-1}\\
&= MV[1+r_A+r_A(1+r_A)+\cdots+r_A(1+r_A)^{n-1}]\\
&= MV\left\{1+r_A+r_A\frac{(1+r_A)[1-(1+r_A)^{n-1}]}{1-1-r_A}\right\}\\
&= MV\{1+r_A-(1+r_A)[1-(1+r_A)^{n-1}]\}\\
&= MV[1+r_A-(1+r_A)+(1+r_A)^n]\\
&= MV(1+r_A)^n
\end{aligned}
\tag{8.2.29}
$$

平均收益率 $r$ 为

$$
r=\sqrt[n]{\frac{R}{MV}}-1 \tag{8.2.30}
$$

因为，再投资的结果就相当于投资者直接购买票面利率为复利利率债券的结果。也就是说，如果投资者起初就购买一份票面利率为 $r_A$ 的复利债券或借贷合约，则到期后的结果与购买每年支付一次利息，且利息用于再投资的单利债券工具的结果是一样的。此即意味着，可用于再投资债券工具的票面利率就相当于复利。所以，将(8.2.29)式代入(8.2.30)式得

$$r = r_A \tag{8.2.31}$$

(8.2.31)式说明，复利就是利息再投资下的平均收益率。

下面再讨论一下，单利债券工具在不进行利息再投资的情况下，其票面利率与复利的关系。仍假设投资者购买了一份票面利率为 $r_A$，面值为 $MV$ 的 $n$ 年期单利债券，$n$ 年后，投资者的总收益 $R_1$ 为

$$R_1 = MV + nr_A MV \tag{8.2.32}$$

该债券的平均收益率 $r$（也是复利）为

$$r = \sqrt[n]{\frac{R_1}{MV}} - 1 \tag{8.2.33}$$

将(8.2.32)式代入(8.2.33)式得

$$\begin{aligned} r &= \sqrt[n]{1 + nr_A} - 1 \\ &= \left(1 + r_A \Big/ \frac{1}{n}\right)^{\frac{1}{n}} - 1 \end{aligned} \tag{8.2.34}$$

(8.2.34)式即为复利与单利之间的一般关系。它表明复利的大小不仅取决于单利的大小，而且还取决于债券工具的期限。

当我们将上述分析中的 $n$ 年期债券工具变成一年期债券工具，每年支付一次利息改为一年支付 $M$ 次利息时，同样可得到该债券工具的复利与票面利率之间的关系为

$$r = \left(1 + \frac{r_A}{M}\right)^M - 1 \tag{8.2.35}$$

需要说明的是，(8.2.35)式中的 $r$、$r_A$ 均是年率，而短期债务工具经常会使用半年率，季度利率，月利率甚至日利率等。当出现已知的利率为非年率时，只要将其转换成年率，可以利用(8.2.35)式计算复利。

连续利率实质上是一种特殊的复利，它可视为平价债券按时间连续支付利息，且利息收入用于再投资的平均收益率或期望收益率。因此，它的值就是到期收益率满足(8.2.35)式时，$M \to \infty$ 所对应的票面利率。若令到期收益率为 $r$，则

$$r = \lim_{M \to \infty} \left(1 + \frac{r_A}{M}\right)^M - 1 \tag{8.2.36}$$

将(8.2.36)式变形后有

$$\begin{aligned} 1 + r &= \lim_{M \to \infty} \left(1 + \frac{r_A}{M}\right)^M \\ \ln(1 + r) &= \lim_{M \to \infty} \ln\left[\left(1 + \frac{r_A}{M}\right)^M\right] \\ &= \lim_{M \to \infty} M \ln\left(1 + \frac{r_A}{M}\right) \\ &= \lim_{M \to \infty} \frac{\ln\left(1 + \frac{r_A}{M}\right)}{\frac{1}{M}} \quad \text{（由罗彼达法则）} \end{aligned}$$

$$=\lim_{M\to\infty}\frac{-\frac{r_A}{M^2}\Big/\left(1+\frac{r_A}{M}\right)}{-\frac{1}{M^2}}$$

$$=\lim_{M\to\infty}\frac{r_A}{1+\frac{r_A}{M}}$$

$$=r_A \tag{8.2.37}$$

故
$$r=e^{r_A}-1 \tag{8.2.38}$$

所以连续复利

$$r_A=\ln(1+r) \tag{8.2.39}$$

事实上,现实投资活动中,人们很少使用连续利率,我们这里介绍连续利率的目的不是出于实际投资分析的需要,而是缘于连续利率良好的数学性质以及后面理解期权定价模型的需要。此外,在一些实证分析文献中,很多学者依 $r=\ln\frac{P_t}{P_{t-1}}$ 来处理收益率,其实质就是将收益率连续化。

## 第三节　利率期限结构与收益率曲线

利率的期限结构是指利率水平与其期限之间的变化关系。收益率曲线通常是描述利率期限结构的重要工具。收益率曲线是根据同一种债券的收益率与其到期期限的关系绘制的。收益率曲线按其变动趋势划分有向上倾斜、持平和向下倾斜三种基本类型(如图 8.3—1)。一般地,由于时间价值因素的关系,利率会随着到期期限的增加而增加,因此,大多数收益率曲线表现为向上倾斜。然而,由于预期或其他非时间价值因素的作用,收益率曲线有时也会表现为其他两种类型。

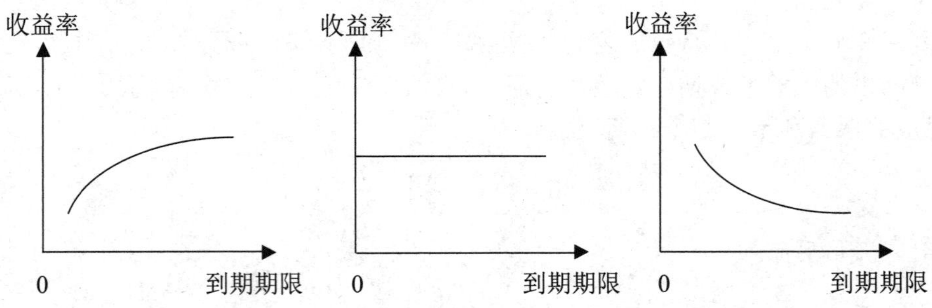


(a) 向上倾斜　　(b) 持平　　(c) 向下倾斜

**图 8.3—1　收益率曲线类型**

为了解释利率的期限结构特点,经济学家提出了很多理论假设与模型。

### 一、预期假说

在持预期理论观点的经济学家来看,长期利率是该期限内人们预期的短期利率的平均数。因而收益率曲线反映所有金融市场参与者的综合预期。预期理论包括如下假定:

1. 投资者追求收益最大化,而对债券的期限无偏好;

2. 所有市场参与者对未来利率水平的预期都相同；

3. 金融市场完全竞争，不同期限的债券可以自由套利。

在上述假定下，如果投资人面临这样两个不同的决策方案可供选择，即

①在 $t$ 期购买一份利率为 ${}_tr_{t+1}$ 的一期债券，到期后再购买一份一期债券，第 $t+1$ 期的预期利率水平为 ${}_{t+1}r^e_{t+2}$。

②在 $t$ 期直接购买一份利率为 ${}_tr_{t+2}$ 的两期债券。

显然，方案①的预期收益率 $=(1+{}_tr_{t+1})(1+{}_{t+1}r^e_{t+2})-1\approx {}_tr_{t+1}+{}_{t+1}r^e_{t+2}$

方案②的预期收益率 $=(1+{}_tr_{t+2})(1+{}_tr_{t+2})-1\approx 2{}_tr_{t+2}$

在无套利均衡的条件下，方案①与方案②对投资人是无差异的，则有

$$
{}_tr_{t+2}=\sqrt{(1+{}_tr_{t+1})(1+{}_{t+1}r^e_{t+2})}-1 \tag{8.3.1}
$$

或近似的有

$$
{}_tr_{t+2}\approx\frac{{}_tr_{t+1}+{}_{t+1}r^e_{t+2}}{2} \tag{8.3.2}
$$

推而广之，如果债券的期限更长，则有

$$
{}_tr_{t+n}=\sqrt[n]{(1+{}_tr_{t+1})(1+{}_{t+1}r^e_{t+2})\cdots(1+{}_{t+n-1}r^e_{t+n})}-1 \tag{8.3.3}
$$

或近似的有

$$
{}_tr_{t+n}\approx\frac{{}_tr_{t+1}+{}_{t+1}r^e_{t+2}+\cdots+{}_{t+n-1}r^e_{t+n}}{n} \tag{8.3.4}
$$

从 ${}_ir_j$ 的经济含义知，${}_ir_j$ 是期限为 $j-i$ 的平均利率或利率。这样，(8.3.3)式或(8.3.4)式可以视为长期利率 ${}_tr_{t+n}$ 与短期利率 ${}_tr_{t+1}$ 和预期利率 ${}_ir^e_j$ 的相互关系。由该关系式可以看出：

1. 如果未来的短期利率预期不变，且等于现期的短期利率，即 ${}_ir^e_j={}_tr_{t+1}$，现期的长期利率与短期利率就相等，或 ${}_tr_{t+n}={}_tr_{t+1}$，收益率曲线呈一条水平线，如图 8.3－1(b)所示；

2. 如果未来的短期利率预期上升，即 ${}_ir^e_j>{}_tr_{t+1}$，现期的长期利率高于短期利率，或 ${}_tr_{t+n}>{}_tr_{t+1}$，收益率曲线向上倾斜，如图 8.3－1(a)所示；

3. 如果未来的短期利率预期下降，即 ${}_ir^e_j<{}_tr_{t+1}$，现期的长期利率低于短期利率，或 ${}_tr_{t+n}<{}_tr_{t+1}$，收益率曲线向下倾斜，如图 8.3－1(c)所示。

## 二、流动性偏好假说

由于短期债券的流动性强于长期债券，由流动性偏好理论知：

1. 投资者对持有短期债券存在较强的偏好，只有得到一个正的时间溢价作为补偿时，才会愿意持有长期债券；因此，时间溢价大于 0。即使短期利率在未来的水平保持不变，长期利率仍然会高于短期利率，这就说明了收益率曲线通常是向上倾斜的原因。

2. 在时间溢价水平一定的前提下，由 ${}_tr_{t+n}=\left[\prod_{i=0}^{n-1}(1+{}_{t+i}r_{t+i+1})\right]^{\frac{1}{n}}-1$ 知，短期利率上升，长期利率也随之上升，这便解释了不同期限债券的利率水平是共同变动的原因。

3. 时间溢价大于 0 与收益率曲线有时向下倾斜的事实并不矛盾。因为在短期利率预期未来会下降的情况下，长期利率的时间溢价向上效应会被预期利率向下效应抵消，当预期效应大于时间效应时，综合作用的结果仍然会使收益率曲线呈现向下倾斜的变动；当预期效应正好抵消时间效应时，收益率曲线则会呈现水平变动特征。

流动性偏好假说从理论上解释了收益率曲线如图 8.3—1 的三种类型,对投资者来说,由于短期利率的市场预期的不可知性,决定了这种解释对于指导投资方案的确定并没有什么实际意义。然而,真正有实际意义的是,我们利用观察到的收益率曲线的变动类型,结合流动性偏好假说来判断未来短期利率的市场预期。一般而言,陡峭上升的收益率曲线表明短期利率预期将来会上升;平缓上升的收益率曲线表明短期利率预期不会有太大的变动;平直的收益率曲线表明短期利率预期会平缓下降;向下倾斜的收益率曲线表明短期利率预期会出现急剧下降。一旦我们对市场预期收益率走势有了正确的判断,便能据此来安排投资方案。

另外,由流动性偏好假设知,时间价值就是对投资者的流动补偿。那么,如何确定流动补偿呢?

设 $t$ 年和 $t+1$ 年的即期利率分别为 ${}_0r_t$ 和 ${}_0r_{t+1}$,$t$ 年到 $t+1$ 年预期利率为 ${}_tr_{t+1}^e$。

由前文论述我们知道,在无套利均衡条件下,即期利率与远期利率的关系是

$$(1+{}_0r_t)^t(1+{}_tf_{t+1})=(1+{}_0r_{t+1})^{t+1} \tag{8.3.5}$$

根据流动性偏好理论,如果人们能够持有债券到 $t+1$ 年,而不是将债券在 $t$ 年出售,则有

$$(1+{}_0r_t)^t(1+{}_tr_{t+1}^e)<(1+{}_0r_{t+1})^{t+1} \tag{8.3.6}$$

将(8.3.5)式代入(8.3.6)式得

$$(1+{}_0r_t)^t(1+{}_tr_{t+1}^e)<(1+{}_0r_t)^t(1+{}_tf_{t+1})$$

或

$${}_tr_{t+1}^e<{}_tf_{t+1} \tag{8.3.7}$$

(8.3.7)式说明,远期利率大于同期限的预期利率,两者之差就是流动补偿(liquidity premium)。即

$${}_tl_{t+1}={}_tf_{t+1}-{}_tr_{t+1}^e \tag{8.3.8}$$

其中,${}_tl_{t+1}$ 是 $t$ 年到 $t+1$ 年流动补偿。

例如:有一到期期限为 2 年,一年期利率 $r_1=7\%$,两年期利率 $r_2=8\%$ 的债券。由(8.3.5)式计算得 ${}_1f_2=9.01\%$。如果一年后的预期利率 ${}_1r_2^e=8.5\%$,则由(8.3.8)式可知流动补偿 ${}_1l_2=0.51\%$。该补偿说明,如果投资者直接购买 2 年期债券,则每一元的到期价值为 $1\times1.08^2=1.1664$ 元;而如果投资者出于流动性的考虑,先购买 1 年期债券,然后下一年在资金没有其他特殊需要的情况下,再购买 1 年期债券,此时一年期债券利率已由 7%上升到 8.5%,正好与当初的预期一致,这种情况下每一元的到期价值为 $1\times1.07\times1.085=1.161$ 元。显然投资者直接投资于 2 年期债券并持有至到期的投资回报较大,高出部分便是对投资者放弃流动性的补偿。

### 三、市场分割假说

该理论认为,期限不同的证券市场是完全分离或独立的,每一种证券的利率水平在各自的市场上,由对该证券的供给和需求所决定,不受其他不同期限的证券的预期收益变动的影响。得出这一论断的主要前提假定包括:

1. 投资者对不同期限的证券有不同的偏好;
2. 期限相同的证券中,投资者更偏好预期收益大的证券(投资者是理性的);
3. 期限不同的证券不是完全替代的;
4. 理性的投资者对其投资组合的调整有一定的局限性,许多客观因素使这种调整滞后于预期收益水平的变动。

按照市场分割假说的解释,收益率曲线形式之所以不同,是由于对不同期限的证券的供给

和需求不同。当投资者对短期证券的需求高于对长期证券的需求时，短期证券的价格便会上升，相应的收益率则下降，同时，长期证券的价格相对下降，收益率上升，从而决定了收益率曲线向上倾斜；当投资者对长期证券的需求高于对短期证券的需求时，长期证券的价格便会上升，其收益率则下降，同时，短期证券的价格相对下降，收益率上升，从而决定了收益率曲线向下倾斜；当投资者对短期证券与长期证券的需求分布均匀时，收益率的任何差异都会导致需求的转移，最终使两者的收益率完全一致，其结果是收益率曲线呈水平线。

## 第四节 债券投资的风险

债券投资的风险包括违约风险、利率风险、赎回风险、市场风险以及突发事件风险等。其中违约风险和利率风险是债券投资的最主要风险。

### 一、违约风险

债券的违约风险是指债券发行人未履行契约的规定支付债券的利息及本金，给债券投资者带来损失的可能性。由于债券发行人的情况相当复杂，致使对于违约风险的度量存在诸多困难，目前区分违约风险程度的一种较为流行的方法是对债券进行评级。

债券评级是反映债券违约风险的重要指标。美国是目前世界上债券市场最发达的国家，所拥有的债券评级机构也最多。其中最著名的两家评级公司是标准普尔公司(Standard & Poor's，S&P)和穆迪投资者服务公司(Moody's Investors Services)。尽管这两家公司的债券评级分类有所不同，但是基本上都将债券分为两类：投资级和投机级(如表 8.4－1)。

表 8.4－1 债券等级划分表

| 标准普尔公司 | 穆迪公司 | 性质 | 说明 |
|---|---|---|---|
| AAA | Aaa | 投资级 | 信誉最高，债券本息支付无问题 |
| AA | Aa | | 有很强的支付本息能力 |
| A | A | | 有较强的支付能力，但当经济形势发生逆转时，较为敏感 |
| BBB | Baa | | 有一定的支付能力，但当经济形势发生逆转时，更为敏感 |
| BB | Ba | | 有投机因素，但投机程度较低 |
| B | B | 投机级 | 投机性较强 |
| CCC、CC | Caa | | 可能不支付本息 |
| C | Ca | | 不支付本息，但可以回收很少 |
| DDD、DD、D | C | | 无收回可能 |

既然债券存在着违约风险，投资者必然要求获得相应的风险补偿，即较高的违约风险要求较高的投资收益率。无论是从逻辑上推论，还是从表 8.4－2 的数字特征可以看出违约风险越高，投资预期收益率也应该越高，因投资者对具有较高违约风险的债券要求较高的风险补偿。表 8.4－2 列出了美国公司信用评级等级与信用利差的关系。该关系显示，对于相同到期期限的债券，随着信用评级等级的降低，其信用利差越高，从而其投资收益率越高(无风险利率相同)。

表 8.4—2 美国公司信用评级等级与信用利差的关系

| 到期期限＼等级 | AAA | AA | A | BBB | BB | B |
|---|---|---|---|---|---|---|
| 1 年 | 0.17 | 0.24 | 0.26 | 0.53 | 1.77 | 2.22 |
| 5 年 | 0.37 | 0.46 | 0.59 | 0.91 | 2.79 | 3.78 |
| 10 年 | 0.46 | 0.56 | 0.74 | 1.08 | 3.23 | — |
| 15 年 | 0.51 | 0.63 | 0.83 | 1.18 | — | — |
| 20 年 | 0.55 | 0.67 | 0.89 | 1.24 | — | — |
| 25 年 | 0.58 | 0.70 | 0.93 | — | — | — |

资料来源：S&P，credit week，June 4，1996。

注：信用利差即资金成本溢酬，指公司债利率减去国库券利率的差额。

就企业和私人债券来说，通常情况下，债券承诺的到期收益率中含有对其违约风险的补偿，即违约溢价(default premium)，它是债券承诺的到期收益率与预期的到期收益率之差。而预期的到期收益率是各种可能的收益情况以其出现的概率为权重的加权平均，即到期收益率的期望值。如果不存在违约的可能，债券承诺的到期收益率就是预期的到期收益率。只要出现任何的违约或推迟支付的可能，预期的到期收益率就会下跌到承诺的到期收益率之下。

违约溢价的大小取决于违约的可能性(以违约概率来衡量)和发生违约时债券持有者可能遭受的经济损失。在违约溢价、违约的可能性和发生违约时债券持有者可能遭受的经济损失这三个变量中，只要知道其中任意两个，便能确定第三个变量。

为了便于理解，以下我们用具体的例子来说明第三个变量的确定问题。

(一)已知违约概率和违约损失

设市场的无违约风险利率为 6%，某债券面值为 1000 元，期限为 1 年，债券发售时价格为 1000 元，违约的概率为 2%。设债券的息票率为 $r_A$。债券违约的损失有如下两种情况：

①债券违约后，对投资者无任何返还。

②债券违约后，投资者可获得本金的 50%。

(1)对于第一种情况，有

$$1000 \times (1 + 6\%) < 1000 \times (1 + r_A) \times (1 - 2\%)$$

上式左边是投资者购买无风险债券一年后的收益，右边是投资者购买该债券在一年后的期望收益。经计算可知该债券的息票率 $r_A > 8.16\%$。

风险债券的息票率之所以大于求得的结果，是因为如果无风险债券的收益等于风险债券的期望收益的话，投资者宁愿购买无风险债券。因此，只有当风险债券的期望收益大于无风险债券的收益时，投资者才会购买该债券。而风险债券期望收益率高于无风险债券收益率的部分，被称为风险溢价(risk premium)。

譬如，一个风险厌恶的投资者可能要求风险债券的期望收益率至少为 10%，相当于该投资者用 10%的预期收益率来给所要购买的债券进行贴现，在这种情况下，就有

$$1000 \times (1 + 10\%) \leqslant 1000 \times (1 + r_A) \times (1 - 2\%)$$

成立。

经计算可知其要求的风险债券的息票率 $r_A$ 不低于 12.25%。

上述分析的结果可以通过图 8.4—1 来描述。

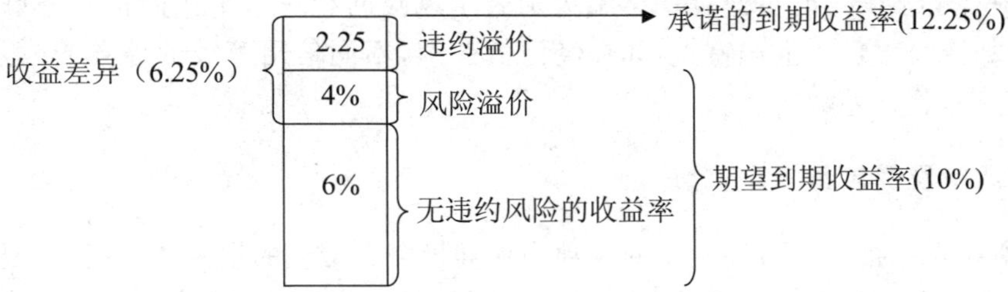


**图 8.4—1　债券到期收益率的构成**

(2)对于第二种情况，有

$$1000\times(1+6\%)<1000\times(1+r_A)\times(1-2\%)+1000\times50\%\times2\%$$

上式左边是投资者购买无风险债券一年后的收入，右边是投资者购买风险债券在一年后的期望收入。经计算可知该债券的息票率 $r_A>7.143\%$。也就是说，在存在违约风险，且已知违约后能返回 50%本金的情况下，投资者愿意购买债券的息票率不得低于 7.143%。

(二)已知违约溢价和违约损失

设市场的无违约风险利率为 6%，某债券面值为 1000 元，息票率为 7%，期限为 1 年，债券发售时价格为 1000 元，该债券存在违约的风险，违约的概率为 $q$，则履约的概率为 $p$ ($p=1-q$)。债券违约的损失分两种情况：

①债券违约后，对投资者无任何返还。

②债券违约后，投资者可获得本金的 50%。

对于第一种情况，有

$$1000\times p\times(1+7\%)=1000\times(1+6\%)$$

上式表明，购买该债券在一年后的期望终值应该等于购买无风险债券在一年后的终值。经计算可知该债券的履约概率为 99.07%，即违约概率为 0.93%。

对于第二种情况，有

$$1000\times p\times(1+7\%)+1000\times(1-p)\times50\%=1000\times(1+6\%)$$

上式左边是投资者购买该债券在一年后的期望收入，右边是投资者购买无风险债券一年后的收入。经计算可知该债券的履约概率为 98.25%，即违约概率为 1.75%。

已知违约溢价和违约概率求解违约损失的情形，由读者自行练习。

### 二、利率的风险结构

利率的风险结构是研究具有不同程度的违约风险而其他性质相同的不同债券间的收益差异情况。利率的风险结构分析又称为收益差额(yield spread)分析。收益差额通常是指公司债券的到期收益和有相同到期期限以及息票率的另一种债券(通常是国库券)的到期收益之间的差额。

由于收益差额是公司债券的到期收益与无违约风险债券的到期收益之差，而较低等级债券的违约风险较大，因而违约溢价和风险溢价较大，到期收益也较大，因此，其收益差额较大。

使用差额形式分析利率的风险结构，不仅因为差额能够表明不同信用等级债券的收益不同，而且还能表明不同信用等级债券之间的收益差异在不同时期变化较大。当经济条件发生变化时，如在经济繁荣期，所有公司甚至经营不善的公司财务状况都会转好，相反，在经济衰退期，甚至实力强大的公司财务状况也会恶化。对它们的债券重新进行分类定级是很繁琐的，因此评级机构在经济环境不确定时更愿意用信用级别表示风险的相对水平。而在经济条件发生变化时,收益差额却恰恰表现了上述特点,如在经济繁荣期,不同信用等级的债券的收益差额变小,而在经济衰退期,收益差额变大。

### 三、利率风险及其度量

所谓利率风险是指由于市场利率的变动为债券投资者带来的损失的可能性。从直观上看,债券的期限越长,利率越有可能变动,从而债券的利率风险越大。度量利率风险的常见方法包括:持续期、修正的持续期和凸度,以下我们分别加以介绍。

(一)持续期

1. 麦卡莱持续期(Macaulay's duration)

持续期(duration)又称为久期,它最早是麦卡莱(F. R. Macaulay)在 1938 年提出的,最基本的持续期概念称为麦卡莱持续期。持续期最先是用来度量债券的价格对利率变化的敏感性,它是投资者收到预期现金流的平均时间。在持续期的计算中,一般假定表示利率的期限结构的国库券的收益率曲线是平坦的。在此假定下,可得债券的均衡价格为

$$P(r)=\sum_{t=1}^{n}\frac{C_t}{(1+r)^t} \tag{8.4.1}$$

(8.4.1)式中 $C_t$ 表示时期 $t$ 的现金流入(出)。固定收益债券在 $t=1$ 至 $t=n-1$ 时期内,每一时刻 $t$ 的现金流入(出)是固定的利息收入(支出),在持有到期时,即 $t=n$ 时刻的现金流入(出)就是本金 $MV$ 与利息之和。$r$ 表示到期收益率 $YTM$,也即市场利率。

麦卡莱持续期是债券持有时间的加权平均数,其权数为各期收到的现金流现值占债券现值的比重,即

$$D=\sum_{t=1}^{n}\left[\frac{C_t}{(1+r)^t}\Big/\sum_{t=1}^{n}\frac{C_t}{(1+r)^t}\right]t=\frac{1}{P(r)}\sum_{t=1}^{n}\left[\frac{C_t}{(1+r)^t}\right]t \tag{8.4.2}$$

对于折现债券(零息票债券)来说,因为所有的 $C_t=0(t=1,2,\cdots,n-1)$,从而有 $D=n$,即零息票债券的持续期就是债券的到期期限。而对于所有期间有现金流发生的债券来说,持续期都短于到期期限。

(8.4.2)式直观地表明,未来付款的加权到期时间越长,债券价格对市场利率的敏感性越高,债券的利率风险越大。事实也确实如此。

实际上,持续期也可以解释为债券的价格对其折现率(到期收益率)变动的弹性。因为由(8.4.1)式可得

$$\frac{dP(r)}{dr}=-\sum_{t=1}^{n}\left[\frac{C_t}{(1+r)^{t+1}}\right]t=-\frac{1}{1+r}\sum_{t=1}^{n}\frac{C_t}{(1+r)^t}t \tag{8.4.3}$$

变形后得

$$(1+r)\frac{dP(r)}{dr}=-\sum_{t=1}^{n}\frac{C_t\cdot t}{(1+r)^t} \tag{8.4.4}$$

由(8.4.2)式知

$$-\sum_{t=1}^{n}\frac{C_t\cdot t}{(1+r)^t}=-P(r)\cdot D$$

所以

$$(1+r)\frac{dP(r)}{dr}=-P(r)\cdot D$$

即

$$D=-\frac{dP(r)/P(r)}{dr/(1+r)} \tag{8.4.5}$$

又因为 $dr=d(1+r)$。所以持续期是价格对利率的弹性。

当我们将持续期解释为债券价格的利率弹性时，实质上揭示了持续期就是债券价格对利率变动敏感程度的度量这一经济含义。作为价格对利率变动敏感性的度量，持续期同时描述了债券的利率风险特征，当持续期大于1时，债券具有较高的风险，当持续期小于1时，债券则具有相对较小的利率风险。

2. 修正持续期

如果我们把利率处理成连续复利的形式，则可以得到持续期的更为简洁的关系式。

在连续复利条件下，令 $r^*$ 为连续复利，则 $r^*$ 与 $r$ 之间存在关系为

$$r^*=\ln(1+r) \tag{8.4.6}$$

(8.4.6)式表明

$$(1+r)^{-t}=e^{-r^*t} \tag{8.4.7}$$

将(8.4.7)式代入(8.4.1)、(8.4.2)式得

$$P(r)=\sum_{t=1}^{n}C_te^{-r^*t} \tag{8.4.8}$$

$$D=\sum_{t=1}^{n}\left(\frac{C_te^{-r^*t}}{\sum_{t=1}^{n}C_te^{-r^*t}}\right)t=\frac{1}{P(r)}\sum_{t=1}^{n}tC_te^{-r^*t} \tag{8.4.9}$$

对(8.4.8)式求关于 $r^*$ 的导数，并与(8.4.9)式比较得

$$\begin{aligned}\frac{dP(r)}{dr^*}&=\sum_{t=1}^{n}C_te^{-r^*t}(-t)\\&=-P(r)D\end{aligned} \tag{8.4.10}$$

所以

$$D=-\frac{dP(r)}{dr^*}/P(r) \tag{8.4.11}$$

(8.4.11)式揭示了债券增值率 $\frac{dP(r)}{P(r)}$ 与连续利率 $r^*$ 变动的关系。实际上，由 $r=e^{r^*}-1$ 可知，$P(r)$ 也可表示成 $P(r^*)$，这样，(8.4.11)式就可写成

$$D=-\frac{dP(r^*)}{dr^*}\Big/P(r^*) \tag{8.4.12}$$

它是将市场利率视为连续利率时的持续期。

在已知连续型利率持续期的情况下，(8.4.12)式描述了债券价格与连续型市场利率之间的关系。这种决定关系可以通过变形(8.4.12)式后求得，即先将(8.4.12)式写成

$$\frac{dP(r^*)}{P(r^*)}=-Ddr^* \tag{8.4.13}$$

对(8.4.13)式两边同时积分得

$$\int\frac{dP(r^*)}{P(r^*)}=-\int Ddr^*$$

或

$$\ln P(r^*)=-Dr^*+C \tag{8.4.14}$$

其中，$C$ 为积分常数。
由(8.4.14)式得

$$\begin{aligned} P(r^*) &= e^{-Dr^*+C} \\ &= e^C e^{-Dr^*} \\ &= ke^{-Dr^*} \end{aligned} \tag{8.4.15}$$

其中，$k = e^C > 0$。
因为持续期 $D > 0$，对(8.4.15)式求关于 $r^*$ 的导数得

$$\frac{dP(r^*)}{dr^*} = k \cdot e^{-Dr^*}(-D) < 0$$

表明 $P(r^*)$ 是 $r^*$ 的单调下降的非线性函数。

如果我们将(8.4.12)式中的连续型市场利率换成实际市场利率，并定义

$$\bar{D} = -\frac{dP(r)/dr}{P(r)} \tag{8.4.16}$$

为修正持续期。

则可将(8.4.5)式变形得

$$\frac{dP(r)}{dr} = -D\frac{P(r)}{1+r}$$

将上式代入(8.4.16)式后有

$$\bar{D} = \frac{D}{1+r} \tag{8.4.17}$$

即为修正持续期与麦考莱持续期的关系。

由(8.4.15)式及对修正持续期的定义，可得到债券价格与实际市场利率的相互关系为

$$P(r) = k \cdot e^{-\bar{D}r} \tag{8.4.18}$$

如果将(8.4.16)式中的连续型表示成离散型，则可得它的近似式

$$\Delta P(r) = -P(r_0) \cdot \Delta r \cdot \bar{D}$$

或

$$\begin{aligned} P(r) - P(r_0) &= -P(r_0) \cdot \bar{D} \cdot (r - r_0) \\ P(r) &= P(r_0) + r_0 \cdot P(r_0) \cdot \bar{D} - r \cdot P(r_0) \cdot \bar{D} \end{aligned} \tag{8.4.19}$$

(8.4.19)式是一条 $P(r)$（价格）关于 $r$（市场利率）的线性函数，其斜率为 $-P(r_0) \cdot \bar{D}$。

由(8.4.18)式知，实际价格曲线的斜率为

$$\frac{dP(r)}{dr} = k \cdot e^{-\bar{D}r} \cdot (-\bar{D}) = -k \cdot \bar{D} \cdot e^{-\bar{D}r}$$

所以

$$\begin{aligned} \frac{dP(r)}{dr}\Big|_{r_0} &= -k \cdot \bar{D} \cdot e^{-\bar{D}r_0} \\ &= -\bar{D}P(r_0) \end{aligned} \tag{8.4.20}$$

(8.4.20)式说明实际价格在 $r = r_0$ 处与近似直线(8.4.19)式有相同的斜率。

另外，将 $r = r_0$ 代入(8.4.19)式的右边得 $P(r_0)$，正好与(8.4.18)式在 $r = r_0$ 处的取值相同。这说明点$(r_0, P(r_0))$既落在直线(8.4.19)式上，同时也落在曲线(8.4.18)式上。

综合以上两点(斜率与交点)可知，近似直线(8.4.19)式是实际价格曲线(8.4.18)式的切

线，且切点为( $r_0$ , $P(r_0)$ )。近似直线与价格曲线的这种关系如图 8.4－2 所示。

图 8.4－2 中的曲线是市场利率与债券价格的精确的关系，即债券价格与利率呈反向变动的关系，而且是非线性的凸关系，这种关系被称为债券价格的凸性。而持续期是因变量为 $\frac{P(r)}{P(r_0)}$ 时该曲线在 $r=r_0$ 处切线的斜率。从图 8.4－2 中可以直观地看出，在利率变化区间比较小时，(8.4.19)式的关系成立；而当利率变化区间较大时，债券价格的真实变化就与由(8.4.19)式计算的变化有一定的差距。因此，当利率波动较为剧烈时，单纯用持续期来衡量债券的利率风险就不是那么准确了。

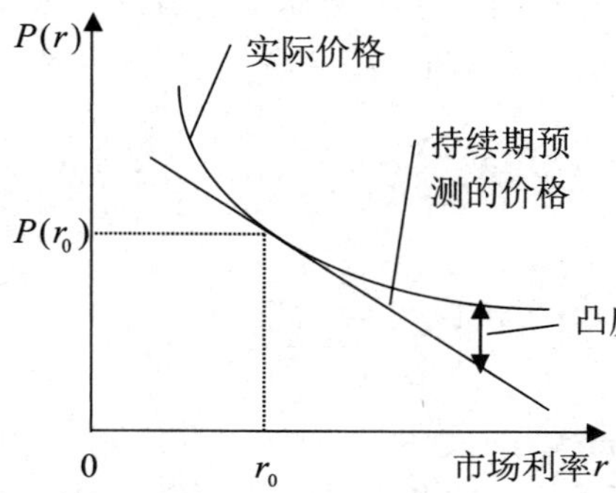


**图 8.4－2　凸度**

3. 组合的持续期

持续期的一个非常重要的性质是具有可加性：一个资产组合(或负债组合)的持续期是组合内各项资产(或负债)的持续期的加权平均，其权重与该资产(或负债)对整个组合的权重相同。即若组合的价值为 $V$ (其中，$V_j$ 为第 $j$ 项资产或负债的价值)，第 $j$ 项资产(或负债)的持续期为 $D_j$ ，则整个组合的持续期为

$$D=\sum_{j=1}^{M}W_jD_j$$

其中，$W_j=\frac{V_j}{V}$。

证明：因为 $V=\sum_{j=1}^{M}V_j$ ，所以 $\frac{dV}{dr^*}=\sum_{j=1}^{M}\frac{dV_j}{dr^*}$

由(8.4.11)式知

$$\begin{aligned}D&=-\frac{dV}{dr^*}\bigg/V=-\sum_{j=1}^{M}\frac{dV_j}{dr^*}\bigg/V\\&=-\sum_{j=1}^{M}\left(\frac{dV_j}{dr^*}\bigg/V_j\right)\cdot(V_j/V)\\&=-\sum_{j=1}^{M}W_j\left(\frac{dV_j}{dr^*}\bigg/V_j\right)\end{aligned}$$

又由(8.4.11)式知

$$-\frac{dV_j}{dr^*}\bigg/V_j=D_j$$

所以
$$D=\sum_{j=1}^{M}W_jD_j \tag{8.4.21}$$

（二）凸度

前面的分析表明，当利率波动比较剧烈时，单纯的持续期概念就不是利率风险的一种好的度量，解决这一问题的有效方法是在利率风险度量中引入凸度的概念。

债券的凸度（convexity）被定义为债券价格对利率的二阶导数与债券价格的比率，即

$$C=\frac{P''(r)}{P(r)}=\frac{1}{P}\cdot\frac{d^2P}{dr^2} \tag{8.4.22}$$

（8.4.16）式表明，修正持续期度量了市场利率变化对债券价格变化的影响程度，（8.4.22）式则说明，凸度度量了市场利率变化对修正持续期变化的影响程度。

由（8.4.1）式可知，债券价格对利率的二阶导数为

$$P''(r)=\sum_{t=1}^{n}\frac{C_t}{(1+r)^{t+2}}\cdot t(t+1) \tag{8.4.23}$$

因此，债券的凸度为

$$C=\frac{1}{P(r)}\cdot\left[\sum_{t=1}^{n}\frac{C_t}{(1+r)^{t+2}}\cdot t(t+1)\right] \tag{8.4.24}$$

债券的凸度是对债券价格曲线弯曲程度的一种度量。债券的凸度越大，债券价格曲线弯曲程度越大，从而以修正持续期度量债券的利率风险所产生的误差越大。

如果将债券的价格函数 $P(r)$ 用泰勒级数展开，则有

$$P(r)=P(r_0)+P'(r_0)(r-r_0)+\frac{1}{2}P''(r_0)(r-r_0)^2+o(r-r_0)^2$$

其中，$r_0$ 是初始的市场利率；$o(r-r_0)^2$ 是关于 $(r-r_0)^2$ 的高阶无穷小量，可忽略不计。将上式 $P(r_0)$ 移到等式左边，并在等式两边同时除以 $P(r_0)$，可得

$$\frac{\Delta P}{P}\approx-\bar{D}\cdot(\Delta r)+0.5\cdot C\cdot(\Delta r)^2 \tag{8.4.25}$$

（8.4.25）式右边第一项 $-\bar{D}\cdot(\Delta r)$ 是用修正持续期度量债券价格随市场利率变化的线性近似，第二项 $0.5\cdot C\cdot(\Delta r)^2$ 可以看作是线性近似所产生的误差，两项之和可近似表述债券价格的实际变化。

从（8.4.25）式可以看出，修正持续期对债券价格的影响取决于市场利率的变化方向。当市场利率上升时，修正持续期越大，债券价格的降低幅度越大；当市场利率下降时，修正持续期越大，债券价格的上升幅度越大。可见，修正持续期是把“双刃剑”，对投资者既有有利的一面，也有不利的一面。而凸度对投资者只会带来好处，不论市场利率如何变化，债券的凸度越大，市场

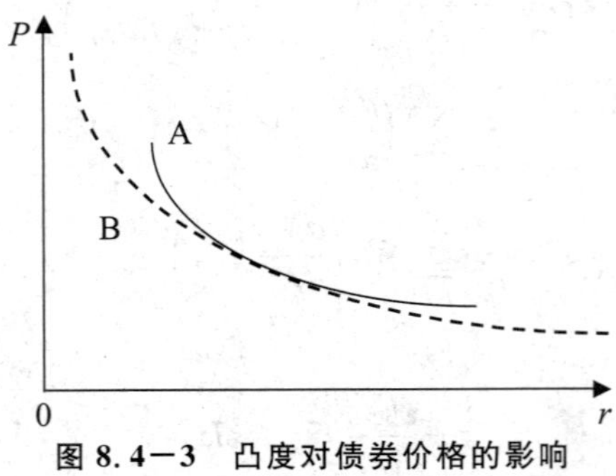


**图 8.4－3　凸度对债券价格的影响**

利率变化时债券价格的上升幅度就越大。

由此可见，凸度越大的债券，其抗利率风险的能力就越强。如图 8.4－3 中，债券 A 的凸度大于债券 B，所以，当利率下降时债券 A 的价格上升幅度大于债券 B，而当利率上升时债券 A 的价格下降幅度小于债券 B。因此债券 A 的利率风险低于债券 B。

## 第五节　负债工具投资选择

上一节我们讨论了债券的两种主要风险：违约风险和利率风险。下面将进一步探讨：在进行债券投资时，如何防范或化解这两种风险。

### 一、违约风险防范

除了根据评级机构的评级结果判断公司债券的违约可能性外，还可使用财务比率作为衡量一个公司违约可能性的指标，并依据这些财务比率对公司的违约情况做出预测。

如当公司现有现金余额较少，或预期净现金流量较少，或净现金流量变化较大时，公司违约的可能性将会增大。

另外，从统计上来看，通过某些财务比率来计算公司的违约风险等级，也是比较准确的。

如 E. Altman[①] 使用 66 个公司（33 个破产，33 个未破产）的样本构造 $Z$ 指标

$$Z = 0.012X_1 + 0.014X_2 + 0.033X_3 + 0.006X_4 + 0.999X_5 \tag{8.5.1}$$

其中：$X_1$ =（流动资产－流动负债）/总资产；

$X_2$ = 留存盈余/总资产；

$X_3$ = 税前利润（EBIT）/总资产；

$X_4$ = 股票市值/总债务账面值；

$X_5$ = 销售收入/总资产。

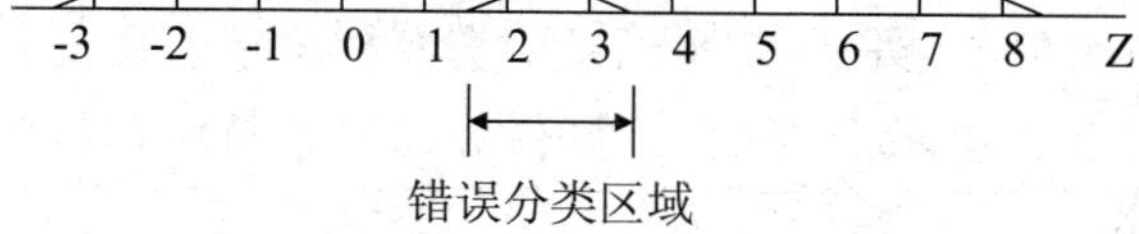


**图 8.5－1　破产和非破产公司的 Z-指标概率分布**

E. Altman 利用（8.5.1）式正确预测了 52 家公司，占样本的 79%。在 E. Altman 的分析中，破产公司的平均 $Z$-指标为 $\bar{Z}_P = -0.29$，非破产公司的平均 $Z$-指标为 $\bar{Z}_F = 5.02$，两者存在着非常显著的区别。这就意味着：利用 $Z$-指标判断极端违约风险是有效的。然而现实中，绝大多数企业往往处于极端之间，对于 $Z$-指标值在 $[-0.29+\varepsilon, 5.02-\eta]$（其中，$\varepsilon$ 和 $\eta$ 为期望值

① Edward I. Altman, "Financial Ratios, Discriminant Analysis and The Prediction of Corporate Bankruptcy", *Journal of Finance* Vol XXIII, no. 4 (September 1968), p. 589－609.

为 0 的随机变量)之间的企业,Z-指标判别法就会失灵。如假设两个 Z-指标服从正态分布(如图 8.5—1),则在两个概率分布的重叠部分,Z-指标不能准确判别,除某些公司被错误分类外,其余部分都能给出正确的判断。

## 二、利率风险防范

利率风险的防范是一个非常复杂的问题,对利率风险防范的方法和工具也很多,在这里,我们主要介绍构造免疫资产和通过衍生金融工具实现对利率风险防范的方案。

### (一)免疫策略

由于利率风险的存在,金融机构未来的资产与负债在时间与数额上往往不匹配,从而可能使金融机构造成损失。如某银行发行了一种一年期存单,金额 500 万元,利率为 5%,这是银行的一笔负债。那么银行在利用这笔资金投资时会遇到下述两种利率风险:

①如果投资期限过长,当市场利率上升时,某些储户可能提前支取存款,这时银行只能将未到期的投资变现,而这些投资的价值会因市场利率的上升而下降,从而导致银行遭受损失。

②如果投资期限过短,当市场利率下降时,银行的再投资收益率也会下降,其投资收益可能不足以支付储户的存款利息,银行从而也遭受损失。

为了消除或减弱利率风险带来的不利影响,就需要在负债结构一定的条件下,安排资产结构,以使得资产结构与负债结构平衡。欲达到上述目标的方法就是免疫策略,而免疫策略则是通过构造免疫资产来实现的。

#### 1. 免疫资产的构造

所谓免疫资产,就是将来无论利率如何变化,资产的价值一直大于等于负债的价值。要做到这一点,须满足如下条件:

(1)按当前的市场利率计算,资产的现值(价值)应该等于负债的现值(价值)。这保证资产足以支付负债。

(2)资产的修正持续期等于负债的修正持续期。这样可以保证当市场利率变化时,资产的价值与负债的价值发生方向相反且幅度等同的变化。

(3)资产的凸度大于负债的凸度。满足这一条件意味着当市场利率变化时,资产的价值将超过负债的价值。资产价值与负债价值的这种关系如同图 8.4—3 所示的债券 A 和债券 B 的价格变化关系一样。

当然,如果能够恰当地安排资产的结构,从而使上述三个条件都成立,便会存在无风险套利的机会,而一个有效的市场是不会长期存在无风险套利机会的。因此,在实践中构造免疫资产常常是满足前两个条件。通常的做法是:先计算债务的修正持续期,然后投资于一组具有相同修正持续期的债券资产组合。

#### 2. 一个算例

某人在 10 年后须偿还一笔债务,按当前的市场利率 6%计算,这笔债务的现值为 10000 元,因此,到期偿还的值为 17908.5 元[$=10000\times(1+0.06)^{10}$]。为了防范利率风险,该债务人投资 10000 元购买债券,并使得该债券组合成为免疫资产。可供选择的债券为:

债券 A:面值 1000 元,期限 10 年,息票率 7%;

债券 B:面值 1000 元,期限 20 年,息票率 8%

该债务人将资金如何在这两种债券中分配?

解：

债券 A 的当前价值

$$P_A = \frac{1000}{1.06^{10}} + \sum_{t=1}^{10} \frac{70}{1.06^t} = 1073.6(\text{元})$$

债券 B 的当前价值

$$P_B = \frac{1000}{1.06^{20}} + \sum_{t=1}^{20} \frac{80}{1.06^t} = 1229.4(\text{元})$$

债券 A 的持续期

$$D_A = \frac{1}{1073.6} \times \left(\frac{70 \times 1}{1.06} + \frac{70 \times 2}{1.06^2} + \cdots + \frac{70 \times 9}{1.06^9} + \frac{1070 \times 10}{1.06^{10}}\right) = 7.61(\text{年})$$

债券 A 的修正持续期

$$\bar{D}_A = \frac{7.61}{1+0.06} = 7.18$$

债券 B 的持续期

$$D_B = \frac{1}{1073.6} \times \left(\frac{80 \times 1}{1.06} + \frac{80 \times 2}{1.06^2} + \cdots + \frac{80 \times 19}{1.06^{19}} + \frac{1080 \times 20}{1.06^{20}}\right) = 11.5(\text{年})$$

债券 B 的修正持续期

$$\bar{D}_B = \frac{11.5}{1+0.06} = 10.84$$

同理可计算债务的修正持续期为 9.43。

为使债券 A、B 构造的组合具备免疫性，须使该组合的修正持续期与债务的修正持续期相等。由(8.4.21)式可知，组合的持续期是组合内各项资产的持续期的加权平均。因此有

$$9.43 = 7.18 \cdot W_A + 10.84 \cdot (1 - W_A)$$

经计算，$W_A = 0.38525$。即将 3852.5 元投资于债券 A，而将 6147.5 元投资于债券 B。但由于债券 A 和 B 的面值都是 1000 元，投资者在实际选择 A 和 B 的组合时，无论是 A 还是 B，都必须投资 1000 元的整数倍。该例中，投资者实际是购买 4000 元的债券 A 和 6000 元的债券 B。现实中债券的不可分性和其他方面的原因往往使投资者在实施利率风险管理时，不能做到完全免疫。但免疫策略管理利率风险还是有很强的实际意义。

投资者除了可以通过实施免疫策略来进行利率风险管理外，另一些有效的办法是利用衍生金融工具来实现资产保值的目的。通过衍生金融工具对利率风险防范的方式很多，如远期利率协议、利率互换、利率期货、利率期权等。这里我们仅介绍投资者如何利用远期利率协议和利率互换来进行利率风险管理。

(二)应用远期利率协议保值

远期利率协议(FRA)简单的说就是“远期对远期贷款”。所谓远期对远期是指贷款的支取和偿还均在未来某一时间，贷款所采用的利率就是远期利率。

虽然远期利率协议是一种贷款协议，但交易双方并无实际的贷款本金转移，只是买卖双方名义上同意从未来商定的某一日期开始在特定时期内借贷一笔利率固定、数额确定、以具体货币表示的名义本金。远期利率协议的买方就是名义借款人，卖方是名义贷款人。如果实际利率下跌，买方必须向卖方支付事先确定的利率与市场利率差额部分的利息；如果实际利率上升，卖方则须向买方支付市场利率与事先确定的利率差额部分的利息。

远期利率协议的交易过程可由图 8.5—2 来描述。

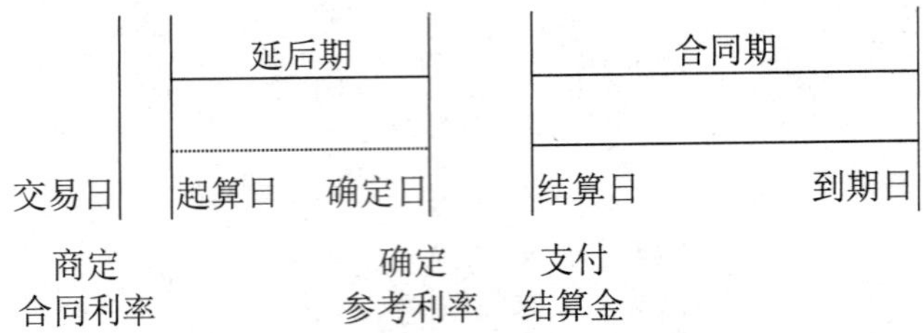


**图 8.5—2 远期利率协议交易流程**

在远期利率协议交易中,以下几个概念是重要的。

交易日:远期利率协议成交的日期;

起算日:一般与交易日相隔两天;

确定日:参考利率确定的日期(一般在结算日前两天);

结算日:名义贷款开始的日期;

到期日:名义贷款到期的日期;

合同期:结算日至到期日之间的时间长度(天数);

合同利率:远期利率协议商定的固定利率,是在交易日确定的自结算日至到期日的远期利率;

参考利率:在确定日的市场利率;

结算金:在结算日,根据合同利率和参考利率之间的差额确定的,由交易一方支付给另一方的利息差额。

为了理解远期利率协议的套期保值功能和交易过程及相关概念,我们举一例说明(如图 8.5—3)。

某公司由于季节性资金需求,需在 20××年 6 月中旬借入一笔资金,金额约 200 万美元。目前距借款时间还有一个月,而且该公司财务主管预计在接下来的一段时期内,银行利率有上调的可能。为了锁定借款利率,20××年 5 月 12 日,该公司购买了一份 1×4 的名义本金为 200 万美元、合同利率为 6.25%的远期利率协议。1×4 是指起算日至结算日为 1 个月,起算日至到期日为 4 个月,因此以下日期及期间分别是:

起算日:20××年 5 月 14 日;

结算日:20××年 6 月 14 日;

到期日:20××年 9 月 14 日(以上日期如遇法定节假日向后顺延);

合同期:92 天(设以上日期均未遇法定节假日);

另外,在 20××年 6 月 12 日确定参考利率,一般采用伦敦银行同业拆放利率(London interbank offered rated,LIBOR①),如为 7%。该公司并在当日向银行申请 3 月期贷款,本金 200 万美元、利率为 7.5%。

---

① LIBOR 的确定有四种方法:(1)借贷双方根据伦敦市场主要银行的报价,协商确定;(2)指定两、三家伦敦市场主要银行进行同业拆借利率报价,按各行报价的平均值来确定;(3)按贷款银行与另一家不参与贷款的主要银行利率报价的平均值来确定;(4)由贷款银行自身的报价确定。英国《金融时报》每天刊登的 LIBOR 数据,是 5 家国际性大银行前一天上午 11 点 LIBOR 报价的平均值,这 5 家银行是:东京银行、国民西敏士银行、德意志银行、巴黎国民银行和摩根担保信托公司。

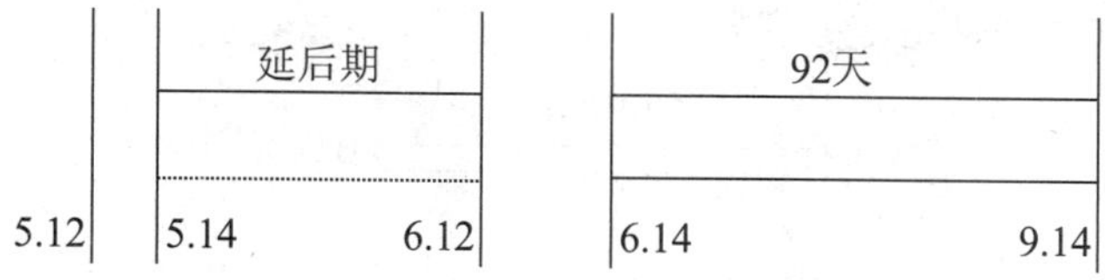


合同利率=6.25%　　　参考利率=7%　结算金=3765.96元

**图 8.5－3　远期利率协议交易流程例**

$$在结算日,该公司可获得结算金额=\frac{(7\%-6.25\%)\times 2000000\times \frac{92}{360}}{1+7\%\times \frac{92}{360}}=3765.96(美元)$$

上式分子是由于市场利率上升,远期利率协议的买方获得的参考利率与合同利率差额部分的利息。但由于结算金在结算日而非到期日流入,而贷款本息支付日为到期日,因此应对结算金按到期日进行贴现。

在贷款到期日,这笔交易的结果如下:

①该公司支付银行贷款利息$=7.5\%\times 2000000\times \frac{92}{360}=38333.33$(美元)

②该公司将结算金以市场利率再投资,再投资的本利和$=3765.96\times(1+7\%)\times \frac{92}{360}=3833.33$(美元)

综合①②结果,该公司贷款的实际利率$=\frac{38333.33-3833.33}{2000000}\times \frac{360}{92}=6.75\%$

由此可见,通过远期利率协议交易,公司将贷款利率控制在6.75%,低于贷款的市场利率0.75个百分点。

(三)利率互换

1.利率互换的概念及交易原理

利率互换(interest rate swap)是指交易双方在约定的一段时间内,在一笔象征性本金数额的基础上互相交换具有不同性质的利率(浮动利率或固定利率)所决定的利息。互换交易自始至终都不涉及本金的交换。

利率互换产生的动力在于,交易对手在不同融资市场的相对优势。如银行A和银行B在固定利率市场和浮动利率市场分别具有相对成本优势,如表8.5－1所示。

**表 8.5－1　A、B 银行不同的筹资成本及双方的相对比较优势**

| | A银行 | B银行 | 相对成本优势 |
|---|---|---|---|
| 固定利率 | 9.25% | 10.75% | 1.5% |
| 浮动利率 | LIBOR＋0.25% | LIBOR＋0.45% | 0.2% |

A、B银行恰好都有融资需求,且银行A需要浮动利率资金,而银行B需要固定利率资金。为了降低他们各自的融资成本,A、B银行进行如下交易:

①双方在其具有相对成本优势的市场上融资,即银行A以固定利率9.25%借款,银行B以浮动利率LIBOR＋0.45%借款;

②A、B银行进行互换,即银行A向银行B支付LIBOR利率,银行B向银行A支付10%的

固定利率。交易过程如图 8.5－4 所示。

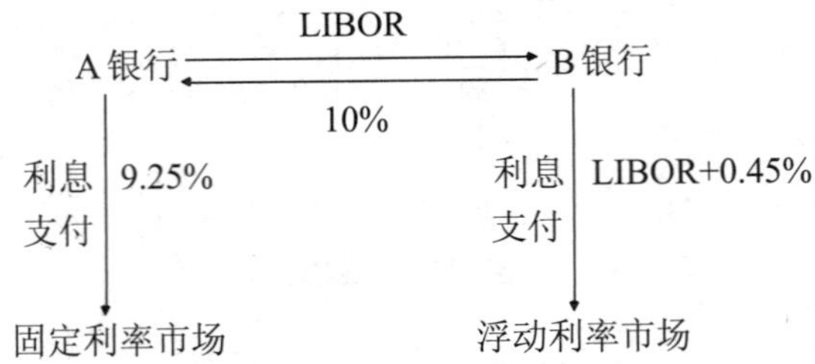


**图 8.5－4　银行的互换交易**

其交易的结果是,银行 A 得到利率为 LIBOR－0.75%的浮动利率贷款,与其自己在浮动利率市场筹资的利率 LIBOR＋0.25%相比,利率降低了 1%。银行 B 得到利率为 10.45%的固定利率贷款,与其自己在固定利率市场筹资的利率 10.75%相比,利率降低了 0.3%。

由于 A、B 银行在各自的市场上融资具有成本的比较优势,因此通过互换交易,A、B 银行共同降低了融资利率 1.3%(＝1.5%－0.2%)。

2. 利用利率互换防范利率风险

如果借款人利用浮动利率筹资后有利率上升的预期,则他便会有将负债转化为固定利率的要求;反之,如果借款人利用固定利率筹资后有利率下降的预期,则他便会有将负债转化为浮动利率的要求。实现上述要求的工具便是利率互换。一旦利率按照预期的方向变动,互换的结果便使借款人免遭利率波动带来的损失。

如某公司以 6 月期 LIBOR＋0.75%的浮动利率借入一笔期限为 1 年的资金。经济运行的种种迹象表明今后市场利率会上升,该公司财务主管为减少利率上升给公司带来的损失,签订了一份互换协议。协议报价为以固定利率 7.25%交换 LIBOR。交易过程如图 8.5－5 所示。

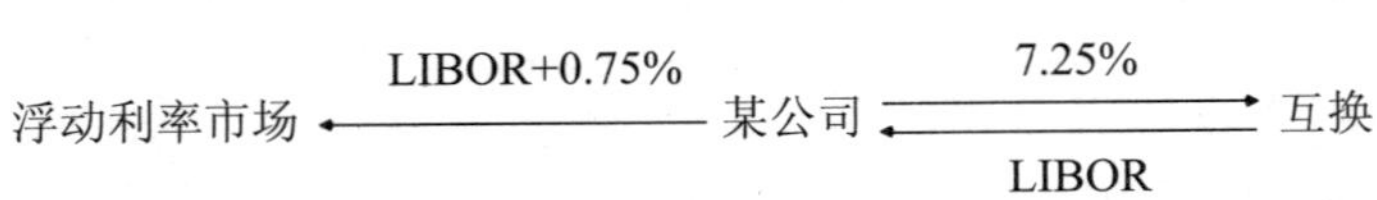


**图 8.5－5　浮动利率对固定利率互换**

交易的结果是,该公司将 LIBOR＋0.75%的浮动利率转换成 8%的固定利率。从而避免了利率上升所带来的损失。

## 第六节　我国上市公司财务危机的判断与预警——基于因子分析 Logit 模型的经验证据

### 一、引言

随着我国证券市场全流通时代的来临,证券市场价格形成机制将发生重大变化,一个以机构投资者与控股股东相互博弈的局面将出现,控股股东的天然优势将在极大程度上抑制市场的过度投机,价值投资终将从“故事”变成现实。在价值投资的条件下,投资收益最重要的依据是上市公司质量,上市公司经营的不确定性与控股股东人为制造的不确定性将成为投资者(包括机构投资者)面临的最主要风险,其中上市公司财务危机尤其值得投资者关注。“财务危机”又称财务困境,它指企业因财务出现难以克服的困难而不能维持正常经营、债权人利益得不到完全保障的一种经济现象,最严重的财务危机是企业破产。显然,当上市公司发生财务危机时,企业债权人的利益都没有保障,更何况投资者的利益。因此,研究上市公司财务危机识别方法,并建立相应的预警机制,对于投资者来说就具有特殊重要的意义。

## 二、相关文献综述

企业财务危机预警问题的研究很早就引起了各方面的关注,很多经济学家与财务专家都在这方面做了大量的工作,他们利用各种财务相关变量构造了一系列财务危机判别与预测模型,其中有代表性的研究成果可归纳为四类:(1)单变量模型;(2)多变量分析模型;(3)多元条件概率模型;(4)神经网络预警模型。

单变量模型是运用单一变数、个别财务比率来识别与预测财务危机的模型。最早的财务预警研究是Fitzpatrick(1932)的单变量破产预测研究。此后,William Beaver(1966)使用单变量分析方法,采用成对抽样法进行样本配对,考察了29个财务比率在企业陷入财务困境前1—5年的预测能力。陈静(1999)以我国股票市场1998年的27家ST公司和27家非ST公司,使用1995—1997年的财务报表数据,进行了单变量分析,提出了适合我国上市公司的单变量预警模型。吴世农和卢贤义(2001)也以我国股票市场70家ST公司和70家非ST公司为样本,应用单变量分析法研究了在上市公司陷入财务危机前5年21个财务指标各自作为预警变量的差异。

多变量分析模型又可以分为多元回归分析模型和多元判别分析模型。最有代表性和影响力的多变量分析模型要数Z-Score记分模型,Edward Altman(1968)使用多变量分析法对企业财务危机进行研究,他以美国1946—1965年间33家破产的制造业企业为样本,并配对33家正常企业,将22项财务比率分为流动性、获利性、财务杠杆、偿债能力和活动力五大类指数,利用多变量分析法建立了著名的Z-Score模型。Meyer和Pifer(1970)以美国1948—1965年间失败的30家银行与其相匹配的30家非失败银行为样本,利用二元回归分析法建立模型,并且用9对相匹配银行组成的预测样本进行了验证。此外,还有其他典型的判别分析模型,包括:Deakin模型、Blum模型、Casey模型和Taffler模型等。国内的相关研究主要有陈静(1999)使用1995—1997年的财务数据,对27家ST公司和27家非ST公司进行的多元判别分析。张玲(2000)以120家公司为研究对象,使用其中60家公司的财务数据,通过多元判别法建立了财务危机预警模型。卢守林等(2002)以沪深两市A股市场上所有上市公司1998—2000年的财务资料为依据,用多元判别分析法构建的Z-Score模型等。

多元条件概率模型是使用极大似然法对参数进行估计的一类概率模型,包括Logistic模型和Probit模型。Martin(1977)首次使用Logit模型预测公司的破产及违约概率。Ohlson(1980)从1970—1976年美国上市公司之中,挑选出105家破产公司和2058家正常公司为样本,采用九个财务比率变量建立了Logit模型。Huffman和Ward(1996)运用Logit模型对1977—1991年间违约的171家企业的高收益债券进行了预测研究等。国内近些年来也有类似的研究,吴世农和卢贤义(2001)分别采用多元判别分析和Logit回归方法建立和估计了预警模型。刘旻(2001)使用1999年28家ST公司与另外28家正常公司陷入财务危机前3年的数据,通过Logit回归方法建立了财务危机预警模型。姜秀华(2002)和齐治平(2002)利用Logit模型对我国上市公司进行信用风险分析。李萌(2005)以不良贷款率作为信用风险衡量标准,构造商业银行信用风险评估的Logit模型等。

神经网络,又称人工神经网络(artificial neural network,ANN)是一种从神经心理学和认识科学的研究成果出发，应用数学方法发展起来的并行分布模式处理系统。常见的神经网络模型主要有：BP 神经网络模型、MDA 协助神经网络模型、ID3 协助神经网络模型和 SOFM 协助神经网络模型。Odom 和 Sharda(1990)是将人工神经网络模型应用在破产预测模式中最具代表性的学者。Koh 和 Tan(1999)以 1978—1985 年间出现的 165 家破产公司为失败样本并以正常公司 165 家作为配对样本，使用人工神经网络模型构建了企业财务危机预警模型。在国内，王春峰(1998)、杨保安(2001)等学者也在此领域进行了相应的研究，杨保安通过对中信实业银行的分析，选取了 4 大类共 15 个财务指标，运用 BP 神经网络方法建立了一个可供银行用于授权评价的预警系统。台湾的林文修(2000)选取 1992—1996 年在台湾证交所上市企业中的 36 家失败企业和 64 家正常企业，并区分为学习样本 73 家与测试样本 27 家，比较了多元判别分析、Logit 模型、BP 神经网络模型和演化式神经网络模型等四种方法的模型预测准确率。

上述四类模型在预测企业财务危机中各有优点与局限性，行业、规模以及企业组织形式等的差异使这一问题极其复杂，显然，单变量模型难担当其重任。在多变量模型中，变量的选择以及所选财务变量之间的相互关系不仅使判别因素的选取具有盲目性，而且它还给定量分析方法在技术层面上增添了障碍，如果能将判别分析与 Logit 回归结合起来，其效应会更好，因子分析 Logit 回归就是这种将两者相结合的有效预测方法。

### 三、基于财务指标的因子分析 Logit 模型

因子分析(factor analysis)是一种利用降维的思想，把原始数据中较多的变量转化为少数几个相互正交变量的多元统计分析方法，这些新变量叫做因子。因子分析会产生出因子载荷，它代表了每个因子与原先每个变量的线性相关系数，可以用之对因子进行解释甚至是命名。

因子分析的因子 $f_i$ 和原始变量 $x_i$ 之间的关系(假定原先有 $p$ 个 变量及 $m$ 个 因子，$m < p$) 为

$$\begin{cases} x_1 = \alpha_{11} f_1 + \alpha_{12} f_2 + \cdots + \alpha_{1m} f_m + \varepsilon_1 \\ x_2 = \alpha_{21} f_1 + \alpha_{22} f_2 + \cdots + \alpha_{2m} f_m + \varepsilon_2 \\ \vdots \\ x_p = \alpha_{p1} f_1 + \alpha_{p2} f_2 + \cdots + \alpha_{pm} f_m + \varepsilon_p \end{cases}$$

其中，$\alpha_{ij}$ 为第 $i$ 个变量和第 $j$ 个因子 $f_j$ 之间的线性相关系数，也称为载荷。$\sum_{j=1}^{m} \alpha_{ij}^2$ 为共性方差，共性方差占总方差的百分比越大，说明共性因子的作用越大。

导致企业发生财务危机的因素很多，且错综复杂，但从财务本身的角度去分析，财务危机形成的原因可以归结为以下几点：①公司经营状况不佳。②过高的负债使公司面临更大的财务危机。③现金流量发生持续性的净流出。综合引起财务危机的这三个主要因素，可以对应用五个方面的财务指标来描述或预警财务危机，即用经营能力指标、成长能力指标和获利能力指标来度量或反映企业的经营状况，用公司的偿债能力指标来度量或反映企业的债务负担，用现金流量指标来度量现金流。五个方面的财务指标可进一步细分为 20 个更具体的财务变量(见表 8.6—1)，以此构成财务危机预警的分析变量。

表 8.6－1　财务变量一览表

| 组别 | 变量 | 指标名称 |
| --- | --- | --- |
| 获利能力指标 | $X_1$ | 资产利润率 |
| | $X_2$ | 净资产收益率 |
| | $X_3$ | 资产净利率 |
| | $X_4$ | 经营毛利率 |
| | $X_5$ | 营业收入净利润率 |
| 偿债能力指标 | $X_6$ | 流动比率 |
| | $X_7$ | 速动比率 |
| | $X_8$ | 股东权益比率 |
| | $X_9$ | 流动负债率 |
| | $X_{10}$ | 营运资金比率 |
| | $X_{11}$ | 资产负债率 |
| 经营能力指标 | $X_{12}$ | 应收账款周转率 |
| | $X_{13}$ | 存货周转率 |
| | $X_{14}$ | 总资产周转率 |
| 现金流量指标 | $X_{15}$ | 现金比率 |
| | $X_{16}$ | 主营收入现金含量 |
| | $X_{17}$ | 净利润现金含量 |
| 成长能力指标 | $X_{18}$ | 主营业务收入增长率 |
| | $X_{19}$ | 总资产增长率 |
| | $X_{20}$ | 净利润增长率 |

以深沪两市 A 股中被 ST 的上市公司为实际考察对象，利用 2006 年 1 月 1 日—2007 年 12 月 31 日深沪两市 A 股中 154 家被 ST 的上市公司的数据。剔除由于以下几种原因而被 ST 的上市公司：①上市两年内被特别处理的公司；②因自然灾害、重大事故等意外事件而被特别处理的公司。经过剔除后，本文选取的有效样本最终为 80 家。根据研究期间一致、行业相同或相近、规模相当的原则按 1∶1 的比例选择没有被 ST 的上市公司作为配对样本。由于我国上市公司年报披露制度规定上市公司公布年报的截止日期为下一年的 4 月 30 日，上市公司 $t-1$ 年的年报和其在第 $t$ 年是否被 ST 几乎同时发生，因此用 $t-1$ 年的数据预测第 $t$ 年是否被 ST 没有实际意义。故本文采用 $t-2$ 年的数据进行分析。

经计算与比较可知，危机公司与正常公司在营业收入净利润率、应收账款周转率、存货周转率、主营收入现金含量和净利润现金含量五个方面没有显著的差别。因此在后面的分析中我们剔除这五个变量。

对于余下的 15 个指标，首先使用 Excel 和 SPSS 统计软件对指标数据进行标准化，使各指标的量纲相同，具有可比性。

由于因子分析是基于相关矩阵进行的，因此求出相关矩阵是必要的。经计算可得，估计样本的 KMO 统计量为 0.693，且 Bartlett 球体检验值为 1624.641，卡方统计值的显著性水平为

0.000 小于 0.01,说明各指标之间具有较高相关性,样本数据适用于因子分析。

对陷入财务危机的 80 家样本上市公司前 2 年的标准化后的数据运用 SPSS 统计软件中的主成分方法提取因子,依据特征值大于 1 的原则,提取了 5 个因子,则可得主成分及其相关统计量的值(见表 8.6—2)。

**表 8.6—2　总方差分解**

| 主成分 | 抽取因子但是未经过因子旋转 | | |
|---|---|---|---|
| | 特征值 | 方差贡献率% | 累积方差贡献率% |
| 1 | 5.549 | 36.993 | 36.993 |
| 2 | 1.918 | 12.786 | 49.779 |
| 3 | 1.864 | 12.424 | 62.203 |
| 4 | 1.199 | 7.997 | 70.200 |
| 5 | 1.081 | 7.204 | 77.404 |

与此同时,还可得到初始因子载荷矩阵(component matrix),见表 8.6—3。

**表 8.6—3　初始因子载荷矩阵**

| 变量 | 指标名称 | 因子 | | | | |
|---|---|---|---|---|---|---|
| | | 因子 1 ($f_1$) | 因子 2 ($f_2$) | 因子 3 ($f_3$) | 因子 4 ($f_4$) | 因子 5 ($f_5$) |
| $X_1$ | 资产利润率 | 0.780 | −0.197 | 0.348 | −0.256 | 0.092 |
| $X_2$ | 净资产收益率 | 0.074 | 0.232 | 0.091 | 0.513 | 0.519 |
| $X_3$ | 资产净利率 | 0.703 | −0.192 | 0.387 | −0.308 | 0.044 |
| $X_4$ | 经营毛利率 | −0.023 | 0.360 | 0.419 | −0.123 | 0.556 |
| $X_6$ | 流动比率 | 0.474 | 0.809 | 0.176 | −0.093 | −0.254 |
| $X_7$ | 速动比率 | 0.422 | 0.828 | 0.150 | −0.137 | −0.254 |
| $X_8$ | 股东权益比率 | 0.915 | 0.004 | −0.373 | 0.027 | 0.103 |
| $X_9$ | 流动负债率 | −0.941 | 0.008 | 0.301 | 0.003 | −0.105 |
| $X_{10}$ | 营运资金比率 | 0.792 | −0.035 | −0.536 | 0.089 | 0.079 |
| $X_{11}$ | 资产负债率 | −0.915 | −0.003 | 0.375 | −0.029 | −0.107 |
| $X_{14}$ | 总资产周转率 | 0.460 | −0.206 | 0.330 | 0.435 | −0.482 |
| $X_{15}$ | 现金比率 | 0.384 | 0.070 | 0.360 | 0.587 | −0.078 |
| $X_{18}$ | 主营收入增长率 | 0.434 | −0.326 | 0.337 | 0.263 | −0.020 |
| $X_{19}$ | 总资产增长率 | 0.536 | −0.405 | 0.407 | −0.347 | −0.053 |
| $X_{20}$ | 净利润增长率 | 0.121 | 0.010 | 0.424 | 0.036 | 0.287 |

各变量的因子表达式为

$$\begin{cases}x_1^* = 0.78f_1 - 0.197f_2 + 0.348f_3 - 0.256f_4 + 0.092f_5 \\ x_2^* = 0.074f_1 + 0.232f_2 + 0.091f_3 + 0.513f_4 + 0.519f_5 \\ x_3^* = 0.703f_1 - 0.192f_2 + 0.387f_3 - 0.308f_4 + 0.044f_5 \\ x_4^* = -0.023f_1 + 0.36f_2 + 0.419f_3 - 0.123f_4 + 0.556f_5 \\ x_6^* = 0.474f_1 + 0.809f_2 + 0.176f_3 - 0.093f_4 + 0.254f_5 \\ x_7^* = 0.422f_1 + 0.828f_2 + 0.15f_3 - 0.137f_4 - 0.254f_5 \\ x_8^* = 0.915f_1 + 0.004f_2 - 0.373f_3 + 0.027f_4 + 0.103f_5 \\ x_9^* = -0.941f_1 + 0.008f_2 + 0.301f_3 + 0.003f_4 - 0.105f_5 \\ x_{10}^* = 0.792f_1 - 0.035f_2 - 0.536f_3 + 0.089f_4 + 0.079f_5 \\ x_{11}^* = -0.915f_1 - 0.003f_2 + 0.375f_3 - 0.029f_4 - 0.107f_5 \\ x_{14}^* = 0.46f_1 - 0.206f_2 + 0.33f_3 + 0.435f_4 - 0.482f_5 \\ x_{15}^* = 0.384f_1 + 0.07f_2 + 0.36f_3 + 0.587f_4 - 0.078f_5 \\ x_{18}^* = 0.434f_1 - 0.326f_2 + 0.337f_3 + 0.263f_4 - 0.02f_5 \\ x_{19}^* = 0.536f_1 - 0.405f_2 + 0.407f_3 - 0.347f_4 - 0.053f_5 \\ x_{20}^* = 0.121f_1 + 0.01f_2 + 0.424f_3 + 0.036f_4 + 0.287f_5 \end{cases} \tag{8.6.1}$$

进一步分析旋转后的因子矩阵，并根据载荷值的特点给各个因子命名：(1)因子 1 对股东权益比率、流动负债率和资产负债率有绝对值较大的载荷系数，分别为 0.950、0.926 和 0.952，因此可以解释为长期偿债能力因子；(2)因子 2 对资产利润率、资产净利率和总资产增长率有绝对值较大的载荷系数，分别为 0.788、0.8 和 0.835，因此可以解释为获利能力和成长能力因子；(3)因子 3 对流动比率和速动比率有绝对值较大的载荷系数，分别为 0.962 和 0.968，因此可以解释为短期偿债能力因子；(4)因子 4 对总资产周转率和现金比率有绝对值较大的载荷系数，分别为 0.817 和 0.726，因此可以解释为经营能力和现金流量因子；(5)因子 5 对净资产收益率和经营毛利率有绝对值较大的载荷系数，分别为 0.662 和 0.705，因此可以解释为获利能力因子。

根据(8.6.1)式可以计算因子得分系数矩阵(见表 8.6－4)，且由原始变量的标准化值可以计算出每个观测值的因子得分数。

旋转后的因子表达式为

$$\begin{cases} f_1 = -0.002x_1^* + 0.126x_2^* - 0.04x_3^* - 0.034x_4^* - 0.053x_6^* - 0.056x_7^* + 0.268x_8^* - 0.248x_9^* \\ \quad + 0.303x_{10}^* - 0.27x_{11}^* - 0.104x_{14}^* - 0.031x_{15}^* - 0.029x_{18}^* - 0.091x_{19}^* - 0.057x_{20}^* \\ f_2 = 0.33x_1^* - 0.252x_2^* + 0.358x_3^* + 0.107x_4^* - 0.028x_6^* - 0.024x_7^* + 0.043x_8^* + 0.004x_9^* \\ \quad - 0.123x_{10}^* + 0.044x_{11}^* - 0.024x_{14}^* - 0.149x_{15}^* + 0.081x_{18}^* + 0.411x_{19}^* + 0.117x_{20}^* \\ f_3 = -0.006x_1^* - 0.127x_2^* + 0.02x_3^* + 0.042x_4^* + 0.498x_6^* + 0.509x_7^* - 0.027x_8^* + 0.02x_9^* \\ \quad - 0.068x_{10}^* + 0.029x_{11}^* + 0.052x_{14}^* + 0.022x_{15}^* - 0.125x_{18}^* - 0.045x_{19}^* - 0.045x_{20}^* \\ f_4 = -0.061x_1^* + 0.154x_2^* - 0.075x_3^* - 0.212x_4^* + 0.019x_6^* - 0.018x_7^* - 0.045x_8^* + 0.048x_9^* \\ \quad - 0.035x_{10}^* + 0.046x_{11}^* + 0.555x_{14}^* + 0.492x_{15}^* + 0.299x_{18}^* - 0.053x_{19}^* + 0.02x_{20}^* \\ f_5 = 0.072x_1^* + 0.558x_2^* + 0.033x_3^* + 0.549x_4^* - 0.052x_6^* - 0.064x_7^* + 0.012x_8^* - 0.022x_9^* \\ \quad - 0.036x_{10}^* - 0.015x_{11}^* - 0.241x_{14}^* + 0.148x_{15}^* + 0.064x_{18}^* - 0.078x_{19}^* + 0.323x_{20}^* \end{cases}$$

表 8.6—4 因子得分系数矩阵

| 变量 | 指标名称 | 因子 | | | | |
|---|---|---|---|---|---|---|
| | | 因子 1 ($f_1$) | 因子 2 ($f_2$) | 因子 3 ($f_3$) | 因子 4 ($f_4$) | 因子 5 ($f_5$) |
| $X_1$ | 资产利润率 | −0.002 | 0.330 | −0.006 | −0.061 | 0.072 |
| $X_2$ | 净资产收益率 | 0.126 | −0.252 | −0.127 | 0.154 | 0.558 |
| $X_3$ | 资产净利率 | −0.040 | 0.358 | 0.020 | −0.075 | 0.033 |
| $X_4$ | 经营毛利率 | −0.034 | 0.107 | 0.042 | −0.212 | 0.549 |
| $X_6$ | 流动比率 | −0.053 | −0.028 | 0.498 | 0.019 | −0.052 |
| $X_7$ | 速动比率 | −0.056 | −0.024 | 0.509 | −0.018 | −0.064 |
| $X_8$ | 股东权益比率 | 0.268 | −0.043 | −0.027 | −0.045 | 0.012 |
| $X_9$ | 流动负债率 | −0.248 | 0.004 | 0.020 | 0.048 | −0.022 |
| $X_{10}$ | 营运资金比率 | 0.303 | −0.123 | −0.068 | −0.035 | −0.036 |
| $X_{11}$ | 资产负债率 | −0.270 | 0.044 | 0.029 | 0.046 | −0.015 |
| $X_{14}$ | 总资产周转率 | −0.104 | −0.024 | 0.052 | 0.555 | −0.241 |
| $X_{15}$ | 现金比率 | −0.031 | −0.149 | 0.022 | 0.492 | 0.148 |
| $X_{18}$ | 主营收入增长率 | −0.029 | 0.081 | −0.125 | 0.299 | 0.064 |
| $X_{19}$ | 总资产增长率 | −0.091 | 0.411 | −0.045 | −0.053 | −0.078 |
| $X_{20}$ | 净利润增长率 | −0.057 | 0.117 | −0.045 | 0.020 | 0.323 |

将上述五个因子作为我们选择的解释变量，运用上市公司陷入财务危机前 2 年的 5 个因子的数据进行 Logit 回归分析，估汁方法与一般 Logit 回归法相同，即 Wald 值向后法，剔除的标准仍是估计参数 Wald 值的 Sig. 值小于 0.1，经由 SPSS 软件计算，最终得到的回归结果如表 8.6—5 所示，估计方程为

$$\ln\frac{p}{1-p}=8.872-46.546f_1-21.638f_2-3.756f_3-7.572f_4 \tag{8.6.2}$$

表 8.6—5 Wald 值向后法对估计样本的回归结果

| 因子变量 | 模型估计值 | | |
|---|---|---|---|
| | 系数 | Wald 值 | $p$ 值 |
| $f_1$ | −46.546 | 3.393 | .065 |
| $f_2$ | −21.638 | 4.895 | .027 |
| $f_3$ | −3.756 | 3.697 | .055 |
| $f_4$ | −7.572 | 4.241 | .039 |
| 常数项 | 8.872 | 2.936 | .087 |
| −2Log likelihood | 12.866 | | |
| Nagelkerke R Square | 0.942 | | |

模型的回归结果显示，反映长期偿债能力的因子 $f_1$、反映获利能力和成长能力的因子 $f_2$、反映短期偿债能力的因子 $f_3$ 和反映经营能力与现金流量的因子 $f_4$ 的 $p$ 值均小于 0.1，被保留

在模型中，说明这4个因子对于判断上市公司是否陷入财务危机均能起到显著的预警作用。而因子$f_5$由于统计量$p$值不显著则被排除。我们认为，导致$f_5$被排除的原因在于它与因子$f_2$之间存在很强的同度性，$f_2$在判断企业是否陷入财务危机时对$f_5$具有包容性。

从表8.6—5可以看出，模型(8.6.2)的—2Log likelihood值为12.866，Nagelkerke R Square值为0.942，表明它的拟合程度很好，(8.6.2)式可以用做预测。

将(8.6.2)式回代入估计样本，并且用剩余的80家上市公司的数据(预测数据)进行预测，以0.5作为选择的判定点，即如果模型(8.6.2)式得到的概率值$p$大于0.5，判定样本公司为发生财务危机的公司，否则属于正常公司。利用(8.6.2)式对80家估计样本企业与80家预测样本企业判断的结果见表8.6—6。

**表8.6—6　估计样本和预测样本财务危机的预测结果**

| 是否发生财务危机 | | | 预测样本 | | 合计 | 准确率% |
|---|---|---|---|---|---|---|
| | | | 0 | 1 | | |
| 估计样本 | 频数 | 0 | 39 | 1 | 40 | 97.5 |
| | | 1 | 1 | 39 | 40 | |
| | % | 0 | 97.5 | 2.5 | 100.0 | |
| | | 1 | 2.5 | 97.5 | 100.0 | |
| 预测样本 | 频数 | 0 | 40 | 0 | 40 | 88.75 |
| | | 1 | 9 | 31 | 40 | |
| | % | 0 | 100.0 | 0 | 100.0 | |
| | | 1 | 22.5 | 77.5 | 100.0 | |

表8.6—6显示，在上市公司陷入财务危机的前2年，利用因子Logit回归分析进行预警分析，其准确率很高，就估计样本而言，它的Ⅰ类错误率仅为2.5%，Ⅱ类错误率为2.5%，综合准确率达97.5%；而预测样本的Ⅰ类错误率为22.5%，Ⅱ类错误率则为0，综合准确率也达到88.75%。也就是说，利用(8.6.2)式作为判别企业发生财务危机的模型，若取0.5的概率水平为判定点，则判断的准确率能达到88.75%，表明该模型用于财务危机预警还是比较有效的。在这一判断模式下，第Ⅱ类错误率为0显示，我们基本不会将正常公司判定为危机企业，可是第Ⅰ类错误率却使我们有22.5%的可能将危机公司判断为正常公司。对于持谨慎原则的投资者来说，显然第Ⅱ类错误并不重要，而第Ⅰ类错误则是致命的，因为投资者即使将正常公司误判为危机公司，更为谨慎的投资策略只会使其承担的风险更小，而如果一旦将危机公司判定为正常公司，投资者实际承担的风险就会放大，甚至超越其风险承受力。就该模型来说，预测样本22.5%的第Ⅰ类错误率明显过高，必须想法降低这类错误率。

## 四、财务危机预警模型的改进

模型(8.6.2)式是完全基于财务因素判别企业是否发生财务危机的一种较为有效的办法，但众所周知的是，企业是否发生财务危机并不完全取决于财务状况，一些非财务因素也是很重要的，尤其是对于正处在转型期中的国内企业来说，非财务因素有时可能更为重要。因此我们认为，在模型(8.6.2)式中加入非财务因子就是必要的。

就企业经营来说,影响公司经营绩效的两个最重要非财务因素,一是股权结构,另一则是公司法人治理结构。

反映股权结构与公司法人治理结构的指标有多种,归纳起来可概括为如下六个指标(变量):①第一大股东的持股比例($X_{21}$);②股权集中度($X_{22}$),即 $X_{22}=\sum_{i=1}^{5}S_i$ ,$S_i$ 为第 $i$ 个大股的持股比例;③股权竞争度($X_{23}$),即 $X_{23}=\left(\sum_{i=2}^{5}S_i\right)/S_1$;④第一大股东是否绝对控股($X_{24}$),$X_{24}$ 定义为虚拟变量,1 表示绝对控股,0 则表示不是;⑤第一大股东是否持有国有股($X_{25}$),$X_{25}$ 也是一个虚拟变量,1 表示第一大股东持有国有股,0 表示不持有;⑥董事长和总经理是否为同一人($X_{26}$),$X_{26}$ 也是一个虚拟变量,1 表示董事长和总经理是同一人,0 表示不是。

引入非财务指标(变量 $X_{21}\sim X_{25}$)后,首先对 21 个指标的数据进行均值为 1,标准差为 0 的标准化,然后使用 SPSS 统计软件求出这 21 个指标的相关系数矩阵。由计算结果可知,估计样本的 KMO 统计量是 0.607,且 Bartlett 球体检验值为 1959.134,卡方统计值的显著性水平为 0.000,小于 0.01,这些都说明各指标之间具有较高相关性,因此数据适用于因子分析。

**表 8.6—7 总方差分解**

| 成分 | 抽取因子但是未经过因子旋转 | | |
|---|---|---|---|
| | 特征值 | 方差贡献率% | 累积方差贡献率% |
| 1 | 5.592 | 26.628 | 26.628 |
| 2 | 3.072 | 14.630 | 41.257 |
| 3 | 1.943 | 9.253 | 50.511 |
| 4 | 1.561 | 7.434 | 57.945 |
| 5 | 1.407 | 6.701 | 64.646 |
| 6 | 1.231 | 5.361 | 70.508 |
| 7 | 1.126 | 5.361 | 75.869 |

对估计样本 80 家上市公司陷入财务危机前 2 年的数据运用 SPSS 统计软件中的主成分分析方法提取因子,根据特征值大于 1 的原则,从 21 个原始指标中提取了 7 个因子,结果见表 8.6—7。与此同时,可得到初始因子载荷矩阵,见表 8.6—8,通过这个系数矩阵可以对各个原始变量写出因子表达式。

**表 8.6—8 初始因子载荷矩阵**

| 变量 | 因子 | | | | | | |
|---|---|---|---|---|---|---|---|
| | 因子 1 ($f_1$) | 因子 2 ($f_2$) | 因子 3 ($f_3$) | 因子 4 ($f_4$) | 因子 5 ($f_5$) | 因子 6 ($f_6$) | 因子 7 ($f_7$) |
| 资产利润率 ($X_1$) | 0.782 | 0.275 | −0.128 | 0.095 | 0.260 | −0.137 | 0.195 |
| 净资产收益率 ($X_2$) | 0.069 | 0.029 | 0.222 | −0.032 | −0.225 | 0.523 | 0.348 |
| 资产净利率 ($X_3$) | 0.705 | 0.325 | −0.127 | 0.040 | 0.341 | −0.140 | 0.192 |
| 经营毛利率 ($X_4$) | −0.025 | 0.357 | 0.470 | 0.238 | −0.313 | −0.223 | 0.424 |
| 流动比率 ($X_6$) | 0.478 | −0.023 | 0.815 | −0.088 | 0.193 | 0.014 | −0.126 |
| 速动比率 ($X_7$) | 0.426 | −0.042 | 0.829 | −0.108 | 0.201 | −0.025 | −0.136 |
| 股东权益比率 ($X_8$) | 0.912 | −0.230 | −0.079 | −0.200 | −0.232 | −0.039 | 0.000 |

续表

| 变量 | 因子 | | | | | | |
|---|---|---|---|---|---|---|---|
| | 因子 1 ($f_1$) | 因子 2 ($f_2$) | 因子 3 ($f_3$) | 因子 4 ($f_4$) | 因子 5 ($f_5$) | 因子 6 ($f_6$) | 因子 7 ($f_7$) |
| 流动负债率($X_9$) | −0.938 | 0.194 | 0.072 | 0.160 | 0.180 | 0.059 | −0.027 |
| 营运资金比率($X_{10}$) | 0.786 | −0.369 | −0.146 | −0.210 | −0.335 | −0.020 | −0.038 |
| 资产负债率($X_{11}$) | −0.911 | 0.235 | 0.079 | 0.190 | 0.242 | 0.042 | 0.000 |
| 总资产周转率($X_{14}$) | 0.460 | 0.173 | −0.135 | 0.352 | 0.102 | 0.466 | −0.298 |
| 现金比率($X_{15}$) | 0.386 | 0.230 | 0.150 | 0.293 | −0.094 | 0.501 | −0.093 |
| 主营收入增长率($X_{18}$) | 0.438 | 0.281 | −0.236 | 0.315 | 0.070 | 0.228 | −0.110 |
| 总资产增长率($X_{19}$) | 0.539 | 0.240 | −0.280 | 0.420 | 0.222 | −0.312 | 0.145 |
| 净利润增长率($X_{20}$) | 0.120 | 0.232 | 0.074 | 0.130 | 0.232 | 0.184 | 0.506 |
| 第一股东持股率($X_{21}$) | 0.044 | 0.893 | −0.031 | −0.310 | −0.210 | −0.006 | −0.150 |
| 股权集中度($X_{22}$) | 0.056 | 0.529 | 0.116 | 0.302 | −0.505 | −0.303 | −0.156 |
| 股权竞争度($X_{23}$) | −0.041 | −0.616 | 0.186 | 0.580 | −0.183 | −0.221 | 0.120 |
| 是否绝对控股($X_{24}$) | −0.132 | 0.799 | 0.001 | −0.194 | −0.294 | −0.008 | 0.058 |
| 是否有国有股($X_{25}$) | 0.104 | 0.286 | 0.043 | −0.370 | 0.437 | −0.180 | −0.053 |
| 是否为同一个人($X_{26}$) | −0.122 | −0.164 | −0.140 | −0.357 | −0.057 | 0.191 | 0.510 |

对应表 8.6−8,可将因子表达式写为

$$
\begin{cases}
x_1^* = 0.782f_1 + 0.275f_2 - 0.128f_3 + 0.095f_4 + 0.26f_5 - 0.137f_6 + 0.195f_7 \\
x_2^* = 0.069f_1 + 0.029f_2 + 0.222f_3 - 0.032f_4 - 0.225f_5 + 0.523f_6 + 0.348f_7 \\
x_3^* = 0.705f_1 + 0.325f_2 - 0.127f_3 + 0.04f_4 + 0.341f_5 - 0.14f_6 + 0.192f_7 \\
x_4^* = -0.025f_1 + 0.357f_2 + 0.47f_3 + 0.238f_4 - 0.313f_5 - 0.223f_6 + 0.424f_7 \\
x_6^* = 0.478f_1 - 0.023f_2 + 0.815f_3 - 0.088f_4 + 0.193f_5 + 0.014f_6 - 0.126f_7 \\
x_7^* = 0.426f_1 - 0.042f_2 + 0.829f_3 - 0.108f_4 + 0.201f_5 - 0.025f_6 - 0.136f_7 \\
x_8^* = 0.912f_1 - 0.23f_2 - 0.079f_3 - 0.2f_4 - 0.232f_5 - 0.039f_6 \\
x_9^* = -0.938f_1 + 0.194f_2 + 0.072f_3 + 0.16f_4 + 0.18f_5 + 0.059f_6 - 0.027f_7 \\
x_{10}^* = 0.786f_1 - 0.369f_2 - 0.146f_3 - 0.21f_4 - 0.335f_5 - 0.02f_6 - 0.038f_7 \\
x_{11}^* = -0.911f_1 + 0.235f_2 + 0.079f_3 + 0.19f_4 + 0.242f_5 + 0.042f_6 \\
x_{14}^* = 0.46f_1 + 0.173f_2 - 0.135f_3 + 0.352f_4 + 0.102f_5 + 0.466f_6 - 0.298f_7 \\
x_{15}^* = 0.386f_1 + 0.23f_2 + 0.15f_3 + 0.293f_4 - 0.094f_5 + 0.501f_6 - 0.093f_7 \\
x_{18}^* = 0.438f_1 + 0.281f_2 - 0.236f_3 + 0.315f_4 + 0.07f_5 + 0.228f_6 - 0.11f_7 \\
x_{19}^* = 0.539f_1 + 0.24f_2 - 0.28f_3 + 0.42f_4 + 0.222f_5 - 0.312f_6 + 0.145f_7 \\
x_{20}^* = 0.12f_1 + 0.232f_2 + 0.074f_3 + 0.13f_4 + 0.232f_5 - 0.184f_6 + 0.506f_7 \\
x_{21}^* = 0.044f_1 + 0.893f_2 - 0.031f_3 - 0.31f_4 - 0.21f_5 - 0.006f_6 - 0.15f_7 \\
x_{22}^* = 0.056f_1 + 0.529f_2 + 0.116f_3 + 0.302f_4 - 0.505f_5 - 0.303f_6 - 0.156f_7 \\
x_{23}^* = -0.041f_1 - 0.616f_2 + 0.186f_3 + 0.58f_4 - 0.183f_5 - 0.221f_6 + 0.12f_7 \\
x_{24}^* = -0.132f_1 + 0.799f_2 + 0.001f_3 - 0.194f_4 - 0.294f_5 - 0.008f_6 + 0.058f_7 \\
x_{25}^* = 0.104f_1 + 0.286f_2 + 0.043f_3 - 0.37f_4 + 0.437f_5 - 0.18f_6 - 0.053f_7 \\
x_{26}^* = -0.122f_1 - 0.164f_2 - 0.14f_3 - 0.357f_4 - 0.057f_5 + 0.191f_6 + 0.51f_7
\end{cases}
\tag{8.6.3}
$$

分析旋转后的因子载荷矩阵，根据各因子载荷状况的经济含义便可以对(8.6.3)式中的7个因子命名：(1)因子1对股东权益比率、流动负债率和资产负债率有绝对值较大的载荷系数，分别为0.955、0.930和0.957，故可将其称为长期偿债能力因子；(2)因子2对资产利润率、资产净利率和总资产增长率有绝对值较大的载荷系数，分别为0.761、0.769和0.783，故可将其称为获利能力和成长能力因子；(3)因子3对第一大股东的持股比例、股权竞争度和第一大股东是否绝对控股有绝对值较大的载荷系数，分别为0.867、0.897和0.676，故可将其称为股权结构因子；(4)因子4对流动比率和速动比率有绝对值较大的载荷系数，分别为0.947和0.952，故可将其称为短期偿债能力因子；(5)因子5对总资产周转率和现金比率有绝对值较大的载荷系数，分别为0.797和0.684，故可将其称为经营能力和现金流量因子；(6)因子6对股权集中度有绝对值较大的载荷系数，其值为0.804，故可将其称为股权集中度因子；(7)因子7对董事长和总经理是否为同一个人有绝对值较大的载荷系数，为0.542，故可将其称为公司治理因子。

根据因子得分系数矩阵(见表8.6—9)和原始变量标准化值可以计算出每个观测值的因子得分数。

**表8.6—9　因子得分系数矩阵**

| 变量 | 因子 | | | | | | |
|---|---|---|---|---|---|---|---|
| | 因子1 ($f_1$) | 因子2 ($f_2$) | 因子3 ($f_3$) | 因子4 ($f_4$) | 因子5 ($f_5$) | 因子6 ($f_6$) | 因子7 ($f_7$) |
| 资产利润率 ($X_1$) | 0.002 | 0.330 | 0.007 | 0.001 | −0.040 | −0.015 | 0.033 |
| 净资产收益率 ($X_2$) | 0.021 | −0.121 | −0.013 | 0.009 | 0.153 | 0.037 | 0.524 |
| 资产净利率 ($X_3$) | −0.026 | 0.349 | 0.044 | 0.019 | −0.059 | −0.057 | 0.028 |
| 经营毛利率 ($X_4$) | −0.026 | 0.122 | −0.137 | 0.077 | −0.175 | 0.439 | 0.237 |
| 流动比率 ($X_6$) | −0.034 | −0.044 | 0.010 | 0.463 | 0.013 | −0.012 | −0.023 |
| 速动比率 ($X_7$) | −0.036 | −0.045 | 0.011 | 0.471 | −0.016 | −0.011 | −0.045 |
| 股东权益比率 ($X_8$) | 0.267 | −0.056 | 0.024 | −0.023 | −0.044 | 0.027 | 0.012 |
| 流动负债率 ($X_9$) | −0.244 | 0.008 | −0.012 | 0.015 | 0.047 | −0.027 | −0.014 |
| 营运资金比率 ($X_{10}$) | 0.300 | −0.133 | 0.003 | −0.076 | −0.039 | 0.032 | −0.002 |
| 资产负债率 ($X_{11}$) | −0.269 | 0.057 | −0.018 | 0.026 | 0.043 | −0.034 | −0.011 |
| 总资产周转率 ($X_{14}$) | −0.067 | −0.061 | −0.008 | −0.011 | 0.508 | −0.128 | −0.044 |
| 现金比率 ($X_{15}$) | −0.043 | −0.112 | −0.024 | 0.052 | 0.430 | 0.018 | 0.161 |
| 主营收入增长率($X_{18}$) | −0.044 | 0.073 | −0.009 | −0.085 | 0.316 | −0.031 | −0.024 |
| 总资产增长率($X_{19}$) | −0.059 | 0.398 | −0.135 | −0.104 | −0.023 | 0.088 | −0.122 |
| 净利润增长率($X_{20}$) | −0.129 | 0.273 | −0.055 | 0.009 | −0.010 | −0.020 | 0.414 |
| 第一股东持股比($X_{21}$) | 0.051 | −0.095 | 0.355 | −0.018 | 0.025 | 0.148 | −0.060 |
| 股权集中度($X_{22}$) | 0.058 | −0.068 | −0.026 | −0.051 | 0.032 | 0.466 | −0.222 |
| 股权竞争度($X_{23}$) | −0.014 | 0.056 | −0.440 | −0.007 | −0.030 | 0.220 | −0.044 |
| 是否绝对控股($X_{24}$) | 0.030 | −0.056 | 0.248 | −0.065 | −0.027 | 0.229 | 0.083 |
| 是否有国有股($X_{25}$) | −0.057 | 0.161 | 0.229 | 0.151 | −0.175 | −0.193 | −0.117 |
| 是否为同一个人($X_{26}$) | 0.076 | 0.036 | 0.053 | −0.125 | −0.196 | −0.087 | 0.469 |

旋转后的因子表达式可表示为

$$\begin{cases} f_1 = 0.002x_1^* + 0.021x_2^* - 0.026x_3^* - 0.026x_4^* - 0.034x_6^* - 0.036x_7^* + 0.267x_8^* \\ \quad - 0.244x_9^* + 0.3x_{10}^* - 0.269x_{11}^* - 0.067x_{14}^* - 0.043x_{15}^* - 0.044x_{18}^* - 0.059x_{19}^* \\ \quad - 0.129x_{20}^* + 0.051x_{21}^* + 0.058x_{22}^* - 0.014x_{23}^* + 0.03x_{24}^* - 0.057x_{25}^* + 0.076x_{26}^* \\ f_2 = 0.33x_1^* - 0.121x_2^* + 0.349x_3^* + 0.122x_4^* - 0.044x_6^* - 0.045x_7^* - 0.056x_8^* \\ \quad + 0.008x_9^* - 0.133x_{10}^* + 0.057x_{11}^* - 0.061x_{14}^* - 0.112x_{15}^* + 0.073x_{18}^* + 0.398x_{19}^* \\ \quad + 0.273x_{20}^* - 0.095x_{21}^* - 0.068x_{22}^* + 0.056x_{23}^* - 0.056x_{24}^* + 0.161x_{25}^* + 0.036x_{26}^* \\ f_3 = 0.007x_1^* - 0.013x_2^* + 0.044x_3^* - 0.137x_4^* + 0.01x_6^* + 0.011x_7^* + 0.024x_8^* \\ \quad - 0.012x_9^* + 0.003x_{10}^* - 0.018x_{11}^* - 0.008x_{14}^* - 0.024x_{15}^* - 0.009x_{18}^* - 0.135x_{19}^* \\ \quad - 0.055x_{20}^* + 0.355x_{21}^* - 0.026x_{22}^* - 0.44x_{23}^* + 0.248x_{24}^* + 0.229x_{25}^* + 0.053x_{26}^* \\ f_4 = 0.001x_1^* + 0.009x_2^* + 0.019x_3^* + 0.077x_4^* - 0.463x_6^* + 0.471x_7^* - 0.023x_8^* \\ \quad + 0.015x_9^* - 0.076x_{10}^* + 0.026x_{11}^* - 0.011x_{14}^* + 0.052x_{15}^* - 0.085x_{18}^* - 0.104x_{19}^* \\ \quad + 0.009x_{20}^* - 0.018x_{21}^* - 0.051x_{22}^* - 0.007x_{23}^* - 0.065x_{24}^* + 0.151x_{25}^* - 0.125x_{26}^* \\ f_5 = -0.04x_1^* + 0.153x_2^* - 0.059x_3^* - 0.175x_4^* + 0.013x_6^* - 0.016x_7^* - 0.044x_8^* \\ \quad + 0.047x_9^* - 0.039x_{10}^* + 0.043x_{11}^* + 0.508x_{14}^* + 0.43x_{15}^* + 0.316x_{18}^* - 0.023x_{19}^* \\ \quad - 0.01x_{20}^* + 0.025x_{21}^* + 0.032x_{22}^* - 0.03x_{23}^* - 0.027x_{24}^* - 0.175x_{25}^* - 0.196x_{26}^* \\ f_6 = -0.015x_1^* + 0.037x_2^* - 0.057x_3^* + 0.439x_4^* - 0.012x_6^* - 0.011x_7^* + 0.027x_8^* \\ \quad - 0.027x_9^* + 0.032x_{10}^* - 0.034x_{11}^* - 0.128x_{14}^* + 0.018x_{15}^* - 0.031x_{18}^* + 0.088x_{19}^* \\ \quad - 0.02x_{20}^* + 0.148x_{21}^* + 0.466x_{22}^* + 0.22x_{23}^* + 0.229x_{24}^* - 0.193x_{25}^* - 0.087x_{26}^* \\ f_7 = 0.033x_1^* + 0.524x_2^* + 0.028x_3^* + 0.237x_4^* - 0.023x_6^* - 0.045x_7^* + 0.012x_8^* \\ \quad - 0.014x_9^* - 0.002x_{10}^* - 0.011x_{11}^* - 0.044x_{14}^* + 0.161x_{15}^* - 0.024x_{18}^* - 0.122x_{19}^* \\ \quad + 0.414x_{20}^* - 0.06x_{21}^* - 0.222x_{22}^* - 0.044x_{23}^* + 0.083x_{24}^* - 0.117x_{25}^* + 0.469x_{26}^* \end{cases} \tag{8.6.4}$$

对上市公司陷入财务危机前2年的7个因子数据运用SPSS统计软件进行Logit回归即可得到含非财务因素的因子分析Logit模型，在模型估计过程中，仍使用Wald值向后法，剔除因子的标准也以估计参数Wald值的Sig.值小于0.1为准，模型的最终估计结果如表8.6—10所示。这样我们就得到(8.6.2)式的改进模型

$$\ln \frac{p}{1-p} = 4.308 - 25.296f_1 - 12.466f_2 - 1.759f_4 - 6.035f_5 + 1.489f_6 \tag{8.6.5}$$

**表8.6—10 Wald值向后法对估计样本的回归结果**

| 变 量 | 改进模型估计值 | | |
|---|---|---|---|
| | 系数 | Wald值 | $p$ 值 |
| $f_1$ | −25.296 | 6.281 | .012 |
| $f_2$ | −12.466 | 7.543 | .006 |
| $f_4$ | −1.759 | 6.058 | .014 |
| $f_5$ | −6.035 | 8.631 | .003 |
| $f_6$ | 1.489 | 2.992 | .084 |
| 常数项 | 4.308 | 3.979 | .046 |
| −2Log likelihood | | 19.328 | |
| Nagelkerke R Square | | 0.909 | |

从模型(8.6.5)式的回归结果看,反映长期偿债能力的因子 $f_1$、反映获利能力和成长能力的因子 $f_2$、反映短期偿债能力的因子 $f_4$、反映经营能力和现金流量的因子 $f_5$ 和反映股权集中度的因子 $f_6$ 被保留在模型中,说明这 5 个因子在模型中的地位显著,其对于判断上市公司是否陷入财务危机均能起到显著的预警作用。而因子 $f_3$ 的作用被因子 $f_6$ 所包容,因子 $f_7$ 不能成为判定上市公司是否陷入财务危机的依据。

从表 8.6－10 可以看出,改进模型(8.6.5)式的－2Log likelihood 值为 19.328,Nagelkerke R Square 值为 0.909,说明模型(8.6.5)的拟合程度很好。综合分析,改进模型(8.6.5)式可用于预测分析。将改进模型(8.6.5)式回代入估计样本,并且用剩余的 80 家上市公司的数据(预测数据)进行预测,以 0.5 为所选择的判定点,就可得到估计样本与预测样本的判定结果。改进模型(8.6.5)式的预测结果如表 8.6－11 所示。

**表 8.6－11　改进模型(8.6.5)式对估计样本和预测样本财务危机的预测结果**

| 是否发生财务危机 | | | 预测样本 | | 合计 | 准确率% |
|---|---|---|---|---|---|---|
| | | | 0 | 1 | | |
| 估计样本 | 频数 | 0 | 39 | 1 | 40 | 95.0 |
| | | 1 | 3 | 37 | 40 | |
| | % | 0 | 97.5 | 2.5 | 100.0 | |
| | | 1 | 7.5 | 92.5 | 100.0 | |
| 预测样本 | 频数 | 0 | 38 | 2 | 40 | 90.0 |
| | | 1 | 6 | 34 | 40 | |
| | % | 0 | 95.0 | 5.0 | 100.0 | |
| | | 1 | 15.0 | 85.0 | 100.0 | |

表 8.6－11 显示,在上市公司陷入财务危机的前 2 年,引入非财务指标后的主成分 Logit 回归分析估计样本的Ⅰ类错误率为 7.5%,比单纯的财务变量分析模型(8.6.2)式上升了 5 个百分点,Ⅱ类错误率为 2.5%,与原模型一致,综合准确率为 95%,比原模型的准确率有所降低,但总体上看,其准确性仍然很高;而预测样本的Ⅰ类错误率为 15%,比原模型有了显著的降低,从而大大增强了投资者更有效地规避风险的能力,并且这一错误率水平在实际应用中是可以接受的,Ⅱ类错误率为 5%,虽然比原模型上升了 5 个百分点,但仍处在较低的水平,即便是从风险控制的角度看,这类错误在实际应用中也不是太重要,综合准确率为 90%,高于原模型 88.75%的水平。毫无疑问,综合准确率的提高,尤其是预测样本第Ⅰ类错误率的显著下降更有利于投资者规避风险。

最后需要说明的是,选择 0.5 作为判别点是基于以下两方面的考虑:首先是综合预测准确率,在我们选定 0.5 之前,实际上也分别就选 0.1、0.3、0.7 和 0.9 作为判别点进行了相同的统计计算,结果发现,无论是估计样本,还是预测样本,0.5 作为判别点的综合预测准确率都是最高的;其次是对两类公司集容量的权衡,判别点的值选小了,有可能使正常公司类变成空集,选大了则又可能使危机公司类变为空集,由于第Ⅰ类错误系指将危机公司判断为正常公司,这类错误对投资者的影响至关重要,因此从理论上说,犯这类错误的概率越小越好,在所选 5 个判别点中,0.1 对应的概率是最低的,其次是为 0.3,可是,如果以 0.1 或 0.3 作为判别点,犯重大错误的情况是最大限度地规避了，但它却有可能使投资者可接受的投资可行集变得极其狭窄，甚至出现空集，从而丧失获取投资收益的机会，一般情况下，0.5 的判别点则不会出现这种情况，并且与 0.3 的判别点相比，0.5 虽然在估计样本的第Ⅰ类错误率有所提高，从 5%上升到 7.5%，但它在预测样本的第Ⅰ类错误率却并没有上升，而预测样本是更有实际意义的，而当判别点大于 0.5 时，第Ⅰ类错误率明显上升，如 0.7 对应的第Ⅰ类错误率为 25%，0.9 对应的第Ⅰ类错误率则达到 30%，显然都超出了投资者可接受的范围。

**思考题**

1. 债券有哪些分类。

2. 债券的市场价格与市场利率的关系是怎样的，为什么？

3. 溢价发行、折价发行及平价发行债券的票面利率与市场利率的关系是怎样的，为什么？

4. 什么是到期收益率、持有期收益率，在实践中如何确定它们。

5. 无违约债券的票面利率受哪些因素制约，如果发行人根据自身需求确定了融资期限、融资规模和发行方式，那么无违约债券的票面利率由什么因素决定。

6. 在市场利率与违约概率已知的情况下，有违约债券的票面利率受哪些因素制约。

7. 有违约债券的票面利率与违约概率的关系是怎样的，为什么？

8. 利率决定的理论主要有哪些，其主要观点是什么。

9. 名义利率与实际利率的关系是怎样的；如果存在恶性通货膨胀，费雪等式能否利用。如何理解费雪等式。

10. 什么是即期利率、远期利率，它们的区别是什么。

11. 在理性预期条件下，预期的即期利率与远期利率的关系是怎样的。

12. 远期利率能够由不同期限的即期利率确定的前提条件是什么。

13. 什么是单利、复利，如果投资于以复利计息的债券，其到期的实际收益率与票面利率的关系是怎样的。

14. 基本的收益率曲线有哪几种形态，解释利率期限结构的理论假说有哪些，主要内容分别是什么。

15. 什么是流动性补偿，它是怎么确定的。

16. 什么是违约风险、违约溢价，违约溢价如何来确定。

17. 什么是麦卡莱持续期，它是如何描述利率风险的。

18. 什么是修正持续期，它与麦卡莱持续期的关系是怎样的。

19. 已知某投资组合中，各债券的持续期，如何得到组合的持续期。

20. 什么是债券的凸度，它与债券价格随利率变动的关系是什么。

21. 如何构造免疫资产。

22. 如何利用远期利率协议对利率风险进行管理。

23. 什么是利率互换，如何利用利率互换对利率风险进行管理。

**练习题**

1. 债券市场现正发行两种债券 A 和 B，这两种债券的发行条件如下：

①债券 A：面值 1000 元，年利率 6%，每年付息一次，5 年期，面值发行；

②债券 B：面值 1000 元，年利率 5%，每年付息一次，3 年期，发行价为 980 元。

如果市场利率为6%,上述两种债券哪个更值得投资。

2.某债券面值1000元,5年期,票面年利率8%,每年8月付息一次,发行价为1060元。某投资者自债券发行并一直持有到到期日,则该投资者投资该债券的到期收益率为多少?若该投资者在第3年末以1050元的价格卖出该债券,其持有期收益率又是多少。

3.某公司欲发行债券,面值1000元,3年期,票面年利率6%,每年付息一次,预计发行时市场利率为8%,(1)发行价应为多少?(2)若发行时发生通货膨胀,通涨率为2%,如果还按原定发行价发行,则该债券的实际到期收益率为多少?(3)若维持到期收益率为8%,则实际发行价格将为多少。

4.某债券一年期,票面年利率8%,按季度付息,该债券的实际年利率为多少。

5.设市场的无风险利率为5%,债券A和B的面值均为1000元,期限均为1年,债券A的违约概率为1%,债券B的违约概率为5%,且发生违约后对投资者均无任何返还。若发行人希望按面值发行债券,而投资者要求债券A的期望收益率相当于6%的无风险利率,要求债券B的期望收益率相当于8%的无风险利率,则债券A和B的息票率应为多少?它们各自的违约溢价和风险溢价为多少。

6.某投资者打算将10万元投资于下述两种债券:

①债券A:面值1000元,期限6年,息票率8%;

②债券B:面值1000元,期限15年,息票率12%

假设当前市场利率为9%,该投资者为使债券组合的修正持续期为6年,将资金如何在这两种债券中分配。

**讨论题**

1.分别讨论适应性预期和理性预期下,利率期限结构与其对应的收益率曲线。

2.一般情况下,国债是无风险债券,商业银行存款是银行发行的有风险债券,从理论上讲,相同期限且平价发行的有风险债券利率应高于无风险债券利率。试讨论我国商业银行存款利率低于国库券利率的合理性。

3.在我国,商业银行往往不愿意给民营中小企业提供贷款,有人将这一现象归结为“对民营经济的歧视”。你如何看待。

4.20世纪末期,美国“垃圾债券”市场曾出现过极度的繁荣,你如何评价这一现象。

5.谈谈你对我国债券市场发展的看法。

# 第九章 股票市场投资分析

股票作为一种重要的投资工具，股票市场作为证券市场的重要组成部分，现已被越来越多的中国人所熟悉，股指走势以及股票价格的变化已成为人们茶余饭后议论的热点问题。正是有了股票市场，老百姓才开始关注宏观经济走势以及经济政策的任何变化，他们也因此了解了公司治理、资本运作等过去连经济学家都不关心的问题。除此之外，诸如K线图、各类技术指标，过去恐怕只有统计学家才能够搞清楚的东西，今天的普通股民也能跟你讲得头头是道。股票市场投资极大地推动了经济学、金融学和统计学基础知识的普及，股民在股市中所受的教育不亚于任何一所财经大学四年的本科教育，股市的涨跌确切地让投资者深刻体会了金融风险的真实内涵。

## 第一节 股票及股票市场

### 一、股票的含义

股票又称为股权，它是指股份公司发行的、表示股东按其持有的股份享受权益和承担义务的所有权凭证。股权不同于债权。首先，股权的收益是不固定的，而大多数债权的收益都是固定的；其次，债权通常有一个有限的期限，到期后债务人必须赎回，即还本，而股权没有有限的期限，股权一旦发行，永不赎回，这自然就不存在还本一说；最后，股权持有者，即股东，有权利参与公司的经营决策，而债权持有者（债权人）却没有这方面的权利。与其他金融资产相比，股票具有如下特点：(1)高风险性；(2)高收益性；(3)高流动性；(4)股票价格的高波动性。

在这里需要强调一下，股东对公司的所有权与财产所有权不同，主要表现在：财产所有权是指对财产的占有权、使用权、收益权和转让权；而公司所有权则表现为公司在正常经营状态下，股东拥有的剩余索取权和剩余控制权。

剩余索取权表现为：在利润分配时，公司股东只能索取公司对债务付息后的剩余收益；在公司破产时，公司股东只能获得清偿全部债务后的剩余资产，当公司资产不足以清偿全部债务时，公司股东将一无所获，但股东只负有限责任，即仅以其出资额为限。

剩余控制权表现为：股东有权投票决定公司的重大经营决策，如经理的选择、重大投资项目的确定、公司购并等，对于日常的经营活动则委托经理来管理。

### 二、股票的分类

股票的种类较多，可按不同的标准进行分类，常见的分类有。

(一)按照股东权利不同划分，可分为普通股和优先股

1. 普通股(common stock)

普通股，就是我们平时所谈论的股票，也是指证券交易所上市交易的股票，它是在优先股要求权得到满足之后才参与公司利润和资产的分配的股票合同，它代表着最终的剩余索取权，股

息收益上不封顶、下不保底，每一阶段红利数额也不确定。普通股股息收益及价格主要取决于公司的经营状况及红利分配政策。

普通股股东一般有出席股东大会的会议权、表决权和选举权、被选举权等，并通过投票（按出资额比例）来行使剩余索取权。

普通股股东还具有优先认股权，即当公司增发新的普通股时，现有股东有权按其原持股比例认购新股，以保持对公司所有权的现有比例。

2. 优先股（preferred stock）

优先股是指在剩余索取权方面较普通股优先的股票，其优先性表现在分得固定股息并且在普通股之前收取股息，其股息收入常常低于债券利息，但高于红利收益。根据得到股息后是否还参与分红，优先股可分为参与优先股和非参与优先股。当公司经营出现亏损时，优先股还可根据股息是否可以累积到以后分为累积优先股与非累积优先股。

优先股在剩余控制权方面劣于普通股，表现在优先股股东通常没有投票权。与债权不同，优先股通常经历一段时期后，可自动转成普通股。这就是投资优先股最有吸引力的地方。

（二）按有无记名划分，可分为记名股票和无记名股票

1. 记名股票。记名股票依据公司股东名册上登记在册的股东姓名为股权拥有者，只有登记在册的股东才有权行使与享受股权。

2. 无记名股票。无记名股票依据股票当时持有人的姓名为股权拥有者，它可自由转让。其与记名股票的最主要区别在于转让时不需要任何手续，而记名股票的转让必须要有一定的手续。

（三）按有无面值划分，可分为面值股票和无面值股票

1. 面值股票。面值股票是指股票票面记载着股票的票面价值。它可以用来确定股票在股份公司总资产中的比例，这意味着股东拥有公司所有权的比例。

2. 无面值股票。无面值股票是指股票票面不标明金额，只表示股东拥有公司总资产比例的股票。这种股票的实际金额随公司财产的变动而变动。

（四）按普通股的风险特征分类

1. 蓝筹股：具备稳定盈利记录，能定期分派股利的，大公司发行的，并被公认具有较高投资价值的普通股。

2. 成长股：销售额和利润迅速增长，并且其增长速度快于整个国民经济及其所在行业的公司发行的普通股。

3. 收入股：当前支付较高股利的普通股。

4. 周期股：收益随着经济周期而波动的股票。

5. 防守股：在面临不确定因素和经济衰退时期，高于社会平均收益且具有相对稳定性的公司所发行的普通股。

6. 概念股：适合某一时代潮流的公司所发行的、股价呈较大起伏的普通股。

7. 投机股：价格极不稳定，或公司前景难以确定，具有较大投机潜力的普通股。

另外，从我国的实际情况来看，股票还有一些特殊的分类。其中按投资主体的不同，可分为国家股、法人股、个人股；按股票发行和交易范围的不同，可分为人民币普通股票（A 股）和人民币特种股票（B 股）、H 股、N 股等。

## 三、股票市场

股票市场是为股票提供交易的场所，它被分为发行市场和流通市场。

（一）股票发行市场

发行市场(issuance market)也称为一级市场(primary market)，是指公司直接或通过中介机构将新发行的股票出售给投资者的市场。

发行市场的构成包括：发行者、投资者及中介机构。

一级市场的运作过程通常包括：咨询与管理、认购与销售两个阶段。

1. 咨询与管理

这是股票发行的前期准备阶段，发行人(公司)一般须听取投资银行的咨询意见，并对一些主要问题做出决策，主要包括：

(1)发行方式的选择

新成立的股份公司，其股票发行的发行方式一般可分为公募(public placement)发行和私募(private placement)发行两类。公募是指向市场上大量的非特定投资者公开发售股票。其优点是发行量大，股票可在市场上流通，从而可以提高股票的流动性和发行者的知名度。缺点是发行准备的工作量大、发行费用较高、手续复杂等。私募是指向少数特定的投资者发行股票。其优、缺点恰好与公募发行相反。

除公募发行和私募发行外，对于已经成立的股份公司，他们有时会进行再发行。再发行的方式常常介于两者之间，其发行方式一般采取优先认股权(preemptive right)方式，也称为配股或增发，即给予现有股东以低于市场价值的价格优先购买全部或一部分新发行股票的权利。这种权利包含全部新股时，称为配股；否则就称为增发。

(2)选定作为承销商的投资银行

公募发行股票一般都通过投资银行来进行，投资银行的这一角色被称为承销商(underwriter)。承销商的作用除了销售股票外，事实上还为股票的信誉做某种程度的担保。当发行数量很大时，常由一家投资银行牵头组织多家投资银行共同组成承销辛迪加来处理整个发行过程。

(3)准备招股说明书

招股说明书(prospectus)是公司公开发行股票的计划书面说明，并且是投资者准备购买股票的依据。

招股说明书必须包括公司经营沿革、财务信息，高管人员情况、筹资目的和使用计划，以及对公司风险的提示等内容。经具有证券资格的律师、会计师等审查并出据证明。在认定没有虚假陈述和遗漏后，证券管理机关才批准发行。应该指出的是，证券管理机关批准新股票的发行仅表明招股说明书有充分公正的信息披露能使投资者对股票的价值做出判断，它并不保证股票发行的投资价值。

在私募发行的情况下，招股说明书通常不需要证券管理机关审查。

(4)发行定价

发行定价是一级市场的关键环节，定价过高，股票难以发行，发行公司难以筹集所需要的资金；定价过低，发行公司蒙受损失。发行价格一般分为溢价、平价、折价三种。溢价发行就是按高于票面金额的价格发行；平价发行就是发行价格等于票面金额；折价发行就是发行价格低于票面金额。这里的票面金额通常指每股净资产值。世界上许多国家不允许折价发行，我国《公司法》也明确规定：“股票发行价格可按票面金额，也可超过票面金额。”事实上，截至目前为止，我国上市企业均采取的是溢价发行方式，溢价的幅度往往与发行时二级市场价格有关。

2. 认购与销售

招股说明书经证券管理机关审查批准后,便可按照预定的发行方案发行股票。一般来说,承销方式包括以下三种:

①全额包销。这种销售方式是指承销商以低于发行定价的价格将其所承销的公司发行的股票全部买进,然后再买给投资者。这样,承销商就承担了在销售过程中股票按发行价格卖不出去,而必须降价销售的风险。与此对应的是,承销商所获得的买卖股票的差额则是对他所提供服务的报酬和承担风险的补偿。

②余额包销。这种销售方式是指由承销商按照规定的发行额和发行条件,在约定的期限内向投资者推销股票,到销售截止日,未售出的股票余额由承销商负责认购。对于承销商来说,余额包销的发行风险要低于全额包销。因为在股票销售截止日前,承销商不需要垫付。

③代销。这种销售方式是指由承销商代理发行股票,发行风险由发行者承担,承销商只收取代理销售的手续费。

(二)股票流通市场

股票流通市场又称为二级市场,它是指已发行股票交易的场所。包括有形市场和无形市场两部分。有形市场是指有组织的证券交易所市场;无形市场是指在证券交易所之外形成的电子化、网络化的证券报价系统市场。

在美国,二级市场又可细分为四个市场:第一市场是指证券交易所市场,它是目前人们最为熟悉的股票流通市场。如我国深、沪证券交易所市场。第二市场是指场外交易市场,即在证券交易所外进行交易的市场,它没有固定的交易场所,与证券交易所市场不同,场外交易市场无法通过公开竞价的方式确定交易价格,而是通过协商达成成交价格。场外交易比在证交所交易所受的管制少,灵活方便,因此许多中小型公司和具有发展潜力的科技型公司的股票在此交易。但由于场外交易市场缺乏统一的组织,因此信息不完全,为此,美国于1939年建立了全国证券交易商协会(National Association of Securities Dealers,NASD),自我规范组织,授权在证券交易委员会的监督下代表和管理场外交易市场的证券交易商。1971年该组织开始启用一套电子系统,称为全国证券交易商协会自动报价系统(NASDAQ)。近年来,NASDAQ系统发展很快,其成交量已超过纽约证交所,成为美国第一大股票交易市场。第三市场是指已在证券交易所上市的股票在非证券交易所会员的柜台进行交易,该种交易不收取佣金,以降低证券交易的成本。第四市场是指买卖双方通过经纪人之间的计算机网络或买卖双方(或通过其代理人)通过电话联系进行直接议价交易的市场。

(三)股票交易原则

交易原则是针对证券交易所提出的,交易所实行会员制,只有交易所会员才有资格进入场内交易,非会员不得进入场内直接交易,其只能委托具有会员资格的成员代理交易。在交易过程中,股票在证券交易所交易采取公开竞价方式,并遵循“价格优先”和“时间优先”的原则,即报价较高的买者优先于报价低的买者买到股票,报价较低的卖者优先于报价高的卖者卖出股票;在报价相同的情况下,则按委托指令发出时间的先后顺序成交。

(四)股票价格指数

股价指数是反映整个股票市场总体价格水平及其变动情况的一种指标,是市场趋势的表征。而且随着证券市场的成熟和发展,股价指数日益成为现代金融技术和投资管理实践的基础工具。一些著名的股价指数,如道·琼斯工业平均指数、标准普尔500指数、金融时报100指数、恒生指数等,不仅反映了证券市场的变动,而且作为经济的“晴雨表”反映出各国(地区)乃至全球经济的景气状况和发展趋势。

股价指数表示市场平均价格水平的变化程度，因此，报告期股价指数应等于报告期股票平均价与基期股票平均价的比值，反映报告期股价相对于基期股价的变动倍数。一般令基期股价指数为一固定值，则报告期股价指数等于该变动倍数乘以基期股价指数。用公式表示为

$$I_t=\frac{\bar{P}_t}{\bar{P}_0}\times I_0 \tag{9.1.1}$$

其中，$I_t$、$I_0$ 分别为报告期与基期的股价指数；$\bar{P}_t$、$\bar{P}_0$ 分别为报告期与基期的平均股价水平。

决定股价指数的因素包括：(1)指标所包含的股票(称为样本股票)，可以是所有在交易所交易的股票，也可以是分类股票，如各行业股票等；(2)各股票在指标中的相对权重，权重的确定可以等权重，也可以不等权重；(3)计算股票平均价格所使用的计算方法，主要有简单算术平均法、简单几何平均法和加权平均法，但每种计算方法均要求报告期和基期平均股价的计算方法保持一致。

1. 简单算术平均法

简单算术平均法是将组成指数的样本股的报告期和基期价格分别进行简单算术平均，求得股票平均价格。这种方法计算股价指数往往选取大公司的股票作为样本，著名的道·琼斯工业平均指数即采用这种方法。用公式表示为

$$\bar{P}_t=\frac{1}{n}\sum_{i=1}^{n}P_{ti}\ ,\ \bar{P}_0=\frac{1}{n}\sum_{i=1}^{n}P_{0i} \tag{9.1.2}$$

其中，$P_{ti}$、$P_{oi}$ 分别为报告期与基期第 $i$ 种股票的价格，$n$ 为样本股的个数。

例如，某股价指数包含 5 只股票，其基期和报告期基本情况如表 9.1—1 所示。令基期指数 $I_0=100$，则报告期股价指数可计算如下。

**表 9.1—1　5 只股票基期和报告期基本数据**

| 样本股 | 总成交额*(万元) | | 成交股数*(万股) | | 平均价格(元/股) | |
|---|---|---|---|---|---|---|
| | 基期 | 报告期 | 基期 | 报告期 | 基期 | 报告期 |
| A | 560 | 4200 | 70 | 300 | 8 | 14 |
| B | 300 | 3600 | 60 | 400 | 5 | 9 |
| C | 400 | 9000 | 40 | 360 | 10 | 25 |
| D | 720 | 8000 | 80 | 500 | 9 | 16 |
| E | 1200 | 7200 | 100 | 400 | 12 | 18 |
| 合计 | 3180 | 32000 | 350 | 1960 | — | — |

* 也可用总市值、总股本，或流通市值、流通股本来表示。

$$\bar{P}_t=\frac{1}{n}\sum_{i=1}^{n}P_{ti}=\frac{14+9+25+16+18}{5}=16.4\ (\text{元/股})$$

$$\bar{P}_0=\frac{1}{n}\sum_{i=1}^{n}P_{0i}=\frac{8+5+10+9+12}{5}=8.8\ (\text{元/股})$$

$$I_t=\frac{\bar{P}_t}{\bar{P}_0}\times I_0=100\times\frac{16.4}{8.8}=186.36$$

计算结果表明，报告期平均股价是基期平均股价的 1.8636 倍，报告期指数为 186.36 点。

简单算术平均法认为进入股指计算的样本股对市场的重要性相同,其完全忽略了上市公司之间的差异,它对于实际情况的反映比较粗略,而且股指变动受高价股的影响较大,受低价股的影响较小。

2.简单几何平均法

这种方法是将组成指数的样本股的报告期和基期价格分别进行简单几何平均,求得股票平均价格,然后再根据(9.1.1)式来计算当前的股价指数。世界上某些有影响力的股票指数,如伦敦金融时报指数、美国价值线指数即采用这种方法。用公式表示为

$$\bar{P}_t=\sqrt[n]{\prod_{i=1}^{n}P_{ti}}\ ,\ \bar{P}_0=\sqrt[n]{\prod_{i=1}^{n}P_{0i}} \tag{9.1.3}$$

仍以表9.1—1中样本股数据为例,利用简单几何平均方法计算平均股价和股票指数分别为

$$\bar{P}_0=\sqrt[n]{\prod_{i=1}^{n}P_{0i}}=\sqrt[5]{8\times5\times10\times9\times12}=8.45\ (\text{元/股})$$

$$\bar{P}_t=\sqrt[n]{\prod_{i=1}^{n}P_{ti}}=\sqrt[5]{14\times9\times25\times16\times18}=15.54\ (\text{元/股})$$

$$I_t=\frac{\bar{P}_t}{\bar{P}_0}\times I_0=100\times\frac{15.54}{8.45}=183.84$$

利用简单几何平均方法计算股票指数,充分考虑了样本股股价的相对变化,因此,高价股的股价变动对股票指数的影响与低价股的股价变动对股票指数的影响程度是一样的,它在一定程度上粗略地反映了市场价格水平的相对变化。但简单几何平均方法计算出来的平均股价没有实际意义,只是一种算法。

3.加权平均法

加权平均法是目前在国际上应用最广泛的指数计算方法,如S&P500指数、纽约股票交易所综合指数、香港恒生指数等。加权平均法在计算股价平均数时,根据样本股票的重要程度而赋予权数。权数的赋予一般有两种方法:一种是根据每种股票的成交股数或(流通)总股份数来确定;另一种是根据每种股票市价总值占整个样本股票总市值的比重来确定。这里我们不妨将上述两种方法分别称为简单加权平均法和细分加权平均法。

(1)简单加权平均法

简单加权平均法的平均股价计算公式为

$$\bar{P}_t=\frac{\sum_{i=1}^{n}P_{ti}W_{ti}}{\sum_{i=1}^{n}W_{ti}}\ ,\ \bar{P}_0=\frac{\sum_{i=1}^{n}P_{0i}W_{0i}}{\sum_{i=1}^{n}W_{0i}} \tag{9.1.4}$$

其中,$W_{0i}$、$W_{ti}$ 为样本股票分别在基期和报告期的成交股数或(流通)总股份数。

仍以表9.1—1中样本股数据为例,利用简单加权平均方法计算平均价格和股票指数分别为

$$\bar{P}_0=\frac{\sum_{i=1}^{n}P_{0i}W_{0i}}{\sum_{i=1}^{n}W_{0i}}=\frac{3180}{350}=9.09\ (\text{元/股})$$

$$\bar{P}_t=\frac{\sum_{i=1}^{n}P_{ti}W_{ti}}{\sum_{i=1}^{n}W_{ti}}=\frac{32000}{1960}=16.33(\text{元/股})$$

$$I_t=\frac{\bar{P}_t}{\bar{P}_0}\times I_0=100\times\frac{16.33}{9.09}=179.69$$

(2)细分加权平均法

细分加权平均法的平均股价计算公式为

$$\bar{P}_t=\sum_{i=1}^{n}P_{ti}\cdot\frac{P_{ti}W_{ti}}{\sum_{i=1}^{n}P_{ti}W_{ti}},\ \bar{P}_0=\sum_{i=1}^{n}P_{0i}\cdot\frac{P_{0i}W_{0i}}{\sum_{i=1}^{n}P_{0i}W_{0i}} \tag{9.1.5}$$

还是以表 9.1—1 中样本股数据为例,利用细分加权平均方法计算平均价格和股票指数分别为

$$\bar{P}_0=\sum_{i=1}^{n}P_{0i}\times\frac{P_{0i}W_{0i}}{\sum_{i=1}^{n}P_{0i}W_{0i}}$$

$$=8\times\frac{560}{3180}+5\times\frac{300}{3180}+10\times\frac{400}{3180}+9\times\frac{720}{3180}+12\times\frac{1200}{3180}=9.70(\text{元/股})$$

$$\bar{P}_t=\sum_{i=1}^{n}P_{ti}\times\frac{P_{ti}W_{ti}}{\sum_{i=1}^{n}P_{ti}W_{ti}}$$

$$=14\times\frac{4200}{32000}+9\times\frac{3600}{32000}+25\times\frac{9000}{32000}+16\times\frac{8000}{32000}+18\times\frac{7200}{32000}=17.93(\text{元/股})$$

$$I_t=\frac{\bar{P}_t}{\bar{P}_0}\times I_0$$

$$=100\times\frac{17.93}{9.70}=184.77$$

我国上证 30 指数、综合指数和分类指数,以及深证综合指数和成分股指数,均采用派氏加权综合价格指数公式计算,其计算方法近似于简单加权平均法,只是权重都是报告期流通股数或总股本 $W_{ti}$。

## 第二节　普通股定价模型

与债权相同,股权也具有内在价值,股票投资收益通常也由两部分构成,一部分是红利收益(相当于债权的利息),另一部分是资本收益,即买卖价差收益。不同的是,债权的利息收益往往是确定的,而股权的红利收益则不确定,它取决于公司的经营状况与红利政策。红利的不确定给投资者判断股权的内在价值带来了极大的困难,股权定价因此也表现出明显的多样性。任何一种定价模型都包含有比债权定价更严格的假定。本节我们介绍几种常见的定价模型。

### 一、收入资本化定价方法

(一)收入资本化方法的一般形式

收入资本化定价方法(capitalization of income method of valuation)可表述为:任何资产的“真实”或“内在”价值都是由投资者从拥有该资产起预期在将来可获得的现金流的贴现值所决定的。用公式表示就是

$$V=\frac{C_1}{(1+r)^1}+\frac{C_2}{(1+r)^2}+\cdots$$
$$=\sum_{t=1}^{\infty}\frac{C_t}{(1+r)^t} \tag{9.2.1}$$

其中,$V$ 代表资产的内在价值,$C_t$ 为第 $t$ 期的现金流,$r$ 为贴现率。

收入资本化法运用于普通股价值分析中,被称为股息贴现模型(dividend discount model, DDM)。该模型的一般表达式为

$$V=\frac{D_1}{(1+r)^1}+\frac{D_2}{(1+r)^2}+\cdots$$
$$=\sum_{t=1}^{\infty}\frac{D_t}{(1+r)^t} \tag{9.2.2}$$

其中,$V$ 代表普通股的内在价值,$D_t$ 为普通股第 $t$ 期支付的股息或红利,$r$ 为贴现率。

在现实当中,绝大多数投资者并非在购买股票之后永久性地持有,而是在买入一段时间以后(假设在第三期末)卖出该股票。在这种情况下股票的价值为

$$V=\frac{D_1}{(1+r)^1}+\frac{D_2}{(1+r)^2}+\frac{D_3}{(1+r)^3}+\frac{V_3}{(1+r)^3} \tag{9.2.3}$$

其中,$V_3$ 代表普通股在第三期末的出售价格。

根据股息贴现模型,该股票在第三期末的出售价格应等于其内在价值,即

$$V_3=\frac{D_4}{(1+r)^1}+\frac{D_5}{(1+r)^2}+\cdots=\sum_{t=1}^{\infty}\frac{D_{t+3}}{(1+r)^t} \tag{9.2.4}$$

将(9.2.4)式代入(9.2.3)式可得

$$V=\frac{D_1}{(1+r)^1}+\frac{D_2}{(1+r)^2}+\frac{D_3}{(1+r)^3}+\frac{D_4/(1+r)^1+D_5/(1+r)^2+\cdots}{(1+r)^3}$$
$$=\sum_{t=1}^{\infty}\frac{D_t}{(1+r)^t} \tag{9.2.5}$$

(9.2.5)式与(9.2.2)式完全一致,说明股息贴现模型选用未来的股息作为投资股票唯一的现金流,并没有忽视买卖股票的资本利得对股票内在价值的影响。因此,如果能够准确地预测股票未来每期的股息,就可以对股票的内在价值做出精确的计算。而对未来股息的预测关键在于股息的增长率。用公式表示为

$$g_t=\frac{D_t-D_{t-1}}{D_{t-1}} \tag{9.2.6}$$

经过迭代可得

$$D_t=D_{t-1}(g_t+1)$$
$$=D_{t-2}(g_{t-1}+1)(g_t+1)$$
$$=\cdots$$
$$=D_0(g_1+1)(g_2+1)\cdots(g_t+1) \tag{9.2.7}$$

根据对股息增长率的不同假定,股息贴现模型可以分为:零增长模型、不变增长模型、三阶

段股利增长模型和多元增长模型等形式。

（二）利用股息贴现模型指导股票投资

对股票进行定价的目的，就是为投资者寻找一个价值判断的标准，利用它可以来判断现实市场中股票的价格是被高估还是被低估，从而指导投资行为。判断的方法有两种。

1.净现值方法

这种方法是计算股票的预期净现值，如果净现值大于零，说明该股票价值被低估；反之，该股票价值被高估。用公式表示

$$NPV = V - P = \sum_{t=1}^{\infty} \frac{D_t}{(1+r)^t} - P \tag{9.2.8}$$

其中，$NPV$ 为股票的预期净现值，$P$ 为股票的当前市场价格。当 $NPV > 0$ 时，可以逢低买入股票；当 $NPV < 0$ 时，可以逢高卖出股票。

2.内部收益率方法

内部收益率(internal rate of return，IRR)是指净现值等于零时的一个特殊的贴现率。即

$$NPV = V - P = \sum_{t=1}^{\infty} \frac{D_t}{(1+IRR)^t} - P = 0 \tag{9.2.9}$$

或

$$P = \sum_{t=1}^{\infty} \frac{D_t}{(1+IRR)^t} \tag{9.2.10}$$

这种方法是比较贴现率与内部收益率的差异。如果内部收益率大于贴现率，意味着股票的净现值大于零，说明股票的价值被低估，投资者可现价买入股票；如果内部收益率小于贴现率，则股票的净现值小于零，说明股票的价值被高估，投资者应现价卖出股票。

## 二、零增长模型

假设未来股息固定不变，即股息的增长率为零的股息贴现模型称为零增长模型(zero-growth model)。其表达式为

$$D_0 = D_1 = D_2 = \cdots = D_\infty$$

或

$$g_t = 0 \tag{9.2.11}$$

这时，股息贴现模型(9.2.2)式变为

$$V = \sum_{t=1}^{\infty} \frac{D_t}{(1+r)^t} = D_0 \left[ \sum_{t=1}^{\infty} \frac{1}{(1+r)^t} \right] \tag{9.2.12}$$

由于 $1/(1+r)$ 小于1，由无穷数列的性质可知

$$\sum_{t=1}^{\infty} \frac{1}{(1+r)^t} = \frac{1}{r} \tag{9.2.13}$$

将(9.2.13)式代入(9.2.12)式得

$$V = \frac{D_0}{r} \tag{9.2.14}$$

零增长模型不仅可以用于普通股的价值分析，而且适用于优先股的价值分析。

例如，A 公司期初现金股利为 2.5 元/股，如果贴现率为 6.25%，则该公司股票的价值为

$$V=\frac{D_0}{r}=\frac{2.5}{6.25\%}=40\ (\text{元/股})$$

如果该公司当前的市场价格为 42 元/股，说明它的净现值为 −2 元/股，表明该公司股票被高估，投资者应抛出股票。

如果利用内部收益率方法进行判断，关键问题就是要求出 $IRR$，在零增长模型中，只要将 (5.2.11) 式代入 (5.2.10) 式可得

$$\begin{aligned}P&=\sum_{t=1}^{\infty}\frac{D_t}{(1+IRR)^t}\\&=\frac{D_0}{IRR}\end{aligned}$$

即

$$IRR=\frac{D_0}{P} \tag{9.2.15}$$

以上例数据为例，可得

$$IRR=\frac{D_0}{P}=\frac{2.5}{42}=5.95\%$$

显然，该股票的内部收益率小于贴现率（5.95%<6.25%），说明该公司股票价值被高估了，其对应的投资行为应是现价卖出该股票。

### 三、不变增长模型

假设股息按一个固定比例增长，这时的股息贴现模型被称为不变增长模型（constant-growth model）。该模型另附有一个假设条件，即贴现率大于股息增长率（$r>g$）[①]。

根据以上假定，可将模型 (9.2.2) 式改写为

$$\begin{aligned}V&=\frac{D_0(1+g)}{(1+r)}+\frac{D_0(1+g)^2}{(1+r)^2}+\cdots+\frac{D_0(1+g)^n}{(1+r)^n}+\cdots\\&=D_0\left[\left(\frac{1+g}{1+r}\right)+\left(\frac{1+g}{1+r}\right)^2+\cdots+\left(\frac{1+g}{1+r}\right)^n+\cdots\right]\\&=D_0\left[\frac{(1+g)/(1+r)}{1-(1+g)/(1+r)}\right]\\&=\frac{D_0(1+g)}{r-g}=\frac{D_1}{r-g}\end{aligned} \tag{9.2.16}$$

其中，$D_0$、$D_1$ 分别是初期和第一期支付的股息。

当 (9.2.16) 式中的股息增长率为零（$g=0$）时，不变增长模型就成为了零增长模型。因此，零增长模型是不变增长模型的一种特殊形式。

例如，B 公司期初现金股利为 0.5 元/股，且预测该公司股票未来的股息增长率将保持在 5% 的水平，如果贴现率为 6.25%，则该公司股票的价值为

---

① 当贴现率小于股息增长率时，(9.2.16) 式所决定的股票内在价值将趋向无穷大。而事实上，任何股票的内在价值及其价格都不会是无界的。

$$V=\frac{D_1}{r-g}=\frac{0.5\times(1+5\%)}{6.25\%-5\%}=42(\text{元/股})$$

如果该公司股票当前的市场价格为 40 元/股，则该股票的净现值为 2 元/股，因此该公司股票价值被低估，投资者可以购买该股票。如果利用内部收益率方法进行判断，将(9.2.16)式代入(9.2.9)式得

$$\frac{D_0(1+g)}{IRR-g}-P=0$$

所以
$$IRR=\frac{D_1}{P}+g=\frac{0.5\times(1+5\%)}{40}+5\%=6.31\%$$

该股票的内部收益率大于贴现率(6.31%>6.25%)，因此该公司股票价值存在被低估现象。

## 四、三阶段股利增长模型

许多公司具有这样的发展规律：在起初的若干年内以较高的速度成长，利润增长速度较快，股息增长率较高，公司发展到一定的规模后，发展速度开始下降，但仍保持着正的增长率，且在某一水平保持稳定、利润增长速度也如此，因而股息增长率也随之降低到一个较低的水平。为反映这种公司股票的价值，便产生了三阶段股利增长模型(three-stage-growth model)。

在三阶段股利增长模型中，股息增长率被分成三个阶段(如图 9.2—1)：

第一阶段，截止到时刻 $t_1$，股息平均增长率为 $g_1$；

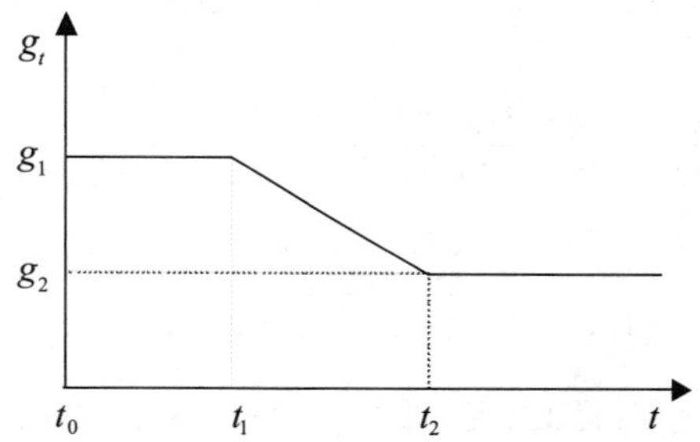


**图 9.2—1　三阶段股息增长模型**

第二阶段，从时刻 $t_1$ 到时刻 $t_2$，股息平均增长率以线性方式从 $g_1$ 变化为 $g_2$( $g_1>g_2$)；

第三阶段，从时刻 $t_2$ 开始，股息平均增长率为 $g_2$。

由于假定第二阶段股息增长率线性地下降为 $g_2$，因此，图 9.2—1 中转折期 $t_1$ 到 $t_2$ 的任何时点的股息增长率 $g_t$ 可表示成

$$g_t=g_1-(g_1-g_2)\frac{(t-t_1)}{(t_2-t_1)}\quad(t_1<t<t_2)\tag{9.2.17}$$

根据第一、三阶段的股利固定增长率和(9.2.17)式，利用贴现模型便可得三阶段股利增长公司的股票价值为

$$V=D_0\sum_{t=1}^{t_1}\left(\frac{1+g_1}{1+r}\right)^t+\sum_{t=t_1+1}^{t_2}\frac{D_{t-1}(1+g_t)}{(1+r)^t}+\frac{D_{t_2}(1+g_2)}{(1+r)^{t_2}(r-g_2)}\tag{9.2.18}$$

(9.2.18)式中的第一项 $D_0\sum_{t=1}^{t_1}\left(\frac{1+g_1}{1+r}\right)^t$ 为第一阶段所得股息的贴现价值；第二项 $\sum_{t=t_1+1}^{t_2}\frac{D_{t-1}(1+g_t)}{(1+r)^t}$ 为第二阶段所得股息的贴现价值；第三项中 $\frac{D_{t_2}(1+g_2)}{(r-g_2)}$ 为利用不变增长模型

计算的在时刻 $t_2$ 的股息的贴现价值，再将其贴现至当前时刻，便是第三阶段所得股息的贴现价值。

例如，某股票初期支付的股息为 0.5 元/股，在今后两年的股息增长率为 6%($g_1$)；股息增长率从第 3 年开始线性递减，从第 6 年开始，每年保持 3%($g_2$)的增长速度。假如贴现率为 8%，问该股票价值是多少？

解：①计算第 3 年至第 6 年的股息增长率：

$$g_3 = 0.06 - (0.06 - 0.03) \times \frac{3-2}{6-2} = 5.25\%$$

$$g_4 = 0.06 - (0.06 - 0.03) \times \frac{4-2}{6-2} = 4.5\%$$

$$g_5 = 0.06 - (0.06 - 0.03) \times \frac{5-2}{6-2} = 3.75\%$$

②计算 1～6 年各年股息：

$$D_1 = 0.5 \times (1+6\%) = 0.53(\text{元/股})$$
$$D_2 = 0.53 \times (1+6\%) = 0.56(\text{元/股})$$
$$D_3 = 0.56 \times (1+5.25\%) = 0.59(\text{元/股})$$
$$D_4 = 0.59 \times (1+4.5\%) = 0.62(\text{元/股})$$
$$D_5 = 0.62 \times (1+3.75\%) = 0.64(\text{元/股})$$
$$D_6 = 0.64 \times (1+3\%) = 0.66(\text{元/股})$$

③计算股票内在价值：

$$V = 0.5 \times \sum_{t=1}^{2} \left(\frac{1+6\%}{1+8\%}\right)^t + \sum_{t=3}^{6} \frac{D_{t-1}(1+g_t)}{(1+8\%)^t} + \frac{D_6(1+3\%)}{(1+8\%)^6(8\%-3\%)}$$

$$= \left(\frac{0.53}{1.08} + \frac{0.56}{1.08^2}\right) + \left(\frac{0.59}{1.08^3} + \frac{0.62}{1.08^4} + \frac{0.64}{1.08^5} + \frac{0.66}{1.08^6}\right) + \frac{0.66 \times (1+3\%)}{1.08^6 \times 0.05}$$

$$= 0.971 + 1.78 + 8.57 = 11.32(\text{元/股})$$

如果该股票的市场价格为 13 元/股，大于 $V=11.32$ 元/股，说明净现值小于零，故该股票价值被高估，其投资策略应该是卖出股票。

## 五、多元增长模型

零增长模型、不变增长模型、三阶段股利增长模型都是贴现模型的特殊形式。贴现模型的一般形式是多元增长模型(multiple-growth model)。多元增长模型假设在某一时点 $T$ 之后股息增长率为一常数 $g$，而在 $T$ 之前股息增长率是可变的。经与上述各模型同样的分析可得该模型的具体表达式为

$$V = \sum_{t=1}^{T} \frac{D_t}{(1+r)^t} + \frac{D_{T+1}}{(r-g)(1+r)^T} \tag{9.2.19}$$

例如，某公司去年支付的股息为 0.75 元/股，预期本年为 1 元/股，第二年为 1.5 元/股，第三年为 2 元/股。从第四年开始，该公司股息将按 5%的比率逐年增长。如果贴现率为 6.25%，利用(9.2.19)式可计算出该公司股票的内在价值为

$$V = \frac{1}{1+0.0625} + \frac{1.5}{(1+0.0625)^2} + \frac{2}{(1+0.0625)^3} + \frac{2 \times (1+0.05)}{(0.0625-0.05) \times (1+0.0625)^3} = 144(\text{元/股})$$

若该股票的市场价格大于 144 元/股，则卖出该股票，否则，投资者可买入该股票。

## 六、基于市盈率的定价模型

由于股利的预期除了取决于公司的经营状况外，它还直接取决于股利分配政策，而股利分配政策又没有一般的模式，这就产生了如下问题，即对于两个行业与规模完全相同的上市公司 A 与 B，A 公司的经营业绩始终好于 B 公司，但两个公司每年给投资者分配的红利却完全相同，如果按股利贴现模型计算，其结果是两者具有相同的价值，更极端的情况是，如果 A 公司在可观察期内一直不曾有过分红（这种情况在我国证券市场并不罕见），那么它是否就没有价值呢？事实显然不是这样。这个例子说明，利用股利模型给股票定价具有明显的局限性。从理论上说，股票的价值取决于上市公司企业的价值与总股本，在总股本一定的情况下，它就完全由企业本身的价值来决定，而企业的价值又完全由它的经营业绩预期决定，反映企业经营业绩的综合指标是每股收益，如果再考虑市场本身合理的估值水平，则股票的定价就可以用市盈率模型。虽然市盈率定价模型克服了股利随意性带给股利正确预期的障碍，但它实际上只是一个股利定价模型的翻版。

市盈率是股票价格与每股收益的比率，即单位收益的价格，用公式表示为

$$市盈率=\frac{P}{E} \tag{9.2.20}$$

其中，$E$ 为每股收益。

（一）市盈率定价模型的一般形式

设普通股的每股收益为 $E_t$，公司的派息率为 $b_t$，因此普通股的每股股息与每股收益和派息率有关，即

$$D_t=b_tE_t \tag{9.2.21}$$

将（9.2.21）式代入股利贴现模型的一般形式（9.2.2）式，则得到一个包含对收益贴现决定股票内在价值的一般公式

$$\begin{aligned}V&=\frac{D_1}{(1+r)^1}+\frac{D_2}{(1+r)^2}+\cdots=\sum_{t=1}^{\infty}\frac{D_t}{(1+r)^t}\\&=\frac{b_1E_1}{(1+r)^1}+\frac{b_2E_2}{(1+r)^2}+\cdots=\sum_{t=1}^{\infty}\frac{b_tE_t}{(1+r)^t}\end{aligned} \tag{9.2.22}$$

与股息增长率的定义相似，我们定义每股收益的增长率为

$$g_{et}=\frac{E_t-E_{t-1}}{E_{t-1}} \tag{9.2.23}$$

则有

$$\begin{aligned}E_t&=E_{t-1}(g_{et}+1)\\&=E_{t-2}(g_{et-1}+1)(g_{et}+1)\\&=\cdots\\&=E_0(g_{e1}+1)(g_{e2}+1)\cdots(g_{et}+1)\end{aligned} \tag{9.2.24}$$

将（9.2.24）式代入（9.2.22）式得

$$V=\frac{b_1[E_0(1+g_{e1})]}{(1+r)^1}+\frac{b_2[E_0(1+g_{e1})(1+g_{e2})]}{(1+r)^2}+\cdots \tag{9.2.25}$$

如果股票市场完全按其内在价值定价，即 $P=V$，则 $V/E_0$ 就是市盈率。对（9.2.25）式两

边同时除以 $E_0$ 得

$$V/E_0=\frac{b_1(1+g_{e1})}{(1+r)^1}+\frac{b_2(1+g_{e1})(1+g_{e2})}{(1+r)^2}+\cdots \tag{9.2.26}$$

(9.2.26)式表明,市盈率取决于三个变量:预期的派息比率、每股收益的增长率和贴现率。即在其他条件不变时,(1)当预期的派息比率增大时,市场合理的市盈率会增大;(2)当每股收益的增长率增大时,市场合理的市盈率也会增大;(3)贴现率增大时,市场合理的市盈率则会减小。

由前面贴现模型分析可知,若 $V>P$ ,说明股票价值被低估;若 $V<P$ ,则说明股票价值被高估。如果在不等式两边同除以 $E_0$ 得:若 $V/E_0>P/E_0$,即股票的理论市盈率高于实际市盈率,说明股票价值被低估;若 $V/E_0<P/E_0$,即股票的理论市盈率低于实际市盈率,说明股票价值被高估。

与贴现模型一样,市盈率模型同样可以分为零增长模型、不变增长模型、三阶段股利增长模型和多元增长模型等类型。

(二)零增长模型

零增长模型假设每股股息保持一个固定的金额,这时公司的盈利完全用于支付股息,即 $b_t=1$。如果不完全派息,公司将有保留盈余,而这些保留盈余的运用可能会增加未来盈利,从而增加未来每股收益和股息。

因此在零增长模型中, $b_t=1$, $g_{et}=0$, $E_t=D_t=D_0$,由(9.2.26)式可得

$$\begin{aligned}V/E_0&=\frac{1}{(1+r)^1}+\frac{1}{(1+r)^2}+\cdots\\&=\sum_{t=1}^{\infty}\frac{1}{(1+r)^t}\end{aligned} \tag{9.2.27}$$

即

$$V/E_0=\frac{1}{r} \tag{9.2.28}$$

例如,前述A公司预期每股收益及现金股利每年均为2.5元/股,如果贴现率为6.25%,在市场均衡的情况下,其市盈率为: $V/E_0=\frac{1}{r}=\frac{1}{6.25\%}=16$;股票的价值为: $V=E_0\times V/E_0=2.5\times16=40$(元/股),这与股利贴现模型所得结果一致。

如果该公司当前的市场价格为42元/股,则实际市盈率为: $P/E_0=42/2.5=16.8$,这时 $V/E_0<P/E_0$,说明该公司股票价值被高估。

(三)不变增长模型

在不变增长模型中,假设每股收益的增长率在未来都固定不变,即 $g_{et}=g_e$ ,且保持固定的派息率 $b_t=b$。则(9.2.24)式变为

$$E_t=E_0(1+g_e)^t \tag{9.2.29}$$

将(9.2.29)式代入(5.2.25)式,且令 $b_t=b$ 得

$$\begin{aligned}V&=\frac{b[E_0(1+g_e)]}{(1+r)^1}+\frac{b[E_0(1+g_e)^2]}{(1+r)^2}+\cdots\\&=bE_0\sum_{t=1}^{\infty}\left(\frac{1+g_e}{1+r}\right)^t\end{aligned} \tag{9.2.30}$$

为了有实际意义,(9.2.30)式就必须是收敛的,故假设 $r>g_e$ ,或 $\frac{1+g_e}{1+r}<1$。在这种情

况下，(9.2.30)式就被化简为

$$V=bE_0\left(\frac{1+g_e}{r-g_e}\right) \tag{9.2.31}$$

将(9.2.31)式两边同时除以 $E_o$ 得

$$V/E_0=b\left(\frac{1+g_e}{r-g_e}\right) \tag{9.2.32}$$

这就是不变增长模型在市场均衡条件下的理论市盈率公式。

例如，某公司期初每股收益为 0.5 元/股，派息率为 80%，且预测该公司股票未来的每股收益增长率将保持在 5%的水平，如果贴现率为 6.25%，则该公司股票的理论市盈率为

$$\begin{aligned}V/E_0&=b\left(\frac{1+g_e}{r-g_e}\right)\\&=0.8\times\frac{1+5\%}{6.25\%-5\%}=67.2\end{aligned}$$

如果该股市场价格为 32 元/股，则实际市盈率为

$$P/E_0=\frac{32}{0.5}=64$$

由于 $V/E_0>P/E_0$，因此该股票价值被低估。

(四)多元增长模型

如前所述，多元增长模型假设在某一时点 $T$ 之后股息增长率为一常数 $g$，而在 $T$ 之前股息增长率是可变的。

由(9.2.24)式和 $D_t=b_tE_t$ 可知

$$D_t=b_tE_0(g_{e1}+1)(g_{e2}+1)\cdots(g_{et}+1) \tag{9.2.33}$$

将(9.2.33)式代入(9.2.19)式，并将等式两边同时除以 $E_o$ 得

$$\begin{aligned}\frac{V}{E_0}=&\frac{b_1(1+g_{e1})}{(1+r)^1}+\frac{b_2(1+g_{e1})(1+g_{e2})}{(1+r)^2}+\cdots+\frac{b_T(1+g_{e1})(1+g_{e2})\cdots(1+g_{eT})}{(1+r)^T}\\&+\frac{b(1+g_{e1})(1+g_{e2})\cdots(1+g_{eT})(1+g)}{(r-g)(1+r)^T}\end{aligned} \tag{9.2.34}$$

这就是多元增长模型的理论市盈率决定公式。

例如，某公司前三年的收益及股息发放情况如表 9.2－1 所示。

**表 9.2－1**

| $t$ | $E_t$ | $g_{et}$ | $D_t$ | $b_t$ |
|---|---|---|---|---|
| 0 | 0.50 | — | 0.10 | 20% |
| 1 | 0.75 | 50% | 0.30 | 40% |
| 2 | 1.05 | 40% | 0.63 | 60% |

从第三年开始，该公司的收益和股息将按 10%的比例逐年增长，即 $g_e=10\%$，如果 $b=60\%$。贴现率为 12.5%，则该公司股票的理论市盈率为

$$\frac{V}{E_0}=\frac{0.4\times(1+0.5)}{(1+0.125)^1}+\frac{0.6\times(1+0.5)\times(1+0.4)}{(1+0.125)^2}+\frac{0.6\times(1+0.5)\times(1+0.4)\times(1+0.1)}{(0.125-0.1)\times(1+0.125)^2}=45.33$$

细心的读者一定会发现，上述所论述的市盈率定价模型实质上是贴现模型的翻版，它并不

包含更多或有什么不同的内容。因为在利用市盈率模型判断股票是否具有投资价值时，上述的所有模型均含有利用贴现模型的变形所计算的理论值，如果我们能获得股价的理论值，利用净现值就可判断股票是否值得投资。既然有了贴现模型，那么为什么还一定要用市盈率这个指标进行投资决策呢？实际上，市盈率模型在现实的应用中，并非是让人们依贴现的方式去求理论值，而是以股票市场合理的市盈率作为判断标准，当某股票的市盈率低于市场市盈率时，表明它的价值被相对低估，反之，则被相对高估。投资者买进价值被相对低估的股票，卖出价值被相对高估的股票，就可战胜市场。经过这样处理，市盈率模型就有了明显的实际应用价值，它因此也就与贴现模型有了实质性的不同。

与股息贴现模型相比，利用市盈率对股票价值进行判断，有如下优点：

1. 市盈率模型可以直接用于不同收益水平股票价格的比较；

2. 对于那些不支付股息的股票，市盈率模型同样可以对股票价值进行判断[①]，而股息贴现模型则不能使用；

3. 虽然市盈率模型也需要对有关变量进行预测，但所涉及的变量预测要比股息贴现模型简单。

市盈率模型也存在一些缺点，主要包括：

1. 市盈率模型理论基础较为薄弱，而股息贴现模型的逻辑性较为严密；

2. 在进行股票投资价值比较时，市盈率模型只能比较股票间的相对价值，而不能比较股票的绝对价值。

由于分析较为简便，市盈率模型仍然是一种被广泛使用的股票价值分析方法。

## 第三节　普通股投资分析

前面我们介绍了如何利用普通股定价模型指导股票投资，显然这些定价模型均是基于股票内在价值的。然而，现实中，股票价格的确定是由市场供求决定的。股票供求的确定并非完全基于它的内在价值，而是受诸多因素的影响，因此人们对股票投资价值分析除了内在价值分析方法外，还提出了基础分析和技术分析，它们都是通过预测股票的价格及其变动来确定交易策略，只是两种方法的依据不同。我们这里只介绍基础分析方法，至于技术分析方法读者可参考相关的专门著作。

基础分析是根据基本的经济变量来确定股票价值的一种证券投资分析方法。基础分析是研究导致股票价格变动的各种变量，如利率、国内总产值GDP、消费者价格指数CPI、财政和货币政策等的变化如何影响整个股票市场，特定行业和公司如何影响股票市场结构变动，并利用这种相互关系对市场、行业和公司的回报进行预测。

基础分析研究的顺序是先分析整体经济，其次是行业，最后是公司。

### 一、经济分析

影响整个经济的因素，主要有经济周期、财政政策、货币政策、通货膨胀等，这些因素的任何变化都会对上市公司的经营状况产生影响，进而影响整个股票市场价格的变化。而股票市场价格的变化又会反过来影响个股的走势。

---

① 只要股票的每股收益大于零，就可以使用市盈率模型。

（一）经济周期

一国的经济总是呈现周期性的波动，遵循“繁荣—衰退—萧条—复苏—再繁荣”的循环规律，只是周期长短不同，经济衰退的严重程度不同。经济周期可以通过一系列经济指标来描述，这些经济指标被称为景气指标。根据景气指标变动与经济周期波动在时间上的关系，可将景气指标分为同步指标、先行指标和滞后指标。一般将与总体经济变化同步的指标称为同步指标，如国内生产总值（GDP）、工业总产值。该指标的变动基本反映了一国经济的波动情况。而将领先于总体经济而预先变动的指标称为先行指标，如股票指数。这些指标的变化常常预示总体经济将要变化的方向。另外，将那些比总体经济的变化滞后一定时期变化的指标，称为滞后指标，如基本建设投资完成额。滞后指标的变化可以用来检验同步指标发生的变化，使总体经济发生的变化得到确认。

投资者投资股票总是希望低买高卖，而个股的价格变化是与整个股市的走势紧密相关的①，因此准确地预测整个股市的走势对投资者是至关重要的。在实践中，由于股价指数本身就是先行指标，所以应寻找领先于股指的其他先行指标并对股价指数进行预测，如货币供应量的变化率、敏感材料价格的变化等。另外，宏观经济政策对整个股市的影响也极其敏感，政策的预期变化可以视作股票市场的先行指标。投资者可根据上述先行指标来指导自己的投资，当先行指标发生有利于股价上升的信号时，投资者可决定买入股票，否则，则决定卖出股票。

（二）货币政策

中央银行调整货币政策，无论是通过公开市场业务还是调整准备金率、贴现率，其目的都是为了调整货币供应量。一般情况下，扩张的货币政策将引起货币供应量加大，股票价格上涨；紧缩的货币政策将引起货币供应量减少，股票价格下跌。

（三）财政政策

财政政策包括政府税收和支出政策。从税收政策的直接影响来看，如果政府降低有关股票交易的税率以及资本利得税率，股价会上涨；反之则下跌。从间接影响来看，如果政府降低投资者所得税率，投资者收入增多，股票投资增多，也会引起股价上涨；反之则下跌。

另外，政府开支增加，也会对股票市场产生积极的影响。政府支出增大，表明社会总需求增大，从而刺激经济发展和股市走势上升；相反，政府支出减少会抑制经济发展，从而使股市走弱。

（四）通货膨胀

温和的通货膨胀是与经济快速发展相伴的，而恶性通货膨胀则对经济发展以及股市产生不良影响。首先从股票价值来看，严重的通货膨胀必然引发市场利率上升，投资股票的必要回报率也相应提高，这意味着，决定股票价值的贴现率提高，从而导致股票内在价值下降。其次从股票实际收益率来看，实际收益率是名义收益率扣除通货膨胀率后的收益率水平，在通货膨胀严重的情况下，如果投资股票的名义收益率上升速度低于通货膨胀率提高的速度，投资股票的实际收益率将会降低，从而为投资者带来损失。

实际上，通货膨胀对于不同的行业和公司的影响是不一样的，那么，通货膨胀到底会对股票价值产生什么样的影响呢？

以不变增长模型为例，由该模型知，市场达到均衡时股票价格为

$$P_0 = \frac{D_1}{r - g} \tag{9.3.1}$$

---

① 关于单个证券与整个证券市场价格变化的相互关系见 CAPM。

将(9.3.1)式变形可得

$$r=\frac{D_1}{P_0}+g \tag{9.3.2}$$

如果发生通货膨胀,为使股票的实际价值不变,(9.3.2)式必须相应变为

$$\begin{aligned} r' &= r+\pi \\ &= \frac{D_1}{P_0}+g' \\ &= \frac{D_1}{P_0}+(g+\pi) \end{aligned} \tag{9.3.3}$$

(9.3.3)式含义是,为使股票实际价值不受通货膨胀的影响,股息增长率 $g$ 必须依照通货膨胀率的变化增加。

根据股息增长率的定义 $g=\frac{D_1-D_0}{D_0}$ 和股息、每股收益与派息率之间的关系 $D_t=bE_t$ 可得

$$\begin{aligned} g &= \frac{D_1-D_0}{D_0} \\ &= \frac{b(E_1-E_0)}{bE_0} \\ &= \frac{E_1-E_0}{E_0} \end{aligned} \tag{9.3.4}$$

并将股东权益收益率 $ROE_t=\frac{E_t}{BV_{t-1}}$ 代入(9.3.4)式可得

$$\begin{aligned} g &= \frac{E_1-E_0}{E_0}=\frac{ROE(BV_1-BV_0)}{ROE\cdot BV_0} \\ &= \frac{BV_1-BV_0}{BV_0} \end{aligned} \tag{9.3.5}$$

其中 $BV_{t-1}$ 为第 $t-1$ 年年末每股股东权益账面价值。

如果没有外部融资,每股股东权益账面价值的变动应等于每股收益扣除支付股息后的余额。即

$$BV_1-BV_0=E_1-D_1=E_1(1-b) \tag{9.3.6}$$

将(9.3.6)式代入(9.3.5)式得

$$g=\frac{E_1(1-b)}{BV_0}=ROE(1-b) \tag{9.3.7}$$

由杜邦分析体系可知,公司的股东权益收益率由销售利润率、资产周转率、权益比率决定(如图 9.3—1 所示),因此股息增长率也由上述三个因素以及派息率决定。即

$$g=\text{销售利润率}\times\text{资产周转率}\times\text{权益比率}\times\text{留存比} \tag{9.3.8}$$

其中,留存比 $=1-b$。

由(9.3.8)式可以看出,要使 $g$ 有较大幅度的提高(如提高到至少不低于 $\pi$ 的水平),则须使等式右边一项或几项共同提高。下面我们逐一进行分析。

1. 提高权益比率在短期内只有一种途径,便是提高总资产,而总资产由权益与负债两部分组成,在股东权益短时间内无法变动的情况下,只能增加负债,这种方法是否有效的关键在于企业的资本使用效率,当资产收益率高于资本成本时,该方法有效,否则它只会给企业增加债务

$$ROE=\frac{\text{税后利润}}{\text{股东权益账面价值}}$$

$$\text{资产收益率}=\frac{\text{税后利润}}{\text{总资产}} \quad \times \quad \text{权益比率}=\frac{\text{总资产}}{\text{股东权益账面价值}}$$

$$\text{销售利润率}=\frac{\text{税后利润}}{\text{销售收入}} \qquad \text{资产周转率}=\frac{\text{销售收入}}{\text{总资产}}$$

**图 9.3—1　杜邦分析图**

负担。

2.增加留存比，这无疑变动了公司的股利政策，如果公司采取这种措施，会使偏好股息收益的投资者失去对股票持有的兴趣，从而引起股价下跌。当然，这种方法对于周期性明显的公司，在一定的条件下也不失为一种抗御通货膨胀的有效办法。

3.提高销售利润率，这种办法取决于所生产产品价格上涨的相对幅度。当公司产品价格涨幅高于通货膨胀率时，保持公司实际价值不变是件较为容易的事情。否则，则要求公司提高盈利能力。要做到这一点，不但要加强管理、降低成本，还要努力开发新产品、拓宽销路，而这在短期内是难以实现的。

4.提高资产周转率。资产周转率的高低主要取决于经济环境和公司内部的资产管理效率，通货膨胀往往对应的是社会总需求过大，宏观经济环境对于提高资产周转率是有利的。如果经济环境使公司资产周转率高于通货膨胀率，保持公司实际价值不变相对较易，否则，唯一的出路是公司提高资产管理的效率，而要实现这一点，需要公司扩大销售、拓宽市场，这也不是一朝一夕能够实现的。

由上述分析可知，通货膨胀必然会给上市公司的价值带来影响，其影响效应取决于公司的资产收益率与资金成本的相对优势、公司产品需求相对社会总需求的上升幅度和公司自身经营管理水平提高的情况。当这些因素综合作用的结果有利于公司，使得 $g'>g+\pi$ 时，该股票的价值不仅不会下降，相反会有所提高，否则，将给股票实际价值带来负面影响。

## 二、行业分析

普通股基础分析的第二步是进行行业分析。投资者在确信整体经济和股票市场不存在不利因素后，就需要进一步研究需要投资的行业。行业分析主要包括以下四个步骤。

（一）分析行业生命循环及其所处阶段

行业的生命循环可以分为五个阶段，即创始阶段、快速增长阶段、扩张阶段、平稳阶段和下降阶段（见图 9.3—2）。

1.创始阶段。在创始阶段，销售额温和增长，边际利润和利润很小甚至为负。这时市场很小，并且有很大的开发成本。

2.快速增长阶段。在这一阶段，销售额和利润快速增长。由于行业中企业数目很少，缺乏竞争，因此边际利润很高。

3.扩张阶段。销售额和利润继续增长，但增长率降低到正常水平，由于技术成熟、成本降低，产品价格下降。

4.平稳阶段。进入这个阶段，销售基本与经济发展一致，由于竞争，边际利润很小，产品更加成熟、技术更加稳定,而且很少创新。

5.下降阶段。在此阶段,由于需求转移或替代品增加,销售增长率下降,边际利润继续减少,有些竞争力不强的企业可能要退出该行业。

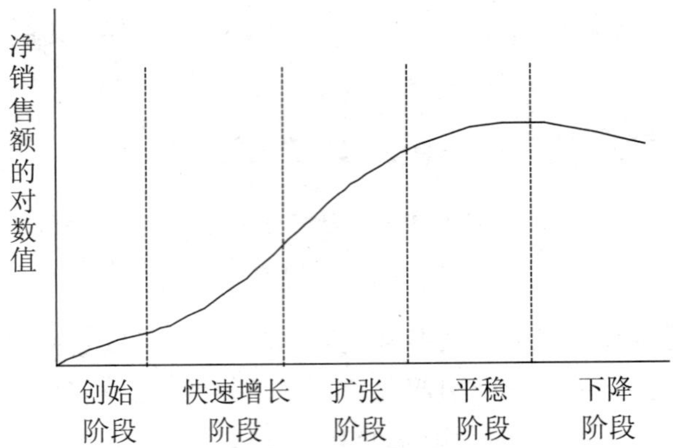


**图 9.3—2 行业的生命循环**

对于投资者来说,是否投资于创始阶段取决于投资者的风险偏好,因为这一阶段风险是最大的;投资于快速增长阶段的行业可能能够获得最高的回报,但竞争与产品技术的不成熟也会使某些企业失败,甚至发生倒闭的风险;投资于扩张阶段的行业,所获得的投资回报一般来说高于经济发展的平均水平,同时其风险要比第一、二阶段小得多;偏好于股息收益的投资者一般更愿意选择平稳阶段的行业,因为处于这一阶段的企业有稳定的销售收入和利润。

(二)分析行业所处经济周期的位置

根据受经济周期影响不同,可将行业分为成长行业、保护性行业、周期行业和利率敏感行业。成长行业是预期盈利增长显著并且超过行业平均水平的行业,这种增长形势不受经济周期波动的影响,如以前的微型计算机行业和现在的移动电话行业。保护性行业是指那些因产品收入弹性低,完全由市场调节处于不利发展地位,且又事关国计民生或国民经济基础性的行业,如农业。周期行业是随着经济周期的波动而同步或反向变化的行业,如耐用消费品行业与经济周期同步变化,黄金产业是与经济周期反向变化的行业,因为当经济衰退时,金融资产往往会出现较大幅度的缩水,人们更愿意选择购买黄金保值。利率敏感行业是对预期的利率变化特别敏感的行业,如金融业、房地产业等。

投资者在投资股票时,不但要分析行业所处生命周期,还要看行业所处经济周期以及与经济周期的关系。尤其在经济衰退时,投资于成长行业和保护性行业相对风险较小。

(三)行业的定性分析

对行业进行定性分析,主要是分析影响行业兴衰的主要因素,包括技术进步、政府政策、产业组织创新和社会习惯改变等。持续而稳定的技术进步能够推动行业的持续发展;政府的倾斜政策能够提供行业发展的机遇;产业组织创新(包括持续的技术创新和服务创新)能够使产业升级,创造出产业的发展潜力;社会习惯的改变能够为一个行业的形成与发展提供足够的社会需求,也能够扼杀一个行业的生存环境。

(四)行业的定量分析

通过行业和股票指数回报率的历史数据估计行业的系统风险,以及确定行业股票价格是否被高估或低估,来判断一个行业是否值得投资。

利用 CAPM 中均衡状态下的证券组合的期望收益率与由 $\beta$ 系数所测定的系统风险之间存

在的简单线性关系

$$\bar{r}_p = r_f + (\bar{r}_M - r_f)\beta_{PM} \tag{9.3.9}$$

建立计量经济方程

$$r_p - r_f = \alpha_p + (\bar{r}_M - r_f)\beta_{PM} + \varepsilon_p \tag{9.3.10}$$

其中，$r_p$ 为行业的实际收益率；$r_f$ 为市场无风险利率；$\bar{r}_M$ 为股票指数收益率；$\alpha_p$ 和 $\beta_{pM}$ 为待估参数；$\varepsilon_p$ 为随机扰动项。

依据 $r_p$、$r_f$ 和 $\bar{r}_M$ 的历史数据，利用 OLS(古典最小二乘法)方法便可估计出参数 $\alpha_p$ 和 $\beta_{pM}$ 的值。

由(9.3.10)式减去(9.3.9)式得

$$\alpha_p = r_p - \bar{r}_p - \varepsilon_p \tag{9.3.11}$$

由于 $\alpha_p$ 是估计参数，其估计值 $\hat{\alpha}_p = E(\alpha_p)$，即

$$\hat{\alpha}_p = r_p - \bar{r}_p \tag{9.3.12}$$

$\hat{\alpha}_p$ 反映了行业实际收益率与市场均衡时期望收益率之间的差异。当 $\hat{\alpha}_p > 0$ 时，行业实际收益率高于均衡的期望收益率，说明该行业股票平均价格市场定位偏低，其值得进行投资；当 $\hat{\alpha}_p < 0$ 时，行业实际收益率低于均衡的期望收益率，说明该行业股票平均价格市场定位偏高，投资于该行业股票相对风险较大。

$\beta_{pM}$ 是行业系统性风险的测度，$\beta_{pM} > 1$，说明行业风险高于整个股市风险，该行业的回报率应高于股票指数收益率，否则，就不值得投资；$\beta_{pM} < 1$，说明行业风险低于整个股市风险，该行业的回报率应低于股票指数收益率。

### 三、公司分析

经济分析可以使投资者选择一个有利的投资时机，行业分析可以使投资者选择一个有发展潜力的行业。在解决了经济分析和行业分析之后，接下来的问题就是选择所选行业中的具体公司，或者说进行公司分析。

对公司进行分析，一方面是利用财务分析的方法，分析公司对外公布的各种财务报表，包括资产负债表、利润表以及现金流量表等，并利用各种财务指标分析公司的盈利能力、偿债能力、管理效率等。另一方面，利用我们前面讲述的各种定价模型，判断公司股票是否具有投资价值。

投资者除可以利用前述的各种定价模型来判断公司股票是否有投资价值外，另一种有效的方法是利用公司的加权平均资本成本来判断公司股票是否值得投资。

公司的加权平均资本成本(weighted average cost of capital，WACC)即是公司债务成本与权益成本的加权平均值，其权数分别是负债率与权益比。用公式可以表示为

$$WACC = r_e \frac{E}{E+D} + r_f \frac{D}{E+D} \tag{9.3.13}$$

其中，$r_e$ 为权益的预期收益率，$r_f$ 为负债的平均成本，$E$ 为权益价值，$D$ 为负债额，$E+D$ 为总资产，$E/(E+D)$ 为权益比，$D/(E+D)$ 为负债率。

对(9.3.13)式变形后得

$$r_e = WACC + (WACC - r_f)\frac{D}{E} \tag{9.3.14}$$

(9.3.14)式即为加权平均资本成本定价模型，它说明公司股票的投资价值取决于 WACC 和负债权益比 $D/E$。

从(9.3.14)式可以看出,当 $WACC > r_f$ 时,即公司的加权平均资本成本大于债务成本时,增加负债可以提高公司股票的价值,因此,投资者可依据 $D/E$ 的变动趋势来决定是否进行投资。若 $D/E$ 呈上升趋势,则投资者可买进该公司股票;否则,则要卖出该公司股票。当 $WACC < r_f$ 时,增加负债会降低公司股票价值,因此在 $D/E$ 上升的情况下,卖出该公司股票的策略较优,反之,则可买进该公司股票。

## 第四节　对股票投资价值的重新思考

股票本身没有价值,只是由于它与公司所有权联系在一起,且法律制度保障了所有权能获得一系列的利益时,它才具有了价值。股票的价值到底几何?这是资本市场理论的一个核心问题,长期以来都得到经济学家、金融学家的高度重视,更是实际投资者急切想知道的。虽然一大批经济学家、金融学家经过不懈努力,各自根据自身的理解和遵循一定的经济理论提出各种各样的理论,得到了一些具有重大理论意义和实际价值的股票定价模型,有力地推动了金融学的发展,但是实际上,有关股票投资价值问题直到目前为止,并没有获得很好地解决,本节我们试图对这一核心问题进行探讨。

### 一、股票投资价值判断理论范式的变革

纵观前人的研究不难发现,股票投资价值理论也是随着经济的发展而不断得到扩展的,其主要的理论体系大体经历了"内在价值理论→有效市场假说(EMH)→行为金融学解释"这样一个演进过程,与这一过程相对应的定价模型也经历了"现金流贴现模型→资本资产定价模型(CAMP)→噪声交易模型"的转变。理论体系的这种转变标志着金融学的研究从注重物,到注重市场,再到注重市场参与者的行为的思想变革,金融研究哲学思想的不断升华,是以现实经济发展为基本依据的,后续模型不仅是对前述模型的修正,而且也是立足于现实市场,以实践作为判断标准的具体体现,它也是与生产力发展水平与经济结构变化相一致的。

(一)内在价值理论——一种朴素的观点

Grahamand 和 Dodd(1934)在《证券分析》一书中,全面阐述了内在价值理论。他们认为,股票的内在价值决定了未来公司的盈利能力,股票价值也会受到各种随机因素,甚至是非理性因素的影响而偏离其内在价值,但这种影响只会是短期的,随着时间的推移,股票价格会很快回归到其内在价值上,并始终围绕它的内在价值波动。根据这一理论,接下来一个自然的问题就是如何衡量上市公司的内在价值,对此,Williams(1938)提出了用未来预期现金流贴现的方式来解决内在价值的估值问题,这一方法被称为现金流贴现模型。

现金流贴现模型用于估计股票投资的内在价值又被分为两种具体形式,一是基于股利的贴现模型;另一则是所谓的自由现金流贴现模型。

在基于股利的贴现模型中,假定投资者对于上市公司未来的经营状况和分红有一个准确的预期,第 $i$ 期股利的预期值为 $D_i$,与此对应第 $i$ 期的贴现率为 $r_i$,投资者的持有期为 $n$ 年,$P_n$ 为第 $n$ 年后他出售股票的价格,则内在价值

$$V = \sum_{i=1}^{n} D_i \Big/ \prod_{i=1}^{n}(1+r_i) + P_n \Big/ \prod_{i=1}^{n}(1+r_i) \qquad (9.4.1)$$

在(9.4.1)式中,如果 $n \to \infty$,则

$$V=\sum_{i=1}^{\infty}D_i\Big/\prod_{i=1}^{\infty}(1+r_i) \tag{9.4.2}$$

(9.4.2)式表明，如果投资者无限期持有股票，内在价值决定的股票价格 $P$ 就应该满足(9.4.2)式，即

$$P=\sum_{i=1}^{\infty}D_i\Big/\prod_{i=1}^{\infty}(1+r_i) \tag{9.4.3}$$

仔细观察(9.4.2)式或(9.4.3)式不难发现，股票的内在价值完全决定于预期上市公司红利与贴现率，而预期红利 $D_i$ 与贴现率 $r_i$ 的具体取值多少是未知的，它取决于投资者对上市公司的经营状况与分红政策的概率分布特征。假设投资者已知上市公司经营状况与分红政策的概率分布，或者说，上市公司发放红利这一变量的概率分布对投资者来说是已知的，则投资者就可以计算出 $D_i$ 和他的期望值 $E(D_i)$、$E(r_i)$，分别简记为 $\bar{D}$ 和 $\bar{r}$，则

$$V \quad \text{或} \quad P=\frac{\bar{D}}{\bar{r}} \tag{9.4.4}$$

(9.4.4)式就是股票内在价值判断的最简单形式，它表明，若投资者长期持有股票，来自上市公司的红利收益正好满足投资者的最低收益率要求，如果现实市场中股票的价格高于(9.4.4)式中的 $V$，投资者就会选择做空，卖出股票，从而使市场状态向供给方倾斜，结果导致股价下跌；如果市场价格低于 $V$，投资者则会选择做多，买进股票，市场状况向需求方倾斜，股价因此而上升；只有在市场价格等于 $V$ 的情况下，市场供求状况才不会发生明显的变化，股票价格因此也就处于稳定的状态。

自由现金流贴现模型是内在价值理论下的另一种贴现率模型，该模型不是从投资者所获取的红利着眼，而是立足于企业本身的客观状态，这种处理方式在很大程度上避免了红利复杂性的讨论；另外，该模型在贴现率的选择上，直接使用了加权平均资本成本(WACC)，这不仅使只有理论意义的贴现率变得实际可操作，而且它还给出了一个一致的判断标准，避免了 $\bar{r}$ 选择的多样性。

自由现金流贴现模型一般可以表示成

$$V=\sum_{i=1}^{n}FCFE_i\Big/\prod_{i=1}^{n}(1+WACC_i)+P_n\Big/\prod_{i=1}^{n}(1+WACC_i) \tag{9.4.5}$$

其中，$FCFE_i$ 为企业第 $i$ 年自由现金流，它等于该企业的税后净利润加折旧减营运资金的增量——固定资产投资；$WACC_i$ 为第 $i$ 年的加权平均资本成本，它取决于资本结构及其单项资本的成本，通常情况下，可将资本划分为权益资本 $E$ 与债务资本 $D$，设 $r_e$ 为权益资本的预期收益率，$r_f$ 为债务资本的收益率，则

$$WACC=r_e\frac{E}{D+E}+r_f\frac{D}{D+E}$$

$V$ 和 $P_n$ 与(9.4.1)式相同。

在与(9.4.1)式类似的假定下，有

$$V=\overline{FCFE}/\overline{WACC} \tag{9.4.6}$$

(9.4.6)式表明，在一定的假定条件下，企业的内在价值仅取决于企业的自由现金流和加权平均资本成本，自由现金流越充裕，它的内在价值越大，反之，越小；加权平均资本成本越高，企业的内在价值就越低，反之，则越高。内在价值理论认为，股票的市场价格应该与(9.4.6)式的 $V$ 保持一致，现实市场中价格的偏离虽在所难免，但它必须围绕 $V$ 的上下波动。

内在价值理论的影响是深远的,这不仅表现在它是所有其他后续理论的基础,而且表现在:即使社会经济发展到今天,它常常还是人们实施金融投资的理论依据。我们认为,内在价值理论之所以有如此大的影响力,是与该理论本身立足于实体经济,试图充分体现客观价值的哲学思想分不开的,因为只有理论依据具有客观性,它才可能形成一个一致的理论体系,才能被绝大多数人所接受。然而,任何金融理论都必须是服务于金融或经济现实的,这就决定了内在价值理论也必须转化成实际可操作的模式,现金流贴现模型就是实现这种转化的具体体现。众所周知,从理论向实际应用的转化常会存在众多技术障碍,当人们无法克服这些技术障碍时,一种有效的方法就是寻求可行解,可行解有时也会暴露出一些问题或存在一些明显的缺陷。如现金流贴现模型,它可以被视为是内在价值理论的可行解,但无论从(9.4.1)式或(9.4.4)式,还是(9.4.5)式或(9.4.6)式可以看出,在现金流贴现模型的实际应用中,它多少会偏离内在价值理论的客观基础,而在不同程度上表现出对其主观性的依赖。即使我们假定外部经济环境处于一种相对的稳定状态,企业经营业绩也会受许多因素的影响,而表现出非稳定特性,企业经营业绩的非稳定性为人们准确预期 $\bar{D}$ 或 $\overline{FCFE}$ 增加了困难。另外,信息的不完全也为投资者预期 $\bar{D}$ 或 $\overline{FCFE}$ 设置了明显的障碍,信息不对称又必然导致投资者对 $\bar{D}$ 或 $\overline{FCFE}$ 预期的差异(可能正是由于投资者预期的差异,才决定了市场交易的现实性),从而形成了预期的多样性,这种多样性一般表现在两个方面,一是预期形成机制上的不同;二是在同一预期形成机制下,投资者之间的信息差别所决定的对 $\bar{D}$ 或 $\overline{FCFE}$ 预期值的不同。在这种现实背景下,以内在价值理论为依据的现金流贴现模型就在一定程度上破坏了客观标准的统一性,主观性判断也就相应地在其中发挥着重要的作用。

(二)EMH 理论——基于市场均衡的现代观点

当内在价值评价中引入了主观性判断以后,内在价值判断的多样性就显现出来,结果自然就产生了下述矛盾,即一个客观存在的东西却有着不一致的评价值。实际上,问题的关键不在于评价值的不一致,而在于投资者根本就无法识别自己和别人的不同判断哪一个更准确。为了解决内在价值理论在实际应用中的非一致性问题,经济学家和金融学家认为有必要寻找出一个可识别的统一准则。从逻辑上分析可知,二级市场交易能真实地反映投资者预期的不一致,连续的交易甚至能在程度上区分投资者预期的差别,交易状况是投资者预期不一致的显形化,这样,我们就能通过观察市场交易情况来区分预期的非一致性,并利用市场交易结果来说明内在价值。这种逻辑思路与处理方式不仅使我们找到了一个评价内在价值的统一标准,而且它还符合"价格是价值的具体体现"的原则。

也许正是在这种背景下,才形成了直到目前为止最有影响的金融或金融市场理论——有效市场假说(EMH)[①]。

1970 年 5 月,美国著名金融学家尤金·法码(Euaene Fama)在《金融月刊》发表了"有效的资本市场:理论回顾与实证研究"的论文,在该文中,它提出了市场有效性的判断标准,即如果所有股票价格都反映了所有的相关信息,则市场就是有效的。以这一概念为假定前提,用于描述股票市场价格形成和变动规律的理论被称为有效市场假说(EMH)理论,该理论的重要内涵是,在充分有效的股票市场上,所有的投资者都能同样轻易的获得大量信息(或者说,投资者可以无

① 实际上,我们并没有足够的证据表明,法码等金融学家提出有效市场假说的初衷是为了给内在价值理论一个统一的、可识别的评价标准,但有效市场假说的提出却正好起到了这样的作用。

成本地获取所有有关股票价格的所有相关信息),而且这些信息都已经反映在股票的价格上。因此,任何投资者都不可能在有效的市场上,通过增加信息的拥有量和利用信息而获得超额收益。根据市场信息集的完整性与客观存在的投资者信息集不对称的特点,有效市场又被分为三种有效性程度不同的类型:(1)弱式有效市场(weak form of efficiency);(2)半强式有效市场(semistrong form of efficiency);(3)强式有效市场(strong form of efficiency)。

有效市场假说的提出不仅极大地完善了现代金融理论,而且为现代金融学的发展奠定了一个较为坚实的基础。但是也必须看到,这一理论的提出所带来的另一个问题是如何去验证市场有效性这一假说。我们认为,资本资产定价模型(CAPM)不仅较好地体现了有效市场假说理论的精髓,而且它还为我们验证市场有效性提供了具体的技术方法。虽然,这一模型提出的时间早于有效市场假说理论的正式形成,且它是基于投资组合选择理论的均衡理论。但可以肯定的是,法码在系统提出有效市场假说理论之前,受到了 CAPM 的影响①,法码正式提出的有效性是对 CAPM 有效性概念的拓展,是一个包容 CAPM 有效的更为一般的有效性理论。

CAPM 为我们判断市场是否有效提供了一个具体的操作工具,只要能证实 CAPM 所描述的关系式成立,我们就能判定市场是有效的。当然,反之则不一定成立。就是说,即便市场是有效的,CAPM 也未必成立。

有效市场假说对于现代金融学的建立与发展是极其重要的,它是人们理解金融市场随机运行特征的基础,也是对内在价值理论的拓展。无论从有效市场假说的实质内容,还是从 CAPM 所反映的实际经济含义上看,有效市场假说或 CAPM 都克服了内在价值不可识别的缺陷,建立起以市场为基准的价值判断体系,这一体系既可以是内在价值理论体系,也可以不是内在价值理论体系,而是立足于现实市场运行状况的理论体系。如果投资者普遍遵循内在价值投资准则,则有效市场就会与内在价值理论体系一致;如果投资者的行为与内在价值理论出现了系统的偏差,它就是一个基于市场现实状况的理论体系,这一体系也能较好地解释市场运行的基本格局,尤其是在金融取得相对独立运动的状况下,这一点显得极为重要。

与现金流贴现模型一样,CAPM 也包含了过于强的假设条件,其中主要包括:(1)每个投资者拥有相同的信息,并且对证券的前景具有一致的看法;(2)证券市场是完美市场,投资者在没有任何摩擦阻碍的情况下投资。这些条件在现实证券市场中根本无法获得完全满足,即使是有效市场假说在相当程度上弱化了这些假定,但由此建立的理论中所包含的市场完美性与非理性行为的对称分布(通常假定为正态分布 $N(0,\sigma^2)$),与现实市场及投资者行为的表现相比也显得过于严格。尽管如此,依有效市场假说建立起来的理论,由于其内在逻辑及形式化的完美,使它一直受到众多学者的青睐②,可以说,现代金融理论就是有效市场假说理论。迈克尔·詹森(Michael Jenson),EMH 的创始人之一,在 1978 年声称:"迄今为止,没有任何一个经济学命题能像 EMH 那样获得如此坚实的实证检验的支持。"当一个理论形式上很完美,并且这个理论同时又能得到实证检验的广泛支持时,这一理论自然就有了它无限的生命力。EMH 理论在 20 世纪 80 年代以前就处于这种状态。

(三)行为金融——一种基于人性化的观点

---

① 因为在法码系统提出有效市场假说前,市场有效性的概念和判断标准已有了一个较长时间的争论,在法码概念提出后,这一概念才得到普遍的认同,争论也就到此结束。CAPM 的有效性与 EMH 有所不同,CAPM 讨论的是投资组合是否有效,其有效性是建立在风险一定下的收益最大化上,或收益一定下的风险最小化上,它不涉及信息集的差异,而 EMH 只讨论市场是否有效,且效率问题明显与信息集的状态有关。

② EMH 能得到众多学者认同与追随的另一方面的原因是,它同时也得到了一些实证检验的支持。

毫无疑问,EMH 理论的首要问题就是它的立论前提,即市场有效性假说,市场有效性包括三个逐渐放松的假定:(1)投资者被认为是理性的,所以他们能对证券做出合理的价值评估;(2)在某种程度上某些投资者并非理性,但由于他们之间的证券交易是随机进行的,并且他们的非理性会相互抵消,所以证券价格并不会受到这种非理性的影响;(3)在某些情况下,非理性的投资者会犯同样的错误,但是他们在市场中会遇到理性的套利者,套利行为将消除非理性投资者行为对价格的影响。从逻辑上分析可知,由于市场有效是该理论的基本前提条件,无论是接受上述假定条件中的哪一个,由此得出的结论只有在假定前提符合现实下,才能使人们信服。虽然 20 世纪 80 年代的大多数实证检验都支持 EMH,不支持 EMH 的一小部分实证结论也能被现代金融学家找到各种理由给予解释。但 80 年代后,各类不支持 EMH 的实证结论越来越多,只是在这种背景下,人们才开始怀疑 EMH 理论,一批经济学家和金融学家开始从理论上对 EMH 理论提出了挑战,理论上的挑战主要集中在上述三个逐渐放松的假定上,即(1)对理性假定的挑战。人们能够经常观察到,现实经济中投资者的非理性行为,这是其怀疑 EMH 理论最有力的依据。另外,从理论上分析,这种非理性行为主要来自于以下几个方面的原因:一是由于不确定性的客观存在,致使投资者无法依最大化原则行事;二是由情绪因素决定的非理性行为,人们的情绪不可能始终处于稳定的状态,情绪的变化或不同可能导致同一问题的不同选择,其中包括非理性选择;三是由人类本身的认知和信息处理能力的局限性所导致的非理性行为。这三方面的原因决定了理性假定的非现实性,多数情况下,人们的行为是所谓的"有限理性"的。有限理性源于西蒙(Simon)早期的工作,在西蒙看来,人们对付不确定性的能力是有限的,能力的有限性源于人们认识的局限性,这种局限性包括:缺乏完整的、统一的、能够对所有可能选择进行排序的效用函数;人们只能找出所有备用选择的一部分而不是它的全部;人们无法估计各个备用选择可能产生的结果,也不能对不确定的未来事件估计出一致的、现实的概率(Simon,1995)①。(2)对正态分布的质疑。EMH 理论中,虽然 EMH 理论的经济学家也承认现实中存在非理性行为,但他们看来,这种非理性表现在证券交易中则是随机的,处理随机变量的一个不可或缺的工具是它的分布特征,对此,EMH 理论假定这一分布为正态分布,正态分布的对称性特征决定了非理性的交易会相互抵消,它们对证券市场价格并不产生影响,且在正态的假定下,EMH 理论还得出了很多有意义的结论。CAPM 就是建立在这种假定下所得出的一个重要结论。根据投资组合选择理论,当我们将无风险证券纳入选择域时,有效的组合满足

$$\bar{r}_P = r_f + \frac{\bar{r}_M - r_f}{\sigma_M}\sigma_P \tag{9.4.7}$$

由两基金分离定理与一组相关性质可推得

$$\bar{r}_i = r_f + k_2(\bar{r}_M - r_f) \tag{9.4.8}$$

虽然(9.4.8)式是一个完全忽略随机干扰后的关系式,并且这一关系式成立的前提包含对随机干扰较强的假设。也就是说,当我们考虑随机干扰时,成立的不是(9.4.8)式而是

$$r_i = r_f + k_2(r_M - r_f) + \varepsilon_i \tag{9.4.9}$$

其中,$\varepsilon_i$ 为随机干扰项,$r_f$、$r_M$ 为相应的随机变量,而不是一个确定的期望值。

① 西蒙的有限理性理论显然只包括了上述三方面原因中的一和三,而不包括由情绪因素引起的非理性行为。由情绪因素所决定的非理性可能要比西蒙有限理性更复杂,其原因在于它涉及到"心理因素"。由心理学的实验与对人类行为的观察可知,人只有在极端情况下才会表现出完全非理性,通常情况下,受情绪的影响,人们的行为会偏离理性,但它又不是完全非理性的,因此,将其纳入有限理性的范畴是合理的。

只有假定 $E(\varepsilon_i)=0$ 时，由(9.4.9)式才能得到(9.4.8)式，并且才能证实(9.4.8)式中的 $k_2$ 就是 $\sigma_{iM}/\sigma_M^2$，即通常所说的 $\beta$ 系数。如果假定 $\varepsilon_i \sim N(0, \sigma^2)$，CAPM 成立就更是没有问题。然而，有大量的实证结果表明，$\varepsilon_i$ 实际上并不服从正态分布，而是服从有偏倚的厚尾分布，这种分布使 $E(\varepsilon_i)=0$ 在实际中不成立。自然，由此假定推导出来的结论就值得怀疑了。当正态分布被推翻后，金融学家和统计学家面临的一个明显的问题是，$\varepsilon_i$ 到底服从什么分布？这一问题到目前为止尚没有明确答案，它已成为 20 世纪末兴起的金融计量学所研究的重要内容之一。

(3)有关套利行为及其作用的争论。EMH 继承了新古典经济学的均衡分析思想，不同的是，新古典经济学的均衡分析是建立在市场自动调节机制上，而 EMH 理论的均衡分析则是建立在套利行为上。在 EMH 理论经济学家来看，金融市场中始终存在理性套利者，非理性投资者在某些情况下会犯同样的错误，非理性投资者的“错误”给了理性套利者实施套利的机会，套利行为将消除非理性投资者行为对价格的影响，从而保证市场在均衡状态下运行。事实上，在现实的金融市场中，套利机制并不像 EMH 理论经济学家想象的那么有效，套利是否有效的关键在于能否找到受噪声交易者潜在影响证券的近似替代品。为了回避风险，套利者在卖出或卖空价格高估的证券时，必须同时能买进同样或相似且价格没有高估的替代证券，如果套利者所面临的市场环境中存在发达的衍生品市场，如期货、期权市场等，则相应的替代品可能还是比较容易找到，但在大多数情况下，尤其是在像我国这样金融衍生工具不发达的金融市场环境下，绝大多数证券并没有明显合适的替代品，只要套利者找不到完全的替代品，套利行为就存在风险，通常将这种套利称为“风险套利”(risk arbitrage)。当理性套利者认识到套利属于风险套利时，他就会控制自己的交易量，套利者交易量的控制就有可能使理性套利行为不能完全消除噪声交易者的非理性行为对价格的影响，结果非理性行为仍会对价格产生程度不同的影响。另一种情况下，套利的作用就更为微弱，甚至会出现套利者被击败的可能。这种情况是，套利者可能只能找到不完全的替代品，结果在未来的日子里，不完全的替代品可能变成完全没有替代作用的工具，套利者认为被高估的证券，其价格继续上涨，而他原以为有替代作用的相应的证券价格可能继续下跌，或由小涨转变成下跌，结果使套利者面临更大的风险。即使是套利者能找到完全的替代品，他也有可能面临更大的风险，这种风险来自未来他再次出让时价格的不可预知性，或者说，价格偏差在消失前可能会继续错下去，即高估证券的价格继续走高，而相对低价的证券可能继续走低。虽然两者的价格最终会走向一致，但这种短期风险也是不可忽视的，投资者的破产通常并非是由长期风险引起的，多数情况下，它是短期风险突然释放的结果。银行挤兑这种现象就是短期风险导致破产的典型事例；期货交易中，只要期货价格与套利者预期相反的方向变动持续到套利者不再有可追加的保证金时，套利者因此也会破产。总之，套利行为对于实现市场的“一价原则”的确发挥着重要的作用，但同时我们也必须看到套利的作用是有限的，理性套利并不能保证市场总是处于均衡状态。在有些情况下，套利行为并不能完全消除非理性投资者行为对价格的影响。

为了克服 EMH 理论上的局限性，对现实经济活动中的一些 EMH 理论所无法解释的“异常现象”给出合理的解释，经济学家和金融学家就必须寻求新的理论范式，使新的理论范式既能包容 EMH 理论，又能很好地解释“异常现象”，克服 EMH 理论上的缺陷。20 世纪 80 年代后期兴起的行为金融学为实现上述目标提供了一个新的范式，虽然目前它还没有一个统一的理论基石，更谈不上构成了一个完整的理论体系，但是将心理学理论与经验纳入金融学的研究的确是一种新的研究范式，并且沿着这一路线，行为金融学已经取得了重大的进展，行为金融学家托维斯基(Tversky)和凯尼曼(Kahneman)因其提出的前景理论(prospect theory)对行为金融学的巨大贡献而荣获2002年诺贝尔经济学奖，理查德·塞勒(Richard Thaler)则因心理账户与参照点选择理论而荣膺2017年诺贝尔经济学奖。行为金融学就是以金融市场中投资人的真实行为为基础，研究人们在面对不确定性时如何进行资源的时间配置的科学，并以此来了解和预测投资人的心理决策过程及运作机制，解释为什么个人在某些情况下是风险偏好者，在某些情况下又是风险规避者。总之，行为金融学就是以新的人性模式来研究不确定性环境下投资者决策行为的科学。自托维斯基和凯尼曼获得诺贝尔经济学奖后，行为金融学很快产生了广泛的影响，它的心理学基础和研究范式的人性化，使它被认为是当今最有前途的学科之一。

行为金融学采用了一种新的研究范式，事实上，它并没有否认或彻底推翻新古典金融学的意思，而是试图利用这一新的研究范式构建包容新古典金融学的理论体系。虽然这一工作远没有完成，但该领域的研究进展却充分体现了这一点，“噪声交易模型”就是其中最有代表性的研究成果。噪声交易模型是基于心理学实验，承认噪声交易或非理性交易对价格产生系统影响的基础上形成的，这一定价模型不仅实现了对内在价值理论、EMH理论的包容，而且还为金融中的“异象”提供了一种较合理的理论解释。

心理学的试验和研究表明，通常情况下人们在做投资决策时会受到系统性的认知偏差的影响，它们根本不可能像贝叶斯理性交易者那样准确地确定证券的预期价值，精确地使用信息去实现证券市场的博弈均衡。如果将贝叶斯理性交易者之外的交易者都称为噪声交易者的话，那么根据心理学的研究成果，噪声交易者就是数量庞大的、有着相似行为方式的普通投资者。当噪声交易者产生集体的相似行为时，它必然对证券的市场价格产生影响，噪声交易模型(见第四章第三节)就是试图揭示其中的交易机理和相应的价格形成机制的理论。

若假定噪声交易者的行为特征不变，则(4.3.15)式中唯一可变的就是噪声交易者所占的比重$\mu$，只有当$\mu=\rho^*(1+r)^2/2\gamma\sigma_\rho^2$时，市场价格才能回复到与基本价值一致的状态，否则，市场价值将持续偏离基本价值。实际上，纯粹的市场价值对投资者来说也是衡量投资价值的重要组成部分，在价值判断中它也是不可忽视的因素，从这一点上看，EMH理论和噪声交易模型又优于内在价值理论。

### 二、对股票投资价值的重新思考

上一部分的分析表明，在股票投资价值理论中，内在价值理论是一种既相对简单，有益于理解且能让人接受的理论，内在价值理论让人们广为接受的主要原因在于它的出发点是立足于上市公司的实体经济特征，其理论依据有较强的物质基础作支撑，也符合人们的“视觉效应”。正因如此，即便是股票投资价值理论发展到了今天的噪声交易模型，但基本的根基还是在内在价值理论上。同时，我们也必须注意到，该理论在实际应用中却面临一些不可逾越的障碍，这些障碍主要表现在未来红利收益或自由现金流的不确定性上，当投资者无法准确得知股票未来的红利或自由现金流时，现金流贴现模型就只具有理论意义。实际上，经济学家在克服未来红利或自由现金流不确定性障碍的过程中也进行过多方努力，提出了一系列的修正模型，其中包括红利或自由现金流的零增长模型、稳定增长模型和分段稳定增长模型等，这些模型虽然对我们正确评判股票的内在价值具有一定的积极意义，但它们并没有从根本上克服该模型在预期上的主要缺陷。另外，内在价值理论试图从客观的角度给出股票投资价值的评判标准，然而，随着金融市场的不断发展与深化，金融自身的独立性明显增强，资金运动开始脱离它的物质基础。在这种背景下，股票投资价值也在悄然中得到扩展，股票市场价值也因此得到投资者的关注，单纯以物质经济为基础的评判标准也就变得不再适宜了。即使是从单纯的内在价值投资理论上分析，我们也能看出市场价值在评判股票投资价值上的重要性。由于股票具有发行后永不赎回的特点，投资者购买股票后，最终都必须通过股票市场将股票卖出，无论投资者持有期多长，只要他总有一天会选择卖出股票，就决定了他的实际收益一定是由两部分构成的，一部分是持有期内的红利收益，另一部分则是股票价差收益，价差收益大小除了取决于他的购买价格外，还取决于卖出时的价格。在市场交易中，很多因素都会影响市场价格的形成，这就表明，即使是上市公司的基本情况不发生变化，卖出时的价格也未必与购买时的价格会一致，而每一个股票投资者或交易者都知道，如果其一旦产生了购买行为，未来的卖出行为是必然的，因此，交易者通常在决定购买股票时，就会对它的卖出价格做出预期，预期的市场价格虽然是投资者决定是否选择购买策略的重要依据，换句话说就是，纯粹的市场价值也是交易者判断股票投资价值的重要组成部分，这一点却恰恰被内在价值理论所忽略。说明单纯依据内在价值理论评判股票投资价值是不全面的。

EMH 理论和行为金融学理论在股票投资价值的判断上正好弥补了内在价值理论对市场价值缺失的不足。然而，这两个理论似乎在承认市场价值的同时又走到了另一个极端，它们都在一定程度上忽略了股票对应上市公司实体经济可能的变化，而将太多的注意力放在了市场价值上。在 EMH 理论看来，市场是有效的，市场价格本身反映了所有的信息，市场价格就是股票投资价值的具体体现。按此理论推演下去，我们很自然地能得到这样的结论，即若没有新信息产生，则股票价格就会保持基本不变。实际上，在现实的经济活动中，并不是所有的股票都随时有新信息产生的，市场交易中价格变化的连续性特征明显强于新信息产生的连续性，这意味着股价的变化并非完全是由新信息决定的。EMH 理论对此的解释是，在没有新信息产生时，市场也存在一些噪声交易者，噪声交易行为具有随机性的特点，但这种随机波动并不影响股票的基本价格。EMH 理论对证券市场股价频繁波动的解释似乎有些道理，这些道理却似乎又不能让人完全信服，金融学家的实证结论也给出两种绝然不同的经验证据，这种状况就更是让人迷惑不解了。另一比较明显的疑问是，如果股价包含了所有的信息，那么证券市场普遍的交易机制设计中的休市制度就会使股价出现跳跃性的变化，原因是除交易信息以外的其他相关信息的生产和传播并不因为股市休市而停止，一方面是投资者不断接收到与股价变动有关的新的相关信息，另一方面却是股票停止着交易，休市期间的新信息无法迅速地反映在股价中，结果使休市期间的新信息被积累起来，直到休市结束股票重新开始交易。若依 EMH 理论，股价本身反映了所有的信息的话，那么，休市期间积累下来的信息就应在开市时瞬间得到反映，体现在实际交易价格上，就应出现经常性的间断性价格，或价格出现跳跃式变化。我国股票市场曾一度实施过 PT 股票交易制度，PT 股票交易的价格特征就表现出了价格的跳跃性，其他非 PT 股票的这种价格跳跃性特点并不显著。有关休市期间的信息积累效果这一问题，曾也受到了很多金融学家的关注，有大量的实证文献分析“周一效应”，从实证分析的结论看，周一股价波动比平时更为剧烈的结论得到了一些经验分析的支持，至于周一价格发生跳跃性变化的结论并没有得到实证分析的检验。这就是说，EMH 理论的确与现实是有明显差距的。

当现实股票市场价格的变动并非完全由新信息决定时，表明 EMH 理论忽略掉了决定或影响股价变动的一些重要变量，这些重要变量对股价的决定产生系统性影响。行为金融学家注意到了这一影响，他们利用心理学理论和实验结果去解释投资者行为的多样性及投资者行为的相互关系，从而使很多 EMH 理论无法解释的“异象”得到了合理的解释。由于行为金融学理论是对 EMH 理论的修正，并且该领域研究的侧重点放在解释投资者行为上，因此，它的价值理论也只是对 EMH 理论的价值理论的一种改良，仍是基于市场价值的研究，不同的是，金融学家认为非理性行为本身会创造市场价值,这种市场价值的创造是由"锚定效应"来实现的。这样,行为金融学家就将市场价值从 EMH 理论的单纯的"风险价值"(即风险与收益完全对称的价值)扩展为风险价值与"噪声价值"(即完全由噪声交易行为引起的股价变动部分)之和,"噪声交易模型"、"超调模型"或"过度调整模型"都是这种思想的具体体现,这些模型的提出极大地增强了行为金融学理论的实际应用价值,在相当程度上克服了 EMH 理论只能进行事后评价(仅能事后评价的理论最多只能事后给出一个近于合理的解释,它对于指导投资者的投资决策没有任何现实意义)的缺陷。与 EMH 理论相比,行为金融学理论不仅能提供更强的解释能力,而且投资者可以通过观察宏观经济政策,尤其是货币政策的可能变动和投资者情绪来判断证券市场走势是否会出现转折,在现实证券市场投资中,很多情况下,客观价值判断是没有意义的,真正有意义的是对市场走势正确的预测,即使市场价格偏离了所谓的价值,如果这种偏离是发生在宏观经济政策支持的背景下,且投资者情绪特征还会继续得到强化,那么,偏离可能仍会朝着同一方向被继续放大,即如果货币供给不断增加,且投资者情绪也不断高涨,则市场价值的正向偏离将得到不断强化。

我国证券市场的运行状况就是一个很好的实例。在 1996 年我国经济实现"软着陆"后,货币政策紧缩的状态即宣告停止,1997 年发生了"亚洲金融危机","亚洲金融危机"对我国经济的正常运行产生了明显的影响,实体经济运行在此影响下出现下滑,直至 1998 年出现较为明显的"通货紧缩"局面。在这种背景下,宏观经济政策也开始由"稳健的货币政策"转向"积极的货币政策",即扩张性的货币政策,随着货币供给量的不断增加,进入股市的资金也开始增加,股票价格也开始表现出明显的上涨态势,即使以股票市场 1999 年上半年的价格为评价标准,绝大多数投资者都倾向于认为,我国股市并不存在投资价值,然而,1999 年"5·19"行情却极大地激发了投资者的热情,投资者情绪的激发极大地强化了本已存在的正向偏离,结果导致了这种偏离的不断放大,上证指数从 1999 年 5 月 19 日的 1109.09 点上升到 2001 年 7 月 3 日的 2211.83 点,上涨了 1103 点。这意味着在价格与价值本身存在偏离的情况下,由于投资者情绪的影响与货币政策的客观支持,使偏离程度继续至少放大了 99.43%①。这就是说,如果投资者在 1999 年"5·19"行情之前购买了股票,并持有到 2001 年 7 月,两年的时间,投资者就能获取平均 43%的收益率,这一收益率水平是其他投资方式难以达到的,且 EMH 理论也很难对这种现象做出合理的解释。反之,在货币政策不断紧缩,且投资者情绪持续低迷的情况下,即使现实的市场价格已经负向偏离了它的价值,这种负向偏离也极有可能被继续放大。我国股票市场 2001 年 7 月以来的运行情况也构成这方面的一个很好例证。如果说,我国股票市场价格 2001 年 7 月开始的调整是对价格脱离价值的修正或回归,那么,当 2003 年 5 月上证指数跌至 1576 点时,众多的业内人士和学者都普遍认为,我国的股票市场已经进入价值投资区域②,假如这一判断是正确的话,当股指在 2004 年 7 月再次跌到 1390 点时,应该说,价格与价值已经出现了负向偏离,然而,到 2005 年 5 月,上证指数再度跌到 1000 点,在既有偏离上又跌去了近 30%,这种现象似乎也只能用行为金融学的理论来解释。因为在此期间,货币政策出现逆转,紧缩性政策已表现得比较明显,货币供给的紧缩致使股市资金出现

① 我们这里用至少放大 99.43%,是基于 1999 年"5·19"行情的涨幅与对投资价值偏离衡量基准的不同,当"5·19"起点已存在正向偏离时,表明以投资价值为基准的基数小于衡量股价涨幅的基数,较小的基数对应较大的涨幅,因此,在上证指数上涨 99.43%时,偏离程度的增幅会大于 99.43%。

② 2003 年上证指数在 1576 点时,人们认为它有了投资价值,而前面谈"5·19"行情时,又曾说 1100 点都没有投资价值,这似乎存在明显的矛盾。其实不然,导致这种表面上矛盾的原因在于指数构成的不同,2003 年上证指数虽在 1576 点,但大多数股票的价格却低于 1999 年 1100 点时的水平,2003 年指数存在明显的失真。

紧缺，从而在客观上不能支持股价的上升，自2001年开始的下跌，给了投资者投资热情以巨大打击，投资者情绪也开始变得悲观，股市的持续下跌又更加强化了投资者的这种悲观情绪，即使股价已出现超跌，投资者情绪的不断恶化仍将使股价继续下跌。

EMH理论和行为金融学理论带给了我们在股票投资价值评价问题上的一些重要启示：(1)在资金运动完全依附于实体经济的情况下，内在价值理论是唯一正确的，股票市场价格不会出现对其价值的系统性偏离。然而当资金运动本身具有相对独立性时，系统性的偏离则可能出现。(2)一旦股价与其内在价值出现系统性偏离，说明股票投资价值除了它的内在价值外，资金的相对独立运动又赋予它市场价值。(3)EMH理论似乎承认这种偏离，但它认为这种偏离是市场整体性的偏离，市场内不存在套利的机会；行为金融学理论自然也承认这种偏离，因为它建立的基础就是交易者对市场信号的心理反应不一致，且这种不一致具有系统性特征，套利的有限性可能使市场内并不存在稳定的均衡状态①。无论是EMH理论，还是行为金融学理论，虽然它们的定价模型存在巨大的差异，研究范式也不同，但两者都注意到了证券投资中的市场价值，这一点却是重要的。然而，从这两个理论最终的研究结论上看，行为金融学理论揭示了市场价值更多的内容，EMH理论在有关上市公司相关问题的处理上采取了一种简单含糊的处理方式，那就是市场价格反映了所有信息，其中当然包括上市公司的有关信息。正是EMH理论的这种简单的处理方式，使其理论对投资者的实际应用价值打了折扣。相比之下，行为金融学的处理要更有用一些，噪声交易模型在对交易者分类的情况下，其试图通过证券的供给与需求来达到此目的，但它却在具体的分析中，采取了供给与需求的相对衡量方式，将供给函数标准化为1，且分别考察了理性交易者与噪声交易者的需求函数。这种标准化的处理虽然不影响主要的结论，也符合市场价格决定的分析原则。然而，供给函数标准化后，影响供给量变化的一些主要因素就自然从中消失了，需求中也只含有预期价格和行为者特质的相关变量。从逻辑上分析，证券的投资价格除了市场因素以外，上市公司的有关情况则是最为重要的，可在噪声交易模型中却找不到有关上市公司状况的相关变量，只有 ${}_tP_{t+1}$，故我们推论，噪声交易模型将有关上市公司的所有相关信息都纳入到 ${}_tP_{t+1}$ 中了，因为毕竟上市公司的基本状况才是交易者形成预期价格的基础，用 ${}_tP_{t+1}$ 代替EMH理论中的实际价格分析，就使它具备了比EMH理论更强的应用价值。

当我们将行为金融学或噪声交易模型中的风险价值和噪声价值通称为市场价值时，即

$$\text{市场价值}=\text{风险价值}+\text{噪声价值} \tag{9.4.10}$$

股票的投资价值就至少包括两部分，一部分是由上市公司基本状况决定的内在价值，另一部分则是市场价值，用公式表示就是

$$\text{股票投资价值} \geqslant \text{上市公司的内在价值}+\text{市场价值} \tag{9.4.11}$$

如果上市公司的经营状况正常，则它的内在价值可以表示为

$$V_0=E(D)/r \tag{9.4.12}$$

其中，$V_0$ 为内在价值，$D$ 是每股红利或每股的自由现金流，$r$ 是市场利率。

无论市场交易者行为结构多么复杂，市场价值都是由交易的实际价格与上一期投资者的预期价格之差来定义，即

$$V_M=P_t-E_{t-1}(P_t) \tag{9.4.13}$$

① 这一评论看上去似乎与前述噪声交易模型有稳定的均衡解相矛盾，其实不然，(4.3.13)式是建立在两类心理特质基础上的市场均衡，它是在假定 $\mu$ 一定下的结论。实际上，$\mu$ 是随时都在变动的，$\mu$ 并不具有稳定性，从这个意义上说，(4.3.13)式就不再是稳定的均衡解了。

其中，$P_t$ 为实际交易价格，它完全取决于市场中交易的供给与需求，$V_M$ 为市场价值，$E_{t-1}(P_t)$ 是第 $t-1$ 期投资者对第 $t$ 期预期价格的期望。

将(9.4.12)式和(9.4.13)式代入(9.4.11)式得

$$V \geqslant E(D)/r + [P_t - E_{t-1}(P_t)] \tag{9.4.14}$$

(9.4.14)式不用等式的原因，在于我们认为，它并非是股票投资价值的全部。因为在 $E(D)/r$ 中，它只是正常情况下的内在价值，做这样的处理是试图使投资者在实际操作中，易于利用历史信息，且以便使 $V_0$ 更符合内在价值，或者说，提高对内在价值实际评价中的准确性。前述有关内在价值评价中的障碍主要来自于预期 $E(D)$ 的可能偏差，如果在 $E(D)$ 中包容所有涉及上市公司经营业绩的重要因素，$E(D)$ 的准确性肯定是值得怀疑的，若在 $E(D)$ 中只含正常情况下的经营业绩状况，而将那些不常发生，但对上市公司业绩又可能带来重大影响的相关因素从 $E(D)$ 中排除，则 $E(D)$ 的准确性必然获得提高。当 $E(D)$ 中遗漏了那些不常发生，但对上市公司经营状况又有重大决定性影响的因素以后，$E(D)$ 就已经不是内在价值的完整体现。所以，(9.4.14)式中我们不用等号。

在证券市场中，对上市公司而言，那些不常发生，且对其经营业绩可能造成重大转折性影响的事件主要是上市公司的并购与重组。并购重组是有价值的，任何一个上市公司都有被并购或重组的可能，只要上市公司被并购或重组的可能性存在，那它就有与之对应的价值。由于投资者在并购重组发生以前，他们往往并不知道并购重组事件是否会发生，因此，并购重组价值只是一种或有价值，只有当这类事件发生以后，它的价值才能获得真正体现，然而，若一旦并购重组实际实施了，它的价值得到了体现，那么，我们再去讨论它的价值就没有太多的实际意义了。对投资者来说，投资价值的评价必须是基于事前的判断，正是基于事前的判断，所以它才体现了或然性。另外，不同的上市公司，因其基本特征属性不同，其发生并购与重组的可能性是有很大区别的，这种差别决定了不同的上市公司其来自于并购与重组的或有价值不同。当我们将并购与重组的或有价值纳入股票投资价值评价体系中时，就应在(9.4.14)式右端加入与上市公司特质属性一致的或有价值，一旦在(9.4.14)式中加入了或有价值 $V_P$，则(9.4.14)式就能从不等式转换成等式，即

$$V = E(D)/r + [P_t - E_{t-1}(P_t)] + V_P \tag{9.4.15}$$

(9.4.15)式所衡量的股票投资价值由三部分构成：一是上市公司的内在价值，它取决于上市公司本身的经营情况(正常情况下)和市场利率水平；二是由市场交易者行为特征决定的市场价值，它取决于市场的超额需求(注意这里的超额需求可正可负，它由市场交易者的供求状况来决定)；三是上市公司的或有价值，它取决于上市公司被并购与重组的概率和并购与重组之后的市场价值增值。

(9.4.15)式只是给出了股票投资价值评价的理论框架，从股票实际投资的角度看，重要的是如何将(9.4.15)式转化为可计算的具有操作性的关系。以下的讨论就是基于此展开的。

(9.4.15)式右边第一项 $E(D)/r$ 中，我们选择市场利率作为贴现因子，严格地说，市场利率是全社会资金供求均衡的平均利率，利率工具的多样性与复杂性往往使这一利率不太容易获得，一个简单的处理办法是选择市场中的某一具体可观测的利率水平作为它的替代，如一年期定期存款利率或一年期国债利率或银行同业拆借市场利率加上附加等。这样不仅 $r$ 被确定了，而且所选择的 $r$ 值会表现出相对的稳定性(只有基准利率发生变化后，$r$ 才可能变动，而基准利率的调整又是一公共信息，它作为宏观经济政策变量，具有一定的稳定性)。$E(D)$ 的处理要比 $r$ 稍复杂一些，从现金流贴现模型知，除非每期的现金流完全相同，否则，贴现模型在实际应用

中会产生一系列问题，正是基于此，我们在(9.4.15)式中所用的 $E(D)$ 并不指某一期的红利或自由现金流，而是一个代表性值。就 $E(D)$ 的实际经济意义而言，我们更主张使用自由现金流或每股收益，而不是用每股红利。虽然我们的假定能在一定程度上保证 $E(D)$ 的稳定性，但上市公司经营状况的周期性特征也会使不同时期的 $E(D)$ 表现出明显的不同，选择某一年的实际每股收益作为 $E(D)$ 的替代无疑偏离了我们要求的 $E(D)$ 的代表性。与代表性水平一致的统计量是平均值，据此在实际价值判断中，可用上市公司截止到当期时刻为止的一个周期每股收益的平均值作为 $E(D)$，经这样的处理，$E(D)/r$ 就变得可计算了。

(9.4.15)式中的 $P_t - E_{t-1}(P_t)$ 可以有不同的选择方式，$P_t$ 为当前价格，是一已知量，所以 $P_t - E_{t-1}(P_t)$ 的选择就完全取决于 $E_{t-1}(P_t)$ 了，即它取决于投资者预期的形成方式。

1. 若投资者的预期是静态预期，即

$$E_{t-1}(P_t) = P_{t-1} \tag{9.4.16}$$

则

$$P - E_{t-1}(P_t) = P_t - P_{t-1} = \Delta P_t \tag{9.4.17}$$

2. 若投资者的预期是外推预期，即

$$E_{t-1}(P_t) = P_{t-1} + \varepsilon(P_{t-1} - P_{t-2}) \tag{9.4.18}$$

其中，$\varepsilon$ 为趋势系数。

则

$$\begin{aligned} P - E_{t-1}(P_t) &= P_t - P_{t-1} - \varepsilon(P_{t-1} - P_{t-2}) \\ &= \Delta P_t - \varepsilon \Delta P_{t-1} \end{aligned} \tag{9.4.19}$$

3. 若投资者的预期是适应性预期，即

$$E_{t-1}(P_t) = E_{t-2}(P_{t-1}) + \eta[P_{t-1} - E_{t-2}(P_{t-1})] \tag{9.4.20}$$

其中，$\eta$ 为适应系数，且 $0 \leqslant \eta \leqslant 1$。

则

$$\begin{aligned} P_t - E_{t-1}(P_t) &= P_t - E_{t-2}(P_{t-1}) - \eta[P_{t-1} - E_{t-2}(P_{t-1})] \\ &= P_t - \eta P_{t-1} - (1-\eta)E_{t-2}(P_{t-1}) \\ &= P_t - P_{t-1} + (1-\eta)[P_{t-1} - E_{t-2}(P_{t-1})] \\ &= \Delta P_t + (1-\eta)[P_{t-1} - E_{t-2}(P_{t-1})] \end{aligned} \tag{9.4.21}$$

4. 若投资者的预期是理性预期，即

$$E_{t-1}(P_t) = P_t \tag{9.4.22}$$

则

$$P_t - E_{t-1}(P_t) = 0 \tag{9.4.23}$$

(9.4.23)式说明，如果投资者预期符合理性预期，则市场价值为 0，股票的投资价值也就完全由内在价值和或有价值决定。

从投资者预期的实际形成过程来看，静态预期显然与证券市场交易者的预期形成方式不同，行为金融学家也注意到交易者的预期不是理性预期，外推预期只适用于带有明显趋势的经济现象，股票价格的变化并不具有明显的趋势性特征，因此，我们认为，适应性预期才是真正适合现实状况的预期形成方式。在适应性预期(9.4.20)式中，投资者在形成预期的过程中，不仅充分利用了股票价格变化的历史信息，而且还包括了投资者在实践中的学习过程[①]，即投资者利用过去所犯的错误来修正预期。

在适应性预期下，若投资者始终保持适应系数 $\eta$ 的一致性，则由(9.4.20)式可得，

$$P_{t-i} - E_{t-i-1}(P_{t-i}) = \Delta P_{t-i} + (1-\eta)[P_{t-i-1} - E_{t-i-2}(P_{t-i-1})] \quad (i=1,2,\cdots) \tag{9.4.24}$$

① 这一过程不同于理性预期下的贝叶斯学习过程。

将(9.4.24)式代入(9.4.20)式得

$$\begin{aligned}P_t - E_{t-1}(P_t) &= \Delta P_t + (1-\eta)\{\Delta P_{t-1} + (1-\eta)[P_{t-2} - E_{t-3}(P_{t-2})]\} \\ &= \Delta P_t + (1-\eta)\Delta P_{t-1} + (1-\eta)^2[P_{t-2} - E_{t-3}(P_{t-2})] \\ &= \cdots \\ &= \Delta P_t + (1-\eta)\Delta P_{t-1} + (1-\eta)^2\Delta P_{t-2} + \cdots + (1-\eta)^n\Delta P_{t-n} + \cdots \\ &= \sum_{i=0}^{\infty}(1-\eta)^i\Delta P_{t-i} \end{aligned} \tag{9.4.25}$$

若 $\Delta P_{t-i} = \Delta P_{t-j} = \Delta P \quad (i,j = 0,1,2,\cdots)$，则有

$$P_t - E_{t-1}(P_t) = \Delta P / \eta \tag{9.4.26}$$

(9.4.26)式实质上是外推预期的结果，因为在 $\Delta P_{t-i} = \Delta P_{t-j} = \Delta P$ 的情况下，投资者自然会选择外推预期，这也从另一个角度说明外推预期只是适应性预期的一个特例。

从适应性预期对市场价值的评价(9.4.25)式看，市场价值取决于历史上各期市场股价的变化和人们的适应系数，且由 $0 \leqslant \eta \leqslant 1$ 知，市场价值对历史股价变化的记忆会随着时间的向后延伸而越来越弱，由此，我们便可舍去(9.4.25)式中 $i \geqslant 3$ 的项，则有

$$P_t - E_{t-1}(P_t) \approx \Delta P_t + (1-\eta)\Delta P_{t-1} + (1-\eta)^2\Delta P_{t-2} \tag{9.4.27}$$

(9.4.15)式中的 $V_p$ 为并购与重组的或有价值，由 $V_p$ 的定义知，$V_p$ 的值既可用期权定价模型来估计，也可用如下公式来计算

$$V_p = \pi\Delta P \tag{9.4.28}$$

其中，$\pi$ 为上市公司被并购与重组的概率，$\Delta P$ 为并购与重组的市场价值增值。
显然，(9.4.28)式中的 $\Delta P$ 可按控制权价值相应的计算方式来求得，或者是，$\Delta P$ 直接用市场中近期并购重组上市公司股价因并购重组事件所导致的平均价值增量来替代；也可用平均增幅来推算，若用市场平均增幅 $\bar{x}$，则 $\Delta P = \bar{x}P_{t-1}$。

$\pi$ 值的获得要比 $\Delta P$ 复杂一些，但也不是没有办法解决，目前可行的解决办法就是使用二元选择模型去估计 $\pi$ 的值，常用的二元选择模型包括两种：一是标准正态分布的 Probit 模型；另一是逻辑(Logistic)分布下的 Logit 模型。二元选择模型实质上是概率估计模型，它适用了被解释变量只存在是与否两种状态下的概率估计。与此对应，上市公司有关并购与重组也只有两种选择，一是实施并购与重组；另一则是不实施并购与重组，因此，二元选择模型正好适用于对 $\pi$ 的估计。用 $\pi$ 的估计值 $\hat{\pi}$ 替代(9.4.28)式中的 $\pi$，我们就能计算出或有价值的估计值

$$\hat{V}_P = \hat{\pi}\bar{x}P_{t-1} \tag{9.4.29}$$

通过上述转换后，(9.4.15)式就转换成可实际计算的投资价值估值方程，即

$$V \approx \bar{R}/r + [\Delta P_t + (1-\eta)\Delta P_{t-1} + (1-\eta)^2\Delta P_{t-2}] + \hat{\pi}P_{t-1} \tag{9.4.30}$$

其中，$\bar{R}$ 为上市公司截止到目前(第 $t$ 期)时刻为止一个周期内的平均每股收益。

按我国现行股票挂牌交易的规定，若上市公司连续三年出项亏损，则上市公司就被摘牌，考虑到我国经济运行的周期大约为四年左右的时间。因此，我们认为，一般情况下，(9.4.30)式的第一项 $\bar{R}/r > 0$。当然，对于极少数上市公司，$\bar{R}/r < 0$ 的情况是存在的。(9.4.30)式中的或有价值 $\hat{\pi}P_{t-1}$ 始终是大于 0 的；市场价值 $\Delta P_t + (1-\eta)\Delta P_{t-1} + (1-\eta)^2\Delta P_{t-2}$ 的符号是不一定的，它的符号取决于前期市场价格的变化特征和投资者的适应情况，若市场低迷，表明市场价值有进一步下降的惯性，如果上市公司的基本状况不变，则唯一能扭转投资价值下降的因素就是宏观经济政策，即 $r$ 的下降。

### 三、上市公司基本价值的测算

前面的分析试图给出一个实际可操作的投资价值评价方法，仔细观察(9.4.30)式后不难发现，这一目的并没有真正达到，其原因就在于(9.4.30)式右边第二项中的 $\eta$ 值还没有找到一个科学的确定方法。在推导(9.4.30)式的过程中，我们假设了投资者具有一致的适应系数 $\eta$。如果现实中投资者的适应系数果真具有一致性的话，那么，就能利用试错法或模拟方法，尤其是利用蒙特卡罗(Moute Carlo)模拟去寻求 $\eta$ 的值。当 $\eta$ 的值确定以后，任一股票的投资价值就可利用(9.4.30)式计算出来。实际上在现实中，投资者的适应系数是不一致的，对大多数投资者来说，他们对股价的上涨与下跌的反应是不一样的，大量的实践表明，股价上涨更容易引发投资者的交易行为，而在股价下跌时，投资者反而不那么愿意实施交易。这就是说，投资者的适应系数是与所处的环境与投资者当时的心理状态等因素有关的，它会随着环境的不同或投资者心情的好坏而发生变化。然而，当我们将 $\eta$ 的可变性纳入价值评价分析框架中后，环境的多变性与心理因素的难以把握，使我们发现，实际上我们根本就没有办法获得 $\eta$ 的真实值。$\eta$ 的不可知性给我们测算(9.4.30)式决定的股票投资价值增添了不可逾越的障碍，因此，对(9.4.30)式作进一步的分析与讨论就是必要的。

从(9.4.30)式的结构构成上看，(9.4.30)式是一个全面衡量投资价值的方法，利用这一方法为投资者把握股票价值的构成，解释市场价格形成的原因无疑具有重要的理论意义与现实意义。结合现实的市场价格，并仔细推敲(9.4.30)式的各组成部分后，似乎能看到(9.4.30)式包含有“市场永远是正确”的哲学思想，这一思想的具体体现就在于人们总能找到一个恰当的 $\eta$ 值，使(9.4.30)式所决定的投资价值与市场价格一致(当然，为了防止 $\eta$ 过于频繁的变动，可在(9.4.30)式右边再加上一个随机扰动项，使(9.4.30)式变为等式)。这种投资价值评价方法实质上是说，市场价格就是投资价值判断标准，利用这一标准，虽然事后能对股价为什么涨或为什么跌给出一个合理的解释，但这种解释对于投资者来说并没有任何的实际意义，价值判断或评价的目的不是只为了事后能说出成功或失败的原因，而是在于它必须能指导一般投资者的实际操作，因此，以(9.4.30)式作为投资价值评价准则就是不合适的。另外，由于在(9.4.30)式右边的三部分中，第一、三部分实际可以计算，且它还与投资者的个体环境因素没有关系，非 $\bar{R}$、$r$、$\bar{\pi}$、$\bar{x}$、$P_{t-1}$ 的任何因素都不会影响我们对 $\bar{R}/r$ 和 $\bar{\pi}\bar{x}P_{t-1}$ 的判断，尤其是它与投资者的性格特征、心理素质等因素无关，这就决定了 $\bar{R}/r$ 和 $\bar{\pi}\bar{x}P_{t-1}$ 具有客观性。而第二部分反映的是市场超额需求的价值，就需求本身来说，它不仅取决于当前的价格，而且还取决于投资者的预期价格，尤其是它与投资者的心理因素和偏好有关，因此，若我们根据某一类投资者的显示性偏好去判断市场到底是供过于求，还是供不应求的话，这种价值判断就会出现偏颇。当然，最好的判断市场供求状况的方法是观察市场价格的变化，(9.4.30)式就是这么处理的。问题是，我们所能观察到的是已经变化了的价格，未来价格是否还会这么变化却是不得而知的，而未来的市场供求状况才恰恰是对投资者最有用的。结合这两点也能看出，用(9.4.30)式作为投资价值判断标准也是不恰当的。

作为一种价值判断准则，其不仅要求科学性，而且它还必须具备客观性、公平性和稳定性的特征。因为，只有具备客观性特征的东西，才能使大家形成统一的认识，才符合科学性中的一致性原则，才能使依此建立的标准有一个明确的界限；公平的要求与科学性有关，一个不公平的准则本身就是违反科学性要求的，就像现代金融研究中，金融产品的定价模型均是风险中性下的模型一样，如布莱克-斯科尔斯(Blank-Scholes)期权定价模型，就是建立在风险中性下的公平定价模型，原因是从风险分类的角度看，只有风险中性才是公平的；稳定性的要求来自于现实的需要，只有相对稳定的判断准则对投资者才有现实意义，投资者才能据此形成对市场基本状态的判断。上述的分析表明，(9.4.30)式右边的第二项即市场超额需求价值，无论从价值判断的客观性，还是从公平性和稳定性的角度看，它都不能作为基本价值判断的依据。或者说，在对股票投资基本价值判断中，它都应该被忽略掉。另外，由于市场价格是随供求状态的相互变动而变动的，我们能观察到的只有交易价格，根本就没法识别供给与需求的总量，按经济学的基本原理分析，交易价格是供求均衡的结果，依这样的逻辑关系，假设市场始终处于均衡运行还是合理的(注意我们这里的均衡指的是一种静态均衡，动态地看，这一假设肯定是不合理的)。既然市场处于均衡状态，一个自然的推论就是市场不存在超额供给或超额需求，当市场不存在超额供给或超额需求时，所谓的超额需求价值也就不复存在了。也就是说，在市场均衡的情况下，(9.4.30)式的第二项

$$\Delta P_t + (1-\eta)\Delta P_{t-1} + (1-\eta)^2 \Delta P_{t-2} = 0 \tag{9.4.31}$$

将(9.4.31)式代入(9.4.30)式得

$$V = \bar{R}/r + \hat{\pi}\bar{x}P_{t-1} \tag{9.4.32}$$

(9.4.32)式是忽略市场因素后，股票投资价值的基本关系式。正是由于(9.4.32)式所决定的价值不包含市场价值，它仅由上市公司的基本经营状况和由此经营状况加上外部资本运作所决定的或有价值构成，所以，我们不妨将(9.4.32)式决定的价值称为股票的基本价值。基本价值由两部分构成，一是上市公司正常情况下的内在价值，二是它的或有控制权价值①。前面的分析表明，无论是上市公司正常情况下的内在价值，还是它的或有控制权价值，其都是可计算的。这样，我们就能利用(9.4.32)式计算每一只股票的基本价值，并根据基本价值做出投资决策。基本价值作为投资者的基本决策准则，它只是一个参考标准，它告诉投资者从一般的意义上说，当股价低于基本价值时，值得购买；而当股价高于基本价值时，可以考虑卖出。

值得注意的是，基本价值作为投资准则，它只是一个投资价值正常情况下的判断标准，而不是指导交易行为的数量界限，投资者在依据基本价值做出交易决定之前，必须考虑未来的市场供求状况，即使股价在基本价值之下，若投资者预期未来的供求状况并不会发生逆转，预期供大于求的状态会继续延续，(9.4.30)式告诉我们此时并不是实施做多的好时机，投资者就不应该采取购买行为，相反，如果投资者预期这种供大于求的状况还会进一步恶化，他甚至应该选择卖出行为；同样，在股价高于基本价值的情况下，投资者也并非一定选择做空。也就是说，超调是存在的，超调的存在使基本价值并不构成买卖的分水岭。只有在股价低于基本价值，且投资者预期需求相对供给会被强化的情况下，他才应该选择购买；或者是，在股价高于基本价值，且投资者预期需求将被紧缩时，投资者才应该选择做空。当投资者暂时难以看清市场供求状况是否会发生逆转时，一个较好的策略就是选择暂时不交易，或者采取一种谨慎的操作策略，即通过对交易资金的控制来控制风险。事实上，有关供求状况可能变动的把握，完全可以根据有关经济周期与股市周期的关系来解决，或者是直接根据货币政策的变动来解决，因为货币政策是股市需求变动的先行变量，这就决定了通过直接观察货币政策的变动来判断股市供求常常是有效的。就我国证券市场而言，由于我们对许多类型的资金设有限制，致使货币政策不是唯一影响

① 因为只有控制权的转移，控制权价值才能实现。对投资者来说，如果控制权不发生现实的转移，控制权虽然有价值，但投资者却无法去分享，这就是我们为什么将其称为或有控制权价值的原因。

需求变化的主要原因，而新类型资金进入股市又必须政府批准，或者说必须有政策变化，政策变化的信息是容易获得的，一旦我们发现政策变化对未来市场供求会发生显著的影响，那么对未来市场供求状况的把握就变得极其容易了。

与其他投资价值准则相比，我们这里提出的基本价值及其相应的策略思维并不是告诉投资者，当股价处于基本价值之下时就买，在股价处于基本价值之上时就卖。而是将基本价值作为投资决策的一个参考标准，投资者具体是否应该实施交易，则取决于股价与该标准偏离下，投资者可能面临的市场环境，只有在市场环境即将发生有利变化的情况下，他们才应该实交易。这种策略思维显然是一个更具灵活性和更为适用的交易准则。

虽然我们提出的交易策略具有灵活性，它在一定程度上取决于投资者对未来市场环境的判断，但是，基本价值在其中仍起着基础性的作用，了解基础价值是投资者实施相应交易策略的前提。

根据前面的论述与(9.4.32)式，我们随机地选取了深沪股市中2000年以前上市的65家上市公司作为样本，利用2000—2003年的实际数据对我国上市公司的基本价值进行了具体测算。由于各方面的原因，实际的测算结果不便在此公布，敬请读者谅解。不过，读者自己完全可以根据我们上述提供的思路及(9.4.32)式来完成这项工作。只是需要注意的是，(1)在$\bar{R}$的计算中首先必须对每股收益数据进行处理，在数据的处理中，有两点必须注意，一是要对非正常数据进行处理；另一则是要注意总股本的变动，以防止总股本变动对$\bar{R}$的影响，从而导致$\bar{R}$失真。(2)在$\bar{\pi}$的估计时，尤其要注意Logit模型中变量的选择，模型中的变量不仅要包含上市公司自身属性因素变量，还要包含反映并购重组属性因素的变量。(3)$P_{t-1}$的选择最好与样本数据的时间段一致。(4)考虑到我国证券市场运作不规范的现实，$\bar{x}$的计算不能只利用正式并购重组信息公布前后很少几个交易日的价格数据，而应该注意将并购重组公司股价比较的基期往前提，建议基期价格选定的时间至少在正式公布的半年至一年的时间内，以反映私人信息(内部人信息)对股价的影响。

**思考题**

1. 什么是股票，它所代表的权利是怎样的。
2. 股票与债券的主要区别是什么。
3. 股票都有哪些主要的分类，其主要内容分别是什么。
4. 股票一级市场运作过程主要包括哪些工作。
5. 股票二级市场主要指的是什么市场，其又可细分为哪几个市场。
6. 股票价格指数的计算都有哪些方法，它们的优缺点分别是什么。
7. 能否利用统计学知识证明我国上证及深证指数的计算方法与加权平均法计算指数有何不同。
8. 市盈率模型与贴现模型的关系是怎样的。
9. 在实际中如何利用市盈率指标指导股票投资。
10. 利用市盈率指标对股票价值进行判断，有哪些优缺点。
11. 对股票投资进行基础分析的内容主要有哪些。
12. 对股票投资的整体经济环境进行分析主要内容有哪些。
13. 通货膨胀对上市公司的影响是怎样的，公司应该如何努力才不会在通货膨胀的环境中降低公司股票的实际价值。

14. 进行行业分析时需要经历哪几个步骤,其主要内容分别是什么。

15. 行业的生命循环可以分为哪几个阶段,各阶段的特点分别是什么。

**练习题**

1. 甲公司期初现金股利为1.2元/股,且预期今后每年股利不变。如果该公司当前的市场价格为28元/股,其内部收益率为多少?若目前市场利率为5%,该股票是否值得投资。

2. 乙公司股票期初现金股利为0.75元/股,且预测该公司股票未来的股息增长率将保持在10%的水平,如果贴现率为12%,该公司股票市场价格为多少时值得投资。

3. 某股票初期支付的股息为0.8元/股,在今后3年的股息增长率为8%($g_1$);从第4年开始,每年保持4%($g_2$)的增长速度。假如贴现率为10%,则该股票价值为多少。

4. 比较题1中甲公司的实际市盈率和理论市盈率,并判断该股票是否值得投资。

5. 某公司期初每股收益为0.8元/股,派息率为60%,且预测该公司股票未来的每股收益增长率将保持在10%的水平,如果贴现率为12.5%,则该公司股票的市盈率为多少时值得投资。

6. 某公司总资产10850万元,负债总额为4400万元,其中短期负债1250万元,平均短期负债成本为5%,平均长期负债成本为8%,权益的预期收益率为7.5%。如果该公司近期有一笔融资计划,准备向银行申请短期贷款,那么作为投资者应如何采取投资策略。

**讨论题**

1. 如何看待我国股票市场中ST公司的投资价值。

2. 如何评价股票投资中技术分析的作用。

3. 如果上市公司采取平滑的红利政策,即在收益高时,保留一部分未分配利润,在收益低时,全额甚至超额分配,以使企业周期不同阶段保持稳定的回报。在这种分红政策下,股票的投资价值与经济周期似乎没有关系。如何看待经济周期对价格的影响。

4. 如何解释我国股票市场融资融券交易的非对称现象。

5. "买入并持有"策略是否适用于我国股票市场投资。

6. "牛市重势,熊市重质"的选股方式在我国股票市场是否有效,若有效,其内在的逻辑是什么。

7. 我国多层资本市场体系的建立是否改善了资源配置效率。相比风险配置效率,哪个效应更明显。

8. 如何在主板、中小(创业)板与科创板之间构筑投资组合。

# 第十章　外汇市场与汇率风险

在我们今天所处的这个时代，人类经济活动的范围不断扩展，人们相互间的交流不断丰富，世界也开始变得越来越小，资源配置问题也从国内延伸至全球。然而，在世界经济一体化的背景下，各国货币币种的差异却在一定程度上阻碍着"地球村"的经济联系，由此也为人们的经济交往带来了诸多的不确定性，汇率风险管理因此成为经济主体日常经济活动中越来越重要的问题。

## 第一节　外汇市场与汇率

### 一、汇率及其标价方法

当人类经济活动从国内延伸至国外时，经济行为主体便产生了对外汇的需求，满足这类需求的方式无外乎是寻找货币需求相反的交易对手。外汇市场的出现为人们寻找外汇交易对手提供了极大的方便，同时大大降低了寻找交易对手的搜寻成本，克服了交易双方由于外汇需求量的非一致性所导致的交易障碍。外汇市场是指外汇买卖的场所，它是各类外汇供求者组成的外汇交易及各种外汇资金调拨、清算及供求关系的总和。

在外汇市场中，交易者首先面临的一个问题是交易的价格，即汇率。汇率是在两国不同货币之间，用一国货币表示另一国货币的价格，或一国货币与另一国货币之间折算的比率或比例（这一定义实际上并不严格，在非单一法定货币的国家，国内不同法定货币的兑换比率也是汇率，如我国的人民币与港币兑换其并不涉及不同的国家，但人民币与港币之间仍有汇率问题；又如欧元区各国，统一的欧元却又使不同国家之间不存在国家货币之间的货币兑换。针对这一现象，我们主张将以国作为定义汇率的基准修改为以币种为区分标准来定义汇率。为了与现行的教材一致，我们在行文中并没做相应调整）。在折算这一比例时，由于货币的基准选择不同，汇率标价方式又分为两种，一是直接标价法（direct quotation），另一是间接标价法（indirect quotation）。直接标价法又称为应付标价法（giving quotation），是指一国货币的汇率以一定单位的外国货币为基准，折合成多少本国货币的标价方法。间接标价法又称为应收标价法（receiving quotation），是指一国货币的汇率以一定单位的本国货币为基准，折合成多少外国货币的标价方法。目前，多数国家采用的是直接标价法，我国的外汇标价就是采用的直接标价法，如美元的汇率就是指每 100 美元兑换人民币数量，日元汇率指的是每 10000 日元兑换人民币的数量等。

外汇市场与其他市场一样，其产品的价格由市场供求决定，也就是说，汇率是由外汇市场的供给与需求决定的。由供求法则知，当供给大于需求时，价格下降，价格下降指的是外币贬值，本币升值，亦即意味着同样数量的外币所兑换的本币越来越少。相反，当供给小于需求时，价格将上升，价格上升指的是外币升值，本币贬值，此即意味着同样数量的外币所兑换的本币越来越多。值得注意的是，就一般商品而言，我们说价格上升，一定是价格值越来越大，价格下降一定是价格值越来越小，其表现出升降与大小的一致性特征。而外汇的价格却不能一概而论，它与我们采用的标价方法有关,说外汇价格上升,指的是外币升值,意思是同样数量的外币所兑换的本币越来越多,直接标价法表现出的值越来越大,这与普通商品是一致的,若采用的是间接标价法,则价格值却是越来越小,它与通常意义上的升降所对应值的大小变化是相反的。

## 二、即期汇率与远期汇率

在外汇市场上,目前每天都要发生大约上万亿美元的外汇交易,外汇市场交易不仅数量巨大,而且交易品种繁多。如果货币的交割是在外汇交易后立即进行的(当日或隔日交割完毕),称这种外汇买卖契约的价格(汇率)为即期汇率(the spot exchange rate)。它也就是人们通常所指的外汇市场瞬时波动的汇率。如果外汇交易是按交易合约规定的在未来某个时刻以双方预先约定的汇率进行交易,称这个预先约定的汇率为远期汇率(the forward exchange rate)。从定义上看,远期外汇交易合约似乎可以以任何约定的时间进行,但实践中,外汇市场行情公布的远期汇率的限期一般为 3 个月、6 个月、9 个月等。

即期汇率与远期汇率的关系通常用汇率升水或贴水来表示。当远期汇率高于即期汇率时,称其为汇率升水(the exchange premium)。值得特别注意的是,这里的汇率高低不是指汇率数值的大小,而是指货币内在价值的相对高低。在汇率采用直接标价法的情况下,汇率升水实际上指的是本币内在价值的提高,表现在数值上却是远期汇率小于即期汇率。如人民币对美元的即期汇率为 RMB8.27:$1,3 个月远期汇率为 RMB8.20:$1,则称人民币对美元汇率升水。相反,若汇率采用间接标价法,汇率升水就表现为远期汇率的数值大于即期汇率。这种情况下,货币相对内在价值的高低与汇率数值的大小保持一致。如美元对日元的即期汇率为 JP¥105:$1,6 个月远期汇率为 JP¥110:$1,则称美元对日元汇率升水。与汇率升水对应的一个概念是汇率贴水(the exchange discount),它指的是远期汇率低于即期汇率。最后一种情形是远期汇率等于即期汇率,这种情况被称为汇率平价(the exchange parity)。

## 三、汇率风险

既然汇率由外汇市场的供求决定,而无论是外汇的供给还是它的需求,其量都不可能是固定的,由市场均衡定价原则分析知,供求量的任何不完全匹配的变动,都会导致价格的变化,这就是说,汇率本身并不是不变的。众所周知,外汇供给与需求的变化除了受经济系统内各经济变量的影响外,它们还受来自于外部冲击的影响,外部冲击最显著的特征是,它具有不可预测性。外部冲击的不可预测性决定了外汇供给与需求的不可预测性,这就决定了汇率的不确定性特征。汇率的不确定性表明,外汇交易者或外汇资产持有者随时都面临外汇市场汇率变动可能导致价值损失的风险,即汇率风险。因此,强化汇率风险管理就成为外汇市场最重要的研究内容。

外汇风险(foreign exchange risk)即汇率风险,是指在不同币别货币的相互兑换或折算中,因汇率在一定时间内发生始料未及的变动,致使有关国际金融主体实际收益与预期收益或实际成本与预期成本发生背离,从而蒙受经济损失的可能性。需要强调的是,汇率风险是指未预见到的变化,而不是单纯指变化。因为,在一个完备的金融市场中,任何市场预见到的汇率变化都会表现在远期汇率、外汇掉期等外汇金融商品的市场价格里。前面的分析已经说明,风险可以用方差或标准差 $\sigma$ 来度量,汇率风险也一样,也可以用汇率变动的标准差来度量。

### 四、汇率形成机制

汇率的变动不仅直接给投资者带来汇率风险，而且它对一国的宏观经济也会产生较大的影响。克服这种影响的方式是政府实施外汇管制或适时对外汇市场进行干预。一旦政府介入外汇市场，外汇价格的形成机制就会发生相应的变化。根据政府对外汇市场介入的程度不同，可将汇率形成机制分为浮动汇率、有管理的浮动汇率和固定汇率。

浮动汇率（the floating exchange rate）又称为自由浮动汇率（the freely exchange rate），它指的是政府根本不干预外汇市场，汇率的形成完全由市场的供求决定，汇率的变动完全取决于外汇市场供求状况。当外汇供给大于需求时，外汇价格下降，即汇率（直接标价）变小，此时外汇相对本币贬值；当外汇供给小于需求时，外汇价格上升，即汇率（直接标价）增大，此时外汇相对本币升值；只有在外汇供求相等时，外汇市场价格（汇率）才达到均衡，此时汇率才没有变化的动力。

有管理的浮动汇率（the managed exchange rate）系指包含有政府干预的浮动汇率。一般情况下，汇率的形成由市场来决定，政府不进行干预，只有当汇率的变动偏离政府目标时，政府才实施市场干预。这种汇率形成机制使政府在外汇市场中始终处于主动和有利的地位，只要政府觉得需要，它就可通过政策干预来影响外汇市场，以便使汇率朝着有利的方向变化。

固定汇率（the fixed exchange rate）系指政府利用法律或规则的手段对汇率实施限制，将汇率固定在某一固定水平上，且在相当长的时期内保持汇率不变。在固定汇率制下，政府通常是利用中央银行的储备来保持汇率的稳定。当外汇市场出现外汇的超额需求时，中央银行卖出外汇来满足市场需求，从而保证汇率的稳定；相反，当外汇市场出现外汇的超额供给时，中央银行则买进外汇，增加储备，以此来保持汇率的不变。如果政府利用外汇储备的调节仍不能使市场价格（汇率）保持稳定时，一种极端的情况就是政府实施外汇管制（the exchange control）来限制私人持有和交易外汇。

从上述三种汇率形成机制明显可以看出，不同的汇率形成机制所对应的汇率风险不同。固定汇率几乎没有汇率风险，因为固定汇率制所对应的汇率是完全确定的；有管理的浮动汇率有汇率风险，但汇率风险通常不会很大，因为实现经济稳定是政府的最主要目标之一，政府的干预会在一定程度上熨平汇率的波动幅度；浮动汇率的汇率风险最大，任何重大的突发事件都可能引起市场汇率的大起大落。

## 第二节　汇率决定与指数

各国货币之间的比价即汇率，从根本上讲是各种货币价值的体现。也就是说，货币具有的或代表的价值是决定汇率水平的基础。汇率在这一基础上受其他各种因素的影响而变动，形成现实的汇率水平。那么，如果我们把不同货币所具有的或代表的价值的相对数看成是一种指数的话，则这个指数就是决定汇率水平的基础。而在不同的货币制度下，这个指数是不同的，即汇率具有不同的决定因素。

### 一、金本位制度下汇率的决定

金本位制度是从 19 世纪初到 20 世纪初国际经济交往中所实行的货币制度，1816 年英国《金本位法》的颁布标志着金本位制度的诞生。典型的金本位制度具有的特点是：各国货币均以黄金铸成,金铸币有一定重量和成色,有法定的含金量;金币可以自由流通、自由铸造、自由输出入,具有无限清偿;辅币和银行券可以按其票面价值自由兑换为金币。

在这种制度下,各国货币均以黄金作为统一的币材、统一的价值衡量标准,尽管它们在重量、成色等方面有不同的规定,但在国际结算和国际汇兑中都可以按各自的含金量多少加以对比,从而确定出货币之间的比价。因此,金本位制度下,两种货币之间含金量之比,即铸币平价(mint par),就成为决定两种货币汇率的基础。

因此,在金本位制度下汇率可以表示成

$$E_{AB}=G_A/G_B \tag{10.2.1}$$

其中,$E_{AB}$ 为汇率,即A、B两国的铸币平价指数,$G_A$ 为A国货币的含金量/每盎司,$G_B$ 为B国货币的含金量/每盎司。

$G_A$ 与 $G_B$ 的相对变化,会导致铸币平价指数的变化,进而影响到汇率的变化。

由于铸币单位以易识别的黄金作为它的物质基础,且含金量又具有度量上的客观性,因此,由铸币单位决定的汇率就自然具有稳定的特征。但铸币平价的稳定性是否意味着汇率完全固定呢?其实不然,因为在国际经济交往中,各国对外经济发展的不平衡决定了黄金需求存在差别,而黄金的实物产品属性又决定了其存在交割成本,交割成本破坏了外汇市场汇率绝对稳定的特征,从而导致了实际汇率的现实波动。

值得注意的是,金本位制度下的供求关系变化造成的外汇市场汇率变化是有遏制的,它被界定在铸币平价上下各一定界限内,这个界限就是黄金输送点(gold point)。因为一旦外汇市场汇率波动的幅度超过黄金输送点,金本位制度下黄金可以自由融化、自由铸造、自由输出入的特点就使外汇市场套利成为可能,套利的结果使实际汇率回到黄金输送点内来。具体讲就是,一方面,当外汇市场上的汇率上涨到或超过某一界限时,各国债务人用本币购买外汇的成本会超过黄金直接输出国境用于支付的成本,从而引起黄金输出,引起黄金输出的这一汇率界限就是"黄金输出点"。另一方面,当外汇市场上汇率下跌,达到或低于某一界限时,本国拥有外汇债权者用外汇兑换本币所得会少于用外汇在国外购买黄金再输回国内所得,从而引起黄金输入,引起黄金输入的这一汇率界限就是"黄金输入点"。

黄金输送点的确定除了取决于(10.2.1)式外,还取决于单位输送成本。如果假设A、B两国之间黄金运输成本为 $C$(含金量/每盎司),则"黄金输出点"所决定的A、B两国汇率水平的上限为 $E_{AB}^{\max}=E_{AB}+C/G_B$;同样,"黄金输入点"所决定的A、B两国均衡的汇率水平的下限为 $E_{AB}^{\min}=E_{AB}-C/G_B$。这意味着在金本位制下,均衡汇率或外汇市场的均衡并不在某一个点上,而是呈现一个区间范围,即$[E_{AB}^{\min}, E_{AB}^{\max}]$。在这个区间内,外汇市场能保持均衡运行。这就是说,即使外汇市场处于均衡状态,均衡水平的区间特征也表明汇率风险依然是存在的。但是,随着生产力水平的提高,尤其是现代运输工具的发展,运输成本的降低,汇率的稳定性特征越来越明显。另外,现代通信技术的发展也为外汇市场实现均衡提供了物质条件的保障,因为市场均衡是以套利为前提的,在通信技术不发达的情况下,信息传递不仅成本高昂,而且滞后性特点明显,套利的风险也就较大。

### 二、纸币制度下汇率的决定

纸币制度是在金本位制度崩溃之后产生的一种货币制度,包括法定含金量时期和1978年4月1日以后的无法定含金量时期的两个阶段。纸币作为价值符号,是金属货币的替代物,在金属货币退出流通领域之后,它执行流通手段和支付手段的职能。从纸币制度产生之日起,各国政府就规定了本国货币所代表的(而不是所具有的)含金量,即代表的一定价值。因此,在国际汇兑中,各国货币之间的汇率也就成了它们所代表的价值之比。但是值得注意的是,纸币制度下,各国政府所规定的货币法定含金量并不代表货币的实际价值,因为通货膨胀这种几乎不可避免的现象会使货币的实际价值与其代表的名义价值相偏离。一国通货膨胀程度越高,其货币的实际价值就越低;一国通货膨胀程度越低,其货币的实际价值就越高。

用通货膨胀程度所衡量的货币实际价值是货币的对内价值,对内价值是决定对外价值(即汇率)的基础。对内价值具体体现于货币在国内的购买力高低,而货币购买力能用表明通货膨胀程度的物价指数计算。因此,从客观价值比和交易的公平与公正性上看,我们就可以构造两国货币的购买力相对值指数,以此来决定两国之间的汇率水平。用式子表述为

$$E_{AB} = I_{AB}, I_{AB} = B_A / B_B \qquad (10.2.2)$$

其中,$I_{AB}$ 为 A、B 两国货币的购买力指数,$B_A$ 为 A 国货币的购买力水平,$B_B$ 为 B 国货币的购买力水平。

在实践中,一国货币的购买力水平与该国物价指数反方向变化,即物价指数上涨,通货膨胀率相对水平提高,该国货币相对购买力水平就下降,它在国际市场的汇率也会相应上升,本国货币发生贬值;反之,当一国物价指数上涨程度较其他国家慢,通货膨胀率相对水平较低时,该国货币相对购买力水平提高,它在国际市场的汇率也会相应下跌,本国货币发生升值。进一步说,货币的对内价值,即购买力的变化,取决于流通中的货币量。如果流通中的货币数量与货币的实际需要量相一致,则本国物价和货币购买力稳定,货币对内不发生贬值;如果流通中的货币量超过货币需要量,则会发生通货膨胀,物价上涨,货币购买力下降,本币对内贬值。

在纸币制度下,两国货币之间的汇率取决于它们各自在国内所代表的实际价值,也就是说货币对内价值决定货币对外价值。而货币的对内价值又是用其购买力来衡量的。因此,货币的相对购买力平价(我们用两国购买力指数表示),就成为纸币制度下汇率决定的基础。

然而,也必须看到,“布雷顿森林体系”崩溃后,有管理的浮动汇率制度安排使得汇率的直接决定因素是外汇市场的供求状况,外汇供求的任何变化都会引起汇率的波动,汇率的这种波动会使其在短期内偏离汇率决定的物质基础(实际价值)。从短期看,影响外汇供求的主要因素包括国际收支状况、外汇资金借贷成本及难易程度、外汇交易者对市场的预期等。但从长期看,货币的内在价值始终是汇率决定的基础。

## 第三节 购买力平价理论的指数描述

购买力平价(purchasing power parity,PPP)理论是国际金融理论中历史悠久的汇率理论,它的出现几乎与货币的出现一样早,可追溯到 16 世纪的西班牙。然而,最初的研究缺乏系统性,讨论的重点也不是汇率,且不注重以统计资料来检验汇率的均衡值。两次世界大战期间,瑞典经济学家古斯塔夫·卡塞尔(Gustav Cassel)系统地提出了该理论与一些相应的经验检验方法。故人们公认,购买力平价理论是由卡塞尔于 1916 年提出的,并于 1922 年完善。

所谓购买力平价,就是指对不同国家的货币来说,考虑到汇率及货币兑换因素后,各国货币的购买力应该相等。换言之,经过汇率折算后,各国商品的价格应该相等。这种同种商品价格相等的现象,在经济学中称为“一价定律”。“一价定律”在宏观和微观经济学均衡分析中都是一个当然的隐含假定。在任一种市场上,对一价定律产生任何超常偏离的非均衡状态,都会引致相应的套利,使经济系统恢复平衡。开放经济中的商品套利行为,事实上就是汇率决定的购买

力平价机制。这样，由购买力平价关系决定的汇率，如果用指数形式来描述的话，就是将名义数量不等的不同货币，折算成用不同指数表示的，以反映相同的实际购买力后的指数比例关系。

## 一、绝对购买力平价的指数描述

一种货币的价值，或者对这种货币的需求，取决于单位货币在发行国所能买到的商品和劳务的数量，即其内在的购买力。从统计上看，货币的内在购买力表现为该国商品和劳务的一般物价水平的倒数，在绝对购买力平价中运用的价格水平是两个国家的一揽子商品的总价格水平，在实际中可以近似利用各国编制的“价格指数”来反映。由于两种货币的绝对购买力平价是由这两种货币的内在购买力之比所决定的，因此我们在采用绝对购买力平价计算汇率时，就可采用以反映各国货币内在购买力的“价格指数”。

假设忽略交易成本，且令 $P_h$ 为国内一般物价水平，$P_f$ 为国外一般物价水平，在货币购买力相同的情况下，同一揽子商品满足一价定律，即

$$P_h = EP_f \tag{10.3.1}$$

其中，$E$ 为 1 单位外币表示的本币的数量，即直接标价法表示的汇率。
由(10.3.1)式可得

$$E = P_h / P_f \tag{10.3.2}$$

(10.3.2)式为购买力平价下汇率的决定关系式，它表明：任何两种货币之间的汇率等于它们的价格指数之比。

但值得注意的是，用两国的价格指数之比来反映两国货币之间的汇率时，假定前提是，反映两国价格水平的商品篮子相同，且两国在编制物价指数时各国商品所占的权重相等。换言之即为：在相同商品篮子的 $n$ 种物品中，每一种物品占本国消费总量的份额(即本国的物价指数的权重)与此物品占外国消费总量的份额应该是相等的。在这种情况下，一般物价水平的对比才有意义。

同时，我们还注意到，在购买力平价决定式的表达式中，用以反映一般物价水平的“价格指数”在实际中也不是唯一的。编制价格指数是为了观察一国内所有商品或一类商品价格的变动情况。实际中，用以观察一般物价水平的指数，主要包括零售(消费)物价指数(retail price index，RPI)(在我国对应的是居民消费价格指数 CPI)，这是从商店及其他零售部门的价格样本中算出的，批发(厂商)物价指数(wholesale price index，WPI)(在我国对应的是工业品出厂价格指数 PPI)，这是按产品的出厂价计算的。前者从家庭消费的角度观察价格，将间接的税收、批发商的利润等因素都考虑进来，这种指数包含了主要消费物品和劳务，不管是国产的还是进口的。后者则对经济中企业部门投入产出的价格水平予以指导。由于经济发展水平的差异决定了不同国家消费结构和生产结构都存在明显的不同，即使是不同的国家选择同一揽子商品，也会因综合物价指数构造中权数的不同而使价格指数不具有可比性。因此，绝大多数经济学家都认为，没有一个公布的物价指数可以作为检验购买力平价所指的适当物价水平，也很少有实例支持购买力平价。即使如此，人们还是对购买力平价理论持肯定态度，只是将实践中的问题归结为价格指数编制中引起的价格数据不完善。

## 二、相对购买力平价的指数描述

相对购买力平价在理论上克服了绝对购买力平价的局限，考虑了诸如运费、关税、贸易配额等因素在内的市场缺陷。该理论认为，由于存在上述因素造成的市场不完全性，不同国家的同

质产品的价格未必相等。但是,只要运费和贸易壁垒等因素保持不变,同质或相似产品的价格变动率应该相等。

假定价格指数中各种商品所占权重和其他有关因素不变,相对价格指数能反映相对价格水平的变化。如果我们以自然对数表达关系式 $E=P_h/P_f$,并用小写字母代表各自的对数值,即 $\ln P_h=p_h$,$\ln E=e$,$\ln P_f=p_f$,可得:$p_h=e+p_f$,再对两边进行微分处理,便可得到 $p_h$,$e$ 和 $p_f$ 的变化率,$\hat{p}_h=\hat{e}+\hat{p}_f$(其中:字母上带"^"号的量代表对应的变化率)。为了更清楚的显示相对购买力平价的经济学意义,再对这一关系式作简单的等价变换得

$$\begin{aligned}\hat{e}&=\hat{p}_h-\hat{p}_f\\&=\pi_h-\pi_f\end{aligned}\tag{10.3.3}$$

其中,$\pi_h$ 和 $\pi_f$ 分别代表国内与国外的通货膨胀率。

显然,$\hat{p}_h$ 和 $\hat{p}_f$ 分别代表国内价格指数变化率和国外价格指数变化率,即通货膨胀率。$\hat{e}$ 代表汇率的变动率,上述关系式实际上显示了这样一种关系,汇率的变化率等于国内价格指数变化率与国外价格指数变化率之差,也即国内外通货膨胀率之差。在两国模型中,如果一个国家的通胀率高于另一国家的通胀率($\pi_h>\pi_f$),该国的汇率就会上升,本币相对于外币贬值;反之,如果一个国家的通胀率低于另一国的通胀率($\pi_h<\pi_f$),该国的汇率下降,本币相对于外币升值。

实际上,从产品套利的角度可以更好地理解购买力平价。设 $T$ 为一组代表性商品(一揽子商品),消费者既可以用本币在国内购买,也可以用外币在国外采购(本外币之间可以自由兑换),假如不考虑运输及采购成本,消费者在国内购买的支出为本币 $P_h\cdot T$,在国外采购的支出为外币 $P_f\cdot T$,无套利均衡条件是 $P_h\cdot T=EP_f\cdot T$。因为,若 $P_h\cdot T\neq EP_f\cdot T$,不妨设 $P_h\cdot T>EP_f\cdot T$,在此情况下,消费者可以用 $P_f\cdot T$(相当于 $EP_f\cdot T$ 的本币)的外币在国外购买商品 $T$,然后在国内卖出 $T$,获得 $P_h\cdot T$ 的本币收入,显然,消费者的这一行为使其获得了 $P_h\cdot T-EP_f\cdot T$ 的利润,即出现了套利,商品套利的结果必然使相对价格发生变化,或汇率做出调整,无论是价格变动还是汇率调整,消除套利机会的条件一定是 $P_h\cdot T=EP_f\cdot T$,即 $P_h=EP_f$。所以,无套利均衡的汇率 $E=P_h/P_f$,它与购买力平价关于汇率的决定是完全一致的。

## 第四节 利率平价理论的指数描述

利率平价理论(interest rate parity,IRP)首先由凯恩斯提出,后经英国经济学家保罗·艾因其格(Paul Ainige)及其他西方经济学家的发展,系统地揭示了利率与汇率之间相互作用的内在联系。尤其在远期汇率的决定上,该理论说明了汇率取决于两国货币的相对收益,以利差作为汇率变动的主要原因,给远期汇率预测提供了强大的理论工具。在资本收支对外汇供求影响越来越大的情况下,该理论弥补了仅从商品和劳务角度考虑汇率决定的购买力平价理论的不足,成为解释国际间短期金融资本流动及短期汇率剧烈动荡的首要理论。

### 一、汇率风险与抛补

外汇市场变幻莫测,汇率波动非常频繁而且剧烈,拥有外汇债权债务的进出口商、投资者、筹资者面临较大的外汇风险。抛补是外汇市场上套利者、借贷者为消除或减少外汇风险,以防因汇率不利的变动造成拥有的外国资产的价值遭受损失,而将所有的外国通货处于资产等于负债的封闭或平衡部位的避险保值行为。以下我们用一个例子来说明这种保值行为。

假设某出口商在 3 个月后有一笔外汇收入，如果预期 3 个月后的即期汇率低于目前的 3 个月远期汇率，该出口商可以在远期外汇市场卖出可能收入的外汇，以防外汇收入损失，人们常将这种行为称为远期抛补。

假设某进口商在 3 个月后有一笔外汇支出，如果预期 3 个月后的即期汇率高于目前的即期汇率或 3 个月远期汇率，该进口商可以在目前的即期外汇市场买进所需支出的外汇，这种行为被称为即期抛补。

## 二、无抛补利率平价的指数描述

利率平价关系决定汇率水平的核心是，将一定数量的本币换成外币，并在国外投资获得本息后，以外币本息再换回本币时的那种汇率水平。考虑无抛补情况，利率平价是指本国货币的预期贬值(或升值)幅度等于本国利率高于(或低于)外国利率的差额。

考虑某一段时期内，本国的利率水平为 $i$，外国同一时期的利率水平为 $i^F$，这时的即期汇率为 $E$，市场对这段时期到期时即期汇率的预期为 $E^e$。如果本外币之间可以自由兑换，某投资者有数量 $A$ 的本币需要寻找投资机会，他面临两种投资方案可供选择，一是投资于本币资产，到期获取 $A(1+i)$ 的本币收益，另一是他将数量 $A$ 的本币兑换成 $A/E$ 的外币，然后购买 $A/E$ 数量的外币资产，到期后获得 $\frac{A}{E}(1+i^F)$ 的外币收益，若即期汇率的变化与预期一致，则投资者 $\frac{A}{E}(1+i^F)$ 的外币收益可兑换成 $\frac{A}{E}(1+i^F)E^e$ 的本币，利率平价意指上述两种投资方案是无差异的，即满足关系式

$$A(1+i)=\frac{A}{E}(1+i^F)E^e$$

或

$$1+i=(1+i^F)\left(\frac{E^e}{E}\right) \tag{10.4.1}$$

公式(10.4.1)式为无抛补的利率平价关系表达式。将其作简单的变换后，可得

$$\frac{E^e-E}{E}=\frac{i-i^F}{1+i^F} \tag{10.4.2}$$

其中 $\frac{E^e-E}{E}$ 表示市场对该段时间预期汇率的变动率，即预期贬值(或升值)的幅度，用 $f$ 来表示。则(10.4.2)式可表述为

$$f=\frac{i-i^F}{1+i^F}\approx i-i^F \tag{10.4.3}$$

公式(10.4.3)式即为无抛补利率平价的预期汇率变化率决定关系式。

从前面的分析不难看出，无抛补利率平价基于以下几个假设前提：(1)资金在各个市场中自由流动，不受人为限制，且资金流动的量要足够大，速度足够快，以致在瞬间能够熨平远期汇率与预期汇率的差异；(2)汇率自由浮动，包括即期汇率与远期汇率；(3)外汇交易成本可以忽略；(4)市场的预期是合理的，即汇率的变化与套利者的预期没有差异。这里隐含着，一旦市场汇率变动与套利者的预期不同，则他们会马上采取套利行动，以使汇率变动与其预期相一致；(5)国际套利者属于风险中立者。

### 三、有抛补利率平价的指数描述

无抛补利率平价实际上是假定两国间的套利活动是无风险的，预期汇率变动近似于两国的利差。然而现实生活中，预期汇率 $E^e$ 通常与实际的远期汇率（这里将远期汇率记为 $E_f$）有差异。预期汇率与远期汇率的不一致通常会引发资金的国际间流动，其流动的方向取决于利差的正负号。

1. 当 $i - i^F < 0$ 时，外币套利收入高于本币利息收入，引发本币资金外流；本币资金外流意味着外汇需求增大，且本币供给也增大，其结果必然导致本币贬值或外币升值的压力增大，从而引起汇率向下调整。

2. 当 $i - i^F > 0$ 时，外币套利收入低于本币利息收入，引发外币资金流入；外币资金流入意味着本币需求增大的同时，外汇供给也增大，其结果必然导致本币升值或外币贬值的压力增大，从而引起汇率向上调整。

3. 当 $i - i^F = 0$ 时，外币套利收入等于本币利息收入，资金市场达到均衡，市场汇率水平也将保持不变。

这就是说，只要 $i \neq i^F$，意味着未来预期汇率 $E^e$ 将发生变化，当 $E^e$ 与远期汇率不一致时，并出现了套利机会，套利者可以利用这种不一致来锁定零风险下的套利收益，此时他们只需在即期市场和远期市场进行对冲(hedging)，即进行抛补交易，就可实现套利行为。在 $i < i^F$ 的情况下，若 $E_f \geqslant E^e$，则他们可在即期买入外币，获取外币较高利率收益的同时，卖出连本带利的外币远期。由于远期汇率 $E_f$ 是已知的，套利者的这种对冲行为就完全将收益率确定下来了，其结果是他肯定不会蒙受低于本币利息收益的损失，当然也不可能获得高于外币利息收益的额外利润。

套利的结果最终必然使 $E_f = E^e$，于是，我们可以将无抛补利率平价的关系表达式(10.4.1)式中的预期汇率 $E^e$ 替换成实际的远期汇率 $E_f$，则有抛补的利率平价关系式为

$$1 + i = (1 + i^F)\left(\frac{E_f}{E}\right) \tag{10.4.4}$$

设 $(E_f - E)/E = f^*$，这时 $f^*$ 表示远期汇率 $E_f$ 相对于即期汇率 $E$ 的变动率，也即本国货币的远期升水或贴水，则

$$f^* = (i - i^F)/(1 + i^F) \approx i - i^F \tag{10.4.5}$$

这样，有抛补的利率平价汇率决定可描述为，本国利率高于（低于）外国利率的差额近似等于本国货币的远期贴水（升水）。

有抛补的利率平价关系适用于解释风险厌恶或风险中性投资者的套利过程，或者从理论上在抽象掉汇率风险之后，单纯说明国际套利的过程及其收益。

有抛补利率平价的推导过程与无抛补利率平价完全一样，二者的唯一区别就在于，抛补利率平价以确定的远期汇率 $E_f$ 替代无抛补利率平价的预期汇率 $E^e$，这一确定的远期汇率实际上是众多预期汇率中的一个数值，是货币市场达到均衡时的预期汇率。

### 四、预期汇率与远期汇率的关系

从公式(10.4.4)式我们知道，远期汇率 $E_f$ 和即期汇率 $E$ 之间的关系必须满足利率差额条件。但是，如果投资者认为，本国货币的贬值率将超过远期贴水，则他们将买进即期外汇，卖出远期外汇；而如果是预期本国货币会升值，则会出现相反的做法。通过套购（并在不存在风险厌

恶的情况下),我们可期望,远期外汇的升水会反映货币的预期贬值率。因此,在这些假定下,预期即期汇率和远期汇率之间,必然存在这样的关系,即

$$E_f = E^e$$

这也就是为什么人们常用此关系作为解释远期汇率是将来即期汇率的最好预测值的原因。

## 第五节　费雪方程及汇率决定理论

费雪(Irving Fisher)是19世纪末20世纪初一位重要的经济学家,以他的名字命名的费雪方程(Fisher equation)描述的是名义利率和实际利率之间的关系。

### 一、费雪方程的汇率决定

在费雪看来,名义利率是实际利率与通货膨胀率的和,即

$$i_{y,n}(D) = i_{y,r}(D) + \pi_y^e(D) \tag{10.5.1}$$

公式(10.5.1)式表明,$y$ 国期限为 $D$ 天的名义利率(用 $i_{y,n}(D)$ 表示)等于 $y$ 国同期投资所要求得到的真实利率(用 $i_{y,r}(D)$ 表示),加上 $y$ 国相同时期的预期物价水平的变化(用 $\pi_y^e(D)$ 表示),后者当然也就是 $y$ 国的预期通货膨胀率。如果资本流动使实际利率 $i_r$ 在全世界均等化了,那么各国名义利率 $i_n$ 之间的差异,必然是预期通货膨胀率 $\pi^e$ 之间差异的反映。即

$$i_{A,n} - i_{B,n} = \pi_A^e - \pi_B^e$$

在观察实际利率时,(10.5.1)式只是一个近似的表达式,实际利率与名义利率和通货膨胀率之间的真实关系为

$$1 + i_n = (1 + i_r)(1 + \pi^e) \tag{10.5.2}$$

或

$$1 + i_r = (1 + i_n)/(1 + \pi^e) \tag{10.5.3}$$

将(10.5.3)式代入(10.4.1)式可得

$$\frac{1 + i_n}{1 + \pi^e} = \frac{1 + i_n^F}{1 + \pi_F^e}\left(\frac{E^e}{E}\right) \tag{10.5.4}$$

其中,$\pi^e$ 为本币的通货膨胀率,$\pi_F^e$ 为外币的通货膨胀率。

经变换后得

$$E^e = E \cdot \frac{1 + i_n}{1 + i_n^F} \cdot \frac{1 + \pi_F^e}{1 + \pi^e} \tag{10.5.5}$$

(10.5.5)式说明,在当前即期汇率一定或已知的情况下,未来即期汇率的变动取决于两国名义利率和通货膨胀率的相对变化。或者说,远期汇率取决于外汇市场投资者对两国利率相对水平和通货膨胀率相对水平的预期。它与(10.4.1)式的利率平价相比,最大的优点表现在汇率的计算使用的均是名义变量,现实中人们最易观察的正是名义变量,而不是实际变量。

### 二、费雪汇率决定的包容性

从(10.5.5)式还可看出,费雪方程的汇率决定是比购买力平价和利率平价更一般的汇率决定理论。或者说,购买力平价和利率平价都是(10.5.5)式的特例。即如果在(10.5.5)式中令 $\pi^e = \pi_F^e = 0$(两国均不存在通货膨胀),则(10.5.5)式就是利率平价。而当两国的资金市场出现利率水平一致时,有

$$E^e = E \cdot \frac{1+\pi_F^e}{1+\pi^e} \tag{10.5.6}$$

在(10.5.6)式中引入时间因素 $t$ ,则(10.5.6)式可表示成

$$\begin{aligned} E_{t+1}^e &= E_t \cdot \frac{P_{f,t+1}}{P_{f,t}} \bigg/ \frac{P_{h,t+1}}{P_{h,t}} \\ &= E_t \cdot \frac{P_{f,t+1}}{P_{h,t+1}} \cdot \frac{P_{h,t}}{P_{f,t}} \end{aligned} \tag{10.5.7}$$

在间接标价的情况下,若初始汇率决定遵循购买力平价,即

$$E_t = P_{f,t}/P_{h,t} \tag{10.5.8}$$

将(10.5.8)式代入(10.5.7)式得

$$E_{t+1}^e = P_{f,t+1}/P_{h,t+1} \tag{10.5.9}$$

(10.5.9)式表明,$t+1$ 期的汇率决定也遵从间接标价法下的购买力平价理论。

### 三、汇率决定理论的进展

前面我们分别讨论了汇率决定的最基本理论,即购买力平价理论、利率平价理论和费雪方程式,并且阐明了一般物价水平、利率与汇率之间的数量关系。这些理论自提出以来,一直被大多数人所接受,但它们都很少得到实际数据的支持。造成这一现象的原因,一方面在于现实经济环境的巨大变化所引起的价值标准的变动,如今资金的运动摆脱了对产品运动的依附,取得了相对独立的运动形态,这就在相当程度上破坏了传统的购买力标准,结果导致了短期外汇需求决定因素的复杂化;另一方面在于汇率形成机制的多样性,现实经济中,由于各国国情不同,其外汇市场的开放程度也不同,虽然纯粹的自由浮动汇率在现实中并不存在,但有管理的浮动汇率与固定汇率在汇率的决定上存在很大差别,即使是同样实行有管理的浮动汇率的国家,其政府的干预程度也存在明显的不同,这些差别决定了现实汇率的决定是相当复杂的。针对这些情况,一大批经济学家分别从不同的侧面提出了自己的汇率决定理论,主要包括:(1)弗伦克尔(Frenkel)和彼尔森(Bilson)的柔性价格货币模型和弗兰克尔(Frankel)的实际利差模型;(2)多恩布什(Dornbusch)的粘性价格货币模型或"调整过度"模型;(3)资产组合汇率模型;(4)理性预期汇率模型;(5)汇率的新闻模型等。这里我们就不再一一介绍了,有兴趣的读者可参阅有关汇率理论方面的专业书籍。

## 第六节 外汇市场投资策略分析

投资者参与外汇市场交易的目的无非有两种,一是获取汇率可能变动带来的盈利,另一则是为了规避汇率风险,实现套期保值。就这两类投资者而言,其投资策略有着明显的不同,对应前一类交易者的投资策略可称为投机性交易,后一类交易者的投资策略属于套期保值交易。

### 一、投机性交易

投机性交易是指交易者没有实际的外汇需求,也没有外币债权、债务需要保值,而是自己根据对外汇行情的预测,低价时买进,高价时卖出,从而赚取汇率差价的一种交易行为。这种交易行为又可分为单向投机性交易和跨期套利交易两种。

单向投机性交易就是最简单的低买高卖。如某投机商预测人民币将升值,于是他按现价

\$1：¥8.30买进人民币，一段时间后，若人民币果然升值，人民币的价格变为\$1：¥8.10，则他在该价格下再卖出人民币，获取¥0.2/\$1或2.48%的净收益。显然，单向投机性交易的基本交易策略是，当投资者预测汇率升值时，做多头，反之，则做空头。由于投机性交易策略的确定完全取决于投资者对未来汇率变动的预测，因此，当预测出现错误时，投机性交易也会伴随相应的风险。

跨期套利交易是指投资者同时买进和卖出相同币种，但交割时间不同的外汇期货合约的一种交易行为，该交易策略试图利用两个合约的价格差的变化来获取净利润。如2004年5月3日，芝加哥国际货币市场德国马克期货合约①交易情况如下：6月到期的期货合约交易价格为\$0.5410/DM1，9月到期的期货合约交易价格为\$0.5608/DM1。某交易商预测德国马克(DM)的汇率将上升，且两份合约的价格差会减小，即6月到期的期货合约的价格增幅比9月到期的期货合约的价格增幅大。于是该交易商买进一份6月到期的德国马克期货合约，同时卖出一份9月到期的德国马克期货合约，5月底，德国马克汇率果然上升，此时德国马克的期货行情为，6月到期的期货合约交易价格为\$0.5594/DM1，9月到期的期货合约交易价格为\$0.5655/DM1。该交易商在5月底对冲在手的合约，结果获得\$1712.5的净收益。整个交易过程及盈亏情况如下：

5月3日：

买进一份6月到期的期货合约，价格为\$0.5410/DM1

卖出一份9月到期的期货合约，价格为\$0.5608/DM1

差价：198点

5月底：

卖出一份6月到期的期货合约，价格为\$0.5594/DM1

买进一份9月到期的期货合约，价格为\$0.5655/DM1

差价：−61点

结果该交易商获得137点或\$1712.5(＝137×12.5)的净收益(不计交易费用)。

利率平价理论告诉我们，两国间的利差决定了汇率的价差(见(10.4.5)式)，而跨期套利的前提就是利用不同时点的价差来获取利润，这意味着投资者在实际操作中，可以利用利差预期的可能变化来实施跨期套利，具体的操作策略是：(1)当远期价格升水，且预期两国利差变小时，买进近期的期货合约，同时卖出较远期的期货合约；(2)当远期价格升水，且预期两国利差增大时，买进较远期的期货合约，同时卖出近期的期货合约；(3)当远期价格贴水，且预期两国利差变小时，买进较远期的期货合约，同时卖出近期的期货合约；(4)当远期价格贴水，且预期两国利差增大时，买进近期的期货合约，同时卖出较远期的期货合约。

总之，无论是单向投机交易，还是跨期套利交易，投机性交易策略选择的关键取决于投资者的预期，只有当预期正确时，投资者才能从投机性交易中获取预期的净利润，否则，投资者将承受预期错误所带来的损失。这就是说，投机性交易必须以承担汇率风险为代价。

### 二、套期保值交易

当投资者拥有外币债权或债务时，他随时都可能面临汇率的不利变化所带来的损失。为了防范汇率风险，一种可行的交易策略就是利用外汇期货市场或外汇远期市场实施套期保值交

① 1份德国马克期货合约是DM125000，汇率价差常用点表示，一个点是DM12.5。

易。外汇套期保值交易可分为空头套期保值和多头套期保值两种形式。空头套期保值又称卖出套期保值，它是拥有外币债权的投资者为了防止汇率下跌风险的一种保值交易策略，具体的操作是，外币债权人在期货或远期市场上卖出同等数量的外汇，使自己处于空头地位。

例如：美国某公司在德国的一家子公司急需资金 50 万欧元，预计 3 个月后能收回全部资金。美国母公司在现货市场上买进 50 万欧元拨给其子公司，为了防止 3 个月后欧元贬值，该公司可在期货市场上卖出 4 份 3 个月后到期的欧元期货合约，或在远期市场上卖出 50 万欧元远期合约。3 个月后，美国子公司归还母公司借款时，欧元果然贬值，由于做了套期保值交易，母公司在现货市场上的损失可由期货市场或远期市场上的盈利来弥补，从而有效的防止了汇率风险。具体交易过程如下：

1. 利用期货交易保值

×月××日：

现货市场：买进€50 万，汇率为＄1＝€0.9424，支付＄530560（＝50 万$\times\frac{1}{0.9425}$）

期货市场：卖出 4 份 3 个月后到期的欧元期货合约，汇率为＄1＝0.9415，价值＄531068

（$=4\times125000\times\frac{1}{0.9415}$）

×＋3 月××日：

现货市场：卖出€50 万，汇率为＄1＝€0.9988，收回＄500601（＝50 万$\times\frac{1}{0.9988}$）

期货市场：买回 4 份 3 个月后到期的欧元期货合约，汇率为＄1＝€0.9788，价值＄510830

（$=4\times125000\times\frac{1}{0.9788}$）

结果：现货市场损失＄29959（＝530560－500601），而期货市场盈利＄20238（＝531608－510830），实际最终损失为＄9721（＝29959－20238），比不做套期保值交易少损失＄20238。

2. 利用远期交易保值

×月××日：

现货市场：买进€50 万，汇率为＄1＝€0.9424，支付＄530560

远期市场：卖出 50 万 3 个月后到期的欧元远期合约，汇率为＄1＝0.9435，价值＄529942

×＋3 月××日：

无论现货市场汇率如何变化，美国母公司交割远期合约，收回＄529942，其结果是最终损失＄618。通过远期保值交易，美国母公司起初就可将损失固定下来，达到了防范汇率下跌的风险。

多头套期保值交易又称为买进套期保值，它适用于拥有外币债务或将拥有外币债务的交易者。为防止汇率上升所带来的风险，可以通过买进外汇期货合约或外汇远期合约来实现套期保值。

例如：3 月初，美国某进口商从加拿大进口一批农产品，价值 500000 加元，6 个月后支付货款。为防止加元升值，美国进口商可在外汇期货市场上买进 5 份加元期货合约或在外汇远期市场买入 500000 加元的外汇远期合约。6 个月后，加元果然升值，美国进口商的盈亏情况如下：

1. 利用期货交易保值

3 月 1 日：

现货市场:有 500000 加元的货款需 6 个月后支付,汇率为 0.8460 美元/加元,合＄423000(=500000×0.8460)

期货市场:买进 5 份 9 月到期的加元期货合约,汇率为 0.8450 美元/加元,价值＄422500(=5×100000×0.8450)

9 月 1 日:

现货市场:支付货款,此时的汇率为 0.8490 美元/加元,合＄424500(=500000×0.8490)

期货市场:对冲手中的加元期货合约,汇率为 0.8489 美元/加元,获＄1950(=5×10×39)净收益

结果:现货市场由于加元汇率的上升,使得美国进口商需要多支付＄1500(=424500－423000),但由于该进口商在期货市场做了套期保值,期货市场获利＄1950,最终结果是美国进口商不仅没有因汇率的上升而遭致损失,相反,他还获得了＄450 的额外收益。

2. 利用远期交易保值

3 月 1 日:

美国进口商在远期市场购买 500000 加元的远期合约,汇率为 0.8480 美元/加元,价值＄424000

9 月 1 日:

无论现货市场即期汇率为多少,进口商只需交割加元远期合约,支付＄424000,获得 500000 加元,并将其支付给加拿大出口商,就能结束 500000 加元的进口债务。

实际上,当美国进口商进行远期保值交易时,他都将比当初多支付＄1000(=424000－423000)。正是他以这＄1000 为代价,从而换取了规避加元大幅升值情况下可能更大的损失。

总之,套期保值交易是风险规避者规避汇率风险的一种有效的交易策略。值得注意的是,当现货市场即期汇率发生有利于投资者的变化时,套期保值交易却失去了有利条件下的额外好处。

**思考题**

1. 什么是汇率,汇率的标价方式有哪两种,我国外汇标价采用的是哪种方式。

2. 什么是即期汇率、远期汇率,它们的关系是怎样的。

3. 什么是汇率风险,它是由什么引起的,衡量汇率风险的指标是什么。

4. 汇率有哪几种形成机制,不同汇率机制下汇率风险的特点是怎样的。

5. 金本位制度下汇率的决定基础是什么,金本位制度下汇率波动的特点是什么。

6. 纸币制度下汇率的决定基础是什么。

7. 绝对购买力平价的内容是什么,该理论成立的假设前提是什么,现实社会经济能否满足该假设前提。

8. 相对购买力平价的内容是什么,与绝对购买力平价相比它在实践中有哪些改进。

9. 无抛补利率平价的预期汇率变化率是由什么决定的。

10. 抛补的利率平价理论的内容是什么,它与无抛补利率平价理论的联系是怎样的。

11. 费雪方程与利率平价理论相比有哪些优点。

12. 什么是单向投机性交易和跨期套利交易,跨期套利交易的投资策略是什么。

13. 什么是空头套期保值和多头套期保值,当外汇市场出现有利和不利变化时,套期保值交易会给交易者带来什么样的结果。

14. 某美国进口商从英国进口价值 100 万英镑的货物，合同约定 3 个月后付款，当时英镑的即期汇率为 1 英镑＝1.5600 美元，3 个月远期英镑汇率为 1 英镑＝1.5800 美元，为避免汇率上升的风险，该美国进口商在外汇远期市场应如何去操作。

15. 日本某机构对美国国库券的投资将于 9 月 12 日到期，到期时将收回 1000 万美元。当时(同年 3 月 12 日)美元即期汇率为 1 美元＝120 日元，6 个月远期汇率为 1 美元＝118 日元。若该机构担心到期时美元贬值，他在外汇远期市场应如何操作？如果 6 个月后美元没有贬值，反而升值，美元的即期汇率变为 1 美元＝122 日元，该机构的盈亏状况是怎样的。

**讨论题**

1. 人民币经常项目可自由兑换，而资本项目暂不可自由兑换的背景下，它更适合于哪种汇率决定理论。

2. 从日本的经验教训以及东南亚金融危机看人民币自由化下的国家金融安全。

3. 美元过度发行与我国汇率政策选择。

4. 如何解释 2007 年以来，人民币对内贬值与对外升值并存的现象。

5. 21 世纪一定不会平静，“货币战争”似乎不可避免，中国应如何应对这场战争。

# 第十一章　期货市场及杠杆投资

在金融投资与风险管理的早期实践中，人们始终没有办法完全克服未来不确定性所带来的风险，相对单一或独立的金融工具也严重阻碍了金融市场风险配置功能的发挥。期货作为一种开发得相对较早的金融衍生工具，它的成功推出不仅使未来的不确定性变得完全确定，从而满足了风险规避型投资者的套期保值或锁定盈亏的需求，而且它的杠杆效应同时又满足了风险追求型投资者的高风险偏好，极大地促进了金融市场风险配置功能的发挥。

## 第一节　期货市场交易特征及规则

### 一、期货交易与期货合约

所谓期货交易是指，交易双方支付一定数量的保证金，通过交易所进行的，在将来某一地点和时间买卖某一特定数量和质量的商品。这种以实物产品为标的物的期货交易称为商品期货。

所谓期货合约是指，期货交易所制定的标准化的、受法律约束的，并载明在将来某一时间和地点买卖某一特定商品的合约。由于期货合约的商品品种、数量、质量、等级、交货时间、地点等条款都是既定的，因此唯一的变量便是价格，它是在期货合约成交当时确定的。

当标准化合约中的买卖对象为金融商品时，即为金融期货。主要包括：外汇期货、利率期货、股票指数期货等。

### 二、期货市场交易的主要特征

1. 期货市场具有专门的交易场所，一般不允许场外交易。期货交易所不仅为交易者提供了一个专门的交易场所，而且还为期货交易制定了严密的规章制度，同时，还为所有在期货交易所内达成的交易提供财务上和合约履行方面的担保。

2. 期货市场的交易对象是标准化的期货合约。

3. 适宜于进行期货交易的期货商品具有特殊性。即除了价格外，期货交易的商品能够在品种、数量、质量、等级、交货时间、地点等方面进行确定。

4. 期货交易是通过买卖双方公开竞价方式进行的。因此，期货市场是一个公开、公平、公正和竞争的场所，期货市场上的价格能够较准确地反映现货市场上真实的供求状况及变动趋势。

5. 期货交易实行保证金制度。在期货市场进行交易需要交纳一定数量的履约保证金（一般为成交金额的5%～15%），并且在交易的过程中，需要维持一个最低的保证金水平，以为期货合约的履行提供一种财务担保。

6. 期货市场具有高风险、高回报的特点。由于期货交易实行保证金制度，利用5%～15%的资金便可从事100%的交易。正是这种杠杆效应，决定了期货交易具有较高的风险，同时也为交易者带来较高的预期回报。

7. 期货交易不以实物商品的交割为目的。期货交易者进行交易的目的有二，或是为了套期保值，或是为了投机。因此，绝大多数期货交易者都以对冲平仓方式结束交易，而最后进行实物交割的比例很小，国际期货市场的相关统计显示，这一比例一般只有1%～3%。

8. 期货交易由期货交易所对其提供履约担保。期货交易的买卖双方并不直接与对方发生关系，而是通过期货交易所进行期货合约的结算与交割，并且期货交易所为交易的双方提供履约担保，即使交易的一方违约，也不影响另一方的正常履约，这在相当程度上克服了交易对手的违约风险。期交所之所以能够提供这种财力上的担保，是与其所实行保证金制度、无负债结算制度等严格的规章制度紧密相关的。

### 三、期货市场交易的规则

1. 会员管理规则

目前绝大多数的期货交易所都采用会员制。期交所的会员经正式申请并审查批准后，才成为正式会员，会员享有各种权利并承担相应的义务，如直接在交易所内从事期货交易，参与交易所管理等。

2. 委托交易规则

非会员不能在交易所直接进行期货买卖，只能通过具有会员资格的期货经纪公司进行期货交易。期货经纪公司是指接受期货交易者的委托，以自己的名义代期货交易者进行期货交易并从中收取佣金的经纪组织。期货经纪公司的设立，须根据相关期货交易法律法规、按照一定程序、并经审查批准后方可成立。经纪公司的主要职责包括：代客户下达买卖指令；征收客户的履约保证金；提供交易记录与凭证；传递市场信息和市场分析研究报告等。

3. 部分保证金制度

在期货交易中，买卖双方都必须支付一笔保证金(一般为期货合约金额的5%～15%)给交易所的清算公司。保证金是交易双方确保履行合约的义务而做出的财力和信用保证，用于在交易双方不能如期履约的情况下，交易所清算公司对受损方给予保障和补偿。交易所对会员实行保证金制度，会员(包括期货经纪公司)对其委托代理交易的客户也实行保证金制度。

买卖双方交纳初始保证金后，如果期货市场价格发生重大变化，交易者应就其所持有的未平仓合约按当日收盘价计算的账面亏损来重新计算保证金，当新计算的保证金接近或达到最低保证金要求时，要追加保证金。否则，经纪人或交易所将给予强行平仓。

4. 中央清算制

期货市场中买卖双方的结算与清算采用中央清算制，交易所的清算公司或结算部门对于买方是卖方、对于卖方是买方，买卖双方只与交易所结算交易盈亏。清算公司具体职责：

(1)会员账户监管。会员必须在交易所清算公司开设独立的结算账户，并存入一定的资金供支付保证金和场地费等。

(2)每日结算制。对会员确认的期货交易合约进行每日结算，并发出结算清单，包括每日结算清单、未平仓合约清单、每日保证金清单、每日交易登记清单和期货合约综合报告等。

(3)对平仓与未平仓合约的结算。平仓合约的结算按照平仓与开仓成交价格的价差和合约数量计算盈亏，并在当日从会员结算账户中直接划转；未平仓合约的结算是按照合约的成交价格同当日结算价的差价和合约的数量计算盈亏，该盈亏为账面盈亏，直接记入保证金。

(4)保证金的监缴。经当日结算，如果会员结算账户亏损达到或超过应交保证金的一定比例时，清算公司便向会员发出追加保证金的通知。若会员收到通知后的一定时间内未能补足应追加的保证金，交易所有权停止该会员参加当日的交易，并有权对其合约代为平仓，平仓后的损失和有关费用由该会员负担。

## 第二节　期货产品定价

金融期货具有两大基本功能,即套期保值和价格发现。本节主要讨论其价格发现功能,套期保值将在下一节再介绍。

金融期货的价格是通过交易所中的买卖双方公开竞价形成的,具有公开性、公正性和公平性。可以说,期货的价格充分反映了供求关系和交易双方对未来政治、经济、金融及自然等变化趋势的预期。

### 一、期货价格以现货价格为基础

金融期货产生的根本原因在于,现货价格的频繁波动蕴藏着巨大的风险,人们希望找到一种避险方式,通过建立与现货交易相反方向的交易,从而将价格波幅相对锁定,这便是期货交易的套期保值行为。期货价格是未来现货价格的预期,无论投资者采取什么样的预期形式,现货价格都是预期价格的基础,因此,期货价格是以现货价格为基础,现货价格决定了期货价格的理论值。

(一)期货价格收敛于现货价格

随着期货合约交割月份的逼近,期货的价格将收敛于标的资产的现货价格。当到达交割期限时,期货的价格将等于现货价格。因为,如果期货价格不等于现货价格,就会产生套利机会。

如在交割日期货价格高于现货价格,卖空期货合约的同时买入现货资产的交易便构成了套利。套利行为必然引起期货价格的下降与现货价格的上升,最终使得期货价格与现货价格趋于一致。相反,当期货价格低于现货价格时,买入期货合约的同时卖空现货资产也构成套利交易行为,将使期货价格上升、现货价格下降,最终使得期货价格与现货价格趋于一致。

(二)期货价格与预期的现货价格

如上所述,在交割日期货价格与现货价格相等,否则会存在套利机会。而在交割日之前,期货价格与预期的现货价格(即交割日现货价格)之间是一种什么样的关系,对此理论界存在不同的看法。

1. 预期假说(expectations hypothesis)

该假说认为,期货合约的交易价格等于交割日现货市场的预期价格。即

$$P_f = \bar{P}_s \tag{11.2.1}$$

其中,$P_f$ 是当前的期货合约的价格,$\bar{P}_s$ 是期货合约标的资产在交割日的现货预期价格。

在这种假说下,投机者无论在期货市场上是处于空头还是多头地位,其预期利润均为零。预期假说是建立在投机者并不十分关心风险的基础上的。他们认为:影响某一种具体的期货头寸的风险对于一个由多种资产组成的证券组合来说是很小的,而持有多样化的证券组合会有效的降低风险。这样,投机者就会在无风险补偿的情况下与套期保值者进行合作。

2. 期货折价(normal backwardation)

著名经济学家凯恩斯认为,预期假说并未正确地解释期货的价格。他认为,从总体上看,套期保值者在期货市场上是以空头出现的,为使投机者以多头的角色出现在期货市场上,并承担相应的风险,套期保值者必须以高于无风险回报率的收益作为投机者的风险补偿。因此,这就

要求期货的价格低于预期的现货价格。即

$$P_f < \bar{P}_s \tag{11.2.2}$$

这样，投机者便可通过购买价格为 $P_f$ 的期货合约，并在交割日以 $\bar{P}_s$ 的价格出售合约获得收益。期货价格与预期的现货价格之间的这种关系被称为正常期货折价，即期货合约的价格在合约有效期内被认为是呈上升趋势的。

3. 期货溢价(normal contango)

另一个相反的假说认为，在通常情况下，套期保值者愿意在期货市场上做多头，他们为使投机者做空头并承担相应的风险，套期保值者必须通过使持有空头头寸的预期回报率高于无风险的回报率来吸引投机者。这就要求期货价格比预期的现货价格高。即

$$P_f > \bar{P}_s \tag{11.2.3}$$

这样，投机者便可通过卖出价格为 $P_f$ 的期货合约，并在交割日以 $\bar{P}_s$ 的价格购买合约获得收益。期货价格与预期的现货价格之间的这种关系被称为期货溢价，即期货合约的价格在合约有效期内被认为是呈下降趋势的。

有关期货价格与预期的现货价格关系的三种假说，在图 11.2—1 中可分别表示成三条不同的曲线。

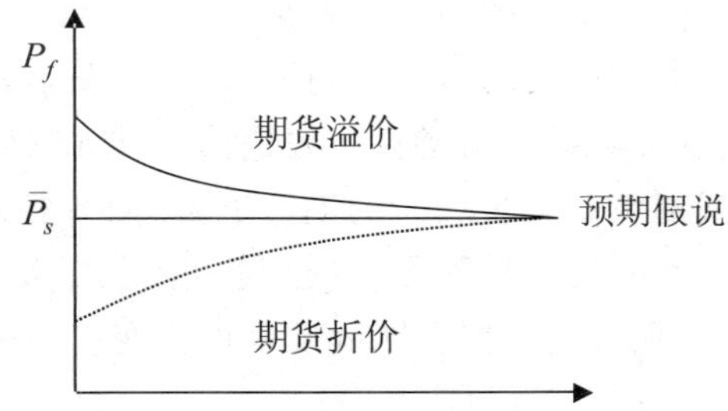


**图 11.2—1　期货价格与预期的现货价格**

**二、金融期货价格的构成**

上一部分讨论了某种资产的期货价格与期货合约到期日预期现货价格之间的关系。这一部分我们将讨论期货价格与当前现货价格之间的关系。

由于在现实的期货交易中存在持有成本，因此期货的价格与现货价格并不一致。它们的关系是

$$期货价格＝现货价格＋头寸持有成本 \tag{11.2.4}$$

其中，期货合约的头寸持有成本(cost of carry)由下式决定，即

$$头寸持有成本＝融资成本＋保有成本－持有收益 \tag{11.2.5}$$

将(11.2.5)式代入(11.2.4)式得

$$期货价格＝现货价格＋融资成本＋保有成本－持有收益 \tag{11.2.6}$$

(11.2.6)式说明，期货价格可能高于或低于当前的现货价格，这取决于持有头寸成本的大小。

例如，某投资者持有面值为 1000000 元的一年期公司债券现货，票面利率为 5%，半年一付息，且该投资者已为该公司债投保，保费为 1000 元。假设市场无风险利率为 4%，该公司债的市场价格与面值相等。若此时该投资者签订一份期货合约，约定在半年后出售该笔公司债，则

该期货合约的价格为 996000 元。

因为在本例中，

融资成本＝1000000×4％×1/2＝20000(元)

保有成本＝1000(元)

持有收益＝1000000×5％×1/2＝25000(元)

由(11.2.6)式知，

期货价格＝现货价格＋融资成本＋保有成本－持有收益

＝1000000＋20000＋1000－25000＝996000(元)

期货价格与当前现货价格的关系，与上一部分所讨论的期货价格与预期的现货价格的关系是一致的。因为，随着时间的推移与交割日的逼近，当前的现货价格逐渐与预期的现货价格一致，从而使期货价格收敛于标的资产的现货价格。

## 第三节 期货交易中的套期保值

金融期货的套期保值功能是金融期货产生并迅速发展的重要内在原因，它为金融资产拥有者在动荡的市场中提供了有效的保护机制。

由于期货的价格取决于人们对未来的判断和预期，而对未来的预测又是以现实为基础的，因此金融商品现货的价格总体上与期货的价格运行一致。如果交易者在现货市场上买入或卖出某种金融商品，并同时在期货市场上卖出或买入数量相等、交割时间相同的期货合约，然后在现货交易完结前和期货合约到期前做一次反向的期货交易，对冲掉原先的期货合约。这样，现货交易中出现的盈利(亏损)就被期货交易的亏损(盈利)相抵消，金融商品的价格被固定下来，从而能够实现套期保值的目的，规避现货持有期内现货价格变动的风险。

### 一、空头套期保值与多头套期保值

如果投资者知道他要在将来某一特定的时间出售某一资产，则可以通过持有期货合约的空头来对冲该资产价格波动的风险。这就是空头套期保值(short hedge)。如果资产的价格下降，则投资者出售该资产时发生的损失将由期货空头的获利弥补；如果资产的价格上升，投资者出售该资产时所获利润将会被期货空头的损失抵消。

如果投资者知道他要在将来某一特定的时间购买某一资产，则可以通过持有期货合约的多头来对冲该资产价格波动的风险。这就是多头套期保值(long hedge)。该资产价格上升(或下降)所带来的现货交易的损失(或盈利)，能够被期货多头的获利(或亏损)所对冲。

### 二、基差风险

(一)基差风险的概念

在实际应用中，利用期货合约进行套期保值往往不能完全对冲掉资产价格波动的风险，当期货价格与现货价格不一致或期货价格与现货价格的变动幅度不同时，便产生了基差风险(basis risk)。

在套期保值的情况下，一种资产在现货市场的价格与相应的期货价格之差，被称为期货的基差(basis)。即

基差＝现货价格－期货价格

当投资者进行空头套期保值时，他将在基差为正并扩大(或基差为负并减少)时获益，因为这时现货价格上升、期货价格下降，或现货价格上升的幅度大于期货价格上升的幅度。同理，当投资者进行多头套期保值时，他将会在基差为正并缩小(或基差为负并扩大)时获益。

$$b_1 = S_1 - F_1 \tag{11.3.1}$$

$$b_2 = S_2 - F_2 \tag{11.3.2}$$

其中，$S_1$ 是在 $t_1$ 时刻现货的价格；$S_2$ 是在 $t_2$ 时刻现货的价格；$F_1$ 是在 $t_1$ 时刻期货的价格；$F_2$ 是在 $t_2$ 时刻期货的价格；$b_1$ 是在 $t_1$ 时刻的基差；$b_2$ 是在 $t_2$ 时刻的基差。

假定在 $t_1$ 时刻进行对冲操作，在 $t_2$ 时刻平仓。则下面两种情形的盈亏关系分别为：

1. 空头套期保值

当套期保值者知道将于 $t_2$ 时刻出售资产，并在 $t_1$ 时刻持有期货的空头时，该资产实现的价格为 $S_2$，期货头寸的盈利为 $F_1 - F_2$。套期保值资产获得的有效价格是

$$S_2 + F_1 - F_2 = F_1 + b_2 \tag{11.3.3}$$

2. 多头套期保值

当套期保值者知道将于 $t_2$ 时刻购买资产，并在 $t_1$ 时刻持有期货的多头时，为该资产支付的价格为 $S_2$，期货头寸的损失为 $F_1 - F_2$。套期保值资产所支付的有效价格是

$$S_2 + F_1 - F_2 = F_1 + b_2 \tag{11.3.4}$$

以上两种情况中，$t_1$ 时刻的 $F_1$ 是已知的，若此时 $b_2$ 也是已知的，就可以进行完全的套期保值(即套期保值可以消除价格的所有不确定性)。而当 $b_2$ 不能确定时，所带来的风险便是基差风险。

(二)影响基差风险的因素

基差风险产生的原因有：

(1)需要对冲的价格风险的资产与期货合约的标的资产可能并不完全一样；

(2)套期保值者可能并不能肯定购买或出售资产的确切时间；

(3)套期保值可能要求期货合约在其到期日之前就进行平仓。

影响基差风险的一个关键因素，是套期保值所选用的期货合约。它包括两个方面的内容。

1. 选择期货合约的标的资产

当需要保值的资产与期货合约的标的资产完全一样时，利用期货合约进行套期保值便能够完全对冲掉资产价格波动的风险，此时，基差风险为零。当不能找到与现货资产完全一样的期货合约的标的资产时，就会产生基差风险，而且期货价格与被保值的资产价格的相关性越差，基差风险越大。此时，套期保值资产的有效价格是

$$F_1 + (S_2^* - F_2) + (S_2 - S_2^*) \tag{11.3.5}$$

其中，$S_2^*$ 为 $t_2$ 时刻期货合约标的资产的价格。

在这种情况下，基差被分解为 $(S_2^* - F_2)$ 和 $(S_2 - S_2^*)$ 两部分。当被保值资产与期货合约中的标的资产一致时，$S_2 = S_2^*$，基差仅为 $S_2 - F_2$；当两个资产不同时，资产的非一致性会额外增加基差，其值为 $S_2 - S_2^*$，而且两资产价格相关性越低，该部分基差就越大。

2. 选择交割月份

从期货合约交割月份的角度看，期货价格对交割月份表现得很不稳定，加之随着套期保值的到期日与交割月份之间差距的增加，基差风险增加，因此，选择交割月份最好的方法是，在套期保值到期日之后，尽量使其接近套期保值到期的那个交割月份。

另外,由于到期期限短的期货合约的流动性较强,因此保值者可以使用到期期限短的合约,然后不断将合约向前进行展期。然而,实行这一策略会面临多次基差风险,以及前一个合约平仓时的价格与下一个新合约开仓时价格之差的不确定性。

### 三、最佳套期比率

套期比率是指,持有期货合约的头寸大小与风险暴露资产大小之间的比率。在上述讨论中,整个分析都基于套期比率为1的假设。实际中,由于期货合约不具有完全可分性,因此,保值者往往无法实现资产价值的完全匹配,或者说套期比率并不等于1。但话又说回来,即使是实现了资产价值的完全匹配,即套期比率为1,基差风险的存在决定了它也未必是保值者的最佳选择。那么,如果套期保值者的目的是使风险最小化,最优的套期比率又如何确定呢?

设 $\Delta S$ 为在套期保值期限内现货价格 S 的变化,$\Delta F$ 为在套期保值期限内期货价格 $F$ 的变化,$\sigma_S$ 为 $\Delta S$ 的标准差,$\sigma_F$ 为 $\Delta F$ 的标准差,$\rho$ 为 $\Delta S$ 与 $\Delta F$ 之间的相关系数,$h$ 为套期比率。

当套期保值者持有资产多头和期货空头时,令保值者现货资产的持有量为 $N$,卖空 $N_f$ 单位相同资产的期货合约,则

$$h=\frac{N_f}{N}$$

保值者实现现货与期货资产的总价值

$$\begin{aligned}V&=NS_2-(F_2-F_1)N_f\\&=N(S_2-S_1)+S_1N-(F_2-F_1)N_f\end{aligned}\tag{11.3.6}$$

其中,$S_i$、$F_i$($i=1,2$)分别为现货与期货在 $t_i$($i=1,2$)时的价格。

所以

$$V=S_1N+N(\Delta S-h\Delta F)\tag{11.3.7}$$

因此,在套期保值期限内保值者头寸的价值变化为

$$N(\Delta S-h\Delta F)\tag{11.3.8}$$

同样对于一个多头套期保值,保值期内保值者总资产的价值变化为

$$N(h\Delta F-\Delta S)\tag{11.3.9}$$

因为 $N$ 已知,所以套期保值头寸总价值变化的方差为

$$\sigma_v^2=(\sigma_s^2+h^2\sigma_F^2-2h\rho\sigma_S\sigma_F)N^2\tag{11.3.10}$$

从上述分析知,使套期保值风险最小,就是使(11.3.10)式达到最小值,而(11.3.10)式达到最小值的必要条件是

$$\frac{\partial\sigma_v^2}{\partial h}=N^2(2h\sigma_F^2-2\rho\sigma_S\sigma_F)=0\tag{11.3.11}$$

又因为

$$\frac{\partial^2\sigma_v^2}{\partial h^2}=2N^2\ ,\sigma_F^2>0$$

所以最小方差存在,且满足(11.3.11)式的使方差最小的 $h$ 值为

$$h^*=\rho\frac{\sigma_S}{\sigma_F}\tag{11.3.12}$$

套期保值头寸价值的方差与套期比率之间的关系(11.3.10)式可用图 11.3-1 表示。

(11.3.12)式表明,保值者的最优套期比率不仅取决于现货与期货价格的相对风险,而且还取决于现货价格与期货价格的相关系数。当 $\rho=1$,且 $\sigma_S=\sigma_F$ 时,最佳的套期比率 $h^*=1$。在这

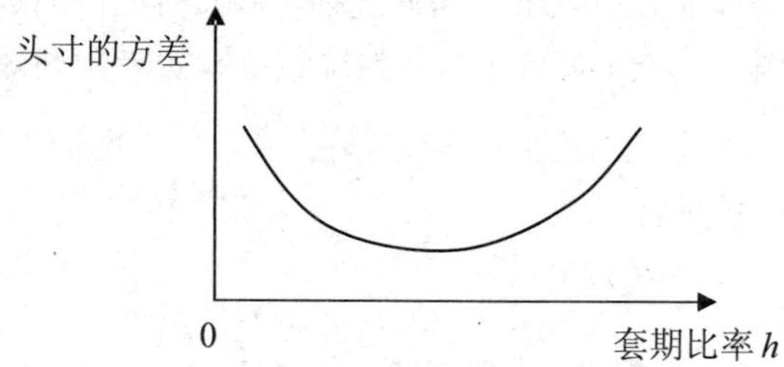


**图 11.3—1　套期保值头寸的方差与套期比率的关系**

种情况下，期货价格与现货价格完全一致，说明套期保值是完全的。否则，即使保值交易能够实现最优，但它始终是不完全的。

另外，(11.3.12)式中，$\rho$ 、$\sigma_S$ 、$\sigma_F$ 通常是未知的，在这种情况下，保值者仍然无法实现最佳保值策略。为了能够确定最优套期比率，一个可行的方法是引用$\Delta S$ 和$\Delta F$ 的历史数据估计$\rho$ 、$\sigma_S$ 和$\sigma_F$ 。设$\Delta S_i$ 和$\Delta F_i$ 分别为第$i$ 个套期保值期限内现货价格$S$ 与期货价格$F$ 变化的样本观察值，样本容量为$n$ ，则$\rho$ 、$\sigma_S$ 和$\sigma_F$ 的估计值分别为

$$\hat{\sigma}_S = \sqrt{\frac{\sum_{i=1}^{n}(\Delta S_i - \overline{\Delta S}_i)^2}{n-1}} \tag{11.3.13}$$

$$\hat{\sigma}_F = \sqrt{\frac{\sum_{i=1}^{n}(\Delta F_i - \overline{\Delta F}_i)^2}{n-1}} \tag{11.3.14}$$

$$\hat{\rho} = \frac{\sum_{i=1}^{n}(\Delta S_i - \overline{\Delta S}_i)(\Delta F_i - \overline{\Delta F}_i)}{\sqrt{\sum_{i=1}^{n}(\Delta S_i - \overline{\Delta S}_i)^2 \sum_{i=1}^{n}(\Delta F_i - \overline{\Delta F}_i)^2}} \tag{11.3.15}$$

其中，$\overline{\Delta S}_i = \frac{1}{n}\sum_{i=1}^{n}\Delta S_i$ ，$\overline{\Delta F}_i = \frac{1}{n}\sum_{i=1}^{n}\Delta F_i$

有了$\rho$ 、$\sigma_S$ 和$\sigma_F$ 的估计值$\hat{\rho}$ 、$\hat{\sigma}_S$ 和$\hat{\sigma}_F$ 后，保值者就可利用

$$h^* = \hat{\rho}\frac{\hat{\sigma}_S}{\hat{\sigma}_F} \tag{11.3.16}$$

去近似地求得最优套期比率。

## 第四节　风险偏好与杠杆投资决策

### 一、投资者的风险偏好

对于同样程度的投资风险，不同的投资者会做出不同的选择。有些投资者敢于冒险，称为风险偏好者；有些投资者相当慎重，称为风险规避者；而有些投资者则是风险中立者。如对于本金为 100 元的投资，一年后都可以获得 110 元的预期收益，方式 A 是以 100%的概率获得 110 元，而方式 B 是各以 50%的概率获得 220 元和 0 元，则风险规避者会选择方式 A，而风险偏好者会选择方式 B，风险中立者则认为两种选择方式无差别。

投资者之所以对同样的预期收益做出不同的选择,是由于同样的预期收益带给不同风险偏好投资者的预期效用不同。图 11.4－1 显示了不同风险偏好投资者预期效用与预期收益的关系。

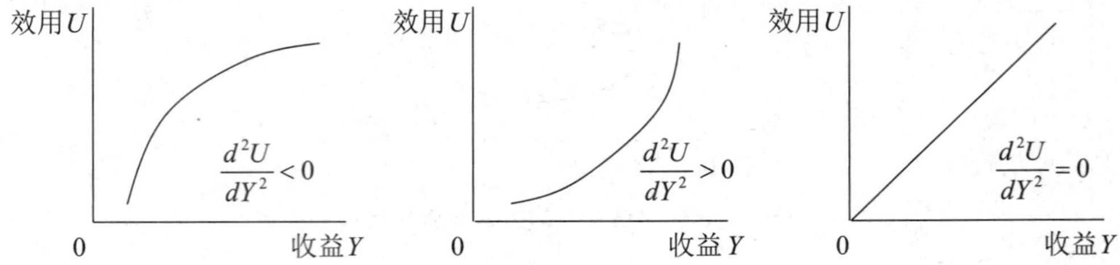


(a) 风险规避者　　(b) 风险偏好者　　(c) 风险中立者

**图 11.4－1　预期收益与预期效用**

## 二、期货交易的保证金制度与杠杆投资

我们在本章开始部分便简单介绍了期货交易的保证金制度及其风险特征。本节则详细介绍期货交易保证金制度的运行机制与功能,并将其带来的杠杆投资效应加以阐述。

(一)保证金制度

1. 初始保证金(initial margin)

要进行期货合约的买卖,投资者必须在经纪公司开立期货账户,并与其所开立的现金账户、保证金账户等其他账户分开。只要签订期货合约,买卖双方都要求存入初始保证金,以保证双方的履约。这一保证金数额大约为合约总值的 5%～15%,而且它一般为一个固定的数额,与其后合约的交易价格无关。

2. 当日结算制度(marking to market)

初始保证金为结算提供了一定程度的保护,但并不完全。如果期货合约签订后,由于价格的变动使得交易者的亏损额超过其初始保证金数额,这时交易者的违约风险加大,交易所便增大了承担损失的可能。因此,交易所在每天交易结束时,都要对投资者的账户余额进行结算,并对其保证金账户进行调整,这就是当日结算制度,也称为盯市。

3. 维持保证金(maintenance margin)

为了确保保证金账户的资金余额在任何情况下都不会为负,交易所设置了维持保证金,维持保证金的数额通常低于初始保证金(为初始保证金的一定百分比)。如果保证金账户的余额低于维持保证金,投资者就会收到保证金催付通知,要求在第二天内将保证金账户内的资金补足到初始保证金的水平。如果投资者不能及时补足保证金,其经纪人将出售该合约来进行平仓。

当期货合约标的资产价格的变动使得投资者盈利,其保证金账户中的余额超过初始保证金时,投资者可以提走保证金账户中超过初始保证金的那部分资金。

为了描述保证金账户的操作过程,我们举一个例子加以说明。

某投资者于 2003 年 7 月 8 日以每盎司黄金 400 美元的价格购买了两份 12 月份交割的黄金期货合约,一份黄金期货标准化合约的规模为 100 盎司。如果每一合约要求的初始保证金为 2000 美元,则该投资者被其经纪人要求在其保证金账户中存入 4000 美元。如果在 7 月 10 日,每盎司黄金价格下跌至 396 美元,则投资者保证金账户的余额减少 800 美元[＝(400－396)×100×2],此时保证金账户的余额为 3200 美元。若该期货交易的维持保证金为初始保证金的 75%(即 3000 美元＝2000×0.75×2),则投资者无须向其保证金账户中存入款项。如果在 7 月

15 日，每盎司黄金价格下跌至 394 美元，则投资者保证金账户的余额减少至 2800 美元[＝4000－(400－394)×100×2]。此时，投资者便会收到保证金催付通知，要求其在第二天内将保证金账户内的资金补足到初始保证金的水平(即 4000 美元)。如果投资者不能及时补足保证金，其经纪人将出售该合约来进行平仓。

4. 结算保证金(clearing margin)

与经纪人要求投资者开设保证金账户一样，结算所也要求其会员在结算所开设保证金账户，该保证金被称为结算保证金。并且，与投资者的保证金账户的操作方式相似，结算所对其会员的保证金账户余额也进行当日结算，按照盈亏对其保证金账户进行调整。与投资者保证金账户不同的是，会员保证金账户只要求初始保证金，没有维持保证金。正因为如此，经纪人通常会要求投资者缴存一个更高的初始保证金水平。

(二)杠杆投资

参与期货交易的投资者的目的有两种，一种是套期保值，另一种是投机。本章第三节我们已经介绍了套期保值交易者的动机及操作机理。下面我们接下来介绍投机者的投资目的与策略。

投机者(speculators)参与期货买卖的目的纯粹是为了获取利润。他们以对期货标的资产价格的预期为基础进行期货合约的买卖。如果预期期货标的资产价格上升，他们则会买入期货合约；反之如果预期期货标的资产价格下跌，则卖出期货合约，而后卖出或买进同样数量的期货合约做对冲操作。当他们的预期正确时，投机者就会获得利润。

作为期货交易的投机者往往是偏好风险的投资者。因为期货交易的保证金制度使得投资者仅需支付合约金额的 5%～15%的资金便可获得整个交易的利润或承担整个交易的损失。这一点是与现货交易明显不同的。

例如，某投资者投资同样的资金 10000 美元进行黄金的期货交易和现货交易。如果当时金价为每盎司 400 美元，且期货交易保证金为交易总额的 10%，若金价分别上涨至 405 美元和下跌至 395 美元时，该投资者实现的盈利或亏损情况如表 11.4－1 所示。

**表 11.4－1　期货的杠杆投资效应**

| | 期货交易 | 现货交易 |
|---|---|---|
| 交易总额(美元) | 100000 | 10000 |
| 支付资金(美元) | 10000 | 10000 |
| 价格上涨 5 美元时的利润(美元) | 1250 | 125 |
| 价格下跌 5 美元时的损失(美元) | －1250 | －125 |

由表 11.4－1 中数据可以看出，由于期货交易的部分保证金制度，导致投资相同的金额，期货交易实现的盈利或亏损为现货交易的 10 倍(即 1/10%)。这无疑放大了投资的风险。因此，只有风险偏好型的投资者才敢于承担这种高风险的投资活动。

# 第五节　远期协议交易与期货交易的比较

## 一、远期协议的含义与特征

(一)远期协议的含义

远期协议(forward agreement)是远期交易的法律协议，交易双方约定在未来某个时期按预先签订的协议交换某一特定资产的合约,远期协议规定合约双方交易的资产、交换日期、交换价格等,合约的条款可由交易双方协商而定。

(二)远期协议交易的特征

远期协议作为场外交易的衍生工具,具有以下特点:

1.远期协议是通过电话、电传等现代化通讯方式在场外进行的,由银行给出双向标价;

2.远期协议是直接在银行与银行之间、银行与客户之间进行的;

3.远期协议交易双方互相认识,而且每一笔交易都是双方直接见面,交易意味着接受参加者的对应风险;

4.远期协议交易不需要保证金,但对方风险是通过变化双方的远期价格差异来承担的;

5.远期协议大部分交易都导致交割;

6.远期协议的金额和到期日都是灵活的。

## 二、远期协议交易与金融期货交易的比较

远期协议交易与金融期货交易均是金融衍生市场中重要的交易形式,二者在内涵和具体操作上都有紧密的联系。主要表现在:二者交易的原理基本一致,都是买卖交易双方之间签订将来某一时间,按约定价格和条件交易一定数量的金融商品,都是为了防止信用、利率、汇率等风险而达到金融资产保值的目的;同时,都可作为金融市场上的投机手段。但二者之间仍存在许多显著的区别,主要表现在:

1.金融期货是在有形市场上通过有组织的交易场所交易的,价格的确定采取公开竞价方式进行,并且合约价格由交易所公布;远期协议交易市场则是无形市场,一般在交易双方间通过电讯手段进行交易,且交易价格由双方商定。

2.金融期货交易只能在会员之间进行,非会员只能委托会员进行期货合约的买卖;而远期协议交易则可直接或委托经纪人代为买卖。

3.金融期货交易的参与者可以是银行、公司、财务机构、个人或以盈利为目的的投机者;而远期协议交易主要是在银行同业间进行。

4.金融期货合约除价格外,币种、交易金额、结算日期等都有具体的规定,是一种标准化的合约;而远期协议没有固定的规格,合约内容完全由交易双方协商确定。

5.金融期货交易所有自己的结算公司和保证公司,并建有完善的结算制度和保证措施,可将交易的信用风险缩小;而远期协议交易则完全依赖交易双方的信用,风险相对较大。

6.金融期货交易实行保证金制度,而无须支付合约规定的全部面额,到期时只须支付差额;远期协议交易虽不必缴纳保证金,但到期时交易双方需在规定的时间交付全部交易金额。

7.金融期货的交易者大多以对冲平仓方式结束交易,最后进行实物交割的比例很小;而远期协议交易则大部分是到期后履行交割。

8.金融期货交易每天由结算公司清算当日盈亏,并在当日营业终了时以现款结算;而远期协议交易的盈亏则是交易双方在协议规定的结算日才进行清算。

## 三、远期价格和期货价格的比较

(一)远期价格

1.不支付收益的投资资产的远期价格

设 $S$ 为资产的即期价格; $T$ 为远期的到期时刻; $r_f$ 为以连续复利计算的无风险年利率; $F$

为远期价格。

如果投资者采取如下投资策略：

①即期以价格 $S$ 买入一单位资产；

②以价格 $F$ 卖出一张远期合约。

在不存在无风险套利机会的情况下，投资者在当前投资 $S$，并以无风险利率在 $T$ 时刻获得 $F$，则

$$F = Se^{r_f T} \tag{11.5.1}$$

2. 支付已知现金收益的投资资产的远期价格

如果投资资产在投资期内的收入现值已知，不妨记为 $I$，且投资者采取如下投资策略：

①即期以价格 $S$ 买入一单位资产；

②以价格 $F$ 卖出一张远期合约。

同样，在不存在无风险套利机会的情况下，投资者在当前投资 $S$、获得 $I$，并以无风险利率在 $T$ 时刻获得 $F$，则

$$F = (S - I)e^{r_f T} \tag{11.5.2}$$

3. 支付已知红利率的投资资产的远期价格

假设红利收益率按照年率 $q$ 连续支付，且投资者采取如下投资策略：

①即期以价格 $S$ 买入 $e^{-qT}$ 单位的资产，该资产的收益可再投资；

②以价格 $F$ 卖出一张远期合约。

这意味着，投资者在当前投资 $Se^{-qT}$，并以无风险利率在 $T$ 时刻获得 $F$，则

$$F = Se^{-qT}e^{r_f T}$$

或

$$F = Se^{(r_f - q)T} \tag{11.5.3}$$

(二)无风险利率恒定时的远期价格和期货价格

当无风险利率不变时，具有相同到期日的远期合约和期货合约具有相同的价格。

设 $n$ 为期货合约的期限(天)；$F_i$ 为第 $i$ 天($0 < i < n$)末的期货价格；$\delta$ 为每天的无风险利率(为常数)；$G_0$ 为第 0 天末的远期价格。

若投资者采取如下投资策略：

①在第 0 天末(期货合约开始生效时)，买入期货合约，数量为 $e^{\delta}$；

②在第 1 天末，增加期货合约多头头寸至 $e^{2\delta}$；

③在第 2 天末，增加期货合约多头头寸至 $e^{3\delta}$；……

该策略一直持续到第 $n-1$ 天末(如表 11.5-1 所示)。

则第 $i$ 天投资者拥有的期货多头头寸数量为 $e^{i\delta}$，实现的利润或损失为

$$(F_i - F_{i-1})e^{i\delta}$$

这个盈利以无风险利率计复利直至第 $n$ 天末的价值为

$$(F_i - F_{i-1})e^{i\delta}e^{(n-i)\delta} = (F_i - F_{i-1})e^{n\delta}$$

从表 11.5-1 知，整个投资策略至第 $n$ 天末的总价值为

$$\sum_{i=1}^{n}(F_i - F_{i-1})e^{n\delta} = (F_n - F_0)e^{n\delta}$$

表 11.5—1 期货投资策略

| | 日期 | | | | | |
|---|---|---|---|---|---|---|
| | 0 | 1 | 2 | … | $n-1$ | $n$ |
| 期货价格 | $F_0$ | $F_1$ | $F_2$ | … | $F_{n-1}$ | $F_n$ |
| 期货头寸 | $e^{\delta}$ | $e^{2\delta}$ | $e^{3\delta}$ | … | $e^{n\delta}$ | 0 |
| 利润/损失 | 0 | $(F_1-F_0)e^{\delta}$ | $(F_2-F_1)e^{2\delta}$ | … | $(F_{n-1}-F_{n-2})e^{(n-1)\delta}$ | $(F_n-F_{n-1})e^{n\delta}$ |
| 计复利至第 $n$ 天的利润/损失 | 0 | $(F_1-F_0)e^{n\delta}$ | $(F_2-F_1)e^{n\delta}$ | … | $(F_{n-1}-F_{n-2})e^{n\delta}$ | $(F_n-F_{n-1})e^{n\delta}$ |

由于 $F_n$ 与最终的资产价格 $S_T$ 相等,因此整个投资策略至第 $n$ 天末的总价值为

$$(S_T-F_0)e^{n\delta}$$

如果将 $F_0$ 投资于无风险债券,并与上述投资策略组合,就能够得到在时刻 $T$ 的价值为

$$F_0e^{n\delta}+(S_T-F_0)e^{n\delta}=S_Te^{n\delta}$$

由于上述所有的期货多头头寸并不需要任何资金,因此投资 $F_0$ 能够在时刻 $T$ 实现价值 $S_Te^{n\delta}$ 。

而在第 0 天末,如果以远期价格 $G_0$ 投资于无风险债券并购买 $e^{n\delta}$ 个远期合约,在时刻 $T$ 也能够实现价值为 $S_Te^{n\delta}$ 的资产。因此,在无套利机会的情况下,有

$$F_0=G_0$$

即期货价格与远期价格相等。

# 第六节 算例

## 一、利用利率期货套期保值

例 1:多头套期保值

某投资者预计在 3 个月后有 800 万美元的资金流入,他希望收到这笔资金后进行短期投资。但此时他预测利率会下跌,便买入 3 个月期的利率期货,预先把收益固定下来。具体操作及结果如表 11.6—1 所示。

表 11.6—1 利率期货多头套期保值

| | 现货市场 | 期货市场 |
|---|---|---|
| 9 月 2 日 | 3 个月期存款利率为 2.5% | 买入 8 份 12 月份到期的 3 个月利率期货合约(收益率为 2.45%)* |
| 12 月 1 日 | 把 800 万美元存入银行,利率为 2% | 卖出 8 份 12 月份到期的 3 个月利率期货合约(收益率为 2%) |
| 结果 | 损失 = 800 × (2.5% − 2%) × 92/365 = 10082 美元 | 盈利 = 8 × 100 × (2.45% − 2%) × 92/365 = 9074 美元 |
| | 投资者最终损失=10082 美元−9074 美元=1008 美元,或者说,投资者以 1008 美元的代价避免了 10082 美元的可能损失 | |

注:* 一份标准化的短期利率期货合约的面值为 100 万美元。

例 2:空头套期保值

某投资者拥有 200 万美元的长期国库券,他预测不久利率会上升,因此他利用卖出利率期货合约进行套期保值。具体操作及结果如表 11.6－2 所示。

**表 11.6－2 利率期货空头套期保值**

| | 现货市场 | 期货市场 |
|---|---|---|
| 3 月份 | 持有 200 万美元长期国库券,市场价值 198 万美元 | 按总值 185 万美元卖出 20 份长期国库券 7 月份到期的期货合约 * |
| 6 月份 | 长期国库券市场价值跌至 190 万美元 | 按总值 175 万美元买入 20 份长期国库券 7 月份到期的期货合约 |
| 结果 | 损失 8 万美元 | 盈利 10 万美元 |
| | 投资者最终盈利＝10 万美元－8 万美元＝2 万美元,或者说,投资者不仅避免了利率上升可能导致的 8 万美元的损失,而且还获得额外 2 万美元的收益 | |

注:* 一份标准化的长期国债期货合约的面值为 10 万美元。

从上述两个例子可以看出,利用利率期货套期保值,使得现货市场的亏损由期货市场的盈利进行弥补。但值得注意的是,如果市场利率变动方向与预料的相反,则现货市场实现的盈利便会被期货市场的亏损抵消。最终,投资者实现的是将盈利(或损失)限制在了一个相对小的范围内。从而保证了投资者收益或支付的相对稳定。正是现货与期货反方向的运作,才真正体现了其保值的功能。

## 二、利用外汇期货套期保值

例 3:空头套期保值

某美国投资者准备投资于短期证券市场。此时 90 天的美国国债利率为 6%,而同期的英国国债利率为 19%,显然比美国国债有吸引力。但英国国债的利息以英镑支付。若在投资期满时,英镑贬值,该投资者在利率上的获利就会被汇率的变动而抵消。为了克服汇率变动可能给投资者带来的损失,该投资者可以利用外汇期货进行空头套期保值。具体操作及结果如表 11.6－3 所示。

**表 11.6－3 外汇期货空头套期保值**

| | 现货市场 | 期货市场 |
|---|---|---|
| 3 月 1 日 | 以 1 英镑兑换 2 美元的价格购买 62500 英镑,并投资于 3 个月期的英国国债 | 以 1 英镑兑换 1.95 美元的价格卖出 1 份 6 月份到期的英镑期货合约 * |
| 6 月 1 日 | 将投资本利和以 1 英镑兑换 1.9 美元的价格兑换成美元＝62500×(1＋19%×92/365)×1.9＝124436.99 美元 | 以 1 英镑兑换 1.85 美元的价格买入 1 份 6 月份到期的英镑期货合约 |
| 结果 | 亏损＝62500×(1＋19%×92/365)×(2－1.9)＝6549.32 美元 | 盈利＝62500×(1.95－1.85)＝6250 美元 |
| | 投资者最终亏损＝6549.32 美元－6250 美元＝299.32 美元,或者说,投资者仅以 299.32 美元的代价避免了可能 6549.32 美元的损失 | |

注:* 一份标准化的英镑期货合约的交易单位为 62500 英镑。

例 4:多头套期保值

一家跨国公司有两个分支机构,分别在美国和英国。若某年 6 月在英国的机构有一笔资金闲置 3 个月,而此时美国的机构恰好紧缺短期周转资金。公司管理层希望将这笔资金从英国调入美国,但为避免汇率风险,该公司在外汇市场上进行了期货交易。具体操作及结果如表 11.6－4 所示。

**表 11.6－4　外汇期货多头套期保值**

| | 现货市场 | 期货市场 |
|---|---|---|
| 6 月份 | 以 1 英镑兑换 2 美元的价格卖出 50 万英镑 | 以 1 英镑兑换 2.05 美元的价格购买 8 份 9 月份交割的英镑期货合约 |
| 9 月份 | 以 1 英镑兑换 2.05 美元的价格购买 50 万英镑 | 以 1 英镑兑换 2.10 美元的价格卖出 8 份 9 月份交割的英镑期货合约 |
| 结果 | 损失＝50×(2.05－2)＝25000 美元 | 盈利＝50×(2.10－2.05)＝25000 美元 |
| | 投资者损益＝0,这就是说,通过保值交易,这家公司完全避免了汇率变动的风险 | |

由此可见,利用外汇期货进行套期保值,减少了投资者的汇率风险,但同时也减少了投资者的潜在收益。

## 三、利用股票指数期货套期保值

例 5:空头套期保值

空头套期保值的参与者,主要是已经拥有股票的个人或机构、或是预期将持有股票的个人或机构,在对未来股市走势没有把握或预测股价会下跌的情况下,为避免股价下跌带来的损失,他们便会采取卖出股指期货的操作策略进行套期保值。

若美国某股票持有者拥有价值 2500000 美元的股票,他预计未来股票价格会下跌,因此,他便卖出五份 3 个月后到期的标准普尔 500 种股票指数期货合约,指数点为 1000,该交易的总价格为 2500000 美元(＝5×1000×500)[①]。该合约到期前,由于经济周期的影响,股票价格明显下跌,股票指数跌至 950 点,此时,该投资者采取买入股指期货合约的行动。具体操作及结果如表 11.6－5 所示。

**表 11.6－5　股指期货空头套期保值**

| | 股票现货市场 | 期货市场 |
|---|---|---|
| 目前 | 拥有价值 2500000 美元的股票 | 卖出 5 份 3 个月期的标准普尔 500 种股票指数期货合约,总价值为 2500000 美元(＝5×1000×500) |
| 3 个月后 | 股票价值下降至 2350000 美元 | 买回同等份数的市场指数期货合约,总价值为 2375000 美元(＝5×950×500) |
| 结果 | 亏损 150000 元 | 盈利 125000 元 |
| | 投资者亏损＝25000 元,<br>这就是说,投资者以 25000 美元为代价避免了可能 150000 美元的损失 | |

① 一份标准化的标准普尔 500 种股票指数期货合约价值为 500 美元×指数点数。

例 6:多头套期保值

香港一股票投资者计划购买市场价值为 1000000 港元的股票,但资金未到位。为避免股票价格上升,他便购入一个月期的恒生股票指数期货合约。如果股价如他所料果真上扬,则该投资者在现货市场上的机会亏损便由其在期货市场上的盈利弥补。具体操作及结果如表 11.6—6 所示。

**表 11.6—6　股指期货多头套期保值**

| | 股票现货市场 | 期货市场 |
|---|---|---|
| 现在 | 欲购买价值 1000000 港元的股票,但资金未到位 | 买入 2 份 1 个月期股指期货合约,价值为 1000000 港元(=2×10000 点×50) |
| 1 个月后 | 股价上扬,欲购股票市价上升到 1050000 港元 | 指数升至 10050 点,卖出期股指期货合约,价值为 1050000 港元(=2×10050 点×50) |
| 结果 | 损失 5000 港元 | 盈利 5000 港元 |
| | 投资者损益=0,<br>或者说,投资者通过实施股指期货交易,锁定了一个月获取 5000 港元的盈利机会 | |

注:* 一份标准化恒生股票指数期货合约的价值为 50 港元×指数点数。

**思考题**

1. 什么是金融期货,期货市场交易有哪些主要特征。
2. 期货价格与现货价格以及预期的现货价格之间的关系是怎样的。
3. 什么是空头套期保值与多头套期保值。
4. 什么是基差风险,产生基差风险的原因有哪些。
5. 最佳套期比率由什么因素决定;在现实中,如何确定套期比率来实现套期保值的目的。
6. 期货交易的保证金制度包括哪些,该制度为投资者带来风险和收益有何特征。
7. 与期货交易相比,远期交易具有哪些特点。
8. 当无风险利率不变时,具有相同到期日的期货价格与远期价格的关系是怎样的,为什么?
9. 某投资者拥有 100 万英镑的 5 年期公司债券,如果经济环境变化预示着利率有上升趋势,那么该投资者为避免利率上升可能带来的损失,他在期货市场应如何操作。
10. 某日本公司因资金周转暂时困难,向银行申请一笔金额 500 万美元、3 个月短期贷款,购买进口设备,该公司担心 3 个月后贷款到期时美元升值,该投资者如何利用期货合约避免美元升值可能带来的损失。

**讨论题**

1. 期货交易中,保证金率确定的主要依据是什么?是否存在最优的保证金率。
2. 从"巴林银行倒闭案""中航油事件"中探讨金融期货的风险及风险控制问题。
3. 作为一个期货投资者,当期交所或经纪人通知你追加保证金时,你是否决定"补足"保证金。
4. 期货市场中如何管理"死亡风险"。
5. 利用"心理账户"理论讨论期货资产的最优持仓量。

# 第十二章　期权市场及期权定价模型

期权作为20世纪后期影响最广的金融衍生工具之一，它不仅是金融创新的结果，而且也是金融工具创新的基础性元素，期权市场的出现以及期权定价模型的提出有力地推动了金融工程学的形成与金融创新的日新月异。期权作为一种非对称的交易工具，它能将期权持有者可能的最大损失锁定，从而使投资者在满足风险规避要求的前提下，并不丧失好运气可能带来的收益。自布莱克-斯科尔斯提出期权定价模型以来，它以其独特的魅力吸引着全世界越来越多金融学家和实践工作者。

## 第一节　期权简介

期权交易的历史远比期货交易悠久，但现代意义上的期权交易则是与期货交易紧密联系在一起的，它始于20世纪70年代初，主要标志是芝加哥期权交易所正式挂牌交易标准化的期权合约，其在80年代取得长足的进展。期权交易的全称是期货合约选择权交易，它不是以商品实体或标准期货合约作为交易的对象，而仅仅表现为一种权利合约的买卖。

### 一、期权的概念

期权(option)，又称选择权。它是一种权利合约，给予其持有者在约定的时间，或在此时间之前的任何时刻，按约定的价格买入或卖出一定数量某种资产的权利。这种选择权是一种权利而非义务，一旦期权购买者购买了某项期权合约，即拥有了该合约规定的权利，在合约到期日或有效期内，他既可以实施也可以放弃该权利，并不负有必须买入或卖出资产的义务。

期权合约中的资产称为基础资产(underlying asset)。在期权合约中所规定买入或卖出基础资产的价格称为期权的履行价或执行价(exercise price 或 striking price)。期权的最后有效日称为期权的到期日(maturing date)。期权的买卖双方购买或出售期权合约的价格称为期权费(option premium)或期权的价格或期权权利金。

### 二、期权交易的特点

与远期交易和期货交易相比，期权交易具有以下特点。

1. 交易的标的物不同。期权交易的标的物是一种权利，而期货交易的标的物是标准化的期货合约；远期交易的标的物则是具体的金融商品。

2. 交易双方的权利义务不同。期权交易的购买方通过支付期权费与出售方签订期权合约后，便获得了决定履行或不履行合约的权利；而期货和远期交易在合约到期时，必须履行合约规定的义务。

3. 风险责任与利润收益不同。在期权交易中，期权的购买方只承担有限的风险并可能获得无限的收益，一旦损失超出了期权权利金，买方则放弃期权合约规定的权利，其损失仅局限于所交纳的期权权利金；而合约资产的价格如果向有利于买方的方向变动，则买方会执行期权权利，从而获得收益。与之相对应,期权的出售方则可能承担无限的亏损并只能获得有限的收益(即期权权利金)。而在期货交易和远期交易中,买卖双方的收益和风险,从理论上讲都是无限大的。

### 三、期权的分类

期权是一个较为复杂的金融衍生品交易工具,它包括很多交易品种,这种交易品种虽然总体上都具备期权的共性特征,但不同的交易品种在权利构成、交割时间或标的物等方面还是存在一些差别。正是不同期权工具的这些差别,决定了它的类型有不同的划分方法。

(一)按购买者权利划分

依据购买者权利的不同,期权可以划分为:看涨期权、看跌期权和双重期权。

1.看涨期权。所谓看涨期权,是指期权的购买者享有在规定的有效期限内按某一具体的履约价格买进某一特定数量的相关金融资产的权利,但不负有必须买进的义务。看涨期权又称为买入期权。

2.看跌期权。所谓看跌期权,是指期权的购买者享有在规定的有效期限内按某一具体的履约价格卖出某一特定数量的相关金融资产的权利,但不负有必须卖出的义务。看跌期权又称为卖出期权。

3.双重期权。所谓双重期权,是指期权的购买者既享有在规定的有效期限内按某一具体的履约价格买进某一特定数量的相关金融资产的权利,又享有在规定的有效期限内按某一具体的履约价格卖出某一特定数量的相关金融资产的权利。这种期权实为在同一价格水平上,看涨期权和看跌期权的综合运用。

(二)按交割时间划分

依据交割时间的不同,期权可以划分为:欧式期权和美式期权。

1.欧式期权。指期权合约的购买方在合约到期日才能决定是否履约的期权。

2.美式期权。指期权合约的购买方在合约的有效期内的任何一个时间都能决定是否履约的期权。

(三)按交易品种划分

依据交易标的物的品种不同,期权可以划分为:外汇期权、利率期权、股票期权、股票指数期权等。

1.外汇期权。又称货币期权。是指外汇交易双方根据标准化合约,买方买入在一定期限内可以按协定汇率向卖方购入或卖出一定数量外汇或外汇期货合约的权利,卖方收取期权费,并有义务应买方要求卖出或买入该笔外汇或外汇期货合约。期权的购买方可以在到期时不进行外汇或外汇期货合约的买卖,这时他损失的只是支付的期权费。

2.利率期权。是指期权的购买者支付期权费,从而获得在一定期限内按约定价格出售或购买一定数量有息资产的权利。利率期权的标的物包括:存款或贷款、债券及其利率期货,其中利率期货占有相当大的比重。

3.股票期权。是指买方支付权利金后,便有权在一定期限内按协定价格购买或出售特定数额的股票的权利。

4.股票指数期权。是指以股票指数为期权合约标的物的一种选择权,买方有权在一定期限内按履约价格向卖方购买或出售特定的股票指数期货合约。由于股票指数期货合约的价格以点数表示,所以股票指数期权的价格也是以点数表示的,它与股票期权的价格直接以货币表示明显不同。

## 第二节　期权中的风险锁定

上一章所讨论的金融期货，通过套期保值管理金融风险的方案，它提供了金融资产价格的确定性，使人们避免了价格变动所带来的风险。但是，确定性在使投资者避免损失的同时，也失去了获利的机会。风险包括了市场的正向和反向的变动，人们避免风险是需要的，但更需要的是在回避风险的同时，抓住获利的机会。

期权是金融工程所有工具中独特的一种，它使买方既能避免坏的结果，又同时从好的结果中获益。当然，这不是免费的(需支付一定的期权费)。

### 一、期权与期货合同双方交付的比较

(一)期货合同双方交付的特点

期货合同双方的交付具有“直线”的性质。

例如，伦敦国际金融交易所的德国国债期货合约，在市场价格为 98 时买卖双方的交付情况如图 12.2—1 所示。

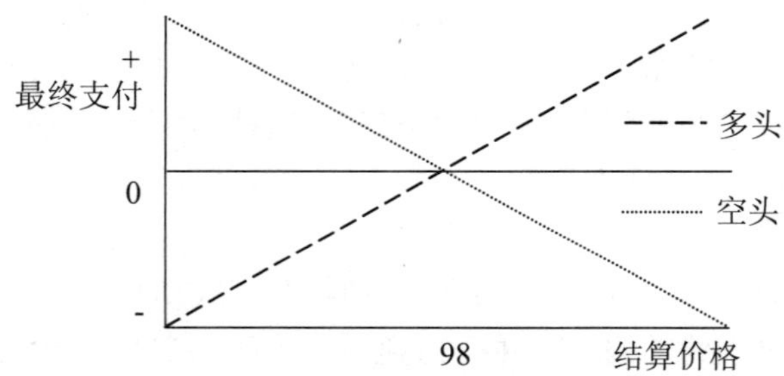


**图 12.2—1　债券期货合约双方的支付**

在这种情形下，期货合约的买方和卖方的盈利和损失的机会均等，该交易的预期价值为零。因此，无论是买方还是卖方都没有必要提前向对方支付一定的费用。

(二)期权合同双方交付的特点

期权不同于期货，由于买方购买的是一种权利，而非义务，这样买方能够从市场的一种变动中受益，但市场向相反的方向运动时，买方又不受损失，这就使得买卖双方的地位不均等。因此，为获得这种权利，买方需要向卖方支付一定的费用，用以补偿卖方承担了义务而没有相应权利的损失，这种买卖方权利的不对称决定了期权交付也具有不对称性。

例如，某期权的持有者具有在未来到期日以 98 元的价格购买债券的权利，如果该债券的价格高于 98 元，期权持有人将行使权利，并从中获利，如图 12.2—2 的上半部分所示；而若债券价格低于 98 元，持有人将放弃行使期权，从而仅损失期权费。与期权的买方相对应，期权的卖方

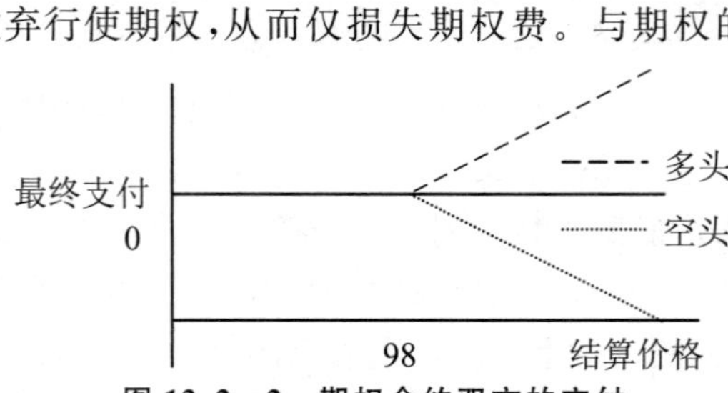


**图 12.2—2　期权合约双方的交付**

的支付如图 12.2—2 的下半部分所示。

### 二、期权交易的盈亏

(一)期权的价值

我们已经知道,期权的买方需要支付给卖方一定的费用以获得权利,该笔费用即为期权费。期权费由两部分组成,一是它的内在价值(intrinsic value),另一则是时间价值(time value)。

所谓内在价值,是指当期权立即行使时的正净值。根据期权当前是否具有内在价值,可将期权当前的状态分为价内(in the money)或实值状态、价外(out of the money)或虚值状态和平价(at the money)或两平状态。具有内在价值的期权称为价内,暂时没有内在价值的期权称为价外,而平价通常指交割价格和当前基础资产的市场价格一致。

设 $S$ 为基础资产的市场价格, $X$ 为履约价,看涨期权和看跌期权的价值关系如表 12.2—1 所示。

**表 12.2—1　期权的价内、价外与平价的关系**

| | 看涨期权 | 看跌期权 |
|---|---|---|
| $S < X$ | 价外 | 价内 |
| $S = X$ | 平价 | 平价 |
| $S > X$ | 价内 | 价外 |

期权的持有者只有在期权为价内时才会执行该期权,因此,看涨期权的内在价值为

$$c = \max(0, S - X) \tag{12.2.1}$$

看跌期权的内在价值为

$$p = \max(0, X - S) \tag{12.2.2}$$

图 12.2—3(a)和(b)分别表示了某一执行价格为 100 美元的股票期权的看涨期权和看跌期权的内在价值。对于看涨期权,根据(12.2.1)式,其内在价值为 $\max(0, S - \$100)$ 。即当标的股票的市场价格低于 100 美元时,期权的价值为 0;当标的股票的市场价格高于 100 美元时,期权的价值为 $S - \$100$。同样的分析适用于看跌期权。

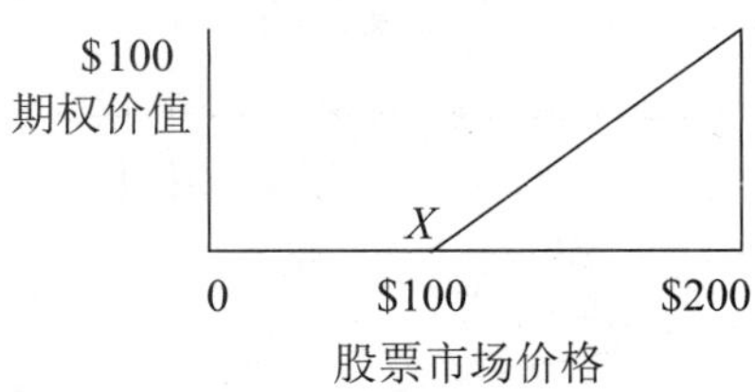

(a) 看涨期权价值

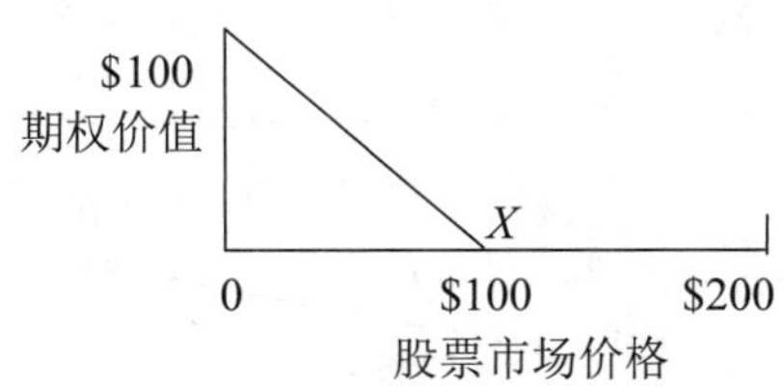

(b) 看跌期权价值

**图 12.2—3　期权的内在价值**

(二)期权的盈亏

根据以上分析,我们已经知道了期权的价值。但是,要确定购买或开立这些期权所带来的利润或损失,还必须考虑到所涉及的期权费。图 12.2—4 描述了看涨期权和看跌期权的买卖双方的盈亏。

期权买方的盈亏实际上是在期权的内在价值的基础上扣除期权费得到的。由于期权的买方以期权费买入了期权,因而只享有权利而无义务,因此其只承担有限的亏损(即期权费),而享

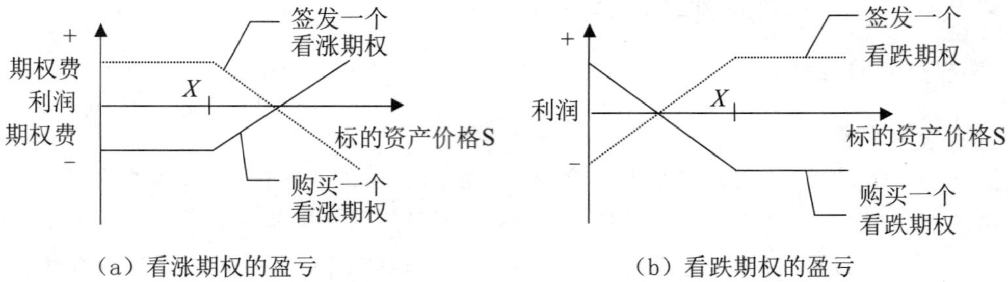


**图 12.2－4　期权交易的盈亏**

受无限的收益。这样，通过买入期权，投资者便将价格风险控制在预知的范围内，相当于买入了保险。而期权的卖方在卖出期权获得期权费后，只承担义务而不享受权利，因此其盈利是有限的（即期权费），而潜在的亏损则是无限的。期权买方的盈利（亏损）即是卖方的亏损（盈利），两者之和为 0。在图 12.2－4 中它们具有明显的对称性，这种买卖方盈亏的对称性决定着期权市场具备所有衍生工具市场共同的零和博弈特征。只是需要提醒大家的是，期权买卖方盈亏的对称性并不与工具本身的非对称性矛盾，我们说期权具有非对称性特征，是针对同一主体（买者或卖者）而言的。

## 第三节　期权定价——二叉树方法

二叉树方法是为期权定价的一个常用方法。该方法是通过构造二叉树图（binomial tree）来表示期权在有效期内标的资产价格可能遵循的路径，从而为期权定价的。本节先介绍单步及两步二叉树方法，在下一节将讨论风险中性下的二叉树定价方法。

### 一、单步二叉树模型

假定在任何一个给定的时间，金融资产的价格以事先规定的比例上升或下降，记上升的比例为 $u-1$，下降的比例为 $1-d$。如果基础资产的价格在时间 $t$ 为 $S$，它可能在时间 $t+\Delta t$ 上升至 $uS$ 或下降至 $dS$，则相应的看涨期权的价格也相应地上升到 $C_u$ 或下降到 $C_d$，如图 12.3－1 所示。图 12.3－1 中唯一未知的便是看涨期权在到期日前的一段时期的价值 $c$。

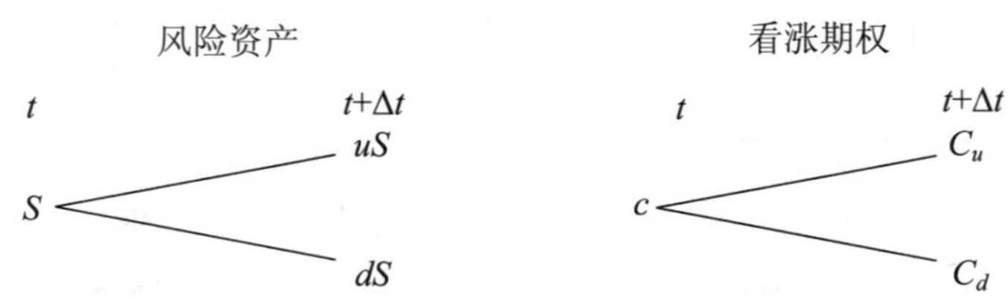


**图 12.3－1　单步二叉树——一般情况**

为了便于对二叉树定价方法的理解，下面我们先看一个具体的例子。

设 $S=100$，$u=1.2$，$d=0.9$，一年期看涨期权的执行价格为 100，依据期权到期时的内在价值决定关系式（12.2.1）可知，如果基础资产价格上升至 120，期权到期时价值为 20；如果基础资产价格下降至 90，期权到期时价值为 0，如图 12.3－2 所示。

考虑这样一个资产组合：（1）以价格 $c$ 卖出一个看涨期权；（2）以价格 100 买入 $h$ 单位基础资产（不妨假定为股票）。

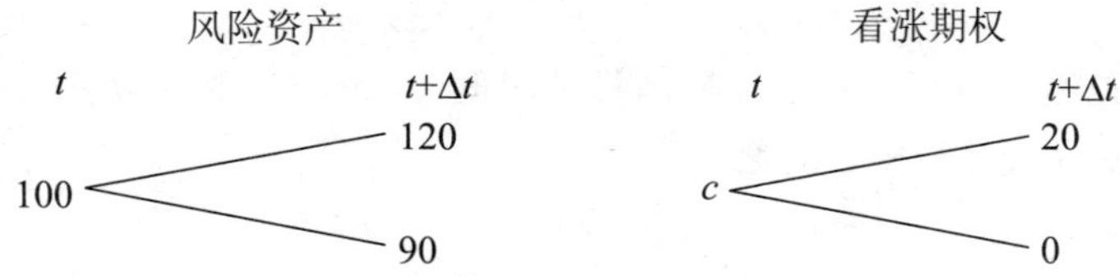


**图 12.3－2　单步二叉树——具体实例**

欲使该组合对投资者而言不存在套利机会，即该组合为一无风险组合(其收益率为无风险收益率)，确定该组合的 $h$ 值为多少。

**表 12.3－1　看涨期权和基础资产组合的结果**

| | 初始 | 上升 | 下降 |
|---|---|---|---|
| 股票价值 | $100\,h$ | $120\,h$ | $90\,h$ |
| 期权价值 | $c$ | 20 | 0 |
| 组合的总价值 | $100\,h-c$ | $120h-20$ | $90h$ |

表 12.3－1 显示了组合的初始价值以及到期日股票价格的升、降情况下，资产组合的最终价值。由于该组合不存在套利机会，因此组合的最终价值相等，即 $120h-20=90h$，解该式得 $h=2/3$。因此，该组合的最终价值是 $120\times2/3-20=60$(或 $90\times2/3=60$)。

在无套利机会的情况下，无风险组合的收益率为无风险利率。假设无风险利率为 10%，则构造该组合的初始价值为 60 的现值，即 $60\times e^{-0.1\times1}=54.29$。组合的现值是由股票与期权的初始价值构成的，也就是说 $100h-c=54.29$，解得 $c=12.38$。

这说明，在无套利机会下，期权的当前价值为 12.38。这一价值是通过构造无风险组合所需成本计算得来的。

对于一个无红利支付的股票的看涨期权的一般情况，我们同样可构造一无套利资产组合，即

(1)以价格 $c$ 卖出一个看涨期权；

(2)以价格 $S$ 买入 $h$ 股股票。

**表 12.3－2　看涨期权和基础资产组合的结果**

| | 初始 | 上升 | 下降 |
|---|---|---|---|
| 股票价值 | $Sh$ | $uSh$ | $dSh$ |
| 期权价值 | $c$ | $C_u$ | $C_d$ |
| 组合的总价值 | $Sh-c$ | $uSh-C_u$ | $dSh-C_d$ |

组合的初始价值以及到期日股票价格、期权价值的值如表 12.3－2 所示。在到期日，无套利均衡决定了无论股票价格是升还是降，资产组合的价值均相等，即

$$uSh-C_u=dSh-C_d \tag{12.3.1}$$

解(12.3.1)式得

$$h=\frac{C_u-C_d}{uS-dS} \tag{12.3.2}$$

由于组合是无风险的，因此组合的初始价值必然等于组合到期日以无风险利率贴现的现值，即

$$(uSh - C_u)e^{-r_f T} \quad 或 \quad (dSh - C_d)e^{-r_f T}$$

其中，$r_f$ =无风险连续年复利；$T$ =离期满日的时间，以占一年的几分之几表示。

由于构造该组合的成本是 $Sh - c$ ，因此

$$Sh - c = (uSh - C_u)e^{-r_f T} \tag{12.3.3}$$

将(12.3.2)式中的 $h$ 值代入(12.3.3)式得

$$c = [qC_u + (1-q)C_d]e^{-r_f T} \tag{12.3.4}$$

其中

$$q = \frac{e^{r_f T} - d}{u - d} \tag{12.3.5}$$

(12.3.4)式和(12.3.5)式即为单步二叉树定价模型。

## 二、两步二叉树模型

前面介绍的一期期权定价的方法可以扩展为更长到期日的期权定价。这里我们利用两步二叉树模型分析两期期权的定价问题。在多期二叉树模型中，其基本的分析方法与单期相同，且可利用单期模型之一般结论，只是值得注意的是，多期二叉树所采用的是倒退分析方式，即从二叉树的最右边开始，分枝进行定价，直到二叉树起点的那一枝。两期二叉树模型如图 12.3－2 所示。

设初始股票价格依然为 100，在两步二叉树图的每个单步二叉树图中，股票上升 20%或下降 10%($u$= 1.2，$d$= 0.9)，且每个单步的期限为 1 年，无风险年利率为 10%，期权的执行价格为 100。

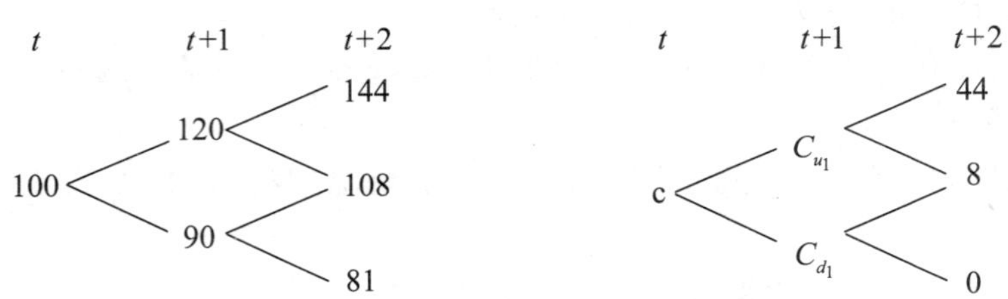


**图 12.3－3 两步二叉树——股票与期权价格**

在图 12.3－3 中，先分别考虑 $t+1$ 至 $t+2$ 期的两个单期模型，或者说先利用单步二叉树定价模型(12.3.5)、(12.3.4)式求出 $C_{u_1}$、$C_{d_1}$ 的值

$$q = \frac{e^{0.1} - 0.9}{1.2 - 0.9} = 0.6839$$

$$C_{u_1} = [0.6839 \times 44 + (1 - 0.6839) \times 8] \times e^{-0.1} = 29.52$$

$$C_{d_1} = [0.6839 \times 8 + (1 - 0.6839) \times 0] \times e^{-0.1} = 4.95$$

然后再直接利用(12.3.4)式计算 $t$ 至 $t+1$ 期的单期期权价格，即

$$c = [0.6839 \times 29.52 + (1 - 0.6839) \times 4.95] \times e^{-0.1} = 19.68$$

$c$ =19.68 就是两期看涨期权的期权价格或期权费。

## 三、二叉树模型的进一步讨论

(一)二叉树模型的另一种表达

利用二叉树方法对期权定价，另一种可行的方式是利用金融工程学中最主要的分析技术，

即复制技术。就前述讨论的单期买入期权来说，还可利用股票与无风险债券的适当组合来复制。由于是对买权价值变动的一种完全复制，故复制组合的成本就是期权的价值。单期买入期权的复制组合由以下方式生成。

(1)买入 $h$ 股股票；

(2)借入本金为 $B$ 的无风险资金(卖空无风险债券)。

经复制后，可得复制组合的成本与期权价值之间存在关系

$$c = Sh - B \tag{12.3.6}$$

**表 12.3－3　利用股票与无风险债券复制看涨期权**

| | 初始 | 上升 | 下降 |
|---|---|---|---|
| 股票价值 | $Sh$ | $uSh$ | $dSh$ |
| 无风险债券的价值 | $B$ | $Be^{r_f T}$ | $Be^{r_f T}$ |
| 期权价值 | $c$ | $C_u$ | $C_d$ |

表 12.3－3 显示了股票价格上升或下降时无风险债券和看涨期权的价值。无论股票价格上升还是下降，复制的结果总是能保证期权的价值等于复制组合的价值。即

$$\begin{cases} uSh - Be^{r_f T} = C_u \\ dSh - Be^{r_f T} = C_d \end{cases} \tag{12.3.7}$$

将(12.3.7)式整理得

$$\begin{cases} B = (uSh - C_u)e^{-r_f T} \\ B = (dSh - C_d)e^{-r_f T} \end{cases} \tag{12.3.8}$$

将(12.3.8)式代入(12.3.6)式得

$$c = Sh - (uSh - C_u)e^{-r_f T} \tag{12.3.9}$$

或

$$c = Sh - (dSh - C_d)e^{-r_f T} \tag{12.3.10}$$

比较(12.3.9)式与(12.3.3)式，不难发现二者是完全一致的，所以，(12.3.9)式或(12.3.10)式就是买入期权的定价公式。

利用(12.3.8)式可以求出复制组合中股票与无风险证券的具体头寸，即 $h$、$B$ 的值。由(12.3.8)式得

$$uSh - C_u = dSh - C_d$$

解得

$$h = \frac{C_u - C_d}{uS - dS} = \frac{C_u - C_d}{S(u - d)} \tag{12.3.11}$$

将(12.3.11)式代回(12.3.8)式得

$$\begin{aligned} B &= \left(uS \cdot \frac{C_u - C_d}{uS - dS} - C_u\right)e^{-r_f T} \\ &= \frac{dC_u - uC_d}{u - d}e^{-r_f T} \end{aligned} \tag{12.3.12}$$

以上分析说明，投资者只要构筑一个由(12.3.11)式决定的股票多头和由(12.3.12)式决定

的无风险证券空头的投资组合,就可以完全复制该股票的买入期权。

对于多期期权,投资者只要在二叉树模型中根据(12.3.11)式和(12.3.12)式不断地调整股票与无风险证券的头寸 $h$ 与 $B$,同样也能实现对期权的复制。

比较期权定价的无套利资产组合与复制组合,不难发现构筑股票多头头寸的 $h$ 是完全一致的(这也是为什么我们在两种分析方法中采用相同符号的原因),因此,$h$ 值在期权定价中具有特殊的意义。

(二)保值匹配率

期权的保值匹配率是指,当基础资产的价格变化一个单位时,期权价值变化的单位数。依此定义,可得期权保值匹配率为 $\frac{\partial c}{\partial S}$。

由(12.3.6)式知

$$\frac{\partial c}{\partial S}=h$$

所以保值匹配率就是无套利资产组合或复制组合中股票多头的购买量。这里我们求 $c$ 关于 $S$ 的偏导时,利用了(12.3.6)式,为什么不用(12.3.3)式或(12.3.9)式请读者思考。

有了 $\frac{\partial c}{\partial S}=h$ 的关系后,我们就能利用 $h$ 计算期权的保值匹配率。

前述单步与两步例子中的保值匹配率可分别计算如下。

单步二叉树模型例中的保值匹配率为

$$h=\frac{20-0}{120-90}=0.67$$

在两步二叉树模型例中的保值匹配率分别为

$$h_u=\frac{44-8}{144-108}=1$$

$$h_d=\frac{8-0}{108-81}=0.30$$

$$h=\frac{29.52-4.95}{120-90}=0.82$$

图 12.3—4 显示了整个两步二叉树模型的定价过程。

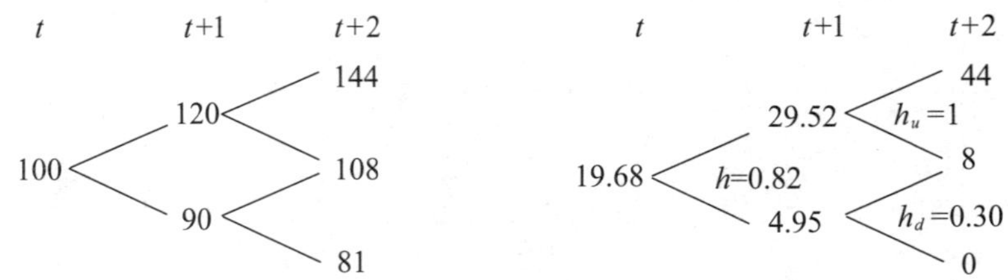


**图 12.3—4　两步二叉树——完整过程**

## 第四节　风险中性下的二叉树定价

所谓风险中性(risk-neutral),就是投资者对风险的大小无所谓。投资者对所有资产所要求的预期收益率都是一样的，不管风险如何他们并不要求风险的补偿，所有风险中性投资者所要求的预期收益率都是无风险利率。

前面我们所讨论的期权二叉树方法定价，实际上是在风险中性假设下的定价。

考察期权的二叉树定价模型

$$c = [\,qC_u + (1-q)C_d\,]\,e^{-r_f T}$$

从关系式(12.3.4)式的构成上看，如果将变量 $q$ 视为股票价格上升的概率，$(1-q)$ 则可视为股票价格下降的概率，则期权价值就是期权预期收益率用无风险利率贴现的现值。

反过来看，在风险中性假设下，若投资者将花费在购买期权的资金 $c$ 用于购买无风险证券，则到期后，其得到一个固定的无风险收益，即 $ce^{r_f T}$。但由于投资者没有真正购买无风险证券，而是购买了期权，风险中性假设意味着，投资者购买期权的期望收益等于 $ce^{r_f T}$。设投资者获得期权值 $C_u$ 的概率为 $q$，获得 $C_d$ 的概率为 $1-q$，则购买期权的预期收益为

$$qC_u + (1-q)C_d$$

所以

$$qC_u + (1-q)C_d = ce^{r_f T} \tag{12.4.1}$$

若对(12.4.1)式两边同乘以 $e^{-r_f T}$，则(12.4.1)式就与(12.3.4)式完全一致了。

由前面分析知，投资者购买期权获得 $C_u$ 的概率 $q$ 与股价上升的概率是一致的，获得 $C_d$ 的概率 $1-q$ 与股票下降的概率是一致的。为了确定 $q$ 和 $1-q$，不妨设投资者用资金 $M$ 购买股票，则期望的预期收益为

$$E(M) = quM + (1-q)dM$$

在风险中性下，$\dfrac{E(M)}{M}$ 应等于无风险收益率 $e^{r_f T}$

所以有

$$qu + (1-q)d = e^{r_f T}$$

解得

$$q = \frac{e^{r_f T} - d}{u - d}$$

它与(12.3.4)式中定义的 $q$ 完全一致。

因此，我们就可以将(12.3.4)式中的 $q$ 视为风险中性下股价上升的概率，$1-q$ 视作股价下跌的概率。(12.4.1)式也就是风险中性下的二叉树定价模型，其中

$$q = \frac{e^{r_f T} - d}{u - d}$$

当我们将 $q$ 和 $1-q$ 作为股价上升与下降的概率后，由于该概率分布服从二项分布特征，所以就不难得到 $n$ 期的一般定价公式为

$$c = e^{-r_f T} \sum_{j=0}^{n} \left[ \frac{n!}{j!\,(n-j)!} \right] q^j (1-q)^{n-j} C_{u_j d_{(n-j)}} \tag{12.4.2}$$

为了证实上述结论，这里特利用前述单步二叉树定价的例子，进行验证。

在风险中性假设下，股票的预期收益率等于无风险利率。因此有

$$120\,q + 90(1-q) = 100\,e^{0.1\times 1}$$

解得 $q=0.6839$。与(12.3.5)式计算的结果一致，即

$$q=\frac{e^{r_f T}-d}{u-d}=\frac{e^{0.1}-0.9}{1.2-0.9}=0.6839$$

由此可知,一年后,看涨期权价值为 20 的概率为 0.6839,价值为 0 的概率为 0.3161。从而得,看涨期权的预期价值为

$$0.6839\times 20+0.3161\times 0=13.678$$

利用无风险利率折现得当前价值为

$$13.678\,e^{-0.1}=12.38$$

这一结果与上一节所得结果相同,说明无套利理论与风险中性定价方法具有相同的结论。

## 第五节　随机游走模型及布朗运动 *

### 一、随机过程及布朗运动

(一)随机过程

1. 随机过程的概念

设 $E$ 是随机试验,$\Omega=\{\omega\}$是它的样本空间,$T$ 是一个参数集。若对于每一个 $t\in T$,都有随机变量 $X(t,\omega)$,$\omega\in\Omega$ 与之对应,则称依赖于 $t$ 的随机变量 $X(t,\omega)$ 为随机过程(stochastic process),或称为随机函数。

实际上,随机过程$\{X(t),t\in T\}$是一个二元函数。

①对于每一个固定的时刻,$t_0\in T$,$X(t_0)$ 是一个随机变量,并称作随机过程 $X(t)$ 在 $t=t_0$ 时的一个状态,它反映了 $X(t)$ 的随机性;

②对于每一个 $\omega_0\in\Omega$,$X(t)$ 是一个确定的样本函数,它反映了 $X(t)$ 的变化过程。

2. 随机过程的分类

随机过程按照参数集(时间)可分为离散时间随机过程和连续时间随机过程;按照变量取值可分为离散变量随机过程和连续变量随机过程。在研究金融资产价格时,我们仅讨论连续时间、连续变量的随机过程。

随机过程按照过程的概率结构分类,有独立随机过程、独立增量随机过程、马尔可夫过程和平稳随机过程等。其中,独立增量随机过程是指,随机过程$\{X(t),t\in T\}$对于任意 $n$ 个不同的 $t_1,t_2,\cdots,t_n\in T$,且 $t_1<t_2<\cdots<t_n$,随机变量 $X(t_2)-X(t_1)$,$X(t_3)-X(t_2)$,$\cdots$,$X(t_n)-X(t_{n-1})$ 是相互独立的。

(二)维纳过程

1. 维纳过程的概念

如果随机过程$\{X(t),t\in T=[0,\infty]\}$满足

① $X(0)=0$;

② $X(t)$ 是齐次的独立增量过程;

③对于每一个 $t>0$,有 $X(t)\sim N(0,\sigma^2 t)$。

则称随机过程 $X(t)$ 为维纳过程(wiener process)或布朗运动(Brownian motion)过程。$X(t)$ 的均值、方差、协方差及相关函数分别为

$$E[X(t)]=0$$

$$Var[X(t)]=\sigma^2 t$$

$$\operatorname{cov}[X(t_1),X(t_2)]=R[X(t_1),X(t_2)]=\sigma^2\min(t_1,t_2)$$

其中，$R[X(t_1),X(t_2)]$ 是相关函数。

当 $\sigma=1$ 时，称为标准维纳过程。对于标准的维纳过程，它可以表述成

$$dX=\varepsilon\sqrt{dt} \tag{12.5.1}$$

其中，$\varepsilon$ 为服从标准正态分布的随机变量，即 $\varepsilon\sim N(0,1)$。
因此，$dX$ 也服从正态分布，即

$$dX\sim N(0,dt)$$

对于一般化的维纳过程(generalized wiener process)，可用 $dX$ 表述成

$$dY=adt+bdX \tag{12.5.2}$$

或

$$dY=adt+b\varepsilon\sqrt{dt} \tag{12.5.3}$$

其中，$a$ 和 $b$ 为常数。$dY$ 服从正态分布，且

$$dY\sim N(adt,b^2dt)$$

2.维纳过程的马氏性

所谓马氏性是指，随机过程在时刻 $t_{n-1}$ 状态已知的条件下，它在 $t_n$（$t_n>t_{n-1}$）所处的状态仅与时刻 $t_{n-1}$ 的状态有关，而与过程在时刻 $t_{n-1}$ 以前的状态无关。该性质又称为无后效性。

## 二、随机微分及 ITO 定理

(一)随机微分等式

随机微分等式的形式为

$$dX(t)=a(X(t),t)dt+b(X(t),t)dW_t \tag{12.5.4}$$

其中，$W_t$ 表示在无穷小时间间隔 $dt$ 的不可测事件；$a(X(t),t)$ 和 $b(X(t),t)$ 分别是漂移率和扩散因子。

(二)ITO 定理

设函数 $F(X_t,t)$。其中，$X_t=X(t)$，且 $X_t$ 为一随机过程，并有随机微分

$$dX(t)=a_tdt+\sigma_tdW_t\quad(t\geqslant 0) \tag{12.5.5}$$

其中，$X(t)$ 具有漂移率和波动参数 $a_t$ 和 $\sigma_t$，且 $a_t=a(X(t),t)$，$\sigma_t=\sigma(X(t),t)$。
则函数 $F(X_t,t)$ 遵循如下过程

$$dF_t=\left(\frac{\partial F}{\partial X_t}a_t+\frac{\partial F}{\partial t}+\frac{1}{2}\frac{\partial^2 F}{\partial X_t^2}\sigma_t^2\right)dt+\frac{\partial F}{\partial X_t}\sigma_tdW_t \tag{12.5.6}$$

实际上，该方程是 $F(X_t,t)$ 的随机微分方程，并且 $F(X_t,t)$ 的漂移率(单位时间的平均漂移)为

$$\frac{\partial F}{\partial X_t}a_t+\frac{\partial F}{\partial t}+\frac{1}{2}\frac{\partial^2 F}{\partial X_t^2}\sigma_t^2$$

方差率(单位时间的方差)为

$$\left(\frac{\partial F}{\partial X_t}\right)^2\sigma_t^2$$

## 三、股票价格的行为过程

这里我们仅讨论不付红利股票价格遵循的规律。并假定股票价格变动的百分比收益率遵循一般化的维纳过程。

(一)股票价格变动的ITO过程

设 $\mu$ 为股票的期望收益率，$\sigma^2$ 为股票收益率变动的方差，则股票价格的瞬时期望漂移率为 $\mu S$、瞬时方差为 $\sigma^2 S^2$，其ITO表达式为

$$dS = \mu S dt + \sigma S dW_t \tag{12.5.7}$$

或

$$\frac{dS}{S} = \mu dt + \sigma dW_t \tag{12.5.8}$$

因此，在时间 $\Delta t$ 内，股票价格的变动率服从均值为 $\mu\Delta t$，标准差为 $\sigma\sqrt{\Delta t}$ 的正态分布，即

$$\frac{\Delta S}{S} \sim N(\mu\Delta t, \sigma^2\Delta t) \tag{12.5.9}$$

其中，$\Delta S$ 为短时间 $\Delta t$ 后股票价格 $S$ 的变化量。

从ITO定理得到 $S$ 与 $t$ 的函数 $F = F(S,t)$ 遵循的过程为

$$dF = \left(\frac{\partial F}{\partial S}\mu S + \frac{\partial F}{\partial t} + \frac{1}{2}\frac{\partial^2 F}{\partial S^2}\sigma^2 S^2\right)dt + \frac{\partial F}{\partial S}\sigma S dW_t \tag{12.5.10}$$

(二)股票价格分布特征

股票收益率遵循维纳过程的假设表明，股票价格服从对数正态分布，即股票价格的自然对数服从正态分布。

设 $F = \ln S$，则

$$\frac{\partial F}{\partial S} = \frac{1}{S}, \frac{\partial^2 F}{\partial S^2} = -\frac{1}{S^2}, \frac{\partial F}{\partial t} = 0$$

代入(12.5.10)式得

$$dF = \left(\mu - \frac{\sigma^2}{2}\right)dt + \sigma dW_t \tag{12.5.11}$$

由此可知，时间 $\Delta t$ 内 $F$ 的变化服从均值为 $\left(\mu - \frac{\sigma^2}{2}\right)\Delta t$，标准差为 $\sigma\sqrt{\Delta t}$ 的正态分布，即

$$\ln S_T - \ln S_0 \sim N\left(\left(\mu - \frac{\sigma^2}{2}\right)\Delta t, \sigma^2\Delta t\right) \tag{12.5.12}$$

其中，$S_0$ 和 $S_T$ 分别为当前时刻和未来时刻 $T$ 的股票价格。由于 $\ln S_0$ 已知，故根据正态分布的特性，可得

$$\ln S_T \sim N\left(\ln S_0 + \left(\mu - \frac{\sigma^2}{2}\right)\Delta t, \sigma^2\Delta t\right) \tag{12.5.13}$$

## 第六节 布莱克-斯科尔斯(Black-Scholes)模型 *

### 一、布莱克-斯科尔斯(Black-Scholes)模型的假设条件

布莱克-斯科尔斯(Black-Scholes)模型的一个重要假设是资产的收益率服从正态分布，而资产的价格遵循对数正态分布。除此之外，还包括。

1. 基础资产可以自由买卖，并可分割成若干部分；
2. 基础资产可以卖空；
3. 基础资产在到期日前不支付股息及其他收入；

4. 以同样无风险利率可以进行借、贷，且连续发生；
5. 期权为欧式期权，到期日前不可行权；
6. 没有税收、交易成本和保证金要求；
7. 基础资产价格连续；
8. 基础资产价格和利率的变化在期权有效期内保持一贯。

## 二、看涨期权的布莱克-斯科尔斯(Black-Scholes)模型

(一)Black-Scholes 微分方程

假设股票价格 $S$ 遵循上一节讨论的随机过程(12.5.7)式

$$dS = \mu S dt + \sigma S dW_t$$

令 $c$ 是依赖于 $S$ 的欧式看涨期权的价格，即 $c = c(S,t)$。

由 ITO 定理可得

$$dc = \left(\frac{\partial c}{\partial S}\mu S + \frac{\partial c}{\partial t} + \frac{1}{2}\frac{\partial^2 c}{\partial S^2}\sigma^2 S^2\right)dt + \frac{\partial c}{\partial S}\sigma S dW_t \tag{12.6.1}$$

且(12.5.7)式与(12.6.1)式的离散形式可分别表示成

$$\Delta S = \mu S \Delta t + \sigma S \Delta W_t \tag{12.6.2}$$

$$\Delta c = \left(\frac{\partial c}{\partial S}\mu S + \frac{\partial c}{\partial t} + \frac{1}{2}\frac{\partial^2 c}{\partial S^2}\sigma^2 S^2\right)\Delta t + \frac{\partial c}{\partial S}\sigma S \Delta W_t \tag{12.6.3}$$

其中，$\Delta S$ 为短时间 $\Delta t$ 后股票价格 $S$ 的变化量，$\Delta c$ 为短时间 $\Delta t$ 后欧式看涨期权价格的变化量。

由于(12.6.2)式和(12.6.3)式中均包含 $\Delta W_t$（$=\varepsilon\sqrt{\Delta t}$）项（$\varepsilon$ 为标准正态分布的随机抽样值），因此股票价格 $S$ 与欧式看涨期权的价格 $c$ 遵循相同的维纳过程。

观察这样一个组合，即卖空一单位的看涨期权；买入 $\frac{\partial c}{\partial S}$ 单位的股票。则组合的价值为

$$V = -c + \frac{\partial c}{\partial S}S \tag{12.6.4}$$

经 $\Delta t$ 时间后，组合的价值变化量为

$$\Delta V = -\Delta c + \frac{\partial c}{\partial S}\Delta S \tag{12.6.5}$$

将(12.6.2)式和(12.6.3)式代入(12.6.5)式得

$$\Delta V = \left(-\frac{\partial c}{\partial t} - \frac{1}{2}\frac{\partial^2 c}{\partial S^2}\sigma^2 S^2\right)\Delta t \tag{12.6.6}$$

由于(12.6.6)式不包含 $\Delta W_t$，表明经时间 $\Delta t$ 后，组合的价值 $V$ 没有风险，因此组合的瞬时收益率必定与其短期无风险证券的收益率相同，否则便会有套利机会使投资者获得无风险收益。在无套利均衡条件下，有

$$\frac{\Delta V}{V} = r_f \Delta t \quad 或 \quad \Delta V = V r_f \Delta t \tag{12.6.7}$$

其中，$r_f$ 为无风险利率。

将(12.6.4)式和(12.6.6)式代入(12.6.7)式得

$$\left(\frac{\partial c}{\partial t} + \frac{1}{2}\frac{\partial^2 c}{\partial S^2}\sigma^2 S^2\right)\Delta t = \left(c - \frac{\partial c}{\partial S}S\right) r_f \Delta t$$

经化简后有

$$\frac{\partial c}{\partial t}+r_f S\frac{\partial c}{\partial S}+\frac{1}{2}\frac{\partial^2 c}{\partial S^2}\sigma^2 S^2=r_f c \tag{12.6.8}$$

这就是著名的 Black-Scholes 微分方程,该方程可以有许多解,它的解取决于衍生证券的边界条件(boundary conditions)。在这里欧式看涨期权关键的边界条件是到期日的价值为

$$v=\max(S-X,0)$$

它的以无风险利率为贴现因子的现值为

$$c=e^{-r_f\Delta t}\max(S-X,0) \tag{12.6.9}$$

(二)风险中性的讨论

仔细观察(12.6.8)式不难发现 Black-Scholes 微分方程中并不包含股票的预期收益率 $\mu$($\mu$ 不独立于风险偏好,投资者厌恶风险的程度越高,要求的 $\mu$ 越大),方程中出现的变量为股票当前的价格、时间、股票价格方差和无风险利率,它们都独立于风险偏好。

由于方程中不包含风险偏好相关变量,此即意味着风险偏好将不会对方程的解产生影响,因此,在决定 $c$ 的模型中,便可以提出一个简单的假设,即所有投资者都是风险中性的。而在一个所有投资者都是风险中性的世界里,证券的预期收益率均为无风险利率 $r_f$。所以欧式看涨期权现在价值为

$$c=e^{-r_f\Delta t}\max(S-X,0)$$

并且,在风险中性的世界里,$\mu=r_f$

所以

$$\ln S\sim N\left(\ln S_0+\left(r_f-\frac{\sigma^2}{2}\right)\Delta t,\sigma^2\Delta t\right) \tag{12.6.10}$$

(三)看涨期权的 Black-Scholes 定价公式

根据边界条件,可以求出(12.6.8)式解的表达式,从而得到 Black-Scholes 定价公式

$$c=N(d_1)S_0-\frac{X}{e^{r_f\Delta t}}N(d_2) \tag{12.6.11}$$

(12.6.11)式中

$$d_1=\frac{\ln(S_0/X)+(r_f+0.5\sigma^2)\Delta t}{\sigma\sqrt{\Delta t}} \tag{12.6.12}$$

$$d_2=\frac{\ln(S_0/X)+(r_f-0.5\sigma^2)\Delta t}{\sigma\sqrt{\Delta t}}$$

$$=d_1-\sigma\sqrt{\Delta t} \tag{12.6.13}$$

其中,$S_0$ 为标的资产当前的市场价格;$X$ 为期权的执行价格;$r_f$ 为无风险连续年复利;$\Delta t$ 为离期满日的时间,以占一年的几分之几表示;$\sigma$ 为标的资产的风险,以连续计算的年回报率的标准差来测度;$N(d_1)$ 和 $N(d_2)$ 分别表示在标准正态分布中(期望为 0、方差为 1 的正态分布),出现结果小于 $d_1$ 和 $d_2$ 的累计概率。

例如,某一执行价格为 40 美元、3 个月后到期的看涨期权,其标的股票的市场价格与风险分别为 36 美元和 50%,无风险利率为 5%。问该看涨期权的公平价值为几何?

解:在本例中,$X=40$,$\Delta t=0.25$,$r_f=0.05$,$S_0=36$,$\sigma=0.5$

$$d_1=\frac{\ln(36/40)+(0.05+0.5\times0.5^2)\times0.25}{0.5\sqrt{0.25}}=-0.25$$

$$d_2=-0.25-0.5\sqrt{0.25}=-0.5$$

$$N(d_1)=N(-0.25)=0.4013$$

$$N(d_2)=N(-0.5)=0.3085$$

将这些值代入(12.6.11)式可得

$$c=0.4013\times36-\frac{40}{e^{0.05\times0.25}}\times0.3085=2.26(\text{美元})$$

该看涨期权的价值为2.26美元。

(四)与二项式定价模型的比较

将二项式期权定价公式(12.3.6)式与Black-Scholes模型定价公式(12.6.11)式进行比较可以看出:(1)(12.6.11)式中的$N(d_1)$相当于(12.3.6)式中的$h$,即保值匹配率。它对应于投资者在执行某一旨在获得与看涨期权相同回报的投资策略时所应购买的股票数。(2)(12.6.11)式中的$\frac{X}{e^{r_f\Delta t}}N(d_2)$相当于(12.3.6)式中的$B$,即作为该投资策略的另一个组成部分,投资者应借入的无风险资产的数额。$XN(d_2)$为到期日投资者应归还的金额,$e^{-r_f\Delta t}$为贴现系数。

经过这一比较,看似复杂的Black-Scholes期权定价模型便有了一个直观的解释。

(五)静态分析

看涨期权的Black-Scholes模型的公平价值取决于5个相关变量——标的资产当前的市场价格$S_0$、期权的执行价格$X$、离期满日的时间长度$\Delta t$、无风险连续年复利$r_f$以及标的资产的风险$\sigma$。当这5个因素中的一个因素发生改变而其他4个因素保持不变时,看涨期权的价值将呈现如下的变化规律。

1.标的资产当前的市场价格$S_0$越高,看涨期权的价值也越高;

2.期权的执行价格$X$越高,看涨期权的价值越低;

3.离期满日的时间$\Delta t$越长,看涨期权的价值也越高;

4.无风险连续年复利$r_f$越高,看涨期权的价值也越高;

5.标的资产的风险$\sigma$越大,看涨期权的价值也越高。

## 三、看跌期权的布莱克-斯科尔斯(Black-Scholes)模型

(一)看涨-看跌平价

通过Black-Scholes看涨期权的定价公式,并利用看涨期权与看跌期权价格之间的"看涨-看跌平价"可以推算出相应的欧式看跌期权的价值。

看涨-看跌平价关系,可以通过构筑以下投资组合来得到说明。

1.卖出看涨期权,离到期日的时间为$\Delta t$,期权执行价格为$X$;

2.买入与看涨期权到期日与执行价格相同的看跌期权;

3.买入基础资产;

4.借入与期权执行价格现值相等($Xe^{-r_f\Delta t}$)的一笔无风险资产。

若$S_0$为基础资产的初始市场价格,$c$为看涨期权的价格,$p$为看跌期权的价格,则完成以上所有交易的总现金流为

$$c-p-S_0+Xe^{-r_f\Delta t}$$

到期日时,无论基础资产的价格如何变化,都应归还借款,从而导致 $X$ 的流出( $Xe^{-r_f\Delta t}$ 的终值)。而看涨期权与看跌期权是否被执行,则取决于基础资产的价格。

(1)在到期日,如果 $S_T$ (基础资产在到期日时的市场价格) $>X$ ,则看涨期权为价内,买方将行使期权,卖方将持有的基础资产按价格 $X$ 履约,获得相当于执行价格 $X$ 的资金,恰好可以归还借款;而看跌期权为价外,不执行。此时,净现金流为 0。

(2)在到期日,如果 $S_T<X$ ,则看涨期权为价外,不执行;看跌期权为价内,看跌期权买方执行期权,即他以价格 $X$ 将持有的基础资产卖给期权卖方,获得相当于执行价格 $X$ 的资金,恰好可以归还借款。此时,净现金流也为 0。

(3)在到期日,如果 $S_T=X$ ,看涨与看跌期权均无价值,此时,可以将基础资产以 $X$ 的价格卖出,从而归还借款,其净现金流仍然为 0。

通过以上分析可以看出,无论基础资产价格如何变化,这组交易组合的最终净现金流均为 0。而如果资产组合的终值为 0,则其初值也应为 0。即

$$c-p-S_0+Xe^{-r_f\Delta t}=0$$

则欧式看跌期权的价值 $p$ 为

$$p=c-S_0+Xe^{-r_f\Delta t} \tag{12.6.14}$$

将(12.6.11)式中的 $c$ 代入(12.6.14)式中,经简化整理后可得看跌期权价值

$$p=\frac{X}{e^{r_f\Delta t}}N(-d_2)-N(-d_1)S_0 \tag{12.6.15}$$

例如,某一执行价格为 40 美元、3 个月后到期的看跌期权,其标的股票的市场价格与风险分别为 36 美元和 50%,无风险利率为 5%。则该看跌期权的公平价值几何?

解:在本例中, $X=40$, $\Delta t=0.25$, $r_f=0.05$, $S_0=36$, $\sigma=0.5$

$$d_1=\frac{\ln(36/40)+(0.05+0.5\times0.5^2)\times0.25}{0.5\sqrt{0.25}}=-0.25$$

$$d_2=-0.25-0.5\sqrt{0.25}=-0.5$$

$$N(-d_1)=N(0.25)=0.5987$$

$$N(d_2)=N(0.5)=0.6915$$

将上述各变量的值代入(12.6.15)式得

$$p=0.6915\times\frac{40}{e^{0.05\times0.25}}-36\times0.5987=5.76(\text{美元})$$

该结果也可以引用前例所计算的看涨期权价值,并通过看涨期权与看跌期权价格之间的"看涨-看跌平价"关系推算。即

$$p=2.26+\frac{40}{e^{0.05\times0.25}}-36=5.76(\text{美元})$$

(二)静态分析

看跌期权的 Black-Scholes 模型的公平价值同样取决于 5 个相关变量,并呈现如下的变化规律。

1. 标的资产当前的市场价格 $S_0$ 越高,看跌期权的价值就越低;

2. 期权的执行价格 $X$ 越高,看跌期权的价值越高;

3. 离期满日的时间 $\Delta t$ 越长，看跌期权的价值也越高；

4. 无风险连续年复利 $r_f$ 越高，看跌期权的价值也越低；

5. 标的资产的风险 $\sigma$ 越大，看跌期权的价值也越高。

## 第七节 风险中性的期权定价公式

对一般的读者来说，上节中利用解随机微分方程的方式获得买权定价公式(12.6.11)式是比较难以理解的。本节我们介绍风险中性下买权定价的另一种数学推导。虽然这种方法看上去较复杂，但整个过程在技术层面上却易于掌握，且从推导中我们还能够明确体会(12.6.11)式中 $N(d_1)$ 和 $N(d_2)$ 的累计概率含义。

### 一、买权定价公式的数学推导

由期权的基本特征知，期权(买权或看涨期权)的价值为

$$\max\{\tilde{S}(T)-X,0\}$$

其中，$\tilde{S}(T)$ 为标的资产在 $T$ 时即到期日的预期市场价格，$X$ 为期权合约中的执行价。

在风险中性的世界里，买权价格应为 $\max\{\tilde{S}(T)-X,0\}$ 期望值的现值，即

$$c(s(t),t)=e^{-r_f(T-t)}E\{\max[\tilde{S}(T)-X,0]\}$$

其中，$r_f$ 为无风险利率，$s(t)$ 为标的资产的当前价格。

令 $f[\tilde{S}(T)]$ 为 $\tilde{S}(T)$ 的密度函数，则

$$\begin{aligned}c(s(t),t)&=e^{-r_f(T-t)}\int_0^{\infty}\max[\tilde{S}(T)-X,0]f[\tilde{S}(T)]d\tilde{S}(T)\\&=e^{-r_f(T-t)}\int_X^{\infty}[\tilde{S}(T)-X]f[\tilde{S}(T)]d\tilde{S}(T)\end{aligned}\tag{12.7.1}$$

由于假设标的资产的收益率服从正态分布，标的资产的价格服从对数正态分布，且综合考虑期限 $T-t$，相当于(12.6.11)式中的 $\Delta t$ 即

$$\ln\left[\frac{\tilde{S}(T)}{s(t)}\right]\sim N(\bar{u}(T-t),\sigma^2(T-t))$$

其中，$\bar{u}$ 为标的资产收益率的期望值。

令

$$Z=\frac{\ln\left[\frac{\tilde{S}(T)}{s(t)}\right]-\bar{u}(T-t)}{\sigma\sqrt{T-t}}\tag{12.7.2}$$

则有，$Z\sim N(0,1)$，由(12.7.2)式有

$$Z\sigma\sqrt{T-t}+\bar{u}(T-t)=\ln\left[\frac{\tilde{S}(T)}{s(t)}\right]$$

因为

$$\frac{\tilde{S}(T)}{s(t)}=e^{Z\sigma\sqrt{T-t}+\bar{u}(T-t)}$$

所以

$$\tilde{S}(T)=s(t)e^{Z\sigma\sqrt{T-t}+\bar{u}(T-t)}\tag{12.7.3}$$

将 $\tilde{S}(T)=X$ 代入(12.7.2)式即可得到(12.7.1)式的积分下限为

$$\frac{\ln\left[\frac{X}{s(t)}\right]-\bar{u}(T-t)}{\sigma\sqrt{T-t}}=-\frac{\ln\left[\frac{s(t)}{X}\right]+\bar{u}(T-t)}{\sigma\sqrt{T-t}}=-\bar{d} \tag{12.7.4}$$

由(12.7.2)式知，$\tilde{S}(T)\to\infty$ 时，$Z\to\infty$，表明(12.7.1)式的积分上限仍为 $\infty$ 。

因为
$$\ln\left[\frac{\tilde{S}(T)}{s(t)}\right]\sim N(\bar{u}(T-t),\sigma^2(T-t))$$

且 $s(t)$ 是标的资产当前价格，为已知的正值。

所以
$$\ln\tilde{S}(T)\sim N(\bar{u}(T-t)+\ln s(t),\sigma^2(T-t))$$

又由对数正态分布密度函数的具体表达式知[①]

$$f[\tilde{S}(T)]=\frac{1}{\tilde{S}(T)\sqrt{2\pi(T-t)}\sigma}\exp\left\{-\frac{1}{2\sigma^2(T-t)}[\ln\tilde{S}(T)-\bar{u}(T-t)-\ln s(t)]^2\right\}$$

因为
$$\tilde{S}(T)=s(t)e^{Z\sigma\sqrt{T-t}+\bar{u}(T-t)}$$

所以

$$\begin{aligned}f[\tilde{S}(T)]&=\frac{1}{s(t)e^{Z\sigma\sqrt{T-t}+\bar{u}(T-t)}\sqrt{2\pi(T-t)}\sigma}\exp\left\{-\frac{1}{2\sigma^2(T-t)}\right\}\left[\ln\frac{s(t)e^{Z\sigma\sqrt{T-t}+\bar{u}(T-t)}}{s(t)}-\bar{u}(T-t)\right]^2\\&=\frac{1}{s(t)e^{Z\sigma\sqrt{T-t}+\bar{u}(T-t)}\sqrt{2\pi(T-t)}\sigma}\exp\left\{-\frac{1}{2\sigma^2(T-t)}\left[z\sigma\sqrt{T-t}+\bar{u}(T-t)-\bar{u}(T-t)\right]^2\right\}\\&=\frac{1}{s(t)e^{Z\sigma\sqrt{T-t}+\bar{u}(T-t)}\sqrt{2\pi(T-t)}\sigma}\exp\left\{-\frac{1}{2\sigma^2(T-t)}z^2\sigma^2(T-t)\right\}\\&=\frac{1}{s(t)e^{Z\sigma\sqrt{T-t}+\bar{u}(T-t)}\sqrt{2\pi(T-t)}\sigma}\exp\left(-\frac{z^2}{2}\right)\end{aligned}$$

另外，对(12.7.3)式两边求微分得

$$d\tilde{S}(T)=s(t)e^{Z\sigma\sqrt{T-t}+\bar{u}(T-t)}\cdot\sigma\sqrt{T-t}dz$$

所以

$$\begin{aligned}f[\tilde{S}(T)]d\tilde{S}(T)&=\frac{1}{s(t)e^{Z\sigma\sqrt{T-t}+\bar{u}(T-t)}\sqrt{2\pi(T-t)}\sigma}\exp\left(-\frac{z^2}{2}\right)\cdot s(t)e^{Z\sigma\sqrt{T-t}+\bar{u}(T-t)}\cdot\sigma\sqrt{T-t}dz\\&=\frac{e^{-\frac{z^2}{2}}}{\sqrt{2\pi}}dZ\end{aligned} \tag{12.7.5}$$

将(12.7.5)式代入(12.7.1)式得

$$\begin{aligned}c(s(t),t)&=e^{-r_f(T-t)}\int_{-\bar{d}}^{\infty}[s(t)e^{Z\sigma\sqrt{T-t}+\bar{u}(T-t)}-X]\frac{e^{-\frac{z^2}{2}}}{\sqrt{2\pi}}dZ\\&=\int_{-\bar{d}}^{\infty}s(t)e^{Z\sigma\sqrt{T-t}+(\bar{u}-r_f)(T-t)}\frac{e^{-\frac{z^2}{2}}}{\sqrt{2\pi}}dZ-Xe^{-r_f(T-t)}\int_{-\bar{d}}^{\infty}\frac{e^{-\frac{z^2}{2}}}{\sqrt{2\pi}}dZ\end{aligned} \tag{12.7.6}$$

令

$$w=-Z+\sigma\sqrt{(T-t)}$$

① 对数正态分布的具体表达参见 Elisa T . Lee，1998：《生存数据分析的统计方法》(中译本)，中国统计出版社。

则

$$Z=-w+\sigma\sqrt{T-t}\ ,Z^2=w^2-2w\sigma\sqrt{T-t}+\sigma^2(T-t)$$

且

$$dw=-dZ$$

当 $Z=-\bar{d}$ 时

$$w=\bar{d}+\sigma\sqrt{T-t}$$

当 $Z\to\infty$ 时，$w\to-\infty$，代入(12.7.6)式右边第一项得

$$\int_{-\bar{d}}^{\infty}s(t)e^{Z\sigma\sqrt{T-t}+(\bar{u}-r_f)(T-t)}\frac{e^{-\frac{Z^2}{2}}}{\sqrt{2\pi}}dZ$$

$$=\int_{\bar{d}+\sigma\sqrt{T-t}}^{-\infty}s(t)e^{(-w+\sigma\sqrt{T-t})\sigma\sqrt{T-t}+(\bar{u}-r_f)(T-t)}\frac{e^{-\frac{1}{2}[w^2-2w\sigma\sqrt{T-t}+\sigma^2(T-t)]}}{\sqrt{2\pi}}(-dw)$$

$$=\int_{-\infty}^{\bar{d}+\sigma\sqrt{T-t}}s(t)e^{-w\sigma\sqrt{T-t}+\sigma^2(T-t)+(\bar{u}-r_f)(T-t)}e^{w\sigma\sqrt{T-t}-\frac{1}{2}\sigma^2(T-t)}\frac{e^{-\frac{w^2}{2}}}{\sqrt{2\pi}}dw$$

$$=\int_{-\infty}^{\bar{d}+\sigma\sqrt{T-t}}s(t)e^{\frac{1}{2}\sigma^2(T-t)+(\bar{u}-r_f)(T-t)}\frac{e^{-\frac{w^2}{2}}}{\sqrt{2\pi}}dw$$

$$=s(t)e^{\frac{1}{2}\sigma^2(T-t)+(\bar{u}-r_f)(T-t)}\int_{-\infty}^{\bar{d}+\sigma\sqrt{T-t}}\frac{e^{-\frac{w^2}{2}}}{\sqrt{2\pi}}dw \tag{12.7.7}$$

对(12.7.6)式中的第二项，令 $Z=-w$，则 $dZ=-dw$

当 $Z=-\bar{d}$ 时，$w=\bar{d}$

当 $Z\to\infty$ 时，$w\to-\infty$，则有

$$\int_{-\bar{d}}^{\infty}\frac{e^{-\frac{Z^2}{2}}}{\sqrt{2\pi}}dZ=\int_{\bar{d}}^{-\infty}\frac{e^{-\frac{w^2}{2}}}{\sqrt{2\pi}}(-dw)=\int_{-\infty}^{\bar{d}}\frac{e^{-\frac{w^2}{2}}}{\sqrt{2\pi}}dw \tag{12.7.8}$$

再将(12.7.8)、(12.7.7)式代入(12.7.6)式得

$$c(s(t),t)=s(t)e^{\frac{1}{2}\sigma^2(T-t)+(\bar{u}-r_f)(T-t)}\int_{-\infty}^{\bar{d}+\sigma\sqrt{T-t}}\frac{e^{-\frac{w^2}{2}}}{\sqrt{2\pi}}dw-Xe^{-r_f(T-t)}\int_{-\infty}^{\bar{d}}\frac{e^{-\frac{w^2}{2}}}{\sqrt{2\pi}}dw$$

$$=s(t)e^{(\bar{u}-r_f+\frac{1}{2}\sigma^2)(T-t)}\int_{-\infty}^{\bar{d}+\sigma\sqrt{T-t}}\frac{e^{-\frac{w^2}{2}}}{\sqrt{2\pi}}dw-Xe^{-r_f(T-t)}\int_{-\infty}^{\bar{d}}\frac{e^{-\frac{w^2}{2}}}{\sqrt{2\pi}}dw \tag{12.7.9}$$

因为 $\bar{u}=r_f-\dfrac{1}{2}\sigma^2$（该式后面进一步说明），　　(12.7.10)

所以

$$e^{(\bar{u}-r_f+\frac{1}{2}\sigma^2)(T-t)}=1$$

代入(12.7.9)式得

$$c(s(t),t)=s(t)N(\bar{d}+\sigma\sqrt{T-t})-Xe^{-r_f(T-t)}N(\bar{d})$$

令 $d_2=\bar{d}$，$d_1=\bar{d}+\sigma\sqrt{T-t}=d_2+\sigma\sqrt{T-t}$，即有期权定价公式

$$c=s(t)N(d_1)-Xe^{-r_f(T-t)}N(d_2) \tag{12.7.11}$$

比较(12.7.11)式与(12.6.11)式,不难发现两者是完全一样的。

## 二、$N(d_2)$ 的统计意义

先看

$$P(\tilde{S}(T)>X)=P[s(t)e^{Z\sigma\sqrt{T-t}+\bar{u}(T-t)}>X]=P[e^{Z\sigma\sqrt{T-t}+\bar{u}(T-t)}>\frac{X}{s(t)}]$$

$$=P\{Z\sigma\sqrt{T-t}+\bar{u}(T-t)>\ln[X/s(t)]\}$$

$$=P\{Z>\frac{\ln[X/s(t)]-\bar{u}(T-t)}{\sigma\sqrt{T-t}}\}$$

$$=P\{Z>-\frac{\ln[s(t)/X]+\bar{u}(T-t)}{\sigma\sqrt{T-t}}\}$$

$$=P\{w<\frac{\ln[s(t)/X]+\bar{u}(T-t)}{\sigma\sqrt{T-t}}\}\quad(\text{这里令 } w=-Z)$$

$$=P(w<d_2)=N(d_2)\tag{12.7.12}$$

(12.7.12)式表明,$N(d_2)$ 为标的资产到期时的价格大于执行价的累积概率,或标准正态分布下随机变量小于 $d_2$ 的累积概率。同样可得 $N(d_1)$ 的统计意义,作为练习,请读者自己证明。

## 三、对 $\bar{u}=r_f-\frac{1}{2}\sigma^2$ 的解释

记:$r_i$ 为不同时期股票收益率,并假设① $r_i$ 独立同分布;②股票的价格变化是连续的。$\ln\left[\frac{\tilde{S}(T)}{s(t)}\right]\sim N(\bar{u}(T-t),\sigma^2(T-t))$ 意味着

$$E\left\{\ln\left[\frac{\tilde{S}(T)}{s(t)}\right]\right\}=\bar{u}(T-t)$$

$$Var\left\{\ln\left[\frac{\tilde{S}(T)}{s(t)}\right]\right\}=\sigma^2(T-t)$$

在概率论中已经证明,当 $Z\sim N(0,1)$ 时,有 $E(e^{tZ})=e^{\frac{1}{2}t^2}$(矩母函数或特征函数)
所以

$$E(e^{Z\sigma\sqrt{T-t}})=e^{\frac{1}{2}\sigma^2(T-t)}$$

对(12.7.3)式求期望,并将 $E(e^{Z\sigma\sqrt{T-t}})=e^{\frac{1}{2}\sigma^2(T-t)}$ 代入得

$$E[\tilde{S}(T)]=s(t)e^{\bar{u}(T-t)}E(e^{Z\sigma\sqrt{T-t}})=s(t)e^{\bar{u}(T-t)}e^{\frac{1}{2}\sigma^2(T-t)}$$

$$=s(t)e^{\bar{u}(T-t)+\frac{1}{2}\sigma^2(T-t)}\tag{12.7.13}$$

又由风险中性假设,有

$$E\left[\frac{\tilde{S}(T)}{s(t)}\right]=e^{r_f(T-t)}$$

即

$$E[\tilde{S}(T)]=s(t)e^{r_f(T-t)}\tag{12.7.14}$$

比较(12.7.13)式与(12.7.14)式得

$$e^{r_f(T-t)} = e^{\bar{u}(T-t)+\frac{1}{2}\sigma^2(T-t)}$$

对该式两边取对数得

$$r_f(T-t) = \bar{u}(T-t) + \frac{1}{2}\sigma^2(T-t) \tag{12.7.15}$$

因为
$$r_f = \bar{\mu} + \frac{1}{2}\sigma^2$$

所以
$$\bar{u} = r_f - \frac{1}{2}\sigma^2$$

自布莱克-斯科尔斯第一个期权定价公式于 1973 年发表后，其立刻在金融学界引起了极其广泛的关注，此后的一批金融学家在继承该成果的基础上推出了多种期权定价的变形公式，其中尤以默顿在期权定价理论的完善和推广方面所做的贡献最为突出。正因为默顿和斯科尔斯在期权定价理论上的巨大贡献，从而使其荣获 1997 年度的诺贝尔经济学奖(布莱克不幸于 1995 年去世)。人们今天将布莱克-斯科尔斯 1973 年的研究成果视为现代金融学的里程碑。这不仅表现在实践中它极大地推动了衍生工具市场的发展，而且表现在理论上，期权定价公式克服了未来标的资产价格不可知的局限，实现了仅用标的资产的当前价格为期权定价的梦想。

## 第八节　相关变量对期权价值的影响

前面我们已经对决定期权价值的相关变量的变动对期权价值的影响作过说明，虽然从直观上看，有关 $S$、$X$、$\Delta t$、$\sigma$ 和 $r_f$ 的变动对期权价值的影响方向的结论应该是正确的，但毕竟这种直观的感受是不严格的。在有了上一节三部分的分析后，这里我们就能利用前面的分析分别给出 $\frac{\partial c}{\partial S}$、$\frac{\partial c}{\partial X}$、$\frac{\partial c}{\partial \Delta t}$、$\frac{\partial c}{\partial \sigma}$ 和 $\frac{\partial c}{\partial r_f}$ 的具体关系式。

### 一、标的资产现价变动对期权价值的影响

对(12.6.11)式求关于 $S$ 的偏导得

$$\frac{\partial c}{\partial S} = N(d_1) + S(t)N'(d_1)\cdot\frac{\partial d_1}{\partial S} - Xe^{-r_f\Delta t}N'(d_2)\cdot\frac{\partial d_2}{\partial S} \tag{12.8.1}$$

因为
$$d_1 = d_2 + \sigma\sqrt{\Delta t}$$

所以
$$\frac{\partial d_1}{\partial S} = \frac{\partial d_2}{\partial S} \tag{12.8.2}$$

将(12.8.2)式代入(12.8.1)式得

$$\frac{\partial c}{\partial S} = N(d_1) + S(t)\frac{\partial d_1}{\partial S}[N'(d_1) - Xe^{-r_f\Delta t}N'(d_2)/S(t)] \tag{12.8.3}$$

因为 $N(d_1)$、$N(d_2)$ 是标准正态分布下的累积概率，所以它们的导数就是标准正态分布下的密度函数。即

$$\begin{cases} N'(d_1) = \dfrac{1}{\sqrt{2\pi}}e^{-\frac{d_1^2}{2}} \\ N'(d_2) = \dfrac{1}{\sqrt{2\pi}}e^{-\frac{d_2^2}{2}} \end{cases} \tag{12.8.4}$$

由 $d_1$ 与 $d_2$ 的关系知

$$d_1^2 = d_2^2 + 2d_2\sigma\sqrt{\Delta t} + \sigma^2\Delta t \tag{12.8.5}$$

将(12.8.5)式代入(12.8.4)式的第一个关系式得

$$\begin{aligned} N'(d_1) &= \frac{1}{\sqrt{2\pi}}e^{-\frac{1}{2}(d_2^2+2d_2\sigma\sqrt{\Delta t}+\sigma^2\Delta t)} \\ &= \frac{1}{\sqrt{2\pi}}e^{-\frac{d_2^2}{2}} \cdot e^{-\frac{1}{2}(2d_2\sigma\sqrt{\Delta t}+\sigma^2\Delta t)} \\ &= N'(d_2) \cdot e^{-\frac{1}{2}(2d_2\sigma\sqrt{\Delta t}+\sigma^2\Delta t)} \end{aligned} \tag{12.8.6}$$

将(12.8.6)式代入(12.8.3)式得

$$\frac{\partial c}{\partial S} = N(d_1) + S(t)\frac{\partial d_1}{\partial S}N'(d_2) \cdot [e^{-\frac{1}{2}(2d_2\sigma\sqrt{\Delta t}+\sigma^2\Delta t)} - Xe^{-r_f\Delta t}/S(t)] \tag{12.8.7}$$

又因为

$$d_2 = \frac{1}{\sigma\Delta t}\left[\ln(S(t)/X) + (r_f - \frac{1}{2}\sigma^2)\Delta t\right] \tag{12.8.8}$$

再将(12.8.8)式代入(12.8.7)式得

$$\begin{aligned} \frac{\partial c}{\partial S} &= N(d_1) + S(t)\frac{\partial d_1}{\partial S}N'(d_2) \cdot [e^{-\frac{1}{2}\{2[S(t)/X)+(r_f-\frac{1}{2}\sigma^2)\Delta t]+\sigma^2\Delta t\}} - Xe^{-r_f\Delta t}/S(t)] \\ &= N(d_1) + S(t)\frac{\partial d_1}{\partial S}N'(d_2) \cdot [e^{-\ln[S(t)/X]-r_f\Delta t} - Xe^{-r_f\Delta t}/S(t)] \\ &= N(d_1) + S(t)\frac{\partial d_1}{\partial S}N'(d_2) \cdot \left[e^{-r_f\Delta t} \cdot \frac{X}{S(t)} - Xe^{-r_f\Delta t}/S(t)\right] \\ &= N(d_1) \end{aligned} \tag{12.8.9}$$

因为 $N(d_1)$ 是标准正态分布的累积概率,所以只要 $d_1 \neq 0$,则 $N(d_1) > 0$。(12.8.9)式说明 $c$ 与 $S$ 是正向变动关系,即基础资产的当前价格越高,看涨期权的价值就越大;基础资产的当前价格越低,看涨期权的价值就越小。

另外,$\frac{\partial c}{\partial S} = N(d_1)$ 还说明 $N(d_1)$ 实际上是基础资产价格的动态套头比或保值匹配率,证实了 $N(d_1)$ 就是二项式定价模型中 $h$ 的结论。

## 二、执行价格变动对期权价值的影响

对(12.6.11)式求关于 $X$ 的偏导得

$$\frac{\partial c}{\partial X} = S(t)N'(d_1) \cdot \frac{\partial d_1}{\partial X} - N(d_2)e^{-r_f\Delta t} - Xe^{-r_f\Delta t}N'(d_2) \cdot \frac{\partial d_2}{\partial X} \tag{12.8.10}$$

因为

$$d_1 = d_2 + \sigma\sqrt{\Delta t}$$

所以

$$\frac{\partial d_1}{\partial X} = \frac{\partial d_2}{\partial X} \tag{12.8.11}$$

将(12.8.11)、(12.8.6)式代入(12.8.10)式得

$$\begin{aligned} \frac{\partial c}{\partial X} &= S(t)N'(d_2) \cdot e^{-\frac{1}{2}(2d_2\sigma\sqrt{\Delta t}+\sigma^2\Delta t)}\frac{\partial d_2}{\partial X} - N(d_2)e^{-r_f\Delta t} - Xe^{-r_f\Delta t}N'(d_2)\frac{\partial d_2}{\partial X} \\ &= -N(d_2)e^{-r_f\Delta t} + S(t)N'(d_2) \cdot \frac{\partial d_2}{\partial X} \cdot [e^{-d_2\sigma\sqrt{\Delta t}-\frac{1}{2}\sigma^2\Delta t} - Xe^{-r_f\Delta t}/S(t)] \end{aligned} \tag{12.8.12}$$

再将(12.8.8)式代入(12.8.12)式得

$$\frac{\partial c}{\partial X}=-N(d_2)e^{-r_f\Delta t}S(t)N'(d_2)\cdot\frac{\partial d_2}{\partial X}\cdot[e^{-\ln(S(t)/X)-(r_f-\frac{1}{2}\sigma^2)\Delta t-\frac{1}{2}\sigma^2\Delta t}-Xe^{-r_f\Delta t}/S(t)]$$

$$=-N(d_2)e^{-r_f\Delta t}+S(t)N'(d_2)\cdot\frac{\partial d_2}{\partial X}\cdot\left[e^{-r_f\Delta t}\cdot\frac{X}{S(t)}-Xe^{-r_f\Delta t}/S(t)\right]$$

$$=-N(d_2)e^{-r_f\Delta t} \tag{12.8.13}$$

因为 $N(d_2)$ 是标准正态分布的累积概率，所以只要 $d_2\neq 0$，则 $N(d_2)>0$。显然，$e^{-r_f\Delta t}>0$，因此 $\frac{\partial c}{\partial X}<0$。(12.8.13)式说明 $c$ 与 $X$ 之间呈反向变动关系，即期权的执行价格越高，看涨期权本身的价值就越低；反之，期权的执行价格越低，看涨期权本身的价值就越高。

另外，从(12.8.13)式可以看出，$N(d_2)e^{-r_f\Delta t}$ 实际上是 $N(d_2)$ 的贴现值，$\frac{\partial c}{\partial X}=-N(d_2)e^{-r_f\Delta t}$ 表明在投资组合中，$X$ 的变动就是投资者到期需要偿付的无风险债券 $N(d_2)$ 的贴现值。这也证实了 $N(d_2)$ 就是二项式定价模型中构筑投资组合时，投资者到期所必须偿还的资金量。它的现值就是(12.3.6)式中的 $B$ 的结论。

### 三、期权有效期变动对期权价值的影响

同样对(12.6.11)式求关于 $\Delta t$ 的偏导得

$$\frac{\partial c}{\partial \Delta t}=S(t)N'(d_1)\cdot\frac{\partial d_1}{\partial \Delta t}-Xe^{-r_f\Delta t}(-r_f)N(d_2)-Xe^{-r_f\Delta t}N'(d_2)\cdot\frac{\partial d_2}{\partial \Delta t}$$

$$=S(t)N'(d_1)\cdot\frac{\partial d_1}{\partial \Delta t}+r_fXe^{-r_f\Delta t}N(d_2)-Xe^{-r_f\Delta t}N'(d_2)\cdot\frac{\partial d_2}{\partial \Delta t} \tag{12.8.14}$$

因为
$$d_1=d_2+\sigma\sqrt{\Delta t}$$

所以
$$\frac{\partial d_1}{\partial \Delta t}=\frac{\partial d_2}{\partial \Delta t}+\frac{1}{2}\sigma(\Delta t)^{-\frac{1}{2}} \tag{12.8.15}$$

将(12.8.15)、(12.8.6)式代入(12.8.14)式得

$$\frac{\partial c}{\partial \Delta t}=S(t)N'(d_2)\cdot e^{-d_2\sigma\sqrt{\Delta t}-\frac{1}{2}\sigma^2\Delta t}\cdot\left[\frac{\partial d_2}{\partial \Delta t}+\frac{1}{2}\sigma(\Delta t)^{-\frac{1}{2}}\right]+r_fXe^{-r_f\Delta t}N(d_2)-Xe^{-r_f\Delta t}N'(d_2)\cdot\frac{\partial d_2}{\partial \Delta t}$$

$$=r_fXe^{-r_f\Delta t}N(d_2)+N'(d_2)\frac{\partial d_2}{\partial \Delta t}\left[S(t)e^{-d_2\sigma\sqrt{\Delta t}-\frac{1}{2}\sigma^2\Delta t}-Xe^{-r_f\Delta t}\right]$$

$$+\frac{1}{2}S(t)\sigma(\Delta t)^{-\frac{1}{2}}N'(d_2)e^{-d_2\sigma\sqrt{\Delta t}-\frac{1}{2}\sigma^2\Delta t} \tag{12.8.16}$$

对(12.8.8)式求关于 $\Delta t$ 的偏导得

$$\frac{\partial d_2}{\partial \Delta t}=\frac{1}{\sigma\Delta t^2}\left[\Delta t(r_f-\frac{1}{2}\sigma^2)-\ln(S(t)/X)-\Delta t(r_f-\frac{1}{2}\sigma^2)\right]$$

$$=-\frac{1}{\sigma\Delta t^2}\ln(S(t)/X) \tag{12.8.17}$$

因为
$$e^{-d_2\sigma\sqrt{\Delta t}-\frac{1}{2}\sigma^2\Delta t}=\frac{X}{S(t)}e^{-r_f\Delta t} \tag{12.8.18}$$

将(12.8.17)、(12.8.18)式代入(12.8.16)式得

$$\frac{\partial c}{\partial \Delta t}=r_f X e^{-r_f \Delta t} N(d_2)+N'(d_2)\left[-\frac{\ln(S(t)/X)}{\sigma \Delta t^2}\right]\left[S(t)\frac{X}{S(t)}e^{-r_f \Delta t}-X e^{-r_f \Delta t}\right]$$
$$+\frac{1}{2}S(t)\sigma(\Delta t)^{-\frac{1}{2}}\frac{X}{S(t)}e^{-r_f \Delta t}$$
$$=r_f X e^{-r_f \Delta t} N(d_2)+\frac{X}{2}\sigma(\Delta t)^{-\frac{1}{2}}e^{-r_f \Delta t}N'(d_2)$$
$$=X e^{-r_f \Delta t}\left[r_f N(d_2)+\frac{1}{2}\sigma(\Delta t)^{-\frac{1}{2}}N'(d_2)\right]>0 \tag{12.8.19}$$

(12.8.19)式说明，看涨期权的现值与到期时间的长短呈正方向变动关系，到期时间越长的期权，其本身的价值也就越大，反之，则越小。换个角度说则是，对同一看涨期权，离到期日越远，期权价值越大，距到期日越近，期权价值越小。

### 四、标的资产现货风险变动对期权价值的影响

对(12.6.11)式求关于 $\sigma$ 的偏导得

$$\frac{\partial c}{\partial \sigma}=S(t)N'(d_1)\cdot\frac{\partial d_1}{\partial \sigma}-X e^{-r_f \Delta t}N'(d_2)\cdot\frac{\partial d_2}{\partial \sigma} \tag{12.8.20}$$

因为 $d_1=d_2+\sigma\sqrt{\Delta t}$

所以 $$\frac{\partial d_1}{\partial \sigma}=\frac{\partial d_2}{\partial \sigma}+\sqrt{\Delta t} \tag{12.8.21}$$

另由(12.8.6)式知

$$N'(d_1)=N'(d_2)\frac{X}{S(t)}e^{-r_f \Delta t} \tag{12.8.22}$$

将(12.8.21)、(12.8.22)式代入(12.8.20)式得

$$\frac{\partial c}{\partial \sigma}=S(t)N'(d_2)\frac{X}{S(t)}e^{-r_f \Delta t}\left(\frac{\partial d_2}{\partial \sigma}+\sqrt{\Delta t}\right)-X e^{-r_f \Delta t}N'(d_2)\cdot\frac{\partial d_2}{\partial \sigma}$$
$$=X e^{-r_f \Delta t}N'(d_2)\cdot\frac{\partial d_2}{\partial \sigma}+X e^{-r_f \Delta t}N'(d_2)\sqrt{\Delta t}-X e^{-r_f \Delta t}N'(d_2)\cdot\frac{\partial d_2}{\partial \sigma}$$
$$=X e^{-r_f \Delta t}N'(d_2)\sqrt{\Delta t}>0 \tag{12.8.23}$$

(12.8.23)式表明，基础资产的风险越大，其看涨期权的价值就越高；反之，则越低。

### 五、无风险利率变动对期权价值的影响

对(12.6.11)式求关于 $r_f$ 的偏导得

$$\frac{\partial c}{\partial r_f}=S(t)N'(d_1)\cdot\frac{\partial d_1}{\partial r_f}-X e^{-r_f \Delta t}(-\Delta t)N(d_2)-X e^{-r_f \Delta t}N'(d_2)\frac{\partial d_2}{\partial r_f}$$
$$=X e^{-r_f \Delta t}\Delta t N(d_2)+S(t)N'(d_1)\frac{\partial d_1}{\partial r_f}-X e^{-r_f \Delta t}N'(d_2)\frac{\partial d_2}{\partial r_f} \tag{12.8.24}$$

因为 $d_1=d_2+\sigma\sqrt{\Delta t}$

所以 $$\frac{\partial d_1}{\partial r_f}=\frac{\partial d_2}{\partial r_f} \tag{12.8.25}$$

将(12.8.25)、(12.8.22)式代入(12.8.24)式得

$$\frac{\partial c}{\partial r_f}=Xe^{-r_f\Delta t}\Delta tN(d_2)+S(t)N'(d_2)\frac{X}{S(t)}e^{-r_f\Delta t}\frac{\partial d_2}{\partial r_f}-Xe^{-r_f\Delta t}N'(d_2)\frac{\partial d_2}{\partial r_f}$$
$$=Xe^{-r_f\Delta t}\Delta tN(d_2)>0 \tag{12.8.26}$$

(12.8.26)式表明，无风险利率与看涨期权的价值呈正方向变动关系，即无风险利率越高，期权的价值越大；反之，越小。这一点在所有期权价格相关变量中是最不容易从直观上理解的。

总之，$\frac{\partial c}{\partial S}$、$\frac{\partial c}{\partial X}$、$\frac{\partial c}{\partial \Delta t}$、$\frac{\partial c}{\partial \sigma}$ 和 $\frac{\partial c}{\partial r_f}$ 在实施风险管理与期权投资中具有特殊的意义，根据这些量，投资者不仅可以通过 $X$（执行价格）来决定是否实施期权投资，而且还可以构筑完全无敏感性的投资组合，来规避风险。

利用同样的方法可以分析看跌期权价值对上述五因素的敏感性。作为练习，这一工作留给读者自己完成。

**思考题**

1. 什么是期权，与远期交易和期货交易相比，期权交易有哪些特点。
2. 期权有哪些主要的分类。
3. 什么是期权的内在价值，看涨、看跌期权的内在价值是如何确定的。
4. 为什么说风险中性下的二项式定价与无套利方法对期权定价的结论是一致的。
5. 怎样理解 Black-Scholes 期权定价模型的里程碑意义。
6. 决定看涨（看跌）期权的 Black-Scholes 价值的五个因素的变化如何影响期权价值的变化。

**练习题**

1. 某一年期看涨期权的执行价格为 45 美元/股，标的资产为某上市公司的股票，其现货价格为 40 美元/股，在期权有效期内，该股票价格每半年发生一次变动，或上涨 15%，或下跌 10%。设市场无风险利率为 8%。问：该看涨期权的价值为多少？该看涨期权的保值匹配率为多少？
2. 某一看涨期权的执行价格为 45 美元，6 个月后到期，该期权标的资产的市场价格与风险分别为 48 美元和 60%。如果无风险利率为 6%，则该看涨期权的公平价值为多少？如果其他条件不变，该期权为看跌期权时，其公平价值为多少？

**讨论题**

1. 期权设计中的权利与义务的不对称，是否表明它对期权的购买方有利。
2. 如果将欧式期权换成美式期权，本章所介绍的期权定价公式是否还成立。
3. 利用期权定价理论评价我国权证市场的交易。
4. 若在期权定价中将收益率的正态分布换成 t 分布，可否导出相应的看涨期权定价模型。
5. 试论述金融工具的复杂化与机构投资者发展的关系。

# 附录:部分思考与练习题答案

## 第八章　练习题

1. 债券 A 的价值为 1000 元,债券 B 的价值为 973.27 元<980 元,因此,应投资债券 A。
2. (1)到期收益率 6.6%。
   (2)持有期收益率 7.18%。
3. (1)发行价应为 948.46 元。
   (2)实际到期收益率为 6%。
   (3)实际发行价格将为 900.53 元。
4. 实际年利率为 8.24%。
5. 债券 A 的息票率应为 7.07%,违约溢价=1.07%,风险溢价=1%。
   债券 B 的息票率应为 13.68%,违约溢价=5.68%,风险溢价=3%。
6. 将 53246.8 元投资于债券 A,而将 46753.2 元投资于债券 B。投资者实际是购买债券 A 和债券 B 各 50000 元。

## 第九章　练习题

1. IRR=4.25%<5%,该股票不值得投资。
2. 当该股票市场价格小于 41.25 元/股时值得投资。
3. 该股票价值为 15.44 元/股。
   因为 $V/E_0 = 20 < P/E_0 = 23.33$,所以股票价值被高估,不值得投资。
5. 当该公司股票的市盈率小于 26.4 时,才值得投资。
   $WACC > r_f$,投资者可买进该公司股票。

## 第十章　思考题

14. 买入 3 个月远期英镑,金额 100 万英镑,将汇率锁定在 1 英镑=1.5800 美元。
15. 卖出 1000 万美元的远期合约,期限 6 个月,其结果是最终损失 4000 万日元。

## 第十二章　练习题

1. (1)涨期权的价值为 3.54 美元。
   (2)$h = 0.676$
   $h_u = 1.12$
   $h_d = 0$
2. (1)看涨期权的公平价值为 10.65 美元。
   (2)看跌期权的公平价值为 6.32 美元。

# 主要参考文献


[1]威廉. F. 夏普. 投资学[M]. 5 版. 中国人民大学出版社,1998.

[2]William F. Sharpe. Investment [M]. $6^{th}$ ed. Prentice Hall, Inc,1999.

[3]杰克・赫什莱佛,约翰. G. 赖利. 不确定性与信息分析[M]. 中国社会科学出版社,2000.

[4]小詹姆斯 L. 法雷尔,等. 投资组合管理理论及应用[M]. 2 版. 机械工业出版社,2000.

[5]皮埃特罗・潘泽,维普. K. 班塞尔. 用 VaR 度量市场风险[M]. 机械工业出版社,2001.

[6]R. R. Arrow. 金融工程[M]. 企业管理出版社,1999.

[7]洛伦兹・格利茨. 金融工程学——管理金融风险的工具和技巧[M]. 经济科学出版社,1998.

[8]约翰・赫尔. 期权、期货和衍生证券[M]. 华夏出版社,1997.

[9]约翰・赫尔. 期货期权入门[M]. 中国人民大学出版社,2001.

[10]兹维・博迪,罗卜特. C. 默顿. 金融学[M]. 中国人民大学出版社,2000.

[11]理查德. M. 莱维奇. 国际金融市场价格与政策[M]. 中国人民大学出版社,2002.

[12]Elisa T. Lee. 生存数据分析的统计方法[M]. 中国统计出版社,1998.

[13]埃德加. E. 彼德斯. 资本市场的混沌与秩序[M]. 2 版. 经济科学出版社,1999.

[14]埃德加. E. 彼德斯. 分形市场分析——将混沌理论应用到投资与经济理论上[M]. 经济科学出版社,2002.

[15]李子奈. 计量经济学[M]. 高等教育出版社,2000.

[16]张灿. 计量经济学[M]. 天津社会科学院出版社,1996.

[17]张波. 应用随机过程[M]. 中国人民大学出版社,2001.

[18]范大茵,陈永华. 概率论与数理统计[M]. 2 版. 浙江大学出版社,2003.

[19]李腊生. 不确定性决策与金融资产投资[M]. 广东人民出版社,2002.

[20]宋逢明. 金融工程原理——无套利均衡分析[M]. 清华大学出版社,1999.

[21]瞿卫东. 金融工程学[M]. 中国财政经济出版社,1997.

[22]胡继之. 金融衍生产品及其风险管理[M]. 中国金融出版社,1997.

[23]高尔康. 期货学概论[M]. 高等教育出版社,1996.

[24]孟生旺,袁卫. 利息理论及其应用[M]. 中国人民大学出版社,2001.

[25]杨海明,王燕. 投资学[M]. 上海人民出版社,1998.

[26]曹凤歧. 证券投资学[M]. 北京大学出版社,1995.

[27]张亦春. 金融市场学[M]. 高等教育出版社,1999.

[28]姚兴涛. 中国股指期货市场概论[M]. 北京大学出版社,2001.

[29]王继祖. 国际金融市场[M]. 南开大学出版社,1994.